经贸名家经典规划教材

国际经济合作

International Economic Cooperation

(第二版)

卢进勇　杜奇华　著

对外经济贸易大学出版社
中国·北京

图书在版编目（CIP）数据

国际经济合作／卢进勇，杜奇华著．—2 版．—北京：对外经济贸易大学出版社，2013（2019.5 重印）
经贸名家经典规划教材
ISBN 978-7-5663-0805-4

Ⅰ.①国… Ⅱ.①卢… ②杜… Ⅲ.①国际合作－经济合作－高等学校－教材 Ⅳ.①F114.4

中国版本图书馆 CIP 数据核字（2013）第 204067 号

国际经济合作（第二版）
International Economic Cooperation

卢进勇 杜奇华 **著**
责任编辑： 郭华良 王红梅 崔紫方

对 外 经 济 贸 易 大 学 出 版 社
北京市朝阳区惠新东街 10 号 邮政编码：100029
邮购电话：010－64492338 发行部电话：010－64492342
网址：http://www.uibep.com E-mail：uibep@126.com

北京华创印务有限公司印装 新华书店经销
成品尺寸：185mm×260mm 20.5 印张 474 千字
2013 年 9 月北京第 2 版 2019 年 5 月第 5 次印刷

ISBN 978-7-5663-0805-4
印数：11 501－13 500 册 定价：38.00 元

卢进勇简介

对外经济贸易大学教授、经济学博士、博士生导师、国家级重点学科国际贸易学学科带头人、校级重点研究基地外国直接投资（FDI）研究中心主任、中国投资促进研究中心主任、中国国际经济合作学会副会长、国务院政府特殊津贴专家、中国商务部WTO投资议题谈判专家咨询组成员、中国科技部产业国际化发展战略咨询专家、中央电视台财经频道特约评论员、亚洲财富论坛理事会副理事长、中国世界经济学会常务理事、加拿大维多利亚大学（University of Victoria）和澳大利亚莫纳什大学（Monash University）访问学者。

主要研究方向为国际经济合作、外国直接投资与跨国公司、中国利用外资与海外投资、“走出去”战略、企业并购与重组等。已正式出版专著和教材40余部，已在境内外公开发表学术论文160余篇，并获得“安子介国际贸易研究优秀论文奖”、“高等学校科学研究优秀成果奖”、“全国商务发展研究成果奖”和“中国图书奖”等国家级或省部级奖项。在学术研究中，曾提出过一些具有独创性的理论观点和政策建议。

近年来，曾先后赴美国、日本、韩国、印度尼西亚、印度、俄罗斯、法国和德国等国家以及中国香港特别行政区和中国台湾地区讲学、考察或参加国际学术会议；曾在中国石油化工集团公司和国家教育部工作；曾被评为北京市培养跨世纪理论人才“百人工程”入选人员；曾多次接受中央电视台等主流媒体记者采访；曾主持多项政府或企业委托的科研项目；曾受邀到全国20多个省市区为包括省厅级干部和大中型企业领导在内的学员作吸引跨国公司来华投资、招商引资和“走出去”战略等讲座。

杜奇华简介

对外经济贸易大学教授、中国 WTO 研究会理事、校级重点研究基地外国直接投资（FDI）研究中心研究员、中国投资促进研究中心兼职研究员。1983 年毕业于南开大学，取得学士学位，1987 年毕业于对外经济贸易大学国际贸易专业，取得硕士学位，1997 年至1999 年在美国西东大学（Seton Hall University）做访问学者。目前主要讲授国际经济合作、国际投资、国际技术贸易等课程，并从事国际经济贸易理论与实务的研究工作。近些年来，在国际经济贸易理论和政策方面的研究成果颇丰，主编和参编的著作有：《国际投资》、《国际经济合作》、《商务国际投资》、《商务国际合作》、《国际经济合作实务》、《国际经济合作与投资项目理论和实务》、《国际融资》、《中国企业海外投资政策与实务》、《海外企业的经营与管理》、《国际发展援助》、《澳门经济发展模式研究》、《国际经济贸易理论与实务》、《中小企业海外投资操作实务》、《国际投资与跨国公司案例库》、《国际经济合作理论与实务》、《国际投资理论与实务》等二十余部；发表《跨国公司倒闭引发的国际合作问题》、《论国际投资的国家风险及其防范》、《浅析中东劳务承包市场形成及保持至今的原因》、《世界银行资金来源分析》、《中国股市流动性分析》、《战后英国艾德礼工党政府的内外政策》、《澳门旅游业的特点及其发展前景》等论文二十余篇；参与编写经贸类辞典包括《市场经济大辞典》、《市场经济百科全书》、《中国企业跨国经营百科全书》、《最新国际经贸金融知识辞典》等近十部；并参与翻译了《世界投资报告》等。

第二版前言

《国际经济合作》第一版自2000年出版以来，受到了广大教师、学生和读者的欢迎，已经重印几十次，发行量超过20万册，在全国范围内已成为国际经济合作课程的首选、经典和品牌教材。这说明大家迫切希望了解迅速发展的国际经济合作业务，希望为这些业务的扩大作出自己的贡献。近年来尽管受到了全球范围内金融和经济危机的影响，但除国际直接投资业务略有下降外，国际经济合作其他业务整体上保持了增长的势头。

第二版保留了第一版的章节体系、篇幅和写作特点。与第一版相比，第二版在内容上作了以下几个方面的修改与充实：第一，对各类国际经济合作业务的发展动态与数据进行了更新。近年来，各类国际经济合作业务有了新的发展，规模进一步扩大，我们根据国际经济合作业务新的发展变化，对第一版书稿中的相应部分进行了全面修改和更新，尽可能反映不断变化和鲜活的经济活动现实。第二，修改了相关章节涉及的政策、法规内容。对书稿中涉及的政策法规内容，凡是现实中已经调整和修改的，均进行了相应的更新与充实，使内容跟上法律实践的发展。第三，介绍了理论研究的最新成果。随着实践的发展，理论研究也在不断进步，对于近年来国际经济合作理论研究方面的新成果，第二版书稿中尽量给予了介绍和反映。

本书由对外经济贸易大学卢进勇教授和杜奇华教授共同撰写与修订，各章撰写与修订的具体分工同第一版。对外经济贸易大学出版社郭华良编辑对本书第二版的出版给予了大力支持，我们愿借此机会表示诚挚的谢意！在编写本书的过程中，刘辉群、于峰、郜志雄、闫实强、李锋、李秀娥、温丽琴、张超、裴秋蕊、陈静、邹赫、邵海燕、田云华等协助收集了一些资料，在此也表示感谢！尽管我们对第一版进行了修改和补充，但书中难免存在错误或不准确之处，敬请广大读者批评指正，以便今后再次修订时更正。

卢进勇　杜奇华

2013年4月20日

第一版前言

近年来，随着科学技术的迅速发展，经济生活国际化和一体化的步伐加快，以资本要素为主的各种生产要素在国际间的直接移动增加，国际经济合作与交往的方式越来越多样化。与此同时，随着改革开放的深入发展，中国对外经济联系的方式也不断更新和丰富。对于日趋多样化的国际经济合作与交往方式，迫切需要进行系统的研究和总结并向学生加以全面地介绍。在此背景下，我们编写了这本《国际经济合作》教材，以求对新的较主要的国际经济合作与交往方式以及相关知识进行逐项分析和阐述，并从理论上进行概括和探讨。国际经济合作是在中国改革开放的进程中产生并逐步形成的一门新的学科。我们在此要特别感谢王林生教授、储祥银教授和于俊年教授对国际经济合作学科建设所作出的重大贡献。邱年祝教授、严思忆教授、李康华教授、王世浚教授和王西陶会长也为国际经济合作学科的发展倾注了大量心血，作者也表示深深的敬意。王绍熙教授、林桂军教授以及张锡嘏教授对本教材的编写和出版给予了多方面的指导和帮助，作者对此谨申谢忱。

本书由卢进勇撰写第一章至第四章、第九章、第十二章和第十三章；杜奇华撰写第五章至第八章、第十章和第十一章。本书既适合于作为高等院校涉外经济与贸易专业学生的教材，也适合于有关企业与政府管理部门的人员使用。限于作者的学术水平和经验，本书中难免存在不足和错误，敬请专家和广大读者不吝赐教。

卢进勇　杜奇华

2000 年 2 月 18 日

目　　录

第一章　国际经济合作概述

第二次世界大战以后，随着科技革命的发展和国际分工的深化，国际经济合作作为一种新型的国际经济交往方式开始出现并取得了迅速的发展。当前，国际经济合作已成为国家间经济交往的重要内容之一，它有力地推动了参与合作国家国民经济的增长和整个世界经济的发展。

第一节　国际经济合作的概念

一、国际经济合作的概念

国际经济合作是指世界上不同国家（地区）政府、国际经济组织和超越国家界限的自然人与法人为了共同利益，在生产领域和流通领域（侧重生产领域）所进行的以生产要素的国际移动和重新合理组合配置为主要内容的较长期的经济协作活动。

国际经济合作与世界经济、国际贸易等相关学科一样，也是研究国际经济关系的学科之一，但各自研究的重点不同。国际经济合作着重研究国家间在生产领域所进行的经济协作活动，即发生在生产领域中的以生产要素国际移动为本质内容的经济关系的特点和规律。

二、国际经济合作的含义

根据上述定义，我们可以看出国际经济合作具有以下几个方面的含义：

（一）国际经济合作的主体是不同国家（地区）政府、国际经济组织和各国的企业与个人

不同国家（地区）政府、国际经济组织和各国的企业与个人之间，其合作超越国界，不同于国内各地区间的自然人、法人（企业或经济组织）和各级政府的经济协作。国际经济合作所涉及的政治风险、文化背景、国家法律和管理条件等都远比国内地区间经济协作复杂。

（二）开展国际经济合作的基本原则是平等互利

在国际经济合作过程中，不论国家大小强弱，企业规模如何，它们的地位是平等的，都有权利享受合作的利益。因此，国际经济合作不同于历史上宗主国对殖民地附属国的掠夺、侵略与剥削，也有别于在不平等条约下，国与国之间的经济活动，它是随着殖民体系全面崩溃而发展起来的新的经济范畴。

（三）国际经济合作的范围主要是生产领域

随着科学技术和生产力的发展，国家间的经济联系不断加强，整个世界经济日趋一

体化。过去的那种仅仅发生在流通领域的国际经济联系方式已经不能完全适应科技进步和生产力发展的需要了，现代化的大生产要求在全球范围内实现生产资源和要素的最优配置，以取得最佳的经济效益。国际经济合作就是这种要求在经济领域中的反映。

（四）国际经济合作的主要内容是不同国家生产要素的优化组合与配置

由于各国的自然条件和经济发展水平的不同，各国所拥有的生产要素存在着一定的差异，包括质量上和数量上的差异。只有将不同国家占有的优势生产要素结合起来，才能更快地发展经济。通过国际经济合作，各国可以输入自己经济发展所必需而又稀缺的各种生产要素，输出自己具有优势的或者多余的生产要素，从而达到生产要素的优化组合，使各国的生产要素充分发挥作用，优势互补，推动各国生产力的发展。

（五）国际经济合作是较长期的经济协作活动

传统的国际贸易活动一般都是就某些商品的交易进行磋商，达成协议并签订合同后，卖方负责备货交货，买方则验收付款，货款两讫后，买卖双方的权利与义务即告结束，合同即告终止，此笔交易也告完成。每笔交易持续的期限一般都不长。国际经济合作要求合作各方建立一种长期、稳定的协作关系，共同开展某些经济活动，因此，国际经济合作活动的周期一般比较长，有些项目的合作周期可能长达数十年。而且，国际经济合作的方式也比国际贸易更为灵活多样。由于合作的时间长，所以一般来讲其风险也比较大。

第二节　国际经济合作的类型与方式

一、国际经济合作的类型

国际经济合作的内容十分丰富，从不同的角度着眼可以把国际经济合作划分成不同的类型。目前，人们一般认为国际经济合作应包括以下几种类型：

（一）广义国际经济合作与狭义国际经济合作

广义国际经济合作是指除国际贸易以外的国际经济协作活动。狭义国际经济合作则仅指国际工程承包与劳务合作和对外经济援助。我们所着重研究的是广义的国际经济合作。

（二）宏观国际经济合作与微观国际经济合作

宏观国际经济合作是指不同国家政府之间以及不同国家政府同国际经济组织之间通过一定的方式开展的经济合作活动。微观国际经济合作是指不同国籍的自然人和法人之间通过一定方式开展的经济活动，其中主要是指不同国家的企业或公司间的经济合作活动。宏观国际经济合作对微观国际经济合作的主体、范围、规模和性质有较大的影响，但宏观国际经济合作服务于微观国际经济合作，多数形式的宏观国际经济合作最终都要落实到微观国际经济合作上来，微观国际经济合作是宏观国际经济合作的基础。

（三）多边国际经济合作与双边国际经济合作

多边国际经济合作是两个以上的国家政府之间以及一国政府与国际经济组织之间所进行的经济合作活动。多边国际经济合作又可分为全球多边与区域多边两种具体类型。

双边国际经济合作是指两国政府之间进行的经济合作活动。多边国际经济合作与双边国际经济合作一般都属于宏观国际经济合作的范围。

（四）垂直型国际经济合作与水平型国际经济合作

垂直型国际经济合作是指经济发展水平差距较大的国家之间所开展的经济合作活动。水平型国际经济合作则是指经济发展水平较接近的国家之间所开展的经济合作活动。垂直型或水平型国际经济合作一般都包括宏观与微观的国际经济合作。

二、国际经济合作的方式

当代国际经济合作主要包括以下八种方式：

（一）国际直接投资合作

包括一个国家引进的其他国家的直接投资和对其他国家进行的直接投资。其具体方式有合资经营、合作经营和独资经营等。

（二）国际间接投资合作

主要包括国际信贷投资和国际证券投资两种方式。具体形式包括外国政府贷款、国际金融组织贷款、国际商业银行贷款、出口信贷、混合贷款、吸收外国存款、发行国际债券和股票以及国际租赁信贷等。

（三）国际科技合作

包括有偿转让和无偿转让两个方面。有偿转让主要指国际技术贸易，国际技术贸易所采取的方式有带有技术转让性质的设备硬件的交易和专利、专有技术或商标使用许可贸易等。无偿转让一般以科技交流和技术援助的面目出现，其具体方式有：交换科技情报、资料、仪器样品，召开科技专题讨论会，专家互换与专家技术传授，共同研究、设计和试验攻关，建立联合科研机构和提供某些方面的技术援助等。

（四）国际劳务合作

主要包括直接境外形式的劳务合作和间接境内形式的劳务合作。具体形式有国际工程承包、劳动力直接输出和输入、国际旅游、国际咨询以及三来一补业务等。

（五）国际土地合作

包括对外土地出售、土地出租、土地有偿定期转让、土地入股、土地合作开发等具体内容。

（六）国际经济信息与经济管理合作

国际经济信息合作主要是指不同国家之间经济信息的交流与交换。国际经济管理合作的具体方式有：对外签订管理合同、聘请国外管理集团和管理专家、开展国际管理咨询、联合管理合营企业、交流管理资料与经验、举办国际性管理讲习班等。

（七）国际经济援助

主要有资金援助、物资援助、人力（智力）援助和技术援助等方式。

（八）国际经济政策的协调与合作

包括联合国系统国际经济组织进行的协调、区域性经济组织进行的协调、政府首脑会议及互访进行的协调以及国际性行业组织和其他有关国际经济组织进行的协调。

第三节　国际经济合作的产生与发展

一、国际经济合作是一个历史性的经济范畴

国际经济合作是在传统的国际经济联系形式的基础上产生和发展起来的，是国际经济关系在一定历史条件下存在的方式。所以国际经济合作是一个历史性的经济范畴，它的产生与发展有着深刻的社会、历史原因。

在第二次世界大战以前传统的国际分工格局中，商品贸易是国际经济联系的最主要形式，国际间生产要素直接转移的地位并不重要。各国所具有的生产要素的优势主要以商品贸易为中间媒介进行间接转移，即由各国发展具备相对优势商品的生产，向其他国家出口这种商品，同时进口本国处于相对劣势的商品。在这种状况下，各国的生产要素主要是在国内进行直接的自由流动，而不能在各国之间进行完全直接的自由转移。因此，第二次世界大战以前，国际经济合作只是处于萌芽状态。

第二次世界大战后，国际经济联系发生了一系列变化，出现了一些新的联系形式，各国在更广泛的领域内进行合作，以国际间生产要素转移为主要内容的国际经济合作活动已发展成为当代世界经济和国际经济关系中一个非常重要的领域。真正意义上的国际经济合作是第二次世界大战以后产生和发展起来的。促进第二次世界大战后国际经济合作产生与发展的主要动因有：

（一）第三次科学技术革命的出现及其影响

从20世纪50年代开始，由于新的科学技术革命的开展，人类在科学技术方面不断取得新的突破，并不断地把它们运用于生产领域，出现了以电子计算机为核心的电子技术以及生物技术、生物工程、激光和光导纤维为主的通信技术、海洋工程、宇宙空间工程、新材料、新能源等一系列新学科、新技术。这次科学技术革命，无论在规模上、深度上还是在影响上，都大大超过以往的科学技术革命，对世界各国社会生活的各个领域，尤其是对经济生活产生了极为深刻的影响。

科学技术革命推动了生产力的发展，使世界各国经济发展速度普遍加快，出现了世界经济高速增长的时期。其特点是由于科学技术成果在生产中的运用，出现了大量“技术密集型”产品，而且技术商品化的形成，又导致出现了新的独立的生产要素市场——技术市场。在资本、劳动力、土地资源等其他生产要素中，技术的作用也越来越明显，使科学技术成为影响一国生产力水平的最重要因素。第三次科学技术革命使国家之间在生产领域进行广泛的合作成为可能，为生产要素在国家间直接转移和重新组合配置提供了必要的条件和实际内容。因此，第三次科技革命的出现是国际经济合作在第二次世界大战后产生与发展的直接动因。

（二）跨国公司的大发展

第二次世界大战以后，跨国公司取得了长足的发展，根据联合国贸易和发展会议公

布的统计数据，截至2011年年底全球跨国公司母公司超过10万家，海外分支机构超过89万家。2011年跨国公司海外分支机构雇用了约6 907万人，大体占全球雇员的4%。2011年，跨国公司的海外子公司的销售额约28万亿美元，创造的增加值约7万亿美元，接近全球GDP的10%。2010年，国有跨国公司成为活跃的投资者，全球至少有650家，总共拥有8 500多个海外子公司，来自发展中经济体和转型期经济体的国有跨国公司约占56%。跨国公司与其子公司、分公司之间，以及与其他国家企业之间的经济技术活动日益发展，遍及全世界。跨国公司的活动有力地促进了各国之间在生产领域的合作和生产领域的国际化，它们是开展国际经济合作和生产要素国际移动的一个重要主体。

（三）第二次世界大战后国际分工的新特征

国际分工是国际间的劳动分工，是社会分工超越国家界限的结果，国际分工是生产力发展和科技进步的必然产物，同时，国际分工又是国际经济关系的具体体现。最初的国际分工是工业和农业生产部门间的垂直分工，这一分工的结果形成了世界城市和世界农村的对立。

第二次世界大战以后，世界经济进入了一个全新的发展阶段。由于第三次科学技术革命的影响，国际分工有了新的发展，出现了一些新的特征。第一，国际分工产生的基础发生了变化。第二次世界大战前国际分工产生的基础主要是自然条件，而第二次世界大战后尽管自然条件对国际分工仍有重要的影响，但国际分工产生的主要基础已经变为科学技术水平和由此决定的一国的综合竞争力。第二，国际分工的地域和范围不断扩大。国家间的经济联系进一步加强，几乎所有的国家和地区都被纳入当代国际经济的体系中来，自觉不自觉地参与了国际分工。第三，国际分工的深度进一步发展。国际分工已由部门间发展到部门内和公司内，而且还出现了国与国之间在不同产品、不同零部件和不同生产工艺流程方面的分工。第二次世界大战后生产国际化的新发展特别表现在生产过程的国际化上。由于科技的发展，出现了许多新型的产业和产品，这些现代化产业和产品的结构和生产工艺十分复杂，技术性能和质量要求很高，它们的生产不仅要求国内许多部门和许多企业进行专业化协作，而且要求在国际范围进行协作。因此，各国间不仅实现了部门间的国际分工，而且出现了部门内部和公司内部的国际分工，即实现了按产品、按规格型号、按零部件、按生产工艺流程的国际分工。各国的直接生产过程成为统一的世界生产过程的组成部分。与此相适应，各类生产要素不断在国家间转移与重新组合配置，出现了各国在生产领域中进行国际经济合作的各种方式。第四，混合型国际分工成为国际分工的主要类型。第二次世界大战后，虽然垂直型和水平型国际分工都存在，但居于主导地位的是两者结合而成的混合型国际分工。第五，国际分工的性质也发生了改变。由于第二次世界大战后世界政治经济格局发生了重大变化，广大发展中国家纷纷独立，所以，第二次世界大战后国际分工的性质也由第二次世界大战前那种基本上不平等的分工变成了基本平等的分工。

（四）经济生活国际化和国家间的相互依赖

进入20世纪50年代以后，世界经济的一个重大特点就是经济生活国际化趋势和相互依赖关系的迅速发展和加强。经济生活国际化是生产力发展的直接结果，是世界各国和地区经济生活社会化、生产专业化协作发展超越本国界限而实行国际安排的表现。正是生产力这一最活跃、最革命的因素的不断发展推动生产的社会化越出了一个地区、一个国家，进而把现代社会的整个经济生活推向了国际化。

经济生活国际化具体表现为生产国际化、市场国际化、资本国际化和经济调节国际化等方面。第二次世界大战后国家之间的相互依赖主要表现在两个方面：一是经济技术领域，包括生产、流通、信息传递等方面；二是国际经济协调领域的相互依赖。

当代国际经济联系越来越密切，任何国家都不可能在封闭状态下求得发展，任何国家的经济活动必然会以某种渠道，以某种方式“传递”到其他国家，同时也接受其他国家对自己“传递”的影响。国家间的经济依赖加强和经济生活国际化成为当代世界经济发展的主要趋势之一，也是推动国际经济合作发展的一个重要动因。

（五）第二次世界大战后世界政治格局的变化

第二次世界大战以后，随着旧殖民体系的瓦解，世界政治格局出现了根本性变化。首先，第二次世界大战前几个主要资本主义国家完全主宰整个人类命运的时代结束了，尽管他们仍然在世界政治经济领域中占据主要地位。其次，许多新独立的国家加入了发展中国家的行列，使广大发展中国家成为当今世界政治经济舞台上的一股不可忽视的力量。再次，社会主义国家的出现，形成了影响世界政治经济生活的新的力量。总之，在世界上，已形成了发达资本主义国家、社会主义国家、发展中国家三股重要的政治经济力量，形成了国际政治的新格局。

世界政治格局的变化必然带来世界经济活动的变化。发展中国家为争取经济独立，发展民族经济，就需要发达国家的资金、技术、管理经验等生产要素，而发达国家则可以通过输出资本、技术等继续进入发展中国家市场，并可顺利地带动有关的设备、零部件、半成品的出口，这就促成了发达国家同发展中国家间的经济合作的迅速发展。

由于旧的国际分工格局已被突破，发达国家与发展中国家间的分工形式也有了进一步的发展，同时，作为独立的政治实体的国家数量的增加，客观上为在世界范围内广泛地开展国际经济合作活动提供了可能性。总之，第二次世界大战后世界政治格局的变化为国际经济合作的产生与发展创造了良好的条件。

二、国际经济合作的发展趋势

国际经济合作的开展，能够推动各国经济的发展和提高人民的福利水平，并能在某些方面发挥国际贸易难以起到的作用，这已为越来越多的国家所共识。国际生产要素市场的状况也会对国际经济合作的开展产生一定的影响。国际经济合作今后主要的发展趋势有：

（一）竞争更加激烈的趋势

国际经济合作领域同国际贸易领域一样存在着激烈的竞争，今后这种竞争将呈现加强的势头。在资本要素市场上现在是买方竞争，众多的国家都在为吸引更多的资本流入国内而想方设法；在劳动力要素市场上则是卖方竞争，劳动力输出国之间为争夺劳务市场而展开的竞争丝毫不亚于为争夺有形商品市场而展开的竞争。

（二）集团化的趋势

由于生产要素移动趋向集团化，因此各经济集团内国家之间以及经济集团与经济集团之间的经济合作业务将会有较多的增加。国际经济合作中出现的集团化趋势，实际上是发达国家之间经济合作加强的表现，因为目前发展层次较高的区域经济一体化经济集团，主要集中在发达资本主义国家。

（三）经济合作形式多样化的趋势

形式是为内容服务的，国际经济合作形式将随着国际经济合作业务内容的发展而不断多样化。近年来在国际经济合作中出现的新形式主要有：非股权形式的国际投资、BOT 投资方式、联合研究与开发新技术或新产品、带资承包工程、带资移民、劳务支付形式的补偿贸易、对外加工装配等形式的境内国际劳务合作、跨国性经济特区等。

（四）经济政策协调经常化、制度化趋势

国际间经济政策的协调属于宏观国际经济合作。国与国之间经济依赖性的加强以及为保障和推动生产要素国际移动更顺利地进行，需要加强国际经济政策协调。现在，美日之间、美欧之间、欧共体成员国之间、发达资本主义国家之间、发展中国家之间以及在联合国和世界贸易组织内进行的经济政策协调日趋频繁，并且正在向定期化和制度化方向发展。

三、国际经济合作的意义和作用

国际经济合作的开展打破了以商品贸易为主的国际经济交往的格局，为国际经济联系增添了新的内容。国际经济合作的开展不仅会对直接参加合作的各国的经济起到积极作用，而且也会对整个世界经济的发展产生良好的影响。国际经济合作的作用主要表现在以下几个方面：

（一）加深各国的生产国际化和经济国际化

由于国际经济合作是各国间重点在生产领域开展的较长期的经济协作活动，所以也是各国在生产领域的相互结合，也就是生产的直接国际化，这就大大地扩展了生产力发展的空间和余地，使世界经济由传统的以世界市场为主要特征的时代，演变成以世界工厂为主要特征的时代。

（二）提高生产要素的使用效率和收益

生产要素由闲置或过剩的国家流向短缺的国家，由价格低、报酬低的国家流向价格高、报酬高的国家，实际上也就是由使用效率低的国家流向使用效率高的国家，这样可以提高生产要素的使用效率和收益。一个国家可以通过输出本国相对充裕或处于闲置或半闲置状态的生产要素而为本国带来比较利益和绝对利益。

（三）直接实现各国之间在生产要素的数量、质量和种类方面的互补

通过国际经济合作，能够实现各国间在生产要素方面的互通有无，能够促进生产要素在国际间的优化配置，使各国获得在生产中所必需但又缺少的生产要素，使各个国家的经济发展能够突破本国生产要素禀赋的局限性。例如，某种产品生产需要甲和乙两种生产要素。如果甲国拥有较多的甲种生产要素而不具备乙种生产要素，乙国拥有较多的

乙种生产要素而不具备甲种生产要素，在不存在生产要素流动的条件下，甲、乙两国都不具有生产该种产品的能力，而通过国际贸易，甲、乙两国是不能生产该种产品的，只有当甲、乙两国开展国际经济合作，甲国从乙国流入乙种生产要素，乙国从甲国流入甲种生产要素的时候，甲、乙两国才都具备了该种产品的生产能力。通过开展国际经济合作输入本国稀缺的生产要素，实现生产要素的国际间集合，可以为各国进行规模经济生产创造条件。规模经济的发展可以提高劳动生产率，降低产品的生产成本，扩大产品的销售市场，使产品的质量和竞争力提高从而获得规模经济效益。

（四）促使生产要素价格在世界范围内出现均等化的趋势

根据“赫克歇尔－俄林－萨缪尔森定理（简称H－O－S定理）”，如果各国都以自己的要素禀赋比率和要素价格比率的差距为基础来进行商品的生产和贸易，其结果将会使贸易前相对充裕的要素价格上升，使贸易前相对稀缺的要素价格下跌，从而逐渐地达到要素价格的国际均等化。这是在分析各国之间若进行自由贸易，进行以进出口商品为载体的要素的间接移动所导致的结果。进行生产要素的直接移动就更会导致生产要素的价格在世界范围出现均等化的趋势。但是，这仅仅是一个趋势，要达到各国之间要素价格的完全均等化是可望而不可即的。这是因为各国政府会对要素的国际移动施加或多或少的限制，况且市场上的要素价格也因各种因素的影响而变动不止。

（五）扩大国际贸易的数量和范围，影响和改变国际贸易的流向

从动态和实际业务工作的角度来看，生产要素的国际移动将给国际贸易带来多方面的积极影响：其一，资本和技术要素的国际移动会导致机器设备和原材料等资本货物类商品的国际贸易的增加；其二，一国把从国外输入的生产要素投入出口产品生产企业或出口产业部门，会推动该国出口贸易的扩大；其三，国际工程承包业务的开展会带动和扩大与此相关的设备材料等商品的进出口；其四，生产要素国际移动数量的增加还意味着世界服务贸易（无形贸易）规模的扩大。生产要素的国际移动，特别是以直接投资形式出现的资本要素的国际移动，可以突破贸易保护主义的限制，实现国外生产国外销售，从而使国际贸易的商品流向发生改变。

（六）生产要素的国际移动会导致某些出口产业的国际转移和某些替代进口产业的加速建立，改变一些国家参加国际分工的态势

众所周知，劳动密集型出口产业总是呈现出从劳动费用高的国家向劳动费用低的国家进行“候鸟式”转移的特征。20世纪50年代劳动密集型产业由欧美转移到日本，20世纪60年代开始转移到亚洲“四小龙”，20世纪80年代移向泰国、马来西亚等东盟国家和中国东南沿海地区。近年来，日本等发达国家开始向国外转移一些资本密集型的产业。任何产业的国际转移都包含着一部分资金、技术等生产要素的国际转移，也就是说，它们是通过生产要素的国际移动实现的。随着出口产业的国际间转移，必然会使相关国家的出口产业结构、出口企业组织结构和出口商品结构发生变化，从而改变这些国家在国际分工中的地位。从另一个角度来看，一个国家要加速本国替代进口产业的发展，就必须采用开放式的替代进口发展战略，通过输入国外的生产要素促进本国替代进口产业与产品的发展，从而才能实现本国产业结构的高级化和现代化。

（七）国家间的经济协调行动为世界各国经济发展提供了良好的外部条件

国家间在政策方面进行协调，发展区域合作和跨区域合作是第二次世界大战后国际经济合作的重要内容和主要特征之一。第二次世界大战以后，国家间在经济上的协调包括经济发展水平相近或差距较大的国家间的协调、区域性经济组织、跨区域性经济组织所进行的协调等多种形式。国际经济协调有利于克服国际经济的矛盾和纠纷，有利于解决国际经济中的不平衡现象，从而有利于各国之间开展各种形式的国际经济合作。

第四节　生产要素的国际移动与国际经济合作

一、生产要素的概念和种类

从一定角度来讲，生产要素分析是经济学的一个重要基础。对于如何理解生产要素这一概念以及生产要素包括哪些主要内容，国内外经济学界存在着不同的看法。较具代表性的观点有五种：第一种观点认为，生产要素是指用于商品和劳务生产的经济资源，通常分为土地、劳动和资本。第二种观点认为，生产要素是指用于生产过程的社会资源，通常包括土地、劳动、资本和企业家才能。这个解释与西方经济学教科书的解释基本相同。第三种观点认为，生产要素是进行物质资料生产所必须具备的条件，即劳动者和生产资料。这个解释多见于中国的政治经济学教科书中。第四种观点认为，我国经济学界在研究生产力系统的构成因素时提出的，这种观点认为，生产力因素是社会生产力的细胞形态，是生产力经济学的逻辑起点。但是，在分析生产力具体由哪些因素构成时，却存在着“七要素论”和“九要素论”的争论。“七要素论”者认为，生产力的构成因素包括：劳动者、劳动资料、劳动对象、科学技术、生产管理、经济信息和现代教育。“九要素论”者则认为生产力的构成因素有九个，即劳动者、生产工具、能源设施、基础设施、材料、科学技术、生产信息、现代教育和生产管理。第五种观点认为，中国实际经济界在解决企业兼并和产权转让等现实问题时提出的。这种观点认为，生产要素包括：人员、资金、土地、固定资产、物资、技术、信息、管理和经营权等。

以上我们分别介绍了中外经济学界对生产要素概念和内容的不同解释。第一种观点提出的是三要素，第二种观点提出的是四要素。这两种观点侧重于从使用价值的创造和具体生产过程的角度来分析生产要素，基本上反映的是西方经济理论界较传统的认识，对第二次世界大战后提出的新生产要素（人力资本要素、研究与发展要素、规模经济要素和信息要素等）则未加以分析概括。第三种观点实际上是我国政治经济学界对生产要素的解释，由于是从人类社会生产最基本和最一般的条件的角度所下的定义，所以比较抽象。第四种观点对现代化大生产条件下的生产力构成情况进行了分析，虽然比较具体，但对于要素内容的概括有些过宽，在理论渊源上与第三种观点有联系。第五种观点则完全是从实际经济活动过程来概括生产要素的内容的。后三种观点在一定程度上反映了我国经济理论界和实际经济部门对生产要素概念和内容的认识。借鉴以上几种观点的长处，并结合对国际经济合作实际业务的理论分析，我们认为应当把生产要素定义为：生产要素是指使具体的生产过程得以正常进行所必需的各种物质条件和非物质条件。生产要素通常包括资本、劳动力、技术、土地、经济信息和经济管理等六种。资本是指通过直接和间接的形式最终投入产品生产过程的资本货物（指机器设备、厂房建筑物和原材料等）和金融资产（指股票、债券和借款等）。劳动力是指可用于生产过程的一切人力资源，不仅包括体力劳动者也包括脑力劳动者。劳动力与劳动是两个关系密切但又有区别的概念，劳动是劳动力的使用和消费，即人们在生产中付出体力和智力的活动。技术是指制造某项产品、应用某项工艺或提供某项服务的系统知识。技术要素的表现形态可以是文字、表格、数据、配方等有形形态，也可以是实际生产经验、个人的专门技能等无形形态。土地是一个广义的概念，不仅包括土地本身，还包括地下的矿藏和地上的自然资源。经济信息要素是指与产品生产、销售和消费直接相关的消息、情报、数据和知识等。经济信息是经济运动过程中各种发展变化和特征的真实反映，它具有可传递性、可再生性、可处理性、可贮存性和可共享性等特征。经济管理要素又称生产组织要素或企业家才能要素，它是指人们为了生产和生活的需要而对经济活动过程的一种自觉的控制，即通过计划、组织、指挥、监督等手段，使生产过程中的各种生产要素在时间、空间、种类和数量上组成更为合理的结构，实现最佳效益生产。经济管理的主要职能是决策和协调。

二、生产要素国际移动的原因

由于制约和影响生产要素国际移动的因素较多，所以对生产要素国际移动原因的分析就较为复杂和困难。从输出方和输入方不同角度进行分析所得出的原因同对一个国家（地区）的不同时期进行分析所得出的原因都会是不相同的。但就一般而言，导致生产要素国际直接移动的具体原因主要有：各国（地区）间生产要素禀赋的差异性、各国（地区）间经济发展水平的不平衡性和各国（地区）政府的干预。

（一）各国（地区）间生产要素禀赋的差异性

由于受到自然地理条件、经济发展水平和科学技术发展速度等因素的影响，各国（地区）间的生产要素存在着较大的差异。这种差异性主要表现在以下几个方面：

1. 各国（地区）间资本要素的差异

各国（地区）间资本要素的差异主要是由历史的原因和经济与科技发展水平不同所决定的。资本丰裕的国家对于资本密集型产品的生产具有巨大的优势。在历史发展中，当今的发达资本主义国家通过原始积累和殖民主义的对外经济政策获取了大量建立现代化工业的资本。第二次世界大战后，科学技术的发展促进了社会劳动生产率的提高从而推动了当今发达资本主义国家的资本积累。与发展中国家相比，发达资本主义国家具有资本优势。因此发达国家与发展中国家在发展经济的资本方面具有显著的差别。不仅如此，即使在发展中国家之间和发达国家之间，在发展经济所需的资本方面也存在着一些差异。

2. 各国（地区）间劳动力要素的差异

各国（地区）间劳动力要素的差异对于发展经济也是一个重要的影响因素，人口稠密的国家在劳动密集型产品的生产方面具有明显优势。由于历史等原因，发展中国家的劳动力比较丰裕，因此，第二次世界大战后劳动密集型产品的生产主要集中在发展中国家。对于劳动力的分析，不仅要考虑劳动者的数量，而且还需考虑劳动者的能力。劳动者的能力取决于人的天然资质、接受教育的程度和长期从事的职业等。首先，就某项工作而言，某些人的天然资质优于其他人，不同的天然资质会使某人更适合于做一个工程师，另一个人更适合从事医生或律师工作。其次，一个人接受教育的程度取决于该国的教育水平。一般而言，接受教育多的劳动者比接受教育少的劳动者能生产出更多的产品。第二次世界大战后，西方经济学提出的人力资本概念就是指这一情况。人力资本是指在劳动者身上进行的投资，其中包括教育、培训、卫生、保健等，以使普通劳动者的素质大大提高，从而提高劳动生产率、发展科学和利用先进的技术。这种投资和劳动力结合可以形成一种新的生产要素并对国际经济合作和国际贸易发生作用。再次，即使每个人的天然资质和接受教育的水平一样，长期从事一种或少数几种职业仍然会使人与人之间的能力产生差别。劳动者的技能会因职业不同而发生变化和改进。

3. 各国（地区）间技术要素的差异

赫克歇尔和俄林在生产要素禀赋理论中假设各国间在技术上是没有差别的。用这一假设来解释第二次世界大战后各国间经济发展和经济往来是不现实的。各国间，劳动力、资本和自然资源上的差异对于各国生产要素的流动性固然具有十分重要的影响，但是，技术也是一个不可忽视的因素。从历史上看，人类社会迄今为止经历过三次科学技术革命，每次科学技术革命都推动了各国劳动生产率的提高。但是，科学技术革命对于各个国家来说都是不同步的。18 世纪 60 年代到 19 世纪 60 年代，英国首先开始了产业革命，其他资本主义国家在英国之后相继完成了产业革命。19 世纪后期，德国开始了第二次科学技术革命，其他资本主义国家则在德国之后完成了这次科学技术革命。第二次世界大战后从 20 世纪 40 年代到 20 世纪 50 年代初，一些主要的资本主义国家又开始了一项新的科学技术革命，这次科学技术革命首先发源于美国，随后，西欧和日本也迎头赶上，在这一过程中，国际技术的转让起着很大的作用。一个国家在科学技术上的优势决定了该国在技术密集型产品生产方面具有有利条件。发达资本主义国家由于技术比较发达，其技术密集型产品的生产大大优于发展中国家。技术要素属于一种人为的可得性生产要素。从根本上来说，各国（地区）间技术要素方面的差异源自其在基础研究和应用研究上的水平。

4. 各国（地区）间在其他生产要素方面的差异

各国（地区）间在土地要素、经济信息要素和经济管理要素方面也存在一些差异。由于各国（地区）所处的纬度位置和地理条件的不同，又由于社会历史的因素，各国（地区）的国土面积、土地状况和气候状况都会不尽相同。土地要素丰富的国家或地区，其价格会相对低廉；相反，则会相对昂贵。土地要素丰富，有利于进行土地和资源密集型产品的生产。经济信息要素对于经济发展来说也是不可缺少的因素之一。经济信息虽是一种无形的非物质的生产要素，但是，当它与其他有形的生产要素结合在一起时就能够对产品的生产、销售和消费等方面产生巨大的影响。第二次世界大战后，发达国家都十分强调这一要素的重要性并具有一定的相对优势，而广大的发展中国家也日益对这一要素加以重视。各国或地区在经济管理要素方面的丰裕程度也不尽相同。与市场经济相关的经济管理，既包括整个国民经济的宏观管理，又包括微观企业的管理。总的来说，发达国家这种要素多一些，而发展中国家稀缺一些。

（二）各国（地区）间经济发展水平的不平衡性

制约和影响生产要素在各国间进行移动的第二个重要因素在于各国经济发展水平不平衡规律的作用。发展中国家如何从不发达的经济状态进入经济发达国家的行列，如何提高本国人民的社会福利水平，都与正确的国内经济发展战略及合理的对外经济战略密切相关。其中一个非常重要的问题就在于如何运用自己相对充裕的要素（劳动力、土地等）的输出，相对稀缺的要素（资本、技术、管理等）的输入，做到国内资源的合理配置与运用。因而，从发展中国家和发达国家经济发展的阶段性差距来看，要素的国际移动非常必要。另外，从发达国家之间的关系来看，由于发展不平衡规律的作用，也导致了生产要素在发展水平相近的欧美等资本主义国家间的相互流动。

从各国经济结构角度来分析，各产业间、各部门间和各类产品生产间的比例在经济发展水平相差悬殊的国家间会产生不一致，即使在经济发展水平相近的国家间也不会完全一致。这种经济发展的不平衡性从两个方面促进了生产要素进行跨越国界的移动。一方面，各国在生产能力、生产结构上的不一致，导致了对于要素需求在种类、质量和数量上的不一致；另一方面，从要素供给的角度来看，各国在要素禀赋、要素创造方面的不一致，使得各国在各类要素的可供量上也存在种类、质量和数量上的不一致。这种来自供给和需求两个方面的促进因素，将直接造成要素在各国市场上的供求状况的差异，进而造成它们的价格差异。有了价格差，如果各国又不对要素移动施加限制的话，生产要素就将会为获取更高的报酬而开始移动。这是因为，生产要素的国际直接移动是一国参加国际分工的一种方式，获取绝对和相对利益是生产要素发生国际移动的根本原因。追求更高的要素收益是移动的一个基本出发点，是价值规律在各国间进行作用的必然结果。当然，不可否认，在现实的经济生活中，由于要素配置在数量和质量上的相对固定性，或由于对要素在未来某个时期价格可能提高的预期以及出现了强大的非经济因素的作用，有时也会出现某种生产要素由价格相对较高的国家流向价格相对较低的国家的现象。

（三）各国（地区）政府的干预

在这里，我们主要分析各国（地区）政府所采取的鼓励性措施对生产要素国际移动的影响。毫无疑问，国际经济的现实说明，各国（地区）政府采取的鼓励性干预措施对生产要素的国际直接移动产生了巨大的推动作用，是促使生产要素流出和流入的一个重要原因。这种干预措施所采取的主要手段有行政手段（颁布有关行政性的政策条例）、法律手段（以法律的形式固定有关条文）、经济手段（如税收方面的优惠政策）和国际协调手段（通过双边政府首脑会议或多边国际组织）；干预的范围，则涉及了各种生产要素。就干预措施中的法律手段而言，涉及资本要素移动的有外商投资法和海外投资法等；涉及技术要素移动的有技术转让法、专利法和商标法等；涉及劳动力要素移动的有外国劳工管理法和本国劳工输出管理法规等；涉及土地要素移动的有经济特区法和有关土地出售与出租方面的法规等。尽管政府干预的动机是多种多样的，然而如果就经济动机来考察的话，政府的一切干预措施都是着眼于鼓励本国充裕要素的流出和本国稀缺要素的流入，从而缓解本国在生产要素的数量、质量和结构方面的不平衡，直接和间接地提高本国要素的收益率。

三、生产要素的国际移动与国际经济合作的内在联系

早期的经济学家在考察国际分工与国际生产时假定，生产要素在国内完全移动而在国际间则完全不移动。由于各国生产要素的自然禀赋状况不同，每个国家都是依据本国具有优势的生产要素参加国际分工，它们集中生产那些密集使用本国禀赋丰富的生产要素的商品，然后同其他国家进行交换，大家都能从中获利。在这种情况下，国与国之间进行经济联系的主要方式就是国际贸易，各种生产要素是物化在商品中发生国际移动的，商品的国际移动代替了生产要素的国际移动。

伴随生产国际化趋势的加强，国与国之间经济交往的规模和方式不断扩大和多样化，生产要素国际直接移动日益频繁，经济生活的现实推翻了生产要素在国际间完全不移动的假定。生产要素的国际直接移动与国际贸易之间既存在相互替代的关系，也存在相互补充的关系，一方不能取代另一方的功能。替代关系着眼于静态分析，它指的是，一方面生产要素移动有其障碍，国际贸易仍然有替代生产要素移动的基础；另一方面国际贸易只能减轻却不能消除生产要素在各国的边际生产力差异，而且国际贸易的进行也会遇到各种障碍，因此，国际贸易也不能消除生产要素移动的基础。补充关系着眼于动态分析，是指国际贸易的进行间接地扩大了生产要素的国际移动。反过来讲，生产要素的国际移动也会从侧面促进贸易机会的扩大，国际贸易与生产要素的国际移动，成为一国发展与他国经济联系的两种相互补充、交错使用的方式。当然，从实质上讲，国际贸易与生产要素国际移动的起因是相同的，即都是由于各国生产要素禀赋不同所导致的生产要素价格差异，同时，它们的进行又都会使各国生产要素的价格差异趋向均等化。

生产要素的国际直接移动，使各国原本相互独立的生产过程走向国际化和一体化，使国家间经济关系的重心由传统的流通领域进入生产领域，各个国家在生产领域依据一定的原则进行较长期较稳定的经济合作活动。国家间借助于生产要素的直接移动与重新合理组合配置而进行的活动就是国际经济合作。生产要素的国际直接移动与重新合理组合配置是国际经济合作的实质和主要内容。为了保障和推动生产要素国际移动的顺利进行，各个国家之间经常在经济政策的制定和执行方面进行一些协调活动，这种政策协调也属于国际经济合作的范畴，是宏观国际经济合作。

四、国际经济合作与国际贸易的区别和联系

国际经济合作和国际贸易是既有联系又有区别的两个经济范畴，相互之间既存在着一定的区别，也存在着一定的联系。

（一）国际经济合作与国际贸易的主要区别

1. 研究对象不同

国际贸易主要研究国际间商品流通的特点和规律，即生产要素间接国际移动的特点和规律，研究的重点是商品的进口与出口，属于流通领域的范畴。国际经济合作主要研

究生产要素在国际间进行直接移动和重新组合配置的特点与规律及其协调机制，研究的重点在于生产领域内的直接协作。

2. 国际经济合作和国际贸易开展的主要领域不同

国际经济合作是各国侧重在生产领域方面的合作；而国际贸易则是各国侧重在流通领域中开展的经济往来活动。

3. 国际经济合作与国际贸易的交易方式和表现形式不同

国际商品交易一般都是采取买断或卖断的方式，所需时间一般较短。当交易达成后，买方收货付款，卖方交货收款，然后买方与卖方的关系即告基本结束。而在国际经济合作业务中，合作各方需在一段较长的时期内进行合作和发生经济往来，直到合同规定的合作期期满或项目完成为止。国际贸易的表现形式一般是各种各样的合同，而国际经济合作一般表现为各种各样的项目。虽然项目中包含着合同，但是项目的范围比合同广，除了包括合同外，还包括项目建议书、项目可行性研究报告与项目章程等内容。

4. 国际经济合作和国际贸易对各国国民经济所起的作用不同

国际贸易主要是通过进口和出口影响各国国民经济，对各方来说，都可从对方获得稀缺的产品，或者通过比较利益节约生产要素的耗费，但并不直接影响各国科技水平和生产力的提高，不能直接解决一国的资金短缺问题。而国际经济合作则是合作各方在生产领域的直接合作。通过资本、技术、劳动力、土地资源等方面的转移，可以直接促进各国技术水平的提高和生产力的发展，并可缓解一国的资金短缺状况。

（二）国际经济合作与国际贸易的联系

1. 国际经济合作与国际贸易是一国对外经济交往的两种主要形式

国际经济合作与国际贸易是各个国家参与国际分工，获得比较利益的重要手段，两者都需要在国际市场上进行交换，都必须受到国际上通行的国际惯例与准则的制约和调节。

2. 国际经济合作和国际贸易都与生产要素禀赋相关

生产要素禀赋决定了国际经济合作中各种生产要素的组合形式和结构类型，同时，生产要素的禀赋也决定了国际贸易中各国参与交换的商品种类、数量和结构。

3. 在现实的经济活动中，国际经济合作与国际贸易常常结合在一起进行

如国际经济合作方式中的补偿贸易、承包工程都与国际商品贸易结合进行，技术转让、直接投资等也往往与国际商品贸易连接在一起，构成国际经济合作和国际贸易两种业务相互交织的综合性国际经济活动。国际经济合作与国际贸易的总的关系是两者相互替代、相互补充、相互促进和共同发展。

五、生产要素国际移动与重新组合配置的机制及生产要素市场的主要类型

生产要素国际移动与重新组合配置有市场机制和非市场机制两种主要机制。市场机制是一种自发的过程，它主要通过价格杠杆来进行调节；非市场机制主要指政府和有关国际经济组织的调节，它是一种自觉的过程，主要通过法律、行政、计划等手段和政策

协调来实现调节。国家通过制定经济发展战略、经济发展计划，通过国家立法和对外签署有关协定，有意识地对生产要素地流进与流出进行调节，这就是非市场调节机制。非市场调节机制不仅可以保证一国在国际生产要素流动中获得最佳效益，同时也在某种程度上影响和制约着生产要素流动的方向和生产要素移动与重新组合配置的规模。例如，如果两国间签有投资保护协定和避免双重征税协定，就有可能使这两国间的生产要素，特别是资本要素流动规模扩大，速度加快。再有，如果一国对生产要素流出的政策较松，限制较少，那么，该国相对充裕的生产要素的对外移动规模就相对较大，反之，则较小。市场机制与非市场机制的有机结合，有效地促进了生产要素在国际间的移动与重新组合配置。

生产要素的国际移动是通过生产要素市场进行的。在市场上，各种要素表现为不同的要素商品，要素商品价格的确定和一般商品价格的确定既有相同点也有不同点。生产要素的国际市场为要素的跨国界流动提供了条件和动力。与商品的国际市场一样，它也是由需求方（买方）与供给方（卖方）构成的。在国际市场中，需求方力图以较低的价格购买所需要素，而供给方则力图以较高的价格售出自己所具有的要素。供需双方的行为，形成了两个方向相反的作用力，都对最终的成交价格、成交数量起着极大的影响作用。要素价格属于使用价格，需求方在支付了要素价格之后得到的仅是要素的使用权，要素所有权仍归供给方。从而，利息是资本要素的使用价格，利润是管理要素的使用价格（不包括超额利润），工资是劳动力要素的使用价格，而地租则是土地要素的使用价格。消费者之所以对商品提出需求，是为了从中求得生理和心理欲望的满足（亦即所谓“获得效应”），因而称之为“直接需求”；生产者之所以需要生产要素，是为了运用它们进行产品生产，通过交换使自己的利益最大化。由于生产者对于要素需求的大小与消费者对其产品的需求量密切相关，因此，生产者对要素的需求称为“间接需求”。通过加总所有生产者对于某一特定要素的需求量，可以得出对这种要素的总需求；而加总所有的供给者对于某一特定要素的供给量，则可获得这种要素的总供给。显然，随着价格水平和市场规模的变动，总需求和总供给也会发生变动。因而，要素的移动规模也会发生变动。

从市场理论角度来划分，国际要素市场分别属于如下几种类型，即完全竞争市场、完全垄断市场、垄断性竞争市场。不同类型的市场中，买卖双方的行为方式不同，要素移动在特点上也存在着差异。

（一）完全竞争的要素市场

1. 供给或者需求的要素完全同质，供给者对于需求者或者需求者对于供给者双方都是在平等的地位上进行交易决策，一视同仁，互不歧视。

2. 要素的供给者或需求者的数目无限多，个人的销售量或购买量仅占总供给或总需求的极小部分，从而个人无法影响总成交量和价格。

3. 要素的供给者和需求者拥有关于市场的充分信息。

4. 要素的供给者和需求者皆可自由出入市场，因而，在这类市场中，任何单个的买者或卖者都无法通过操纵要素成交量和价格以得到额外的利益。

（二）完全垄断的要素市场

从买方和卖方两个角度来分析，有买方垄断和卖方垄断两种形式的要素市场垄断。卖方垄断市场指的是一个卖者面临着许多相互竞争的买者，而买方垄断市场的情形却恰好相反。卖方（买方）完全垄断市场的特性在于：

1. 市场上仅有一个要素的供给者（需求者），因而要素供给量（需求量）的大小完全取决于他的行为，其个人的供给量（需求量）就是整个市场上的总供给量（总需求量）。

2. 某类要素具有特殊的、难以为其他要素所替代的性质。

3. 垄断性供给者（需求者）可独自决定要素的价格。

4. 根据自己利益的需要，供给者（需求者）会在不同的市场中制定不同的价格，以求获得整体利益的最大化。

（三）垄断性竞争的要素市场

这一类市场介于上述两类极端市场之间，并且同时具备上述两类市场的某些特征。卖（买）方垄断性竞争市场的主要特征在于：卖（买）方数目非常多以至无法对各自的竞争者产生影响，这一点与完全竞争市场相似；然而，每一个卖（买）者所供给（需求）的要素在性质上很相似但又不完全相同，其他要素可部分地而非完全地替代，这一点显然又与垄断市场相近。这类市场的垄断性（竞争性）与要素的不可替代性（可替代性）呈正向关系。在现实的国际经济环境中，大多数的要素市场属于这种类型。

六、生产要素分析的历史发展

生产要素理论出现于20世纪30年代，第二次世界大战以后，这一理论的研究取得了新的进展和突破。但是，生产要素理论的渊源却可以追溯到18世纪的古典经济学。

（一）绝对成本和比较成本理论中的要素分析

亚当·斯密在1776年出版的《关于国民财富的性质和原因的研究》中，提出了作为国际贸易理论第一块基石的“绝对成本说”。按照他的观点，在由两个国家和两种商品构成的所谓“2×2模型”中，两国各自在一种商品的生产效率上具有优势，而在另一种商品的生产效率上处于劣势，通过商品生产的专业化以及相互间的商品交换，两国皆可获得“绝对利益”。决定商品优劣势所在的根本原因在于各国在商品生产的劳动成本上存在着差异，因而认为只有能生产出成本绝对低的产品才有可能进行国际交换。显然，“绝对成本说”无法解释下述两个问题：第一，由于各国的生产发展水平不一样，许多生产力水平低下的国家生产不出成本绝对低的产品，但他们仍然可以参加国际贸易；第二，在两种商品的生产上皆具有优势或皆处于劣势的国家是否仍有必要参与国际贸易与获得利益。1817年，大卫·李嘉图在其《政治经济学及赋税原理》一书中提出了意义深远的“比较成本说”，该学说在西方国际贸易理论中一直占据着重要地位。这一学说的主要观点是：即使一国在两种商品的生产上皆具备优势或皆处于劣势，也可通过国际间的生产专业化以及商品交换而获取所谓“比较利益”，即生产和出口优势较大（劣势较小）的商品，进口优势较小（劣势较大）的商品。与“绝对成本说”相同的是，“比较成本说”也把决定商品生产优劣势的根本原因归于各国在劳动成本方面存在的差异。

绝对成本理论、比较成本理论奠定了自由贸易理论的基础，对以后国际贸易理论的发展具有十分重要的意义。在要素分析上，绝对成本理论与比较成本理论采用的都是单个要素，亦即劳动要素分析法。在假定生产要素在国际间不能自由转移的前提下，以活劳动消耗的多少来区别成本的差异。李嘉图在其比较成本理论中假定，各国每单位劳动的要素是同一的，各国生产同类产品的生产函数是不同的。两国间劳动量投入与产出的差异来源于各国劳动要素在生产过程中所处的条件差异，因此而导致了同质劳动的不同生产效率。李嘉图当时分析的生产过程中的条件差异主要指自然资源状况方面存在的国别差异。古典经济学家坚持了劳动价值理论，以劳动成本来说明贸易的流向和利益。斯密和李嘉图在分析劳动成本差异时，都把各国自然资源的差异放在十分重要的地位。

（二）生产要素禀赋理论与里昂惕夫之谜

生产要素禀赋理论是瑞典经济学家赫克歇尔和俄林提出的，人们有时又把该理论称为“赫克歇尔－俄林定理”。他们把贸易理论的分析扩大到一个要素以上，并且明确提出生产要素禀赋是国际贸易的基础。生产要素禀赋理论认为：不同的商品需要不同的生产要素比例，而不同国家拥有的生产要素相对来说是不同的，因此，各国应生产那些能密集地利用其较充裕的生产要素的商品，以换取那些需要密集地使用其较稀缺的生产要素的进口商品。在俄林的《地区间贸易和国际贸易》中，他从区域贸易论及国际贸易，认为由于生产要素供给的差异，供给充裕的要素价格便宜，而稀缺要素的价格昂贵，这样，不同国家生产要素价格的差异，就导致了生产成本的不同，从而导致商品的价格不同，于是产生了贸易的比较利益。要素禀赋论认为，产生比较成本差异的两个前提条件是：两个国家的禀赋不一样，不同产品在生产过程中所使用的要素配置不一样。生产要素禀赋理论还包括生产要素价格均等化的内容。由于在前面的阐述中已论及这一问题，所以在这里不再赘述。

生产要素禀赋理论为大多数西方经济学家所接受，较长时期以来，该理论成为国际贸易学说的主流。但是，随着研究的深入，要素禀赋理论的两点不足逐渐暴露出来：一是它的一些假定与国际贸易的现实不符；二是它基本上采用的是静态分析方法。要克服这两点不足就需要在研究上有所突破。真正对生产要素禀赋理论构成挑战的是“里昂惕夫之谜”。美国经济学家里昂惕夫于1947年利用美国的投入－产出表，对赫克歇尔－俄林定理进行实证研究时得出了一个与通常见解相反的结果：美国出口劳动密集型产品，进口资本密集型产品。他根据美国的投入－产出表考察了美国200种产业，特别是其中直接进行对外贸易的产业，比较生产每百万美元的美国出口商品与进口竞争的商品所需的资本和劳动的比率。结果他发现，美国的进口替代产品的资本密集程度高于出口产品，而美国的出口产品的劳动密集程度大于进口替代产品，换句话说，美国进口的商品是资本密集型产品，而出口的商品是劳动密集型产品。这正与一般公认的美国是全世界资本最为丰富的国家，其出口品应较进口品为资本密集的先入之见相反，即美国的贸易结构与方向同赫克歇尔－俄林所预测的背道而驰。里昂惕夫在其所著《国内生产和对外贸易：美国资本状况再考察》（1953）一文中公布了这一发现，使美欧国际贸易学术界大为震惊，被称为“里昂惕夫之谜”。许多学者对其他国家进行实证研究的结果，有的符合赫克歇尔－俄林定理，有的符合里昂惕夫之谜。为回答学术界的评论，里昂惕夫又对此问题做了大量研究，发表的《生产要素比例与美国贸易结构：进一步的理论和检验分析》（1956）一文中所得到的结果仍与前述结论基本相同。为解开里昂惕夫之谜，里昂惕夫本人及其他学者曾提出多种相关因素（诸如劳动生产率、人力资本、研究与开发、要素密集度逆转等）作解释，试图调和赫克歇尔－俄林定理与里昂惕夫之谜。正是从这个意义上说，里昂惕夫之谜的提出带动了其他经济学者对国际贸易各种新现象的分析，促进了现代国际贸易理论的创新和对生产要素禀赋理论的更加全面的认识。

（三）第二次世界大战以后生产要素分析的新发展

第二次世界大战以后，对生产要素的认识和分析不论在深度方面还是在广度方面都取得了新的进展。

1. 生产要素分析在深度方面的新发展

在深度方面的新发展，主要有以下几个方面的表现：

（1）生产要素的非同一性（异质性）

传统的贸易理论含有一种假定，就是土地、劳动和资本三种生产要素之中的每一种要素的本身都是同一的，没有任何差异。然而实际上，每种生产要素都不是同一的，它包含着许多小类或亚种，这些小类或亚种的组合也是千差万别。因此，各国的生产要素禀赋不仅有数量供应的差异，还有质量上的差异。忽略生产要素禀赋的质的差异，即生产要素的非同一性，就无法对贸易作出完整或合理的解释。例如，就劳动力而言，不同国家之间在数量上可能是不相等的，但更为重要的是在质量上也可能存在差异，即在教育程度、技能是否熟练以及健康等方面都可能不相同。

（2）生产要素禀赋的变动性

在一个简单的分析模型中，将一国拥有的生产要素假设为固定不变，似乎有其必要性。但运用于具体的贸易分析，就必须考察生产要素禀赋的变动性。一个国家所拥有的资源与生产要素，不仅在数量上，而且在质量上都是一个变数。技术的进展、人口增加和资本积累等因素作用所产生的要素禀赋的变动性，必然会影响一个国家比较优势的变动，从而影响国际贸易的流向、种类和数量。例如，资本和技术要素在一个经济落后的国家或经济发展处在起步阶段的国家可能是短缺的，但当一国经济发展起来尤其是成为发达国家之后，其资本和技术的短缺状况就会大为缓解甚至会出现相对过剩。

（3）生产要素配置比例密集性特征的变换

生产要素密集性变换指的就是同种商品在不同的国家要素密集特征是不同的。赫克歇尔－俄林在其理论的分析中曾假定，各种商品的生产函数在各国相同，因此，商品的生产要素密集性特征在各国是一样的。然而，事实上同类商品的生产技术在各国必然存在差异，生产中各类要素的实物配置比例不会相同；或者各类生产要素的价格在各国不相同，所以以价格表示的生产要素密集性质就会有差异。假定日本由于资本便宜而劳动力昂贵，商品 A 的劳动密集度比商品 B 高；而在其余国家，由于资本昂贵劳动力便宜，商品 A 的资本密集度比商品 B 高。只要在生产 A 商品时，用一种生产要素替代另一种生产要素比在生产B商品时困难，这种生产要素密集变化就会发生，于是下述情况就有可能：日本输出的商品A在日本是劳动密集型的；而日本输入的B商品在国外也是劳动密集型的。生产要素密集性变换表明，商品在一国是资本密集，在另一国则可能表现为劳动密集，所以赫克歇尔－俄林定理所揭示的贸易流向在两国都可能是不正确的，这样就会出现里昂惕夫之谜。第二次世界大战后有许多经济学家运用要素密集性变换来解释里昂惕夫之谜。第一个完成要素密集性变换系统研究的是明纳斯，他认为现实世界中要素密集性变换广泛地发生着。

（4）技术进步与生产要素密集性特征的转移

我们知道，商品生产的要素配置比例是由生产技术条件决定的。除了各国生产技术条件差异导致生产要素密集性变换外，无疑，生产技术的变动必然使产品的要素密集性特征发生转移。如果说变换说明的是同一时期国与国之间横向比较的要素密集性的特点，那么，转移则是表明时间序列上纵向的要素密集性变化。例如，20世纪初时美国生产的轿车是资本密集型的，而现在则已变成技术密集型的了。技术是在商品生产和劳务生产中所积累的知识、技巧和熟练劳动的总和，它通过资本、劳动和自然资源的生产效率体现。技术进步和技术创新意味着一定的投入量可以生产更多的产品，或者说一定的产量只需较少的投入量就可以生产出来。这说明技术进步是通过影响各种要素的投入量和产品的产出量而促成产品要素密集性特征发生变化的。

2. 生产要素分析在广度方面的新发展

第二次世界大战后，生产要素分析的新发展，还表现在新要素观点的提出。新要素观点认为，在考虑国际贸易商品比较优势时，除了以往的资本、劳动和自然资源要素以外，还有其他要素发挥着重要的作用。该理论赋予生产要素新的内涵，突破了原先的局限，提出了人力资本、研究与开发和规模经济等可以作为新的生产要素的见解。

人力资本是指体现在劳动者身上的，以劳动者的素质表示的资本。人力资本也称为技能劳动，主要由教育和培训投资产生，它可以作为一种特殊形态的资本发挥作用。人力资本对现代贸易格局有重要影响，同时，由于它区分了劳动力素质的差异，对于解开里昂惕夫之谜也有帮助。研究人力资本与贸易格局问题的代表人物有克莱弗斯（Kravis）、基辛（Kessing）和韦赫勒（Waehror）等。研究与开发要素是指开发某项产品时所投入的费用。重视研究与开发要素研究的主要是格鲁勃（Gruber）和梅达（Mehta）等学者。研究与开发要素密集度较高的产品就是知识与技术密集度较高的产品，一般指的都是新产品。规模经济的含义是指随着产出量的增加而发生的单位成本的下降，或者说企业达到一定的规模后所能得到的经济上的利益。规模经济的直接好处就是随产量的增加单位成本下降，从而可以增强产品在国际竞争中的优势。所以，学者们认为规模经济同其他要素禀赋一样，也应该是国际贸易的基础。

以上回顾和总结了生产要素分析的历史发展过程，从中可以看出以下几个特征：第一，对生产要素的分析总是伴随着对贸易的分析而进行的。对生产要素分析的最初目的是为了揭示贸易产生的原因和贸易利益的来源以及贸易的格局。但是，后来分析的范围和目的都扩展了。这说明我们在研究国际经济合作时不可能完全离开对国际贸易的研究而进行。第二，生产要素的种类由少到多，非自然的、非物质的生产要素逐步增加。从最初分析时的一种生产要素扩大到后来的六种，从最初基本上都是自然的和物质的生产要素发展到后来非自然的和非物质的越来越多。第三，生产要素分析趋向动态化，分析越来越反映现代化大生产中所使用的生产要素的实际构成状况。

本章小结

本章首先论述了国际经济合作的概念与含义，然后对国际经济合作的类型与方式以及国际经济合作产生的原因和发展的趋势进行了分析，同时还分析了开展国际经济合作所能起到的作用，最后阐述了生产要素的国际移动与国际经济合作的内在联系。通过本章的学习，可使学生对国际经济合作的基本概念和理论有一个概括性的了解与把握，从而为以后的学习打下良好的基础。

思考与练习题

1. 国际经济合作的含义是什么？它有哪些方式？
2. 第二次世界大战后促进国际经济合作产生与发展的主要因素有哪些？
3. 生产要素在国际间移动的主要原因是什么？
4. 生产要素的国际移动与国际经济合作是什么关系？
5. 在历史上人们对生产要素进行过哪些分析？第二次世界大战后对生产要素分析在深度和广度方面有哪些新的进展？

第二章　国际直接投资

第一节　国际直接投资概述

一、国际直接投资的概念

国际直接投资（International Direct Investment）指的是以控制国（境）外企业的经营管理权为核心的对外投资。国际直接投资一般又称对外直接投资或外国直接投资（Foreign Direct Investment，FDI）。根据国际货币基金组织的解释，这种控制权是指投资者拥有一定数量的股份，因而能行使表决权并在企业的经营决策和管理中享有发言权。

近年来国际直接投资发展很快，其增长速度超过了国际贸易，已成为国别、区域和全球经济增长的重要引擎。同时，国际直接投资也成为将各国经济联系在一起的一个重要机制，因而大大推动了经济全球化的进程。根据联合国贸易与发展会议（UNCTAD）《2012 年世界投资报告》公布的数据，国际直接投资在 2007 年出现了创纪录的高水平，达到 19 755 亿美元。但是，从 2008 年开始，受全球金融和经济危机的营销，全球国际直接投资规模出现一定幅度的下降，2008 年和 2009 年全球跨国直接投资总额分别为 17 907 亿美元和 11 978 亿美元，2010 年又开始有所回升，达到 13 090 亿美元，2011 年进一步达到 15 244 亿美元。截至 2011 年年底，国际直接投资累积输入和输出存量已分别达到 204 382 亿美元和 211 685 亿美元。

二、国际直接投资的基本形式

（一）国际合资企业

国际合资企业是指外国投资者和东道国投资者为了一个共同的投资项目，联合出资按东道国有关法律在东道国境内建立的企业。

国际合资企业是股权式合营企业，它的特点是各方共同投资、共同经营、共担风险、共享利润。国际合资企业是当前国际直接投资中最常用的形式。建立国际合资企业的优点主要是：可以充分发挥各投资方在资金、技术、原材料、销售等方面的优势，形成组合优势；不易受到东道国民族意识的抵制，容易取得优惠待遇，减少投资风险；在经营上较少受到各种限制，有助于打入新的市场。但是由于投资各方的出发点不尽相同，短期和长期利益不尽一致，在共同的经营管理中有时也会产生分歧和冲突，影响企业的正常运转。

（二）国际合作企业

国际合作企业是指外国投资者和东道国投资者在签订合同的基础上依照东道国法律

共同设立的企业。它的最大特点是合作各方的权利、义务均由各方通过磋商在合作合同中订明，是典型的契约式合营企业。

总的来说，国际合作企业与国际合资企业在利弊上大体相似，只是合作企业由于以合同规定作为各方合作的基础，所以在企业形式、利润分配、资本回收等方面可以采用比较灵活的方式，适应合作各方不同的需要。

（三）国际独资企业

国际独资企业是指外国投资者依照东道国法律在东道国设立的全部资本为外国投资者所有的企业。作为单独的出资者，外国投资者独立承担风险，单独经营管理独资企业，独享经营利润。

由于享有企业完全的所有权和经营管理权，建立独资企业的方式为跨国公司尤其是大跨国公司所偏爱，它们有时宁愿放弃投资机会也不愿以合资方式进行直接投资。建立国际独资企业虽然可以做到垄断技术，避免泄露企业秘密，但是，经营上往往受到东道国比较严格的限制，容易受到当地民族意识的抵制，经营的风险较大。

三、国际直接投资企业的建立方式

国际直接投资企业的建立方式与国际直接投资的基本形式是不同的，前者考虑的主要是如何在国外建立起一个企业，而后者则主要考虑在国外所建立企业的所有权与控制战略。因此，不应当把两者混为一谈，特别是不能把收购东道国企业作为国际直接投资的一种基本形式。当然，这两者之间也有一定的联系，因为建立海外企业时要考虑采用哪种投资形式建立。

国际直接投资企业的建立可以采取两种基本方式：即在东道国创建一个新的企业和收购东道国已经存在的企业。投资者往往根据不同的情况采用不同的方式。

（一）创建海外企业方式

创建海外企业可以是由外国投资者投入全部资本，在东道国设立一个拥有全部控制权的企业，也可以是由外国投资者与东道国的投资者共同出资，在东道国设立的一个合资企业，但它们是在原来没有的基础上新建的企业。

1. 创建海外企业方式的优点

（1）创建新的海外企业不易受到东道国法律和政策上的限制，也不易受到当地舆论的抵制。

（2）在多数国家，创建海外企业比收购海外企业的手续要简单。

（3）在东道国创建新的企业，尤其是合资企业，常会享受到东道国的优惠政策。

（4）对新创立海外企业所需要的资金一般能作出准确的估价，不会像收购海外当地企业那样会遇到繁琐的后续工作。

2. 创建海外企业方式的缺点

（1）创建海外企业常常需要一段时间的项目营建期，所以投产开业比较慢。

（2）创建海外企业不像收购海外企业那样可以利用原有企业的销售渠道，因此不利于迅速进入东道国以及其他国家市场。

（3）不利于迅速进行跨行业经营和迅速实现产品与服务的多样化。

（二）收购海外企业的方式

与创立新企业相对应的一种海外直接投资方式是对东道国已有的企业进行收购。收购也称收买或兼并，是指外国投资者通过一定的法律程序取得东道国某企业的全部或部分所有权的投资行为。在收购活动中，出资收购的企业称收购公司，被收购的企业称目标公司。收购的一般做法是，收购公司在目标公司增资时以适当的价格取得其增发的股票（份），有时也可以直接同目标公司商谈购买的条件，以取得该企业的所有权。前一种做法一般只用于部分购买（又称参股），全部购买则通常采用后一种方式。国际收购行为有单独出资进行的也有联合出资进行的，联合出资说明此时收购公司不只是一家。

1. 收购海外企业方式的优点

（1）可以利用目标企业现有的生产设备、技术人员和熟练工人，可以获得对收购企业发展非常有用的技术、专利和商标等无形资产，同时还可以大大缩短项目的建设周期。

（2）可以利用目标企业原有的销售渠道，较快地进入当地以及他国市场，不必经过艰难的市场开拓阶段。

（3）通过跨行业的收购活动，可以迅速扩大经营范围和经营地点，增加经营方式，促进产品的多样化和生产规模的扩大。

（4）可以减少市场上的竞争对手。

（5）通过收购后再次出售目标公司的股票或资产，可以使收购公司获得更多利润。

2. 收购海外企业方式的缺点

（1）由于被收购企业所在国的会计准则与财务制度往往与投资者所在国存在差异，所以有时难以准确评估被收购企业的真实情况，导致收购目标企业的实际投资金额提高。

（2）东道国反托拉斯法的存在，以及对外来资本股权和被收购企业行业的限制，是收购行为在法律和政策上的限制因素。

（3）当对一国企业的收购数量和收购金额较大时，常会受到当地舆论的抵制。

（4）被收购企业原有契约或传统关系的存在，会成为对其进行改造的障碍，如被收购企业剩余人员的安置问题。

第二节　国际直接投资的动机与理论

一、国际直接投资的动机

国际直接投资的动机有时也称国际直接投资的目的，它主要是从必要性的角度阐明投资者在进行投资决策时所考虑的主要因素，也就是说明投资者为什么要进行某一特定类型的投资。由于投资者在进行对外投资时既受企业本身特有的优势（资金、技术、管理、规模经济、市场技能等）的影响，也受企业所处的客观社会经济环境（自然资源禀赋、国内市场规模、经济发展水平、产业结构、技术水平、劳动力成本、政府政策等）的制约，而这两方面在内容上存在相当大的差异，所以导致不同企业的对外投资动机以及同一企业的不同投资项目的动机不同。国际直接投资的动机主要有以下几种：

（一）市场导向型动机

这种类型的投资主要以巩固、扩大和开辟市场为目的，具体又可分为几种不同的情况：

1. 投资企业本来是出口型企业，它在本国进行生产，通过出口使商品进入国外市场，但由于东道国或区域性经济集团实行了贸易保护主义，影响和阻碍了企业的正常出口，因而企业转为对外投资，在当地设厂，就地生产，就地销售，维持原有的市场或开辟新的市场。有时也会转向没有受到出口限制的第三国投资生产，再出口到原有市场所在国。

2. 企业对国外某一特定市场的开拓已达到一定程度，为了给顾客提供更多的服务，巩固和扩大其市场占有份额，在当地直接投资进行生产和销售或者在当地投资建立维修服务和零部件供应网点会更为有利。例如，机电产品在国外某一市场销售达到一定规模后，就有必要加强售后服务，建立一些维修服务和零部件供应网点。又如食品制造商或汽车制造商在国外有足够规模的生产设施，需要就地取得食品容器或汽车零配件，这时，制造容器或零配件的公司就会配合需要，在国外投资建厂，以便就地供应，以免失去顾客或买主。

3. 企业为了更好地接近目标市场，满足当地消费者的需要而进行对外直接投资。如快餐食品、饮料和食品原料等商品，这些商品不能久储或不耐长途运输，而顾客却分散在世界各地，为了更好地接近或维持国外销售市场，企业就不得不在国外投资设立网点，以利于就近提供新鲜食品。至于无形商品服务，几乎无法储存与运输，所以要想出口主要就是通过对外投资在国外设立企业，边生产边出售边消费。

4. 企业的产品在国内市场占有比例已接近饱和或是受到其他企业产品的有力竞争，因而企业在国内的进一步发展受到限制，冲破限制的有效办法之一就是对外投资，开发国外市场，寻求新的市场需求。总之，市场方面的考虑在对外投资决策中占据主导地位。

（二）降低成本导向型动机

出于这种动机所进行的投资主要是为了利用国外相对廉价的原材料和各种生产要素等，降低企业的综合生产成本，提高经营效益，保持或提高企业的竞争能力。这一类投资可以分为以下几种具体情况：

1. 出于自然资源方面的考虑。如果原料来自国外，最终产品又销往原料来源国，那么在原料产地从事生产经营活动可节省与原料进口和产品出口相关的运输费用；还有，企业为了获得稳定的原材料供应，也会在资源丰富的国家投资建立原材料开采生产企业，满足本企业的需要。

2. 出于利用国外便宜的劳动力和土地等生产要素方面的考虑。对于劳动密集型工业来讲，工业发达国家之所以进行对外投资，主要是想利用发展中国家廉价但有保证的劳动力，以降低生产成本。如果本国土地要素价格偏高，企业就有可能通过对外投资将生产经营转移到价格较低的国家去。

3. 出于汇率变动方面的考虑。汇率的变动会直接导致出口商品价格的变动。当一国的货币升值时，会使其出口商品以外币表示的价格升高，会影响其商品在国际市场的竞争力。在这种情况下，该国企业往往会扩大对外直接投资，以克服本币升值的不利影响。

4. 出于利用各国关税税率的高低来降低生产成本的考虑。如果一个国家的关税税率高，那么其他国家的企业就可能为了降低产品成本而在该国投资进行生产；反之，如果一个国家的关税税率低，国内市场上进口商品竞争力强，则会促使该国企业到生产成本更低的国家投资建厂。

5. 出于利用闲置的设备和工业产权与专有技术等技术资源方面的考虑。以对外投资形式向国外输出闲置的设备与技术资源，可减少在国外的企业的生产与经营成本，并可实现规模生产，提高经营效益。

（三）技术与管理导向型动机

这种投资的目的主要是为了获取和利用国外先进的技术、生产工艺、新产品设计和先进的管理知识等。有些先进的技术和管理经验通过公开购买的方式不易得到，于是可以通过在国外设立合营企业或兼并与收购当地企业的方式获取。获取和充分利用这些技术和管理经验，可促进投资企业的发展，提高竞争力。技术与管理导向型投资具有较强的趋向性，一般集中在发达国家和发达地区。美国全国理事会发表的一份报告说，日本通过与美国公司和大学建立合资项目，获取美国大量的尖端生物工程技术。

（四）分散投资风险导向型动机

这种投资的目的主要是为了分散和减少企业所面临的各种风险。投资者在社会稳定的国家投资的目的是寻求政治上的安全感，因为社会稳定国家一般不会采取没收、干预私有经济等不利于企业的措施，企业在这类国家从事生产经营决策的灵活性较大。再有，这些国家一般不会出现会给企业生产经营活动造成极大影响的国内骚动或市场销售状况的突发性变动。很明显，企业的投资过分集中在某个国家或某个地区或某个行业，一旦遇到风险时，就会由于回旋余地不大而出现较大损失。企业所要分散的风险主要是政治风险，同时也包括经济的、自然的和社会文化方面的风险。一般而言，直接投资的这种动机是出于对国际投资风险的考虑，但在某些情况下，也有出于国内风险原因而进行对外投资的。如一家企业在世界各地进行投资生产与经营活动，不仅可以起到扩大销售的积极作用，而且还可以带来原材料、技术、人员以及资金等多元化的供应来源，从而使企业不受一国国内条件的限制。

（五）优惠政策导向型动机

投资者进行对外投资的主要目的是利用东道国政府的优惠政策以及母国政府的鼓励性政策。东道国政府为了吸引外来投资常会制定一些对外来投资者的优惠政策，如优惠的税收和金融政策、优惠的土地使用政策以及创造尽可能良好的投资软、硬环境等，这些优惠政策尤其是税收上的优惠政策会诱导外国投资者作出投资决策。同样，母国政府对对外投资的鼓励性政策也会刺激和诱发本国企业或个人作出对外投资决策，如鼓励性的税收政策、金融政策、保险政策以及海外企业产品的进口政策等。

除了以上五种主要的较普遍的国际直接投资动机之外，还有一些不太普遍的动机，如全球战略导向型动机（投资的主要目的是提高企业的知名度，在世界范围内树立良好的企业形象，以实现其全球发展战略）、信息导向型动机（主要目的是获取国际经济贸易方面的最新信息和最新动态）、“随大流”型动机（跟随本企业的竞争对手或本行业的带头企业进行对外投资）、公司决策者个人偏好型动机（因公司决策者对某个国家或地区的某方面事物的偏好而决定进行的投资）、为股东争利导向型动机（进行对外投资的目的是为了给企业的股东特别是普通股股东争取更多的利益）等。

在分析和理解国际直接投资的动机时应注意这样几个问题：

1. 国际直接投资的动机比较多的是从必要性的角度分析的，而对可能性方面考虑的比较少。把必要性与可能性结合起来进行分析的是国际直接投资理论，因而为了加强对国际直接投资动机的理解，还应学习和研究一下国际直接投资的主要理论。

2. 上述各种投资的动机都是国际直接投资的经济动机，并未考虑政治与军事方面的动机。

3. 国际直接投资的根本动机和目的是利润最大化。各种类型国际直接投资动机是追求利润最大化的不同途径与方式。在获取利润的问题上，有直接与间接、局部与整体、近期与远期之分，这也导致投资动机呈现多样化。另外，不同企业的内外条件与所处环境之间存在着相当大的差异性，这也使不同企业在追求相同的目标时采取了不同的手段。

4. 国际直接投资的动机是可以相互交叉的。一笔对外投资可以有一个动机，也可以有两三个动机。同时并存的动机越多，在投资得以完成之后对投资者的好处就越大。例如，一家美国企业在中国广东省深圳经济特区投资建立了一家劳动密集型企业，其产品 90% 以上在国内市场销售，这家美国企业的在华投资可能具有这样几个动机：降低成本导向型动机、市场导向型动机和利用中国政府给予外商投资企业的优惠政策导向型动机等。

5. 不同类型国家之间直接投资的主要动机是不相同的。发达国家之间出于市场导向型和分散投资风险导向型动机的相互投资相对较多；发展中国家之间的投资出于市场导向型和降低成本导向型动机多于其他动机；发达国家向发展中国家的投资主要是出于市场的动机和降低成本的动机；发展中国家向发达国家的投资多数考虑的是市场、技术与管理和分散风险。

二、国际直接投资理论

第二次世界大战后，尤其是进入 20 世纪 60 年代以后，随着各国对外直接投资和跨国公司的迅速发展，西方经济学界对这一领域进行了大量探讨和研究，形成了许多观点各异的理论。这些理论一般统称为国际直接投资理论或对外直接投资理论，有时又因其多涉及跨国公司的对外投资行为而称为跨国公司对外直接投资理论。下面对其中一些有代表性的理论作一简要的介绍。

（一）垄断优势理论

垄断优势理论（Monopolistic Advantage Theory）是最早研究对外直接投资的独立理论，它产生于20世纪60年代初，在这以前基本上没有独立的对外直接投资理论。1960年，美国学者海默（Stephen H. Hymer）在他的博士论文中提出了以垄断优势来解释对外直接投资的理论，以后美国学者金德尔伯格（Charles P. Kindleberger）以及其他学者又对这一理论作了发展和补充。

海默研究了美国企业对外直接投资的工业部门构成，发现对外直接投资和垄断的工业部门结构有关。美国从事对外直接投资的企业主要集中在具有独特优势的少数部门。美国企业走向国际化的主要动机是为了充分利用自己独占性的生产要素优势，以谋取高额利润。这些优势具体表现在技术、规模、管理、资金实力、销售渠道等方面。海默认为，其他国家的对外直接投资也与部门的垄断程度较高有关。另外，海默还分析了产品和生产要素市场的不完全性对对外直接投资的影响。在市场完全的情况下，国际贸易是企业参与和进入国际市场或对外扩张的唯一方式，企业将根据比较利益原则从事进出口活动。但在现实生活中，市场是不完全的，这种不完全性是指竞争是不完全的，市场上存在着一些障碍和干扰，如：关税和非关税壁垒、少数卖主或买主能够凭借控制产量或购买量来影响市场价格以及政府对价格和利润的管制等。正是上述障碍和干扰的存在严重阻碍了国际贸易的顺利进行，减少了贸易带来的益处，从而导致企业利用自己所拥有的垄断优势通过对外直接投资参与和进入国际市场。

（二）产品生命周期理论

产品生命周期理论（The Theory of Product Life Cycle）是美国哈佛大学教授维农（Raymond Vernon）在1966年发表的《产品周期中的国际投资与国际贸易》一文中提出的，维农认为美国企业对外直接投资的变动与产品的生命周期有密切的联系。这一理论既可以用来解释产品的国际贸易问题，也可以用来解释对外直接投资。

维农把一种产品的生命周期划分为创新、成熟和标准化三个阶段，不同的阶段决定了不同的生产成本和生产区位的选择，决定了公司应该有不同的贸易和投资战略。在产品创新阶段，由于创新国垄断着新产品的生产技术，因此，尽管价格偏高也有需求，产品的需求价格弹性很低，生产成本的差异对公司生产区位的选择影响不大，这时最有利的安排就是在国内生产，并通过出口满足国外的需要。在产品成熟阶段，产品的生产技术基本稳定，市场上出现了仿制者和竞争者，产品的需求价格弹性增大，降低成本对提高竞争力的作用增强，此时创新国企业开始进行对外直接投资，在国外建立子公司进行生产，投资地区一般是那些收入水平与创新国相似、但劳动力成本略低于创新国的地区，这样做的另一个好处是可以避开关税壁垒。在产品标准化阶段，产品的生产技术已经普及，创新国企业的技术优势已经完全丧失，产品的价格成为竞争的基础，因此，企业通过对外直接投资将产品的生产转移到工资最低的国家和地区，一般是发展中国家和地区。

（三）内部化理论

内部化理论（The Theory of Internalization）也称市场内部化理论，它是20世纪70年代以来西方跨国公司研究者为了建立所谓跨国公司一般理论时所提出和形成的理论，是当前解释对外直接投资的一种比较流行的理论。这一理论主要是由英国学者巴克莱（Peter Buckley）、卡森（Mark Casson）和加拿大学者拉格曼（Allan M. Rugman）共同提出来的。

内部化是指在企业内部建立市场的过程，以企业的内部市场代替外部市场，从而解决由于市场不完整而带来的不能保证供需交换正常进行的问题。内部化理论认为，由于市场存在不完整性和交易成本上升，企业通过外部市场的买卖关系不能保证企业获利，并导致许多附加成本。因此，企业进行对外直接投资，建立企业内部市场，即通过跨国公司内部形成的公司内部市场，克服外部市场和市场不完整所造成的风险与损失。内部化理论建立在三个假设的基础上：一是企业在不完全市场上从事经营的目的是追求利润的最大化；二是当生产要素特别是中间产品的市场不完全时，企业就有可能以内部市场取代外部市场，统一管理经营活动；三是内部化超越国界时就产生了多国公司。

市场内部化的过程取决于四个因素：一是产业特定因素，这与产品性质、外部市场的结构和规模经济有关；二是区位特定因素，如区位地理上的距离、文化差异和社会特点等；三是国家特定因素，如有关国家的政治和财政制度；四是公司特定因素，如不同企业组织内部市场的管理能力。在这几个因素中，产业特定因素是最关键的因素，因为如果某一产业的生产活动存在着多阶段生产的特点，那么就必然存在中间产品，若中间产品的供需在外部市场进行，则供需双方无论如何协调，也难以排除外部市场供需间的摩擦，为了克服中间产品市场的不完全性，就可能出现市场内部化。市场内部化会给企业带来多方面的收益。

（四）比较优势理论

比较优势理论（The Theory of Comparative Advantage）是日本学者小岛清（Kiyoshi Kojima）教授在20世纪70年代提出来的。小岛清认为，由于各国的经济状况不同，因此，根据美国对外直接投资状况而推断出来的理论无法解释日本的对外直接投资。日本的对外直接投资与美国相比有三点明显的不同：一是美国的海外企业大多分布在制造业部门，从事海外投资的企业多处于国内具有比较优势的行业或部门；而日本对外直接投资主要分布在自然资源开发和劳动力密集型行业，这些行业是日本已失去或即将失去比较优势的行业，对外投资是按照这些行业比较成本的顺序依次进行的。二是美国从事对外直接投资的多是拥有先进技术的大型企业；而日本的对外直接投资以中小企业为主体，所转让的技术也多为适用技术，比较符合当地的生产要素结构及水平。三是美国对外直接投资是贸易替代型的，由于一些行业对外直接投资的增加而减少了这些行业产品的出口；与此相反，日本的对外直接投资行业是在本国已经处于比较劣势而在东道国正在形成比较优势或具有潜在的比较优势的行业，所以对外直接投资的增加会带来国际贸易量的扩大，这种投资是贸易创造型的。

比较优势理论的基本内容是：对外直接投资应该从本国已经处于或即将处于比较劣势的产业（边际产业）依次进行。这些产业是指已处于比较劣势的劳动力密集部门以及某些行业中装配或生产特定部件的劳动力密集的生产过程或部门。凡是本国已趋于比较劣势的生产活动都应通过直接投资依次向国外转移。小岛清认为，国际贸易是按既定的比较成本进行的，根据上述原则所进行的对外投资也可以扩大两国的比较成本差距，创造出新的比较成本格局。据此，小岛清认为，日本的传统工业部门很容易在海外找到立足点，传统工业部门到国外生产要素和技术水平相适应的地区进行投资，其优势远比在国内新行业投资要大。

（五）国际生产折衷理论

国际生产折衷理论（The Eclectic Theory of International Production）又称国际生产综合理论，是20世纪70年代由英国著名跨国公司专家、里丁大学国际投资和国际企业教授邓宁（John H. Dunning）提出的。

邓宁认为，自20世纪60年代以来，国际生产理论主要沿着三个方向发展：一是以垄断优势理论为代表的产业组织理论；二是以阿利伯的安全通货论和拉格曼的证券投资分散风险为代表的金融理论；三是厂商理论即内部化理论。但这三种理论对国际生产的解释都是片面的，没有把国际生产与贸易或其他资源转让形式结合起来分析。国际生产折衷理论吸收了上述三个理论的主要观点，并结合区位理论解释跨国公司从事国际生产的能力和意愿，解释它们为什么在对外直接投资、出口或许可证安排这三个参与国际市场的方式中选择对外直接投资。这一理论目前已成为世界上对外直接投资和跨国公司研究中最有影响的理论，并被广泛用来分析跨国公司对外直接投资的动机和优势。

国际生产折衷理论认为，一个企业要从事对外直接投资必须同时具有三个优势，即所有权优势、内部化优势和区位优势。

1. 所有权优势主要是指企业所拥有的大于外国企业的优势。它主要包括技术优势、企业规模优势、组织管理优势、金融和货币优势以及市场销售优势等。

2. 内部化优势是指企业在对外直接投资时其资产或所有权内部化过程中所拥有的优势。也就是说，企业将拥有的资产通过内部化转移给国外子公司，可以比通过交易转移给其他企业获得更多的利益。企业到底是选择资产内部化优势还是资产外部化优势取决于利益的比较。

3. 区位优势是指可供投资的地区在某些方面较国内优越。区位优势包括：劳动力成本、市场需求、自然资源、运输成本、关税和非关税壁垒、政府对外国投资的政策等方面的优势。

如果一家企业同时具有上述三个优势，那么它就可以进行对外直接投资。这三个优势的不同组合，还决定了对外直接投资的部门结构和国际生产类型。

以上我们分析和介绍了西方学者在研究国际直接投资时提出的五种主要的理论，除此之外还有其他一些理论，如投资诱发要素组合理论、资本化率理论等。理论的发展源于实践的发展和丰富。可以相信，随着各国对外直接投资活动的不断开展，有关这方面的理论研究也必将会不断有所创新。

第三节 国际直接投资环境与环境评估方法

一、国际直接投资环境概述

（一）国际直接投资环境的概念

投资环境，顾名思义，是指投资者进行生产投资时所面临的各种外部条件和因素，其英文是“Investment Climates”，直译应为“投资气候”。投资是一种冒险，如同自然界的气候一样，“投资气候”也会因各种因素的影响而变幻莫测，令人难以捉摸，从而影响投资者的投资行为。国际直接投资环境是指一国的投资者进行国际直接投资活动时所面对的各种外部条件和因素，它既包括经济方面的，也包括自然、政治、法律、社会、文化和科技方面的。投资环境是各种条件和因素的一个综合体。

（二）国际直接投资环境的分类

从不同的角度进行划分可以把国际直接投资环境分为不同的类型：

1. 从各种环境因素所具有的物质和非物质性来看，可以把投资环境分为硬环境和软环境两个方面。硬环境和软环境有时又称为物质环境和人际环境或称为有形环境与无形环境。所谓硬环境是指能够影响国际直接投资的外部物质条件，如能源供应、交通和通信、自然资源以及社会生活服务设施等。所谓软环境是指能够影响国际直接投资的各种非物质因素，如经济发展水平和市场规模、贸易与关税政策、财政与金融政策、外资政策、经济法规、经济管理水平、职工技术熟练程度以及社会文化传统等。

2. 从各因素的稳定性来区分，可将国际直接投资的环境因素归为三类，即自然因素、人为自然因素和人为因素（见表 2－1）。

表 2－1　　国际投资环境因素稳定性分类

A：自然因素	B：人为自然因素	C：人为因素
a_1 自然资源 a_2 人力资源 a_3 地理条件 a_4……	b_1 实际增长率 b_2 经济结构 b_3 劳动生产率 b_4……	c_1 开放进程 c_2 投资刺激 c_3 政策连续性 c_4……
相对稳定	中期可变	短期可变

3. 从国际直接投资环境所包含的内容和因素的多寡方面来划分，可以分为狭义的投资环境和广义的投资环境。狭义的投资环境是指投资的经济环境，即一国经济发展水平、经济体制、产业结构、外汇管制和货币稳定状况等。广义的投资环境除经济环境外，还包括自然、政治、社会文化和法律等对投资可能发生影响的所有外部因素。

（三）国际直接投资环境的主要内容

1. 政治环境。主要包括政治制度、政权稳定性、政策的连续性、政策措施、行政体制和行政效率、行政对经济干预的程度、政府对外来投资的态度、政府与他国的关系等。

2. 法制环境。主要指法律秩序、法律规范、法律制度和司法实践，特别是涉外法制的完备性、稳定性和连续性，以及人民的法治观念和法律意识等。

3. 经济环境。主要包括经济的稳定性、经济发展阶段、经济发展战略、经济增长率、劳动生产率、财政、货币、金融、信贷体制及其政策、对外经济贸易体制与政策、地区开发政策、外汇管理制度、国际收支情况、商品和生产要素市场的状况与开放程度、人口状况和人均收入水平等。

4. 社会环境。主要指社会安定性、社会风气、社会秩序、社会对企业的态度、教育、科研机关与企业的关系、社会服务等。

5. 文化环境。主要包括民族意识、开放意识、价值观念、语言、教育、宗教等。

6. 自然环境。自然地理环境优良与否，也关系到能否吸引投资。地理环境包括面积、地形、气候、雨量、地质、自然风光、与海洋接近程度、自然资源状况等。

7. 基础设施状况。基础设施是吸引外资的重要物质条件，包括城市和工业基础设施两个方面，具体如交通运输、港口码头、厂房设备、供水供电设备、能源和原辅材料供应、通信信息设备、城市生活设施、文教设施及其他社会服务设施等。

二、国际直接投资环境的评估方法

投资环境的好坏直接影响国际直接投资决策以及国际直接投资的风险和收益，因此，在作出投资决策之前要对国外投资环境进行综合评估。对国际直接投资环境进行评估，大都是将众多的投资环境因素分解为若干具体指标，然后综合评价。目前国际上常用的比较典型的评估方法主要有以下几种：投资障碍分析法、国别冷热比较法、投资环境等级评分法、动态分析法、加权等级评分法、抽样评估法和体制评估法等。下面分别作简要介绍：

（一）投资障碍分析法

投资障碍分析法是依据潜在的阻碍国际投资运行因素的多寡与程度来评价投资环境优劣的一种方法。这是一种简单易行的，以定性分析为主的国际投资环境评估方法。其要点是，列出外国投资环境中阻碍投资的主要因素，并在所有潜在的东道国中进行对照比较，以投资环境中障碍因素的多与少来断定其坏与好。阻碍国际投资顺利进行的障碍因素主要包括以下 10 类：

1. 政治障碍——东道国政治制度与母国不同；政治动荡（包括政治选举变动、国内骚乱、内战、民族纠纷等）。

2. 经济障碍——经济停滞或增长缓慢；国际收支赤字增大、外汇短缺；劳动力成本高；通货膨胀和货币贬值；基础设施不良；原材料等基础产业薄弱。

3. 资金融通障碍——资本数量有限；没有完善的资本市场；融通的限制较多。

4. 技术人员和熟练工人短缺。

5. 实施国有化政策与没收政策。

6. 对外国投资者实施歧视性政策——禁止外资进入某些产业；对当地的股权比例要求过高；要求有当地人参与企业管理；要求雇佣当地人员，限制外国雇员的数量。

7. 东道国政府对企业干预过多——实行物价管制；规定使用本地原材料的比例；国有企业参与竞争。

8. 普遍实行进口限制——限制工业品和生产资料的进口。

9. 实行外汇管理和限制投资本金、利润等的汇回。

10. 法律、行政体制不完善——包括外国投资法规在内的国内法规不健全；缺乏完善的仲裁制度；行政效率低；贪污受贿行为严重。

投资障碍分析法的优点在于能够迅速、便捷地对投资环境作出判断，并减少评估过程中的工作量和费用，但它仅根据个别关键因素就作出判断，有时会使公司对投资环境的评估失之准确，从而丢失一些好的投资机会。

（二）国别冷热比较法

国别冷热比较法又称冷热国对比分析法或冷热法，它是以“冷”、“热”因素表示投资环境优劣的一种评估方法，热因素多的国家为热国，即投资环境优良的国家，反之，冷因素多的国家为冷国，即投资环境差的国家。这一方法是美国学者伊西·利特瓦克和彼得·拜延于20世纪60年代末提出的，他们根据美国250家企业对海外投资的调查资料，将各种环境因素综合起来分析，归纳出影响海外投资环境“冷”、“热”的7大基本因素，59个子因素，并评估了100个国家的投资环境。所谓“热国”或“热环境”，是指该国政治稳定、市场机会大、经济增长较快且稳定、文化相近、法律限制少、自然条件有利、地理文化差距不大，反之，即为“冷国”或“冷环境”，不“冷”不“热”者则居“中”。现以其中10国为例分析比较其投资环境的“冷”、“热”程度（见表2－2）。

在表2－2所列的七大因素中，前四种的程度称为“热”环境，后三种的程度则称为“冷”环境，当然，中为不大也不小，即不“冷”不“热”的环境。由此看来，一国投资环境的七个因素中，前四种越小，后三种越大，其投资环境就越坏，即“越冷”的投资目标国。表2－2所列的10个国家从前到后的顺序就反映了这10个国家当时的投资环境由“热”到“冷”的顺序。

表2－2　　美国观点中的十国投资环境的冷热比较

国别		政治稳定性	市场机会	经济发展与成就	文化一元化	法令障碍	实质障碍	地理文化差距
加拿大	热	大	大	大		小		小
					中		中	
	冷							
英国	热	大			大	小	小	小
			中	中				
	冷							

续表

国别		政治稳定性	市场机会	经济发展与成就	文化一元化	法令障碍	实质障碍	地理文化差距
德国	热	大	大	大	大		小	
						中		中
	冷							
日本	热	大	大	大	大			
							中	
	冷					大		大
希腊	热					小		
			中	中	中			
	冷	小					大	大
西班牙	热							
			中	中	中	中		
	冷	小					大	大
巴西	热							
			中		中			
	冷	小		小		大	大	大
南非	热							
			中	中		中		
	冷	小			小		大	大
印度	热							
		中	中		中			
	冷			小		大	大	大
埃及	热							
					中			
	冷	小	小	小		大	大	大

在这项研究中，学者们还计算了美国 250 家企业在上述东道国的投资进入模式分布频率。结果表明，随着目标市场由热类国家转向冷类国家，企业将越来越多地采用出口进入模式，越来越少地采用投资进入模式。在一般热类国家，出口进入模式占所有进入模式的 47. 2% ，在当地设厂生产的投资进入模式占 28. 5% ，技术许可合同和混合模式占余下的 24. 3% 。与此形成鲜明对照的是，在一般冷类国家，出口进入模式占所有进入模式的 82. 6% ，投资进入模式仅占 2. 9% ，技术许可合同和混合模式占余下的 14. 5% 。一般中间类国家的进入模式介乎上述两类国家之间。

（三）投资环境等级评分法

投资环境等级评分法又称多因素等级评分法，它是美国经济学家罗伯特·斯托色夫于1969年提出的。等级评分法的特点是，首先将直接影响投资环境的重要因素分为八项，然后再根据八项关键项目所起的作用和影响程度的不同而确定其不同的等级分数，再按每一个因素中的有利或不利的程度给予不同的评分，最后把各因素的等级得分进行加总作为对其投资环境的总体评价，总分越高表示其投资环境越好，越低则其投资环境越差（见表2－3）。

表2－3　投资环境等级评分标准表

投资环境因素	等级评分标准	投资环境因素	等级评分标准
一、资本抽回	0～12分	四、货币稳定性	4～20分
无限制	12	完全自由兑换	20
只有时间上的限制	8	黑市与官价差距小于1成	18
对资本有限制	6	黑市与官价差距在1～4成之间	14
对资本和红利都有限制	4	黑市与官价差距在4成～1倍之间	8
限制十分严格	2	黑市与官价差距在1倍以上	4
禁止资本抽回	0		
二、外商股权	0～12分	五、政治稳定性	0～12分
准许并欢迎全部外资股权	12	长期稳定	12
准许全部外资股权但不欢迎	10	稳定，但取决于关键人物	10
准许外资占大部分股权	8	政府稳定，但内部有分歧	8
外资最多不得超过股权半数	6	各种压力常左右政府的政策	4
只准外资占小部分股权	4	有政变的可能	2
外资不得超过股权3成	2	不稳定，政变极可能	0
不准外资控制任何股权	0		
三、对外商的歧视和管制程度	0～12分	六、关税保护程度	2～8分
外商与本国企业一视同仁	12	给予充分保护	8
对外商略有限制但无管制	10	给予相当保护但以新工业为主	6
对外商有少许管制	8	给予少数保护但以新工业为主	4
对外商有限制并有管制	6	很少或不予保护	2
对外商有限制并严加管制	4		
对外商严格限制并严加管制	2		
禁止外商投资	0		

续表

投资环境因素	等级评分标准	投资环境因素	等级评分标准
七、当地资金的可供性	0~10分	八、近五年的通货膨胀率	2~14分
完善的资本市场，有公开的证券交易所	10	低于1%	14
		1%～3%	12
有少量当地资本，有投机性证券交易所	8	3%～7%	10
		7%～10%	8
当地资本少，外来资本不多	6	10%～15%	6
短期资本极其有限	4	15%～30%	4
资本管制很严	2	高于30%	2
高度的资本外流	0		
		总　　分	8~100分

从斯托色夫提出的这种投资环境等级评分法的表格中可以看出，其所选取的因素都是对投资环境有直接影响的、为投资决策者所最关切的因素，同时又都具有较为具体的内容，评价时所需的资料易于取得又易于比较。在对具体环境的评价上，采用了简单累加计分的方法，使定性分析具有了一定的数量化内容，同时又不需要高深的数理知识，比较直观，简便易行，一般的投资者都可以采用。在各项因素的分值确定方面，采取了区别对待的原则，在一定程度上体现出了不同因素对投资环境作用的差异，反映了投资者对投资环境的一般看法。这种投资环境评估方法的采用有利于使投资环境的评估规范化。但是，这种评估方法也存在三个缺陷：一是对投资环境的等级评分带有一定的主观性；二是标准化的等级评分法不能如实反映环境因素对不同的投资项目所产生影响的差别；三是所考虑的因素不够全面，特别是忽视了某些投资硬环境方面的因素，如东道国交通和通信设施的状况等。

（四）动态分析法

投资环境不仅因国别而异，在同一国家内也会因不同时期而发生变化。因此，在评估投资环境时，不仅要考虑投资环境的过去和现在，而且还要预测环境因素今后可能出现的变化及其结果。这对企业进行对外直接投资来说是十分重要的，因为这种投资短则5年或10年，长则15年或20年以上，有的甚至是无期限。这就需要从动态的、发展变化的角度去分析和评估投资目标国的投资环境。美国道氏化学公司从这一角度出发制定并采用了动态分析法评估投资环境（见表2－4）。

表 2－4 投资环境动态分析法

1. 企业现有业务条件	2. 引起变化的主要原因	3. 有利因素和假设的汇总	4. 预测方案
估价以下因素： （1）经济实际增长率 （2）能否获得当地资产 （3）价格控制 （4）基础设施 （5）利润汇出规定 （6）再投资的自由 （7）劳动力技术水平 （8）劳动力稳定性 （9）投资优惠 （10）对外国人的态度 ⋮	估价以下因素： （1）国际收支结构及趋势 （2）被外界冲击时易受损害的程度 （3）经济增长相当于预期目标的差距 （4）舆论界和领袖观点的变化 （5）领导层的确定性 （6）与邻国的关系 （7）恐怖主义的骚扰 （8）经济和社会进步的平衡 （9）人口构成和人口变动趋势 （10）对外国人和外国投资的态度 ⋮	对前两项进行评价后，从中挑选出 8～10 个在某国某项目能获得成功的关键因素（这些关键因素将成为不断查核的指数或继续作为投资环境评价的基础）	提出 4 套国家或项目预测方案 （1）未来 7 年中关键因素造成的“最可能”方案 （2）若情况比预期的好，会好多少 （3）若情况比预期的糟，会如何糟 （4）会使公司“遭难”的方案

道氏公司认为其在国外投资所面临的风险为两类：第一类是“正常企业风险”或称“竞争风险”。例如，自己的竞争对手也许会生产出一种性能更好或价格更低的产品。这类风险存在于任何基本稳定的企业环境中，它们是商品经济运行的必然结果。第二类是“环境风险”，即某些可以使企业环境本身发生变化的政治、经济及社会因素。这类因素往往会改变企业经营所必然遵循的规则和采取的方式，对投资者来说这些变化的影响往往是不确定的，它可能是有利的，也可能是不利的。这样，道氏化学公司把影响投资环境的诸因素按其形成的时间及作用范围的不同分为两部分：一是企业现有的业务条件；二是有可能引起这些条件变化的主要原因。这两部分又分别包括 40 项因素。在对这两部分因素作出评价后，提出投资项目的预测方案的比较，可以选择出具有良好投资环境的投资场所，在此投资经营将会获得较高的投资利润。表 2－4 中第一栏是企业现有业务条件，主要对投资环境因素的实际情况进行评价；第二栏是引起变化的主要原因，主要考察社会、政治、经济事件今后可能引起的投资环境变化；第三栏是有利因素和假设的汇总，即在对前两项评价的基础上，找出 8～10 个使投资项目获得成功的关键因素，以便对其连续地进行观察和评价；第四栏是预测方案，即根据对未来 7 年中的环境变化的评估结果提出 4 套预测方案供企业经营决策时参考。道氏化学公司的动态分

析以未来7年为时间长度，这是因为该公司预计投资项目投产后的第7年是盈利高峰年。

动态分析法有优点也有缺点，它的优点是充分考虑未来环境因素的变化及其结果，从而有助于公司减少或避免投资风险，保证投资项目获得预期的收益；它的缺点是过于复杂，工作量大，而且常常带有较大的主观性。

（五）加权等级评分法

加权等级评分法是前面所介绍的投资环境等级评分法的演进，该方法由美国学者威廉·戴姆赞于1972年提出。企业在运用这种方法时大体上分3个步骤：1. 对各环境因素的重要性进行排列，并给出相应的重要性权数；2. 根据各环境因素对投资产生不利影响或有利影响的程度进行等级评分，每个因素的评分范围都是从0（完全不利的影响）到100（完全有利的影响）；3. 将各种环境因素的实际得分乘上相应的权数，并进行加总。表2-5就是采用加权等级评分法对甲、乙两国投资环境进行评估和比较的情况。按照总分的高低，可供选择的投资目标国被分为以下5类：1. 投资环境最佳的国家；2. 投资环境较好的国家；3. 投资环境一般的国家；4. 投资环境较差的国家；5. 投资环境恶劣的国家。

表2-5　投资环境加权等级评分法

按其重要性排列的环境因素	甲国			乙国		
	(1) 重要性权数	(2) 等级评分 0~100	(3) 加权等级评分 (1)×(2)	(1) 重要性权数	(2) 等级评分 0~100	(3) 加权等级评分 (1)×(2)
1. 财产被没收的可能性	10	90	900	10	55	550
2. 动乱或战争造成损失的可能性	9	80	720	9	50	450
3. 收益返回	8	70	560	8	50	400
4. 政府的歧视性限制	8	70	560	8	60	480
5. 在当地以合理成本获得资本的可能性	7	50	350	7	90	630
6. 政治稳定性	7	80	560	7	50	350
7. 资本的返回	7	80	560	7	60	420
8. 货币稳定性	6	70	420	6	30	180
9. 价格稳定性	5	40	200	5	30	150
10. 税收水平	4	80	320	4	90	360
11. 劳资关系	3	70	210	3	80	240
12. 政府给予外来投资的优惠待遇	2	0	0	2	90	180
加权等级总分	5 360			4 390		

表中甲国的加权等级总分为 5 360 分，大于乙国的 4 390 分，这意味着甲国的投资环境优于乙国的投资环境。如果公司面临在甲、乙两国之间选择投资场所的机会，甲国是比较理想的选择。

（六）抽样评估法

抽样评估法是指对东道国的外商投资企业进行抽样调查，了解它们对东道国投资环境的一般看法。其基本步骤是：1. 选定或随机抽取不同类型外商投资企业，列出投资环境评估要素；2. 由外商投资企业的高级管理人员进行口头或书面评估，评估通常采取回答调查问卷的形式。

国际投资者可以通过这种方法了解和把握东道国的投资环境，同时，东道国政府也可采取这种方式来了解本国投资环境对外国投资的吸引力如何，以便调整吸收外资的政策、法律和法规，改善本国的投资环境。组织抽样评估的单位通常是欲从事国际投资活动的企业或国际咨询公司，也可以是东道国政府的有关部门或其委托的单位。

这种抽样评估法的最大优点是能使调查人得到第一手信息资料，它的结论对潜在的投资者来说具有直接的参考价值；缺点是评估项目的因素往往不可能列举得很多，因而可能不够全面。

（七）体制评估法

体制评估法是中国香港中文大学闵建蜀教授于 1987 年提出的。这种方法不局限于各种投资优惠措施的比较，而是着重分析政治体制、经济体制和法律体制对外国投资的政治风险、商业风险和财务风险所可能产生的直接影响，并指出企业的投资利润率不仅仅取决于市场、成本和原材料供应等因素，而且取决于政治、经济和法律体制的运行效率。

在体制评估法中，闵建蜀确立了五项评价标准，即稳定性、灵活性、经济性、公平性和安全性。这些标准反映了一个国家政治与行政体制、经济体制和司法体制的运行效率，它对外国投资的政治风险、商业风险和财务风险将产生直接的影响，从而关系到外资企业能否实现其投资的利润目标。

第四节　跨国公司与国际直接投资

一、跨国公司的产生与发展

跨国公司是国际直接投资的主体，世界上绝大部分的国际直接投资都是由跨国公司进行的。仅世界 100 家最大的跨国公司在国际直接投资的总存量中就占到了 1/3 的份额。跨国公司的产生与发展主要经历了以下三个阶段：

（一）第一次世界大战以前的萌芽阶段

资本主义产生之后，世界市场被逐渐开拓出来。为了占领市场和获得原材料，一些西方国家的公司开始进行对外直接投资，于是产生了现代跨国公司的雏形。其中比较著名的有美国胜家缝纫机公司和德国的弗里德里克·拜耳公司，当时对外直接投资主要集中于铁路和采矿业，且多投资于落后地区。总的来说，第一次世界大战以前世界范围内从事跨国经营的企业数量较少，对外直接投资额也不大，跨国公司处于萌芽阶段。

（二）两次世界大战之间的逐渐发展阶段

在这个阶段，对外直接投资有了相当的增长，比第一次世界大战前增加了两倍，制造业吸引了更多的国际直接投资，越来越多的西方国家的大公司开始在海外建立子公司。据统计，在这个阶段共有 1 441 家西方国家的公司进行了对外直接投资。然而由于战争、经济危机和国家管制，跨国公司虽然有了一定的发展，但速度仍然较慢。

（三）第二次世界大战以后至今的迅猛发展阶段

第二次世界大战以来，科学技术取得了突飞猛进的发展，世界经济一体化程度不断提高，这使得对外直接投资在深度和广度上迅速发展，跨国公司的数量和规模大大增加，对外直接投资已经赶上并超过对外间接投资。根据联合国原跨国公司中心的资料，发达国家跨国公司母公司在 1968 年有 727 家，子公司 27 300 家，到 1980 年增加到母公司 10 727 家，子公司 98 000 家。根据联合国贸易与发展会议公布的《1999 年世界投资报告》的最新资料，到 1998 年年底，全球跨国公司母公司为 59 902 家，跨国公司的海外分支机构达 508 239 家。1998 年，跨国公司母公司和其国外分支机构的产值约占世界总产值的 25%，国外分支机构的销售额约达 11 万亿美元，大大超过当年约 7 万亿美元的世界出口额。全球最大的 100 家跨国公司 1997 年拥有 1.8 万亿美元的境外资产，在境外销售了 2.1 万亿美元的产品，它们在境外的分支机构雇佣了约 600 万名雇员。跨国公司规模巨大，仅美国通用汽车公司的年销售额就相当于一个欧洲中等发达国家的国民生产总值。第二次世界大战后跨国公司的迅猛发展大大推动了资本国际化和生产国际化的进程，促进了各种生产要素在国际间的移动与重新合理组合配制。跨国公司是推动经济全球化和一体化的主要力量。

二、跨国公司的概念与特征

（一）跨国公司的概念

国际上对跨国公司有许多叫法，如全球公司、世界公司、多国公司等，各种机构和学者根据不同的标准对跨国公司下了各种各样的定义，现将目前最为流行的 3 种标准简单介绍如下：

1. 结构标准

在结构标准（Structural Criteria）体系下，跨国公司应该至少满足下列条件之一：

（1）在两个以上的国家经营业务；

（2）公司的所有权为两个以上国籍的人所拥有；

（3）公司的高级经理人员来自两个以上的国家；

（4）公司的组织形式以全球性地区和全球性产品为基础。

2. 业绩标准

业绩标准（Performance Criteria）是指凡是跨国公司则其在国外的生产值、销售额、利润额、资产额或雇员人数就必须要达到某一个百分比以上。百分比具体应为多少目前并无统一的认识，实践中采用25%作为衡量标准的情况较多。

3. 行为标准

行为标准（Behavioral Criteria）指跨国公司应该具有全球战略目标和动机，以全球范围内的整体利益最大化为原则，用一视同仁的态度对待世界各地的商业机会和分支机构。

综合各种观点，可以认为，跨国公司是指这样一种企业，它在两个或两个以上的国家从事经营活动，它有一个统一的中央决策体系和全球战略目标，其遍布全球的各个实体分享资源和信息并分担相应的责任。

（二）跨国公司的特征

世界上的跨国公司多种多样，有从事制造业的跨国公司，也有从事服务业的跨国公司；有规模巨大的跨国公司，也有数以万计的中小型跨国公司；有发达国家的跨国公司，也有发展中国家的跨国公司。但无论什么类型的跨国公司，它们一般都具有以下几个特征：

1. 国际化

跨国公司为了获取资源、占领市场、保持垄断优势等种种原因，在世界各地投资设立分支机构，进行国际化的经营。国内外投资与经营环境的差异会给企业的生产经营活动带来不同的影响和风险，企业要运用自己所拥有的各种资源，主动地应对环境的各种变化，以实现企业跨国经营的目标。实际上，国际化经营就是企业与国际环境相互作用的过程。国际化经营是跨国公司的一个最主要的特征，因为如果没有国际化经营，尤其是如果没有作为国际化经营第二层次的国际直接投资，那么跨国公司也就名不副实了。

2. 在全球战略指导下的集中管理

跨国公司虽然分支机构众多，遍布全球，但诸如制定价格、生产计划、投资计划、研究与开发计划和利润分配等重大决策均由母（总）公司制定，各分支机构执行。而指导总公司作出决策的是跨国公司的全球战略，即将所有的分公司、子公司视为一个整体，以全球的观点而不是地区的观点来考虑问题。因此，跨国公司在全球范围内整体长远利益的最大化是其制定政策的出发点和归宿。跨国公司将自己视为一个全球公司，而不再是某个国家的公司。

3. 具有内部化优势

由于跨国公司在多个国家设有分支机构，在宏观管理上又采用集中领导，因此各个分支机构之间，母公司与分支机构之间关系密切，相互协作，互相配合。这突出地体现在制定内部划拨价格、优先转让先进技术和信息资源共享上，这些做法使得跨国公司具有了国内公司所不具备的独特的竞争优势。这也部分地解释了为什么一国企业达到一定规模后就要向外扩张，向跨国公司方向发展的原因。

三、跨国公司的组织形式

跨国公司的组织形式有两层含义：一是法律结构，即法律组织形式，主要涉及母公司与国外各分支机构的法律和所有权关系、分支机构在国外的法律地位、财务税收的管理等方面；二是组织结构，即行政或管理组织形式，主要职能是如何提高企业的经营管理效率，优化企业资源的配置，以求取得最佳的经济效益。下面分别简要介绍跨国公司的法律组织形式和管理组织形式。

（一）法律组织形式

跨国公司的法律组织形式有母公司、分公司、子公司以及联络办事处。

1. 母公司

母公司（Parent Company）又称总公司，通常是指掌握其他公司的股份，从而实际上控制其他公司业务活动并使它们成为自己的附属公司的公司。从上面的定义来看，母公司实际上是一种控股公司。但严格来讲，母公司并不等同于只掌握股权而不从事业务经营的纯控股公司，许多实力雄厚的母公司本身也经营业务，是独立的法人，有自己的管理体系，因而应属于混合控股公司（控股兼营业公司）。母公司通过制定大的方针、政策、战略等对其世界各地的分支机构进行管理。

2. 分公司

分公司（Branch Company）是母公司的一个分支机构或附属机构，在法律上和经济上没有独立性，不是法人。分公司没有自己独立的公司名称和公司章程，只能使用母公司的名称和章程；它的全部资产都属于母公司，没有自己独立的财产权，所以母公司对分公司的债务承担无限责任；分公司的业务活动由母公司主宰，它只是以母公司的名义并根据它的委托开展业务。分公司一般包括生产型与销售型两种类型。

设立分公司的有利之处在于：

（1）设立手续比较简单。只需缴纳少量登记费就可取得所在国的营业执照；

（2）可享受税收优惠。由于分公司不是独立核算的法人，与母公司同属一个法律实体，所以分公司在国外的纳税一般少于子公司。另外，许多国家税法规定，如果国外分公司发生亏损，其亏损额可在母公司税前利润中扣除，而且外国分公司汇出的利润一般不作为红利而缴纳利润汇出税；

（3）便于管理。母公司通过控制分公司的管理人员而全面直接地领导和控制分公司的经营活动；

（4）在某些方面受东道国管制较少。东道国对分公司在该国以外的财产没有法律上的管辖权，因此，分公司在东道国之外转移财产比较方便。

设立分公司的不利之处有：

（1）对于母公司的不利影响。分公司在登记注册时须披露母公司的全部业务活动和财务收支状况，给母公司的业务保密带来损害。而且，母公司要对分公司债务承担无限责任。分公司在终止或撤离时只能出售其资产，而不能出售其股份，也不能与其他公司合并，这对母公司来说也是不利的；

（2）对分公司的不利影响。分公司在业务上总受到母公司的支配，难以发挥创造性。分公司在东道国被当作“外国公司”看待，没有东道国股东，因此在当地开展业务有一定困难；

（3）对母国的不利影响。设立国外分公司常会引起母国税收的减少，所以母国对分公司的法律保护也较少。

3. 子公司

子公司（Subsidiary）是指按当地法律登记注册成立，由母公司控制但在法律上是一个独立的法律实体的企业机构。子公司自身就是一个完整的公司。其独立性及法人资格主要表现在以下几个方面：子公司有自己独立的公司名称、章程和行政管理机构；子公司有能独立支配的财产，有自己的财务报表，独立核算自负盈亏；子公司可以以自己的名义开展业务，进行各种民事法律活动，包括起诉和应诉。

设立子公司的有利之处在于：

（1）有利于开展业务。由于子公司在东道国是以一个“本国”公司的身份开展业务，所以受到的限制比较少，比分公司更能开拓当地市场；

（2）融资比较便利。子公司可以独立地在东道国银行贷款，可以在当地的证券市场上融资，其偿债责任只限于子公司的资产；

（3）有利于进行创造性的经营管理。由于有较大的自主权，子公司在经营管理上可以发挥其创造性；

（4）有利于收回投资。子公司在东道国终止营业时，可灵活选择采用出售其股份、与其他公司合并或变卖其资产的方式回收投资；

（5）有利于进行国际避税。如果在国际避税地设立避税地子公司则有利于母公司开展避税活动。

设立子公司的不利之处在于：

（1）手续比较复杂。因为子公司在东道国是一个独立法人，所以设立手续比较复杂，费用较高；

（2）行政管理费用较高。在国外设立子公司必须建立起东道国公司法所规定的行政管理机构，还必须对东道国大量的法律法规进行研究，这增加了子公司的行政管理费用；

（3）经营管理方面存在一定困难。子公司需要公开自己的财务状况，这必然会增加子公司的竞争压力。对于与当地合资的子公司，其在东道国的经营活动常会受到当地股东的制约，因为发达国家的公司法比较注重保护少数股东的利益，而发展中国家的法律有时会硬性规定当地股权的最低比例以及当地董事的最低人数。

4. 联络办事处

联络办事处（Liaison Office）是母公司在海外建立企业的初级形式，是为进一步打开海外市场而设立的一个非法律实体性的机构，它不构成企业。联络办事处一般只从事一些收集信息、联络客户、推销产品之类的工作，开展这些活动并不意味着联络办事处在东道国正式“开展业务”。联络办事处不能在东道国从事投资生产、接受贷款、谈判签约及履约之类的业务。同分公司相同的是，联络办事处不是独立的法人，登记注册手续简单；同分公司不同的是，它不能直接在东道国开展业务，它不必向所在国政府缴纳所得税。

分公司、子公司和联络办事处作为母公司在国外直接投资的组织形式各有其特点，也各有利弊。投资者应当把它们的长处和短处同自己在东道国所要开展的业务活动的性质、所要达到的目标、本企业的经营管理能力与特色以及东道国的投资环境和税收政策等方面结合起来考虑，选择对推动本企业海外业务发展较为有利的对外直接投资形式。

（二）管理组织形式

跨国公司规模大，经营地区广，分支机构众多，产品多种多样，业务内容丰富，这就要求跨国公司建立一套高效率的管理组织，以提高行政效率，充分利用公司资源，取得全球范围内的利益最大化。

跨国公司通常采用的管理组织形式有：国际业务部、全球性产品结构、全球性地区结构、全球性职能结构和矩阵式组织结构，下面分别加以简要介绍。

1. 国际业务部

随着产品出口、技术转让、国际投资等国际业务的扩大，跨国公司开始设立专门的国际业务部（International Division）。国际业务部拥有全面的专有权，负责公司在母国以外的一切业务。有些跨国公司设立的国际总部或世界贸易公司也是属于国际业务部性质的。国际业务部作为隶属于母公司的独资子公司，其总裁一般由母公司的副总裁兼任。

设立国际业务部的优点是：集中加强对国际业务的管理；树立体现全球战略意图的国际市场的意识，并提高职员的国际业务水平。它的缺点主要是人为地将国内业务和国际业务割裂开来，造成两个部门在内销、外销、技术支持等方面的对立，不利于公司有限资源的优化配置；在国际业务部发展到一定阶段时其他部门难以与之匹配，影响了经营效率。

2. 全球性产品结构

跨国公司在全球范围内设立各种产品部，全权负责其产品的全球性计划、管理和控制。

全球性产品结构（Global Product Structure）的优点是：在强调产品制造和市场销售的全球性规划的前提下加强了产品的技术、生产和信息等方面的统一管理，最大限度地减少了国内和国外业务的差别。它的缺点在于：容易向“分权化”倾斜，各产品部自成体系，不利于公司对全局性问题的集中统一管理；削弱了地区性功能，并易造成机构设置重叠，浪费资源。

3. 全球性地区结构

跨国公司以地区为单位，设立地区分部从事经营，每个地区都对公司总裁负责。这种结构又可分为两类：地区—职能式和地区—产品式。

全球性地区结构（Global Regional Structure）的优点是：由于强化了各地区分部作为地区营利中心和独立实体的地位，有利于制定出地区针对性强的产品营销策略，适应不同市场的要求，发挥各地区分支机构的积极性、创造性。它的缺点在于容易形成“区位主义”观念，重视地区业绩而忽视公司的全球战略目标和总体利益；忽视产品多样化和难于开展跨地区的新产品的研究与开发。

4. 全球性职能结构

跨国公司的一切业务活动都围绕着公司的生产、销售、研究与发展、财务等主要职能展开，设立职能部门，各个部门都负责该项职能的全球性业务，分管职能部门的副总裁向总裁负责。例如财务部门对财务收支、税收安排、报表编制负有全球性的责任。

全球性职能结构（Global Functional Structure）的优点是：通过专业化的分工明确了职责，提高了效率；易于实行严格的规章制度；有利于统一成本核算和利润考核。它的主要缺点是难以开展多种经营和实现产品多样化，并给地区间协作造成很大困难。

5. 矩阵式组织结构

近年来随着跨国公司的规模越来越大，一些跨国公司在明确责权关系的前提下，对公司业务实行交叉管理和控制，即将职能主线和产品/地区主线结合起来，纵横交错，构成矩阵形，故称矩阵式结构（Matrix Structure）。这意味着地区管理和产品管理同时并存，一个基层经理可能同时接受产品副总裁和地区副总裁的领导。

矩阵式组织结构的优点是各部门各层次密切合作，将各种因素综合起来，增强了公司的整体实力；增强了各子公司的应变能力，可以应付复杂多变的国际业务环境，同时，又保持了母公司职能部门对各子公司的有效控制。它的缺点是冲破了传统的统一管理的原则，管理层之间容易发生冲突；而且组织结构较复杂，各层次的关系利益不易协调。

以上提到的五种管理组织结构各有其特点和利弊。跨国公司在决定自身管理组织结构时应充分考虑到自身的情况，如规模、经营产品、地区等，选择适合自己公司的组织结构。国际业务部往往是一家公司从单纯出口走向国际经营的中间步骤，有利于收集信息、探索经验和培养人才，为进一步全球性经营打下基础。对于产品品种已经实现多样化、系列化，产品类别之间生产技术差异明显，自成体系的企业，采用全球性产品结构比较合适。相反，如果产品品种并不很多，产品的规格、质量、包装和生产技术比较统一，同时销售市场分布广泛（如饮料、石油、医药等行业），那么，跨国公司则应选择全球性地区结构。全球性职能结构则主要适用于产品系列比较简单，市场经营环境比较稳定的跨国公司。

当跨国公司的规模已十分庞大，产品种类繁多，业务内容丰富，经营地区广泛之时，矩阵式组织结构成为一种理想的选择。

四、跨国公司的作用

跨国公司作为当今世界经济的一个重要力量，发挥了巨大的作用，主要表现在以下三个方面：

1. 对于整个世界经济而言，跨国公司的发展推动了各种生产要素在国际间的移动与重新组合配置，扩大了国际直接投资、国际贸易和国际技术转让的规模，促进了世界经济一体化的进程和国与国之间经济合作活动的开展，使各个国家的经济越来越紧密地结合在一起，为国际经济的不断发展和繁荣作出了贡献。

2. 对于跨国公司母国来说，通过跨国公司的对外直接投资，扩大了资本输出、技术输出、产品输出和劳务输出，增加了国民财富，同时在一定程度上也增强了对接受投资国的影响。

3. 对于接受对外直接投资的东道国来说，引进跨国公司的同时也引进了发展经济所必需的资本、先进的技术和管理，增加了就业机会，繁荣了经济。当然，跨国公司的进入有时也会产生挤占国内市场、冲击民族经济或威胁国家主权等负面影响。

第二次世界大战以来，跨国公司的壮大和世界经济的发展相伴而行，相互促进。随着世界经济的不断发展和一体化趋势的增强，跨国公司必将在其中扮演一个更加重要的角色。

第五节　世界贸易组织与多边投资协定

一、世界贸易组织《与贸易有关的投资措施协议》

《与贸易有关的投资措施协议》(Agreement on Trade-Related Investment Measures, TRIMs）是乌拉圭回合多边贸易谈判的三个新议题之一。《与贸易有关的投资措施协议(TRIMs)》列举了影响国际贸易自由进行的投资方面的措施，要求成员国在一定时期内将其取消。随着世界贸易组织（WTO）的成立和运作，这一协议已在其成员国间生效，已成为一项国际经济贸易方面的通行规则和惯例。因此，中国的有关政策与法规也应与之相适应，作出相应的修改与调整。除 TRIMs 之外，世界贸易组织所管辖的其他一些协议对国际投资和中国利用外资也有影响。

（一）乌拉圭回合谈判关注 TRIMs

1. 关贸总协定在协调国际直接投资方面所作出的努力

国际协调的目的是为了减少矛盾和纠纷，是为了制定和执行一些各国都能遵守的国际规范和规则，以推动国际直接投资和跨国公司的发展。由于以往的协调不是很成功和很有效，再加上在关贸总协定的执行过程中也出现了日益增多的与贸易有关的投资措施方面的争议，所以在乌拉圭回合谈判中，将“与贸易有关的投资措施”列入议题之内。

在乌拉圭回合谈判开始之前，在关贸总协定（GATT）的框架之内，贸易与投资的关系没有受到多少关注。在 1948 年制定的国际贸易组织宪章中的经济发展一章中，包含了一些有关外资待遇的条款。但是，这部宪章没有被批准生效，只有宪章中的一些有关商业政策的条款被关贸总协定吸收和继承。1955 年，关贸总协定缔约方通过了一项国际投资与经济发展的决议，该决议要求各国通过缔结双边协议为外国投资提供安全和保护。

在乌拉圭回合谈判之前，有关投资方面的最主要的进展可能就是专门小组在解决美国与加拿大的争端过程中的裁决。在“加拿大外资审查管理法”中，关贸总协定争端解决小组看到了由美国提出的抱怨，即加拿大当局要求外国投资者作出某种承诺，以此作为投资项目获得批准的条件。这些承诺涉及对一些国内产品的采购（当地成分要求）和对一定数量与比例产品的出口（出口业绩要求）。专门小组认为当地成分要求违背关贸总协定第三条第四款关于国民待遇义务的规定，但是出口业绩要求并不违背关贸总协定的规定。专门小组在加拿大外资审查管理法案例中的决定具有十分重要的意义，因为它确认了就与贸易扭曲措施有关的要求而言，关贸总协定的义务是适合于由某国政府在外资项目中所实施的出口业绩要求的。同时，专门小组所作出的出口业绩要求并不违背关贸总协定的结论，还进一步强调了现有的关贸总协定与贸易有关的业绩要求的规定的范围是有限的。

乌拉圭回合谈判开始后，通过各方协商起草的一份妥协方案，与贸易有关的投资措施成为了新一轮谈判的议题。在谈判中，各缔约方提出了许多应被关贸总协定禁止的各国在引进外资中正在采用的与贸易有关的投资措施，最后由美国提交了一份清单，列出了主要的与贸易有关的投资措施，并被乌拉圭回合贸易谈判委员会采纳。清单中列出的与贸易有关的投资措施主要有：当地含量（成分）要求、贸易平衡要求、进口限制、出口实绩要求、外汇平衡要求、外汇管制、国内销售要求、生产（制造）要求、生产（制造）限制、产品授权要求、技术转让要求、许可要求、汇款限制以及当地股权要求。

与贸易有关的投资措施谈判最突出的特点就是参加各方之间的严重的意见分歧，分歧点集中在未来新规定的范围和性质上。除了在加拿大外资审查法案件中涉及的违反关贸总协定第三条的当地成分要求以外，一些发达国家还提出了对广泛的措施进行禁止的条款，许多发展中国家对此表示反对。经过谈判最终形成了一个妥协方案，这一方案实际上是对关贸总协定第三条关于给予进口货物国民待遇和第十一条关于对进出口货物进行数量限制这两个条款同与贸易有关的投资措施的适用性的解释和说明进行限定。结果，在乌拉圭回合谈判中曾被提出和讨论过的许多措施并没有包括在与贸易有关的投资措施协议中，包括在其中的仅是对贸易产生限制和扭曲影响的那些投资措施。对贸易影响的重视清楚地表明谈判各方当时并不打算涉及国际投资规则问题。

2. 与贸易有关的投资措施的产生及其规定性

与贸易有关的投资措施的产生涉及三个相互关联的因素：一是国际直接投资的迅速发展；二是东道国政府对国际直接投资采取相应措施；三是此类措施对贸易产生了限制和扭曲效应。与贸易有关的投资措施同时涉及国际投资和国际贸易两类经济活动，制定此类措施的主要目的在于使外国投资者尤其是跨国公司，在经济活动中遵循东道国国家发展目标和产业与经济政策。国际直接投资是与贸易有关的投资措施产生和发展的经济基础，东道国政府为了贯彻其发展目标和产业与经济政策而对外国公司行为加以规范是与贸易有关的投资措施产生的直接原因。

与贸易有关的投资措施的规定性表现在：国际直接投资的东道国政府是此类措施的行为主体，而非投资母国政府或跨国公司；此类措施是针对国际直接投资的，而非针对货物进口；此类措施可分为限制性措施（如前面讲到的14种投资措施）和鼓励性措施（主要表现就是税收的优惠，包括国内税的减让和关税的减让，另外，还有直接或间接给予外国投资者的补贴以及以无偿或低于原投资额的办法将本国的投资部分或全部转让给外国投资者）两种类型，这两类措施都可以使外商投资企业的经营管理成本和产品价格发生变化；与贸易有关的投资措施包括许多种，各种措施对贸易的影响程度不同，有的直接有的间接，有的影响大一些有的影响小一些；此类措施既包括强制性实施的，也包括诱导性实施的（采用后可带来各种形式的利益和好处）。

（二）TRIMs的主要内容

1. TRIMs的含义

在分析TRIMs的含义之前有必要先分析一下什么是投资措施。简单来讲，针对投资行为所实施的措施就是投资措施。这类措施通常是资本输入国针对外国直接投资所实施的。另外，在有些时候，投资措施还包括资本输出国为保护本国海外投资者的利益而采取的一些海外投资保险措施。但世界贸易组织 TRIMs 协议所探讨的范围目前仅限于前者。还有一点需要注意，世界贸易组织 TRIMs 协议仅仅考虑资本输入国政府所实施的投资措施，而不包括投资企业本身实施的措施。

那么，什么是“与贸易有关的投资措施”？与贸易有关的投资措施是指由东道国政府通过政策法令直接或间接实施的与货物贸易有关的对贸易产生限制和扭曲作用的投资措施。在理解 TRIMs 时需要注意以下几点：

（1）TRIMs 仅与货物贸易有关，不包括服务贸易。

（2）不要把 TRIMs 理解为东道国政府对外商投资所采取的一切投资措施，它仅是其中的一小部分。

（3）TRIMs 指的是那些对贸易产生限制和扭曲作用的投资措施，不包括对贸易产生积极推动作用的投资措施。

（4）TRIMs 是要求世界贸易组织成员国限期取消的投资措施。

2. TRIMs 正文部分的主要内容

TRIMs 包括两部分：一部分是正文，共有 9 个条款；另一部分是附件，列出了不符合《GATT 1994》第 3 条第 4 款和第 11 条第 1 款义务的与贸易有关的投资措施，共列明了 5 点。

TRIMs 正文部分的主要内容有：

（1）TRIMs 的适用范围和鉴别与贸易有关的投资措施的原则。TRIMs 仅适用于与货物贸易有关的投资措施。关于鉴别原则，规定在不影响《GATT 1994》任何其他权利和义务的情况下，所有世界贸易组织成员国都不能使用与《GATT 1994》第 3 条国民待遇原则和第 11 条取消数量限制原则不一致的与贸易有关的投资措施。

（2）例外条款和发展中国家成员国。首先，《GATT 1994》中的所有例外都可以视具体情况适用于该协议；其次，发展中国家成员国可以享受特殊优惠。考虑到发展中国家在贸易和投资方面的实际情况和特殊要求，他们可以暂时自由地背离国民待遇和取消数量限制原则，但这种自由的背离应符合《GATT 1994》第 18 条的规定，即主要是为了平衡外汇收支和扶植国内幼稚产业的发展。

（3）通知和过渡安排。世界贸易组织成员国应在《建立世界贸易组织协议》生效后 90 天内向该组织的货物贸易理事会通告他们正在实施的与该协议不相符的所有与贸易有关的投资措施，不仅包括其基本特征，还包括其一般的和具体的实施情况。上述措施要限期取消，这个期限（即过渡期）是：发达国家 2 年，发展中国家 5 年，最不发达国家 7 年。货物贸易理事会应发展中国家成员国的要求，可以延长其过渡期，但要求方必须证明在执行协议时的特殊困难。在《建立世界贸易组织协议》生效前 180 天内开始实施且与 TRIMs 不符的投资措施不享受过渡期，应立即加以取消。在过渡期内，为了不对已建立的外商投资企业造成不利影响，成员国可以在两种情况下将那些已用于这些已建企业的具体的投资措施用于新建的外商投资企业。这两种情况是指：第一，新建企业生产的产品与已建企业生产的产品相同；第二，有必要避免在新建企业与已建企业间造成扭曲的竞争条件。在以上两种情况下采用的投资措施，应当向货物贸易理事会通报，并且要同对已建企业实施的投资措施一起取消。

（4）透明度要求。除必须遵守《GATT 1994》第10条“贸易条例的公布和实施”以及分别于1979年和1994年通过的《关于通知、磋商、争端解决与监督》和《关于通知程序的部长决定》以外，每个成员国都应向世界贸易组织秘书处通告可以找到与贸易有关投资措施的出版物，包括中央和地方各级政府所使用的相关出版物。但成员国可以不公开有碍法律实施或对公共利益及特定企业的合法商业利益造成损害的信息。

（5）建立TRIMs委员会。该委员会向所有成员国开放。委员会应选举主席和副主席，每年至少召开一次会议。应任何缔约方的请求，可随时开会。该委员会的职责是：执行货物贸易理事会分配的任务，并向成员国提供与TRIMs的运行和执行有关的任何问题的咨询服务。同时，还负责监督TRIMs的运行和执行情况，并每年向货物贸易理事会报告这方面的情况。

（6）磋商与争端解决。《GATT 1994》第22条和第23条争议解决的程序与规则适用于TRIMs项下的协商与争议解决。

（7）货物贸易理事会检查。在《建立世界贸易组织协议》生效5年内，货物贸易理事会将对TRIMs的实施情况进行检查，并视具体情况提出修改建议，同时，考虑该协议是否需要补充有关投资政策和竞争政策方面的规定。

3. TRIMs附件部分的主要内容

TRIMs附件部分包括以下主要内容：

（1）不符合《GATT 1994》第3条国民待遇原则的投资措施，包括那些国内法律或行政条例规定的强制性实施的投资措施，或者为了获得一项利益必须与之相符合的投资措施。具体指以下两项：① 当地成分（含量）要求。要求外商投资企业生产的最终产品中必须有一定比例的零部件是在东道国当地购买或者是当地生产的。② 贸易（外汇）平衡要求。规定外商投资企业为进口而支出的外汇，不得超过该企业出口额的一定比例。

（2）不符合《GATT 1994》第11条取消进口数量限制原则的投资措施，包括国内法律或行政条例规定的强制性执行的投资措施，或者为了获得一项利益必须与之相符合的投资措施。具体包括：① 贸易（外汇）平衡要求。对外商投资企业的进口作出一般的限定，或规定不得超过该企业出口量或出口值的一定比例。② 进口外汇限制。规定外商投资企业用于生产所需的进口额应限制在该企业所占有的外汇的一定比例内。③ 国内销售要求。规定外商投资企业要有一定数量的产品在东道国销售。

以上是TRIMs附件所列出的应限期取消的投资措施。仔细分析可以发现，在附件第一点和第二点中，有一项要求基本相同，即贸易（外汇）平衡要求。因此，可以说TRIMs附件中所列举的属于禁用之列的投资措施主要是4项，即当地成分要求、贸易平衡要求、进口外汇限制和国内销售要求。

（三）TRIMs对国际直接投资的影响

TRIMs是到目前为止在国际范围内第一个正式实施的有关国际投资方面的多边协议，TRIMs扩大了多边贸易体系的管辖范围，将与贸易有关的投资措施纳入到了多边贸易体系之中。TRIMs尽管还不尽完善，但它仍是一个积极的协议，它必将对国际投资和国际贸易的自由化发展起到推动作用。

总体而言，由于TRIMs构成了对与贸易有关的投资措施的有力的约束和限制，所以东道国对国际投资的管制将放松，政策法规的透明度增强，投资环境改善，因而为国际直接投资的发展提供了更大的空间。要求成员国在明确规定的过渡期内取消通报的相关措施有助于增强协议效率的确定性。由于已经认识到贸易、投资和竞争政策的相关性在不断加强，因此，在未来的多边贸易体系中将涉及更多的投资与竞争政策问题。

从产业结构的角度来看，由于电信、化工、汽车、制药等行业的国际直接投资授予贸易有关的投资措施影响最大，所以是本协议最大的受益行业，这些行业利用外资将获得比其他行业更快的发展。从地区结构的角度来看，由于发展中国家使用的与贸易有关的投资措施更多一些，所以发展中国家的投资环境将会得到更大的改善，区位优势会较以前有进一步的加强，国际直接投资的增长速度也会比以前加快。

当然，事物都有两面性，TRIMs的实施对发达国家和发展中国家也会产生一些消极影响，相对而言，对发展中国家的消极影响会更大一点。许多发展中国家常常利用与贸易有关的投资措施引导外资流向，保护相关产业，随着协议的实施和这些措施的逐步取消，与此有关的一些产业政策将不复存在。另外，由于当地成分要求、贸易平衡要求和进口外汇限制的禁用，使发展中国家的市场开放度扩大，某些市场有可能被国外大企业所垄断，同时出口数额会减少，进口规模会扩大。还有，当地成分要求的禁用，将会缩小发展中国家根据普惠制中的原产地规则所获得的受惠产品的数量与范围。最后，如果该协议在实施中不能做到对等和利益平衡，那么它就有可能成为主要限制发展中国家的单方面协议。

（四）从TRIMs到《多边投资协定》

1. TRIMs存在的缺陷和不足

尽管TRIMs的制定和实施有力地推动了国际投资领域国际协调的发展和国际规范的制定进程，但TRIMs本身存在着缺陷和不足，主要表现在：（1）本协定仅适用于货物贸易，对服务贸易不适用，因而使服务贸易领域大量存在的与贸易有关的投资措施受不到约束和限制。（2）本协定所列举的仅是与货物贸易有关的投资措施中的一小部分，因此涵盖的范围有限。（3）本协定所涉及的投资措施都是对贸易产生了副作用的措施，即限制性的投资措施，而对鼓励性的投资措施未涉及，但鼓励性投资措施的实行也会影响到贸易的有效流动。（4）本协定不包括广大发展中国家所广泛关注的限制性商业惯例问题，而限制性商业惯例恰恰是多数与贸易有关的投资措施所针对的对象，不彻底解决限制性商业惯例问题，与贸易有关的投资措施也难以根除。

2. 现有的各种国际投资安排存在的缺陷

现有的各种国际投资安排除TRIMs等属于世界贸易组织管辖的多边协定之外，还有属一国国内立法、双边及区域多边层次上的投资政策与协定。从国别来看，各国国际直接投资政策自由化与限制差别很大；从双边层次来看，截至2007年年底，双边投资保护协定（Bilateral Investment Treaties，BITs）和避免双重征税协定（Double Taxation Treaties，DTTs）的数量已分别达到2 608个和2 730个，但大量双边投资协定的内容和标准存在相当大的差异；再从区域多边的角度看，各个区域经济一体化组织的投资自由化进程并不一致，它们在待遇标准、争端解决和投资保护措施等方面的规定也不相同。综上所述，由于现存的国际投资的各种安排不尽完善，现存的国际投资协定仍然以双边和区域层次的投资协定为主，但双边、区域的投资协定存在很大的局限性，无法满足国际投资在全球发展的需要，导致相当多的国际投资者仍面临投资壁垒、歧视性待遇、政策法规的不确定性以及由此而引发的各种矛盾和纠纷，有鉴于此，建立多边投资框架应及早被提上议事日程。

3. 从 TRIMs 走向《多边投资协定》的必要性

第二次世界大战以后，国际投资取得了迅猛的发展，尤其是 20 世纪 80 年代以来，国际投资的发展速度更是超过了国际贸易，而成为全球经济发展的主要推动力之一。随着国际投资和跨国公司的大发展，国际投资的自由化、便利化和规范化的要求越来越强烈。但是，相对于国际贸易领域而言，国际投资领域的国际协调要落后得多，至今还没有制定出类似于货物贸易领域的 GATT 和服务贸易领域的 GATS 那样的一整套国际规范。然而，制定这样一套国际规范以开创一个稳定、可预见和透明的国际直接投资环境的迫切性和必要性正在日益增加，多边投资协定的积极作用是不言而喻的。所以，要加强国际投资方面的国际协调，推动具有全球性国际投资规范性质的《多边投资协定（Multilateral Agreement on Investment，MAI）》的制定进程。

4. MAI 的规定性

未来的 MAI 应注意以下几点规定性：（1）投资措施所涵盖的领域应既包括货物贸易也包括服务贸易。（2）应将所有的投资措施都纳入到协定管辖的范围之中，不仅包括限制性的投资措施也包括鼓励性的投资措施。（3）在协定中应充分考虑发展中国家的愿望和要求，对滥用限制性商业惯例的行为作出禁止性的规定。（4）应对目前大量存在的单边、双边、区域多边及全球多边方面的投资措施、协议或协定进行分析和整理，制定出内容、标准和进度统一的具有广泛代表性的权威的投资协定。（5）一国国内的竞争政策对其投资政策影响很大，因此在协定中还要考虑制定出相应的条款以规范各国国内的竞争政策。

5. 经济合作与发展组织（OECD）在制定 MAI 方面曾经作出的努力

经济合作与发展组织在国际直接投资中占有重要的地位，近些年来，在协调国际投资关系和制定国际投资规范方面作出了大量的工作与积极的努力。考虑到乌拉圭回合多边协定所涉及的投资领域和规则是有限的，未能完全解决发达国家所关心的问题，所以，在该回合谈判尚未结束之前的 1991 年，经济合作与发展组织就已着手为制定一项全面、系统和完整的多边投资规则作准备。

1991 年以来，经济合作与发展组织下属的“国际投资与多国公司委员会”和“资本流动与无形交易委员会”一直在进行多边投资协定问题的研究。1994 年，在经济合作与发展组织部长级会议上，讨论了建立全面的投资协定框架的积极作用和可行性。1995 年 5 月，经济合作与发展组织部长级会议决定启动《多边投资协定》的谈判，并为协定准备了框架草案。该谈判原定于 1997 年 5 月前达成协定。但经过两年的谈判，各方的观点仍难以统一，于是决定将达成协定的时间推迟到 1998 年 4 月。在 1998 年 4 月的会议上，由于各种原因协定仍未最终达成。目前，经济合作与发展组织仍在继续推进这项工作，但未规定谈判结束的截止日期，只是提出要在保证协定高标准和高水平的前提下尽快达成一致，完成谈判。

虽然经济合作与发展组织启动的多边投资谈判久拖未决，令人遗憾。但是，启动谈判本身和谈判已经取得的初步成果是具有非常重要意义的，它为今后世界贸易组织开展这方面的谈判提供了有益的启示和打下了良好的基础。

经济合作与发展组织成员国在 MAI 谈判中的主要宗旨是：为国际投资提供一个包括投资自由化和高标准的投资保护以及有效的争端解决程序在内的全面、系统和开放的多边框架。通过 MAI 谈判最终要为投资者提供一个良好的投资环境，从而促进资本要素更自由地跨国移动。将来，MAI 作为一项独立的国际协定是开放的，不仅 OECD 国家可以参加，其他国家如果愿意的话也可以参加。目前，各方在谈判中存在的分歧主要集中在劳工和环境标准、例外和保留、法律的域外适用、法律冲突和再投资障碍以及知识产权和争端解决等问题上。正是由于分歧一时难以消除，影响了谈判的结束时间。

OECD 组织制定的 MAI 与世界上现存的各类投资协定（议）相比具有以下几个特点：一是标准高，要求东道国向投资者提供安全、永久的保护和公平合理的待遇，禁止法律上和事实上的歧视做法，除非被列为一般例外、临时背离和国家保留；二是范围广，国际直接投资与国际间接投资、有形资产和无形资产、法人与自然人、与贸易有关的投资措施和与贸易无关的投资措施等都包括其中；三是约束力强，将 WTO 的争端解决机制引入；四是侧重考虑投资者利益，以此为核心来制定该协定，相反对于如何制止投资者的不正当行为，如何保护东道国及东道国合作者的利益却较少考虑；五是未考虑发展中国家的利益和要求，OECD 由发达国家组成，所以主要考虑发达国家利益，对发展中国家的要求未予反映；六是具有开放性，非 OECD 国家也可申请加入。

6. 世界贸易组织在制定 MAI 中的作用

从现实的角度来看，未来 MAI 起草和谈判的组织者应当是世界贸易组织。因为，世界贸易组织具有几个有利条件：第一，投资与贸易已日益紧密地联系在一起，这就要求更为综合地制定国际规范，而世界贸易组织可以做到这一点。第二，世界贸易组织监督实施的协定中除 TRIMs 涉及国际投资问题外，《服务贸易总协定（GATS）》、《与贸易有关的知识产权协定（TRIPs）》和《补贴与反补贴措施协定（ASCMs）》等协定也涉及一些投资方面的问题。第三，世界贸易组织成立后召开的三届部长级会议均包含了直接投资方面的议题。第四，世界贸易组织秘书处已作为观察员参加了 OECD 组织的多边投资协定谈判的全过程，另外，OECD 也在有针对性地为世界贸易组织设计未来的多边投资体制，并有意将其推介给世界贸易组织作为范本。第五，世界贸易组织具有全球代表性和监督协定实施的权威性。

在未来的 MAI 达成后，世界贸易组织管辖的内容将出现一次实质性的扩大，其性质与特征将发生巨大的变化，从而对多边贸易体系的走向产生深刻影响，不仅多边贸易体系的原有范围被突破，而且多边贸易体系的制度设计方式和谈判进程也将进行调整。因而，世界贸易组织的名称也应考虑作出适当的改变，如改称世界经济组织或世界贸易与投资组织。

二、多边投资框架（协定）谈判的背景、必要性和前景

（一）第二次世界大战结束以来与投资有关的国际协议、协定或公约概述

自第二次世界大战结束以来，包括联合国、世界银行、关贸总协定（GATT）/世界贸易组织（WTO）以及经济合作与发展组织（OECD）等在内的各种多边国际组织为建立多边投资协议作出了不懈的努力。虽然这些努力的目的大都不是制定全面的多边投资框架（Multilateral Framework on Investment，MFI），但客观上为未来的多边投资框架谈判进行了充分的准备，提供了难得的经验和教训（见表2-6）。

表2-6 第二次世界大战以来与多边投资协定有关的主要协议、协定和公约一览表

时间	名称	制定者	是否有约束力	是否通过	备注
1949	关于外国投资的公正待遇的国际守则	国际商会	无约束力	通过	
1965	关于解决各国与其他国家国民之间投资争端的公约（华盛顿公约）	世界银行	有约束力	通过	中国已参加
1972	国际投资准则	国际商会	无约束力	通过	
1976	国际投资和多国企业宣言	OECD	无约束力	通过	
1976	联合国国际贸易法委员会仲裁规则	联合国	示范	通过	
1977	关于多国企业和社会政策原则的三方宣言	国际劳工组织	无约束力	通过	
1977	对于勒索和贿赂行为守则	国际商会	无约束力	未通过	
1979	联合国关于发达国家和发展中国家避免双重征税的协定	联合国	无约束力	通过	
1979	国际不正当支付协议（草案）	联合国	示范	通过	
1980	关于管制限制性商业惯例的公平原则与规则的多边协议	联合国	无约束力	未通过	
1983	跨国公司行为守则（草案）	联合国	无约束力	未通过	
1985	国际技术转让行为守则（草案）	联合国	无约束力	未通过	
1985	多边投资担保机构公约（MIGA）（汉城公约）	世界银行	有约束力	通过	中国已参加
1992	关于外国直接投资的待遇标准	世界银行/IMF	无约束力	通过	
1994	与贸易有关的投资措施协定（TRIMs协定）	GATT/WTO	有约束力	通过	中国已参加

续表

时间	名　　称	制定者	是否有约束力	是否通过	备注
1994	服务贸易总协定（GATS）	GATT/WTO	有约束力	通过	中国已参加
1994	与贸易有关的知识产权协定（TRIPs 协定）	GATT/WTO	有约束力	通过	中国已参加
1996	多边投资协定（MAI）	OECD	有约束力	未通过	
2001	多边投资框架（MFI）	WTO	无约束力	未通过	

分析上表可知，无论正式生效与否，这些协议、协定或公约都具有一些共同的特征：

首先，除了 OECD 的《多边投资协定（MAI）》以外，其他大多数只涉及投资的某些方面，均称不上全面的国际投资协定。

其次，各种协议、协定或公约制定的初衷并不一致，甚至相差巨大。如 WTO 所制定的与投资有关的主要的三个协定（TRIMs 协定、TRIPs 协定和 GATS）均是以便利国际贸易为出发点的，严格来讲，并非是真正意义上的投资协议。再如，联合国起草的《联合国跨国公司行为守则（草案）》则是出于维护发展中国家国家主权和保障民族经济的目的而制定的，其目标也不是为了全面地规范国际投资行为。

最后，就其实际效果而言，除了 WTO 的相关协定以外，其他多数协议、协定或公约要么没有约束力，要么没有通过。

根据其实际效果，我们可以将表 2-6 中所列的协议、协定或公约划分为三类：第一类，通过且具有约束力，而且中国也已参加了的多边投资规则。这一类协议目前主要有华盛顿公约、汉城公约和 WTO 的相关协定，这一类协议、协定或公约是目前仅有的多边投资规则方面成功的尝试，完全可以在未来的多边投资框架谈判中加以利用或借鉴；第二类，协定本身有约束力但未获通过的多边投资规则，主要指的是 OECD 的多边投资协定（MAI）。MAI 虽然没有通过，但是它在某些方面体现了国际投资协定未来的发展方向，对未来的多边投资框架谈判的影响是深远的；第三类，通过但没有约束力，或者没有约束力也没有通过的一类多边投资规则，虽然没有约束力，但是这些协议也体现了广大发展中国家对国际投资和跨国公司的密切关注，也清楚地表明，在投资自由化要求以外，还存在一个发展问题。

（二）WTO 关于多边投资框架谈判的来龙去脉

GATT/WTO 首次涉及投资问题是在乌拉圭回合。1986 年乌拉圭回合启动之时，以美国为首的发达国家就提出将全面的投资协定列入谈判议题之中，但在发展中国家的反对之下，最终决定将范围限制在“与贸易有关的投资措施（TRIMs）”之内展开谈判。目前，WTO 协定中与投资相关的主要包括：《与贸易有关的投资措施（TRIMs）协定》、《服务贸易总协定（GATS）》、《与贸易有关的知识产权（TRIPs）协定》以及《补贴和反补贴措施（SCM）协定》等（见表2-7）。

1995年WTO正式建立以后，为了推动投资议题的谈判，WTO在新加坡第二次部长级会议上决定建立“贸易与投资工作组（Working-group of Trade and Investment, WGTI）”对贸易与投资的关系进行研讨，为未来谈判作准备。2001年召开的WTO多哈第四次部长级会议正式发起了“多哈发展议程”，贸易与投资关系议题也列为议程议题之一。

1. TRIMs协定、GATS、TRIPs协定、SCM协定等对国际投资的规定

《与贸易有关的投资措施（TRIMs）协定》主要解决的是与货物贸易有关的投资措施问题；《服务贸易总协定（GATS）》主要解决的是服务贸易领域的投资问题，即市场准入（商业存在）和国民待遇问题；《与贸易有关的知识产权（TRIPs）协定》解决的是与投资有关的知识产权保护问题。

上述WTO协定虽然都不是专门为投资而制定的协定，但毕竟将投资议题引入WTO；而且将最惠国待遇、国民待遇、市场准入、透明度原则等概念引入到投资领域；除此之外，《服务贸易总协定》在制订过程中，积累了不少经验，这为日后制订多边投资规则提供了不可多得的范例。

但上述与投资有关的WTO协定也存在明显的不足：它们都不是严格意义上的多边投资协定，不是直接针对投资问题而制定的，而且也不全面；农业和制造业领域投资行为并未过多涉及；《与贸易有关的投资措施（TRIMs）协定》虽取得了成果，但作用有限。

表2-7　　WTO与投资相关的主要协定

协定名称	规范的对象	主要内容
与贸易有关的投资措施（TRIMs）协定	与货物贸易有关的投资措施	将最惠国待遇、国民待遇、透明度、一般取消数量限制等原则引入投资领域。明确禁止当地成分要求、贸易平衡要求、进口外汇要求和国内销售要求等TRIMs
服务贸易总协定（GATS）	服务贸易领域的国际投资行为（即作为服务提供四种方式之一的商业存在方式）	将最惠国待遇和透明度原则作为一般义务，市场准入和国民待遇作为具体义务，由各成员方以“肯定式列表”的模式就各自的开放义务作出承诺
与贸易有关的知识产权（TRIPs）协定	与货物贸易有关的知识产权保护（涉及外商直接投资企业知识产权的保护）	要求在知识产权保护方面实施最惠国待遇和国民待遇，且提供了最低保护标准和争端解决程序
补贴与反补贴措施（SCM）协定	补贴等投资激励措施	就给予某个特定企业或产业或一组企业或产业的补贴及反补贴措施进行了规范

2. 多哈会议之前有关多边投资框架的讨论

（1）新加坡第二届部长级会议的相关决定

正式设立了“贸易与投资关系工作组（WGTI）”，对贸易与投资的关系进行研讨。

（2）WGTI 讨论的主要问题

主要有：贸易与投资间互动关系对国家发展与经济成长的意义；贸易与投资间的经济关系；研讨和评估贸易与投资的现有国际规则；在上述工作的基础上，确认目前关于贸易及投资的各项国际规则间的异同，包括重叠和可能的冲突；了解制定双边及多边投资协定的利弊；辨明投资国与东道国之间及投资者与东道国之间的权利及义务；分析目前及未来可能进行国际合作的投资政策与竞争政策间的关联性。

3. 多哈会议关于多边投资框架谈判的决定

由于目前时机还不成熟，所以多边投资协定的谈判是以多边投资框架谈判的形式出现的。多哈会议关于贸易与投资关系谈判的决定主要体现在该次部长级会议所通过的《部长宣言》，其中有关贸易与投资关系部分为第 20 ~ 22 段。概括起来，主要有以下几点：

（1）谈判的目标

建立一个使长期跨境投资（Long-Term Investment），特别是外国直接投资（FDI）获得一个透明、稳定和可预见的条件的多边框架。目标是多边投资框架，其特征是：主要针对外国直接投资、透明、稳定和可以预见。

（2）谈判的议程安排

多哈会议决定：在第五届部长级会议就谈判模式（Modality of Negotiation）达成明确一致的基础上，开始进行谈判。在正式谈判之前，需要对一系列问题作一澄清。需要澄清的问题有：范围和定义、透明度、非歧视、基于 GATS 类型的、肯定列表式的预先制定的承诺的模式、发展条款、例外和国际收支保护和成员间争端的磋商和解决。

（3）谈判的原则

平衡反映投资母国和东道国的利益，适当考虑东道国政府的发展政策和目标，及其对公共利益的管理权；应适当考虑发展中国家和最不发达国家特殊的发展、贸易和财政需要，并应使各成员能够承担与其各自需要和情况相符的义务和承诺；应注意其他相关 WTO 规定；应酌情考虑有关投资的现有双边和区域安排。

（4）其他相关问题

给发展中国家和最不发达国家的技术援助和能力建设。多哈会议决定：加强该领域技术援助和能力建设，包括政策分析和制定，从而使发展中国家和最不发达国家可以更好地评估更紧密的多边合作对其发展政策和目标及人员和机构发展的影响。

与政府间组织的合作。与相关政府间组织通过适当的区域和双边渠道，向发展中国家和最不发达国家提供增强的和资源充足的援助。相关政府间组织包括：联合国贸发会议（UNCTAD）、经济合作与发展组织（OECD）、国际货币基金组织（IMF）、世界银行（World Bank）和联合国工业发展组织（UNIDO）等。

（三）建立多边投资框架的必要性分析

1. 现有的双边、区域国际投资规则的不足

（1）双边、区域国际投资规则的现状

20 世纪 90 年代以来，全球双边投资协定（BITs）得到迅猛发展，截至 2007 年年底，已有 179 个国家（地区）签署了累计达 2 608 个双边投资协定，而在 1995 年年底，其数量累计才 924 个，发展速度由此可见一斑。区域投资协定的发展也很迅速，它们主要包含在自由贸易区协议或区域一体化安排之中，截至 2007 年，区域投资协定已达 254 个（主要的见表 2－8）。其中典型的例子是北美自由贸易区协定（NAFTA）。

表 2－8　　包含有投资内容的若干区域协定

时间	名　　称	制定者	是否有约束力	是否生效
1957	阿拉伯经济联盟协议	阿拉伯经济联盟	有约束力	通过
1961	资本流动自由化法则	经济与合作组织（OECD）	有约束力	通过
1961	经常项目无形资产交易自由化守则	经济与合作组织（OECD）	有约束力	通过
1969	安第斯地区一体化协议	安第斯共同市场	有约束力	通过
1971	成立阿拉伯国际投资保证公司协议	阿拉伯国际投资保证公司	有约束力	通过
1972	中非关税经济共同体跨国公司法则	中非关税经济共同体	有约束力	通过
1973	加勒比共同体条约	加勒比共同体	有约束力	通过
1987	东盟关于投资促进和保护协定	东盟	有约束力	通过
1989	第四次洛美协议	欧盟－非加太会议（EU－ACP）	有约束力	通过
1991	建立非洲经济共同体条约	非洲经济共同体	有约束力	通过
1992	北美自由贸易协定（NAFTA）	美国、加拿大、墨西哥	有约束力	通过
1994	APEC 非约束性投资原则	APEC	无约束力	通过
1994	能源宪章条约	欧洲能源宪章组织	有约束力	通过
1995	东盟服务协议框架	东盟	有约束力	通过
1995	执行茂物宣言的大阪行动议程（OAA）	APEC	无约束力	通过
1996	单边和集体行动计划（马尼拉行动计划）	APEC	无约束力	通过
1998	东盟投资领域框架协议	东盟	有约束力	通过

续表

时间	名　　称	制定者	是否有约束力	是否生效
2003	内地与中国香港、中国澳门关于建立更紧密经贸关系的安排	中国中央政府与中国香港、中国澳门特别行政区	有约束力	通过
2008	投资便利化行动计划	APEC	无约束力	通过
2009	中国－东盟投资协议	中国与东盟	有约束力	通过
2010	海峡两岸经济合作框架协议	中国大陆与中国台湾	有约束力	通过
2012	中日韩政府关于促进、便利和保护投资的协定	中日韩	有约束力	通过

（2）现有双边、区域国际投资规则的不足

虽然双边、区域投资协定已成为保护和规范国际投资活动的主要国际规则，但现有的双边、区域投资协定存在诸多不足，还无法代替多边投资框架。不足之处主要在于：第一，适用范围窄，只适用于双边或某一区域。OECD 国家试图制定的多边投资协定（MAI）虽然是区域性的投资协定，但向全球开放，并以此作为多边投资规则的蓝本，但最终未能达成协议。第二，相互重叠和冲突，内容不统一。这主要体现在以下几个方面：① 不同国家之间所签署的双边投资协定的内容不一致，相互重叠冲突；② 即使是同一国家，它与其他国家所签署的双边投资协定也不完全一致；③ 签署时间不同，内容也有较大的差别。第三，约束力普遍不高。双边投资协定中所规定的投资争端解决方式往往约束力不强，而且争端解决的效果极易受签署该协定的国家之间的双边关系的影响。第四，签署双边投资协定的成本较高。

（3）多边投资框架与现有的双边、区域国际投资规则的关系

《多哈宣言》对这个问题的表述是："应酌情考虑有关投资的现有双边和区域安排。"目前，在这个问题上仍存在一些争议。在对待这个问题时需要注意以下以点：第一，双边和区域投资协定所形成的所谓"国际习惯法（International Customary Law）"虽然并不等同于多边投资框架，但它为未来多边投资框架的建立进行了有益的探索，其价值是不容忽视的。第二，有关多边投资框架的谈判对双边和区域国际投资规则的影响将取决于谈判的模式、谈判的内容和对此问题的具体处理原则。第三，以北美自由贸易区（NAFTA）协定为代表的某些区域协定在很多方面为未来多边投资框架的发展提供了参考。第四，对于现有的双边和区域投资规则应灵活处理。"较优待遇原则"可供参考，所谓"较优待遇原则"是指未来的多边投资框架所给予的待遇标准和现有的双边和区域投资协定中的待遇标准相比，取较高者。

2. 现有的各种多边国际投资规则的局限性

（1）现有各种多边国际投资规则的局限性：第一，还没有一个全面的多边投资协定。目前，在世界范围内生效的有约束力的有关投资的多边投资规则主要包括《与贸易有关的投资措施（TRIMs）协议》以及《华盛顿公约》和《多边投资担保协定

(MIGA)》。但是，上述协议和公约的适用范围较窄，仅是就投资的某一些方面达成了一些共识，远不是全面的投资协定。如《华盛顿公约》仅是就投资争端解决问题达成了一个程序性规定，依此公约建立的国际投资争端解决中心（ICSID）在解决争端时也须得到当事国的同意，而且并不实际进行仲裁。第二，其他的一些国际投资规则没有付诸实施。虽经讨论但未付诸实施的多边国际投资规则主要有：《跨国公司行为守则（草案)》、《关于管制限制性商业惯例的公平原则与规则的多边协议》、《多边投资协议(MAI)》等。其中尤其是《多边投资协议（MAI)》，它是第一个全面的多边投资协定，但最终未能生效。第三，除 TRIMs 协定以外，其他的多边投资规则的约束力普遍不强。

（2）MFI 与现有的 WTO 相关协议及其他多边国际投资规则的关系

多边投资框架除了与现有的双边、区域投资规则有直接的关系以外，还与 WTO 与投资有关的协议以及现有的其他多边投资规则有直接关系。这三方面的关系必须加以全面的考虑和协调，如果处理不当，对多边投资框架的建立将产生不利的影响。

在 WTO 范围内，与投资有关的协定包括：《与贸易有关的投资措施（TRIMs）协定》、《与贸易有关的知识产权（TRIPs）协定》、《补贴和反补贴措施（SCM）协定》、《政府采购协定》和《服务贸易总协定（GATS)》。我们建议在处理投资问题与现有的 WTO 与投资有关的协定之间的关系时，首先考虑 GATS 与 TRIPs 相结合的模式，即不否定现有的协定，而对现有协定没有涉及和规范的由新的协定加以解决。在签署新的协定的时候，采取将各成员方观点比较一致的先确定下来，其余的留待以后再谈的做法。可供选择的模式还有 GATT（或 MAI）模式以及诸边协议的模式。

现有的多边投资规则还包括《华盛顿公约》和《汉城公约》，MFI 与它们之间的关系可以采取 TRIPs 模式来处理，即承认上述公约的内容和规定，对其未涉及的领域进行新的谈判。

3. 从与国际投资有关各方的需要的角度看制定 MFI 的必要性

这种必要性主要表现在：第一，从投资者的角度。投资者的目标是：实现全球投资的利润最大化。由此出发，投资者要求通过多边投资框架实现：资本自由移动、给予公正平等待遇、降低非商业风险，即实现投资自由化和便利化。第二，从东道国的角度。东道国引进外资的目标是：实现自身的发展目标。基于此目标，东道国要求通过多边投资框架实现：发挥外资的积极作用、减少外资的消极作用和发展东道国的经济，即最大限度地利用外资发展本国经济，同时对外资进行规范管理。第三，从投资母国的角度。FDI 并非是“零和博弈”，FDI 也会给投资母国带来利益，如带动出口，获取国外资源（技术资源、自然资源、人才资源、市场资源）等。因此，母国要求通过多边投资框架实现：为本国企业开展海外投资创造良好的国际环境，即促进海外投资的开展，确保海外投资的安全。总之，投资者、投资东道国和投资母国三方都有建立多边投资框架的要求。

综上所述，迅猛发展的国际直接投资要求建立多边投资框架以实现投资的自由化、便利化和规范化；而目前现有的无论是双边的还是区域的投资协定均无法满足这一要求；多边层次的国际投资规则要么缺乏约束力，要么没有付诸实施。因此，建立多边投资框架是完全必要的。

4. MFI大体涉及的内容

从初步讨论的情况来看，MFI大体涉及以下一些内容：范围和定义、透明度、非歧视、承诺模式、发展条款、例外与国际收支、争端磋商与解决、与WTO其他协议和现有国际投资协议间的关系、FDI和技术转移等。

（四）多边投资框架谈判的前景

严格来讲，多边投资框架谈判并未正式开始，目前WTO还处于对投资议题进行讨论的阶段。因此，对于多边投资框架来说，能否在WTO新一轮谈判中完成谈判并达成协议还是一个未知数。当然，我们希望多边投资框架谈判能够早日启动，并有一个良好的前景。

本章小结

在本章中，我们先后分析和论证了国际直接投资的概念与基本形式，国际直接投资企业的建立方式及利弊比较，国际直接投资的动机和理论、投资环境及其评估方法，跨国公司与国际直接投资以及世界贸易组织与多边投资协定等内容。

思考与练习题

1. 创建与收购海外企业方式的利弊分别是什么？
2. 国际直接投资的主要动机是什么？在分析和理解这些动机时要注意哪些问题？
3. 国际直接投资环境的主要内容是什么？投资环境的主要评估方法有哪些？
4. 什么是跨国公司？它有哪些特征？它是如何发展起来的？
5. 跨国公司法律组织形式的内容及其比较。
6. 跨国公司管理组织形式的内容及其比较。
7. TRIMs的含义是什么？它的正文和附件的主要内容是什么？对国际直接投资有哪些影响？

第三章　中国利用外商直接投资

第一节　中国利用外商直接投资概况

一、中国利用外商直接投资的发展历程

新中国建立初期，由于当时的历史条件的制约，中国利用外商直接投资基本上处于半停滞状态。在1950年和1951年，中国与原苏联合资创办了四家企业，它们是：中苏新疆石油股份公司、中苏新疆有色及稀有金属股份公司、中苏民用航空公司和中苏大连造船公司。到1954年，原苏联政府将上述四个合资企业的苏方股份转为贷款，提前结束合营。20世纪50年代初时，中国还与波兰合资创办了中波轮船公司，这家公司从成立至今一直存在并开展经营活动。从20世纪50年代中后期到1978年这20多年的时间内，由于受到“左”的思想的影响，中国利用外商直接投资处于停滞状态。

1978年党的十一届三中全会以后，中国实行改革开放的方针政策，提出了要在自力更生的基础上，积极发展同世界各国平等互利的经济合作，要利用两种资源、打开两个市场和学会两套本领，这就为中国对外经济贸易事业的发展指明了方向。从此，中国利用外商直接投资进入了一个新的历史发展时期。

自1979年到1998年，中国利用外商直接投资已经走过了20年的历程。截至1998年年底，中国共批准外商投资项目324 620个，合同（协议）外资金额5 724.95亿美元，实际使用外资金额2 673.15亿美元。到1998年年底时，仍在运营的企业约25万家（已终止或停止运营的企业近7万家），直接就业人员逾1 800万人，占非农业劳动人口的11%左右。20年来，中国吸收利用外商直接投资大体经历了四个阶段：

第一阶段为起步阶段，自1979年至1986年。

1979年7月，第五届全国人民代表大会第二次全体会议通过并颁布了中国第一部外资法——《中华人民共和国中外合资经营企业法》。1979年至1980年，中央先后批准广东和福建两省在对外经济活动中实行特殊政策和灵活措施，并在深圳、珠海、汕头和厦门四个地方试办经济特区。特区内为吸引外资而实行一些特殊优惠政策。20世纪70年代末80年代初，中国国内经济还处于恢复阶段，改革开放也正值初期，吸收外资刚刚起步，缺乏经验，投资环境还较差，外国在中国的直接投资数量不多，规模较小，其分布多限于4个经济特区。

1983年5月，国务院召开了第一次全国利用外资工作会议，总结了对外开放以来利用外资的初步经验，统一了认识，进一步放宽了吸收外商投资的政策。1984年和1985年，国务院先后决定开放上海、天津、大连、青岛、广州等14个沿海港口城市，将长江三角洲、珠江三角洲和闽南厦（门）、漳（州）、泉（州）三角地区开辟为沿海

经济开放区，对这些城市和地区在利用外资方面实行优惠政策，同时采取了扩大地方外商投资审批权限等一系列措施，并逐步完善了立法，初步改善了投资环境，从而使利用外商直接投资有了一定的发展。从 1979 年到 1986 年，全国利用外商投资合同（协议）金额为 191. 8 亿美元，每年平均约 24 亿美元，实际使用外资金额 65. 9 亿美元，每年约 8. 2 亿美元。

这一阶段，中国吸收的外商投资主要来自港澳地区，以劳动密集型的加工项目和宾馆、服务设施等第三产业项目居多。这些企业大部分集中在广东、福建两省以及其他沿海省市，内地吸收外资则刚刚开始起步。

第二阶段为稳步发展阶段，自 1987 年至 1991 年。

1986 年 10 月，国务院颁布了《关于鼓励外商投资的规定》，这对改善外商投资环境起了积极的推动作用。该《规定》对外商投资于先进技术企业和产品出口企业在税收等方面给予了更多的优惠。1987 年 12 月，国家有关部门制订了指导外商投资方向的有关规定，以促进外商投资产业结构的改善。1988 年，党中央和国务院又决定将沿海经济开放区扩展到北方沿海的辽东半岛、山东半岛及其他沿海地区的一些市、县，批准海南建省和设立海南经济特区。1990 年决定开发和开放上海浦东新区。上述规定和举措进一步改善了利用外商直接投资的环境，使吸收外商投资的工作有了较快的发展。从 1987 年到 1991 年，全国利用外商投资合同（协议）金额 331. 9 亿美元，每年平均 66. 4 亿美元，实际使用外资金额 167. 5 亿美元，每年平均 33. 5 亿美元。

这一阶段，中国吸收外商投资的结构有较大改善，生产性项目及产品出口企业大幅度增加，旅游服务项目的比重降低较多，外商投资的区域和行业有所扩大，台湾厂商开始对大陆投资并逐年增加。

第三阶段为高速发展阶段，自 1992 年至 1993 年。

以邓小平同志 1992 年初视察南方重要讲话发表为标志，对外开放出现了崭新的局面。国务院决定进一步开放 6 个沿江港口城市、13 个内陆边境城市和 18 个内陆省会城市，在全国范围内全面推进对外开放，利用外商投资在广度和深度上都有了新的大发展。1992 年批准的外商投资项目数超过前 13 年的总和（前 13 年共批准 4. 2 万多个）达到 4. 8 万多个；1993 年，所批项目数达 8. 3 万多个，几乎又比前 14 年的总数翻了一番。这两年全国利用外商投资合同金额为 1 695. 6 亿美元，每年平均 847. 8 亿美元，实际使用外资金额为 385. 3 亿美元，每年平均 192. 7 亿美元。1993 年时中国吸收外商投资的实际金额，已跃居发展中国家的第一位，在世界各国中仅次于美国而居第二位。这一阶段利用外资的特点除了大幅度增长外，还有平均项目规模扩大、房地产业发展迅速、新的投资领域增加以及中西部地区利用外资步伐加快等。

第四阶段为调整发展阶段，自 1994 年至 2000 年。

这一阶段，外商投资的各方面结构都发生了较大变化，利用外商投资的重点由注重数量转向注重质量和结构优化。其表现是：越来越多的西方国家大型跨国公司进入中国；外商投资企业的资金来源结构和技术结构进一步改善；资金与技术密集的大型项目和基础设施项目增加，外商投资的平均项目规模不断扩大；外商投资的领域进一步拓宽，许多第三产业行业开始了利用外商投资的试点，外商投资的产业与行业结构日趋合理；与此同时，中西部地区利用外商投资的落后状况有了很大的改善，利用外资的增速快于东部沿海地区。在这一阶段，中国开始对外商投资逐步实行国民待遇原则，对原有的利用外资的税收和外汇等方面的政策作了一些调整。

第五阶段为成熟稳定期，自 2001 年开始至今。

2001 年是重要的一年，在这一年，人类进入了新的世纪和新的千年，中国也在这一年经过 15 年的艰苦谈判之后最终加入世界贸易组织（WTO），正式成为 WTO 成员。入世后，WTO 的基本原则在中国利用外资的政策法规中体现出来，中国实施了 WTO 涉及投资方面的协议，根据入世承诺和《与贸易有关的投资措施协议（TRIMs）》的要求，先后修改了《中外合资经营合资法》、《中外合作经营合资法》和《外资企业法》等法规，既完善了法规体系，又提高了透明度，大大改善了外商投资的法律环境。对法规的修改和完善还加快了投资自由化和对外商投资逐步实行国民待遇的进程。入世也是为了更好地发展市场经济，随着市场经济的深入发展，中国的市场竞争秩序不断规范，竞争条件趋向公平，对外商的吸引力越来越大。法律和市场环境的改进，以及 30 多年来的发展，使我国利用外商投资的业务在进入新世纪以后趋于成熟，进入相对稳定增长期。关于历年批准外商直接投资的情况见表 3－1。

表 3－1　　1979～2011 年批准外商直接投资情况　　（单位：亿美元）

年度	项目数（个）	合同（协议）外资金额	实际使用外资金额
1979～1986	7 819	191.8	65.9
1987	2 233	37.1	23.1
1988	5 945	53.0	31.9
1989	5 779	56.0	33.9
1990	7 273	66.0	34.9
1991	12 978	119.8	43.7
1992	48 764	581.2	110.1
1993	83 437	1 114.4	275.2
1994	47 549	826.8	337.7
1995	37 011	912.8	375.2
1996	24 556	732.8	417.3
1997	21 001	510.0	452.6
1998	19 799	521.02	454.63
1999	16 918	412.23	403.19
2000	22 347	623.80	407.15
2001	26 140	691.95	468.78
2002	34 171	827.68	527.43
2003	41 081	1 150.69	535.05
2004	43 664	1 534.79	606.30

续表

年度	项目数（个）	合同（协议）外资金额	实际使用外资金额
2005	44 001	1 890.65	603.25
2006	41 473	1 937.27	630.21
2007	37 871	N/A	747.68
2008	27 514	N/A	923.95
2009	23 435	N/A	900.33
2010	27 406	N/A	1 057.35
2011	27 712	N/A	1 160.11

资料来源：中华人民共和国商务部：《2012 年中国外资统计》。

近年来，伴随服务业入世承诺的逐步兑现，服务业对外资的开放幅度明显扩大，服务业已经成为利用外资的新热点和新增长点。外资并购法律体系的建立激活了外商在华开展并购活动的积极性，并购无疑将日趋成为同新建一样重要的外商投资方式。第五阶段中的一个显著特征是跨国公司进一步扩大在华投资，提高中国在其全球战略中的地位，将中国纳入其全球生产和销售网络，推动中国成为全球制造业中心。近几年，跨国公司在华投资出现了以下一些新的特点：加速进入中国，全面推进中国市场战略，调整投资地域；提升中国的重要性，大幅度增加投资；进行大规模、系列化、长期化投资；投资方式多样化；投资管理体制一体化；强化与中国企业的合作；加快在华技术转让步伐，开始自觉转让技术；对投资环境提出了新的要求等。跨国公司不仅在中国建立了生产企业、研发中心、控制中心（投资控股公司、地区总部），还将逐步设立更多的采购中心、销售中心和设计中心。从跨国公司在华投资的发展历程看，跨国公司进入中国市场已经经历了三个发展阶段，即：营销本地化阶段、制造本地化阶段和投资管理本地化阶段，目前，跨国公司进入中国市场正进入第四个发展阶段，即研发本地化阶段，今后，跨国公司在华经营还将发展到第五个阶段，即经营管理中心本地化阶段。据分析，在研发本地化阶段之后，接下来跨国公司在华经营将实现最后一项本地化，即经营管理中心的本地化。最终，跨国公司将在中国建立起构成其全球网络的营销、制造、研发和经营管理等节点，实现本地化与全球化的全面结合。

这些年来，中国利用外资的政策法规在不断改善，如公布实施了新的《关于外国投资者并购境内企业的规定》和新的《公司法》，修改了《外商投资产业指导目录》，实施了合并后的新的《企业所得税法》等。从 2007 年开始，部分在华外商投资企业的生产经营遇到了一些困难，主要原因来自两个方面：一方面是因为国际金融和经济危机的发生导致国际经济增长放缓，另一方面是由于人民币升值等因素的影响。2012 年，中国利用外资的总体规模出现一定程度的下降，这主要是和世界经济总体增长不佳以及美国、欧盟国家鼓励产业回归有关。从长期来讲，不断扩大的中国市场对外商投资的吸引力是持久的。中国目前正在迈向新的发展阶段，就是从“招商引资”发展到“招商选资”，伴随经济发展方式的调整对引资结构也进行优化，中国已经开始重视引资的质量，而不是单单追求引资的数量。

二、中国利用外商直接投资的作用

第一，弥补了国内建设资金的不足。长期以来，建设资金短缺一直是制约中国经济发展的一个主要因素。因此，除了充分利用好国内的资金以外，还要积极地利用外资，以弥补现代化建设资金的不足。从 1979 年到 2011 年，中国已实际使用外商直接投资超过 1.1 万亿美元，外资已成为中国经济建设的重要资金来源之一。在全国每年的固定资产投资总额中，外商直接投资（实际使用金额）所占的比重在 1994 年以前一直呈增加的趋势，从 1995 年开始比重有所下降，但是金额基本呈上升的趋势（见表 3－2）。

表 3－2　　1983～2010 年实际使用外资金额占固定资产投资比重

（单位：亿元人民币）

年份	全社会固定资产投资总额	其中：实际使用外资金额	
		使用额（折合亿元人民币）	比重（%）
1983	1 430.1	12.5	0.87
1984	1 832.9	27.8	1.52
1985	2 543.2	53.1	2.09
1986	3 019.6	70.0	2.32
1987	3 640.9	86.0	2.36
1988	4 496.5	118.7	2.64
1989	4 137.7	126.2	3.05
1990	4 449.3	166.6	3.74
1991	5 508.8	231.5	4.20
1992	7 855.0	600.4	7.64
1993	12 457.9	1 582.8	12.71
1994	16 370.3	2 910.5	18.27
1995	19 445.0	3 133.3	16.11
1996	23 600.0	3 563.6	15.10
1997	25 300.0	3 741.8	14.79
1998	28 457	3 764.9	13.23
1999	29 876.0	3 337.15	11.17
2000	32 619.0	3 366.28	10.32
2001	36 898.0	3 877.98	10.51
2002	43 202.0	4 363.4	10.10

续表

年份	全社会固定资产投资总额	其中：实际使用外资金额	
		使用额（折合亿元人民币）	比重（%）
2003	55 118	4 425.98	8.03
2004	70 073	5 017.23	7.16
2005	88 604	5 927.61	6.69
2006	109 870	5 801.14	5.28
2007	137 239	6 354.17	4.63
2008	172 291	7 529.12	4.37
2009	224 846	6 430.60	2.86
2010	278 140	7 760.11	2.79

资料来源：中华人民共和国商务部：《2012 年中国外资统计》。

注：美元折人民币均按国家外汇管理局提供的当年平均汇率计算。

第二，促进了中国经济的增长。外商投资企业的工业产值占全国工业总产值的比重：1980 年时为 0.5%，到 1990 年时上升到 2.28%，到 2000 年时上升到 31.29%，2003 年达到最高值 35.87%（见表 3－3）。由于经济危机和外资部分撤出的影响，到 2011 年时这一比重降为 26.11%。总之，外商投资企业已经成为中国经济的重要组成部分之一，是促进中国经济持续高速增长的重要动力之一。

表 3－3　1990～2010 年外商投资企业的工业产值占全国工业总产值的比重

（单位：亿元人民币）

年度	全国工业总产值	外商投资企业工业产值	所占比重%
1990	19 701.04	448.95	2.28
1991	23 135.56	1 223.32	5.29
1992	29 149.25	2 065.59	7.09
1993	40 513.68	3 704.35	9.15
1994	76 867.25	8 649.39	11.26
1995	91 963.28	13 154.16	14.31
1996	99 595.55	15 077.53	15.14
1997	56 149.70	10 427	18.57
1998	58 195.23	14 162	24
1999	63 775.24	17 696	27.75
2000	73 964.94	23 145.59	22.51
2001	94 751.78	26 515.66	28.05

续表

年度	全国工业总产值	外商投资企业工业产值	所占比重%
2002	101 198.73	33 771.09	33.37
2003	128 306.14	46 019.55	35.87
2004	187 220.66	58 847.08	31.43
2005	249 625	78 399.40	31.41
2006	315 630.14	99 420.83	31.50
2007	404 489.06	125 036.94	30.91
2008	496 248.67	147 584.30	29.74
2009	546 320.04	152 673.6	27.95
2010	707 772.2	191 792.8	27.1

资料来源：中华人民共和国商务部：《2012 年中国外资统计》。

第三，引进了先进的技术设备和管理经验，推动了产业结构升级。先进的技术和管理经验对经济增长方式的转变起着重要的作用。近年来，世界范围内的技术流动，愈来愈依靠跨国投资作为载体，跨国公司掌握着先进技术跨国转让的主要份额。吸引跨国公司投资，是发展中国家加快经济发展和技术进步的必然选择。通过创办外商投资企业，既可以达到利用外资的目的，又可以在创办和经营管理中学习和引进先进的技术设备和管理经验。外商投资企业尤其是大型跨国公司在华从事研究与开发（R&D）活动，有利于提高中国的研发能力与培养研发人才。据统计，2010 年按登记注册类型，大中型外资工业企业内设研发机构 4 475 家，占我国大中型企业内设研发机构总数的 26.8%，其中港澳台资企业设立 1 991 家，其他外商投资企业设立 2 484 家。跨国公司和其他境外投资者设立的独立研发机构的数量也快速增加，截至 2010 年年底，在华外资研发机构数达到 1 400 多家，其中跨国公司在华设立研发机构总数达 700 多家。另外，在利用外资中，我们还学到了作为人类共同精神财富的国外先进的企业管理经验，并造就了一批新型的企业管理人才，这对提高中国企业的经营管理水平有直接的推动作用。第二次世界大战以后，国际投资的重点从第二次世界大战前的资源性产业转向制造业，20 世纪 70 年代以后又将重点转向服务业。改革开放以来，外商特别是跨国公司在中国投资最密集的行业有电子、汽车、家电、通信、化学、办公用品、仪器仪表、制药等。这些行业正是中国产业结构调整与升级中重点发展的行业，外资较密集地进入这些行业，无疑会有力地推动中国产业结构的升级和优化。

第四，扩大了社会就业，增加了国家的财政收入。外商投资企业的建立和投产开业为中国提供了大量新的就业机会。截至 2011 年年底，在现存注册运营的 40 多万家外商投资企业中直接就业的人员约 3 000 万人，大体占全国城镇劳动就业人口的 9%，平均每一家外商投资企业吸收 80 人就业。外商直接投资的大量引进，还扩大了国家财政收入的来源。近年来涉外税收占全国工商税收的比例情况见（表 3－4）。2011 年以外商投资税收为主（占 98% 以上）的涉外税收收入达 19 638.10 亿元（不包括关税和土地费），占当年全国工商税收总额95 729.46亿元的20.51%。

表3－4　1992～2011年涉外税收（不包括关税和土地费）情况

（单位：亿元人民币）

年度	全国工商税收总额	其中：涉外税收总额	占全国%
1992	2 876.1	122.26	4.25
1993	3 970.52	226.56	5.71
1994	4 728.74	402.64	8.51
1995	5 515.51	604.46	10.96
1996	6 436.02	764.06	11.87
1997	7 548	993	13.16
1998	8 551.74	1 230	14.38
1999	10 311.89	1 648.86	15.99
2000	12 665	2 217	17.50
2001	15 165	2 883	19.01
2002	17 004	3 487	20.52
2003	20 461.6	4 268	20.86
2004	25 723	5 355	20.81
2005	30 866	6 391.34	20.71
2006	37 636	7 976.94	21.19
2007	49 451.8	9 972.6	20.17
2008	57 861.8	12 118.93	20.94
2009	63 103.6	13 615.22	21.58
2010	77 394.44	16 389.91	21.18
2011	95 729.46	19 638.10	20.51

资料来源：中华人民共和国商务部：《2012年中国外资统计》。

第五，推动了对外贸易的发展。改革开放以来，中国的对外贸易取得了迅速发展，在世界货物贸易中的地位不断上升，2011年中国货物贸易进出口总额居世界第2位。在对外贸易发展的过程中，外商投资企业作出了积极的贡献，尤其是近年来，外商投资企业已成为中国对外贸易的一支主力军，其进出口总额占全国进出口总额的比重日趋扩大（见表3－5）。据海关数据，2011年，外商投资企业进出口总值达118 601.56亿美元，占当年全国进出口总值的51.08%。外商投资在促进中国对外贸易发展的同时，也提升了中国的贸易结构和国际竞争力，使中国更广泛地参加了国际分工，参加到了跨国公司的全球分工与生产环节之中，享受了进入全球分工体系的益处，从而促进了开放型经济的全面发展。外商投资企业对中国对外贸易发展的贡献除了量的方面以外，还表现在质的方面，即表现在优化了中国的出口商品结构，增加了高科技产品、机电产品的出口数量，提高了传统出口产品的科技含量。

表 3－5　　外商投资企业进出口总额占全国进出口总额的比重

（单位：亿美元）

年度	进出口		进口		出口	
	总额	占全国（%）	总额	占全国（%）	总额	占全国（%）
1987	45.84	5.55	33.74	7.81	12.10	3.07
1988	83.43	8.12	58.82	10.64	24.61	5.18
1989	137.10	12.28	87.96	14.87	49.14	9.36
1990	201.15	17.43	123.02	23.06	78.13	12.58
1991	289.55	21.34	169.08	26.51	120.47	16.75
1992	437.47	26.43	263.87	32.74	173.60	20.44
1993	670.70	34.27	418.33	40.24	252.37	27.51
1994	876.47	37.04	529.34	45.78	347.13	28.69
1995	1 098.19	39.10	629.43	47.66	468.76	31.51
1996	1 371.10	47.29	756.04	54.45	615.06	40.71
1997	1 526.20	46.95	777.20	54.59	749.00	41.00
1998	1 576.79	48.68	767.17	54.73	809.62	44.06
1999	1 745.12	48.39	858.84	51.83	886.28	45.47
2000	2 367.14	49.91	1 172.73	52.10	1 194.41	47.93
2001	2 590.98	50.83	1 258.63	51.67	1 332.35	50.06
2002	3 302.23	53.19	1 602.86	54.29	1 699.37	52.20
2003	4 722.55	55.48	2 319.14	56.18	2 403.41	54.83
2004	6 631.63	57.43	3 245.57	57.81	3 386.06	57.07
2005	8 317.22	58.48	3 875.13	58.70	4 442.09	58.29
2006	10 364.44	58.87	4 726.16	59.70	5 638.28	58.18
2007	12 568.52	57.80	5 609.54	58.66	6 958.98	57.13
2008	14 105.76	55.08	6 199.56	54.73	7 906.2	55.35
2009	12 174.37	55.16	5 452.07	54.22	6 722.30	55.94
2010	16 003.07	53.83	7 380.01	52.91	8 623.06	54.65

资料来源：中华人民共和国商务部：《2012 年中国外资统计》。

第六，促进了社会主义市场经济体制的建立和完善。利用外资对我国经济体制的转轨过程有明显的促进作用。外商投资企业的发展促进了中国经济结构的多元化过程和传统所有制结构的改变，推动了企业产权的流动和重组，对形成以国有经济为主导，多种所有制经济成分共同发展的格局起到了积极作用。外商投资企业以市场为导向，完全按照市场机制来经营，采用国际上通行的企业组织形式和先进的内部管理机制，这对于中国传统企业制度的改革和现代企业制度的建立提供了借鉴。外商投资带动了市场机制和竞争机制以及与此相应的观念，有利于打破垄断，推动国内各种要素市场的发育和形成，推动中国宏观经济管理体制的改革和政府职能的转变，对于建立和完善市场经济法律体制起到了积极的促进作用。

第七，提高了中国存量与新增资产的质量。通过与外商合资合作，可以把中国一部分企业原有的低质量的存量资产变成高质量的存量资产。中国的一些亏损企业通过合资合作，经营管理、技术开发和市场营销能力明显改善，企业经营状况好转。这是因为在外资进入的同时，人员、技术、管理、观念、市场营销网络等都会随之进入企业，实现各种生产要素的一揽子转移。如果没有其他生产要素的引入，国内企业即使投入大量资金，也可能难以改善其盈利状况和长期发展能力。外商投资设立新企业，还可以形成高质量的新的增量资产。

第八，缩小了中国与发达国家经济发展的差距。发展中国家要想缩小与发达国家经济发展的差距，首先要缩小技术差距和知识差距。缩小这些差距的主要途径有三个：一是引进外国直接投资；二是扩大国际贸易；三是获得技术转让和技术许可证。改革开放30 年来，中国与发达国家的差距有了明显的缩小，应当说作为经济增长发动机的外商直接投资在其中起到了重要的作用。

第二节　中国利用外商直接投资的主要形式

目前，中国利用外商直接投资的形式有：中外合资经营企业、中外合作经营企业、外资企业（外商独资经营企业）、中外合作开发、外商投资股份制企业和其他形式。下面重点对前几种形式进行介绍和分析。

一、中外合资经营企业

（一）合资企业的概念与作用

中外合资经营企业亦称股权式合营企业。它是由外国公司、企业和其他经济组织或个人同中国的公司、企业或其他经济组织在境内共同投资举办的企业。

举办中外合资经营企业有利于引进先进的设备、技术和科学管理知识，有利于培训人才，能够带进一些通过一般的技术引进方式难以获得的先进技术，甚至取得动态技术。与外资企业相比，中外合资经营企业有利于中国大量老企业的技术改造，可以借助对方的销售网络，扩大产品出口。中国法律法规对外商投资举办合资企业在投资领域上限制较少，国家鼓励和允许投资的项目还可以不限制经营期限。

（二）合资企业的特点

合资企业的基本特点是合资各方共同投资，共同经营，按各自的出资比例共担风险、共负盈亏。合资各方可以用货币出资，也可以用建筑物、机器设备、场地使用权、工业产权、专有技术出资。各方出资均折算成一定的比例，外国合营者的投资比例一般应不低于注册资本的25%。中外合资经营企业的组织形式为有限责任公司，董事会为最高权力机构。随着中国股份制试点的开展，已有少数中外合资企业采用股份有限公司形式。

（三）合资企业的法律特征

合资企业具有以下法律特征：

1. 合资经营企业是中国合营者和外国合营者共同设立的企业，是一种由合营双方共同投资、共同经营、共担风险和共负盈亏的企业形式。共同投资是指中外合营各方均应以一定的方式向企业投资，投资形式可以是货币、实物、工业产权和专有技术、场地使用权等。共同经营是指中外合资各方均有参加企业经营管理的权利。共担风险、共负盈亏是指合资企业如盈利由合资各方按出资比例分享；如发生风险、亏损，合资各方应尽力协助企业扭转亏损局面，并承担亏损风险。

2. 合资企业的组织形式为有限责任公司。“有限责任”实质上有两层含义：一是企业以其全部资产为限对外承担债务责任；二是企业合营各方以其出资额为限对企业承担责任。

3. 合资企业必须经中国政府批准，领取批准证书。在工商行政管理部门注册登记，领取营业执照，取得中国法人地位并作为纳税义务人，按照中国税法的规定按期纳税。

4. 合资企业享有自主经营的权利。《合资法实施条例》第7条规定：在中国法律、法规和合营企业协议、合同和章程规定的范围内，合营企业有权自主地进行经营管理。各有关部门应给予支持和帮助。

5. 合资各方不论以何种方式出资，均要以同一种货币计算各自的股权。即合资各方的出资，无论是现金、机器设备、技术还是场地使用权，都必须用统一的一种货币形式来表示，如美元或人民币等。

6. 合资企业的经（合）营期限有的行业要求约定，有的行业不要求约定。合资企业中属于国家鼓励和允许投资的项目，可以约定也可以不约定经营期限；属于国家限制发展的和特别规定的项目，一般要求在合营合同中约定经营期限。合资约定经营期限的合资企业，合资各方同意延长经营期限的，应在距经营期满6个月前向审批机关提出申请，取得批准。未申请和未经批准延长经营期限的，经营期满时，企业终止。

（四）立项管理的程序和要求

立项管理的主要程序是：编写项目建议书和项目可行性研究报告；项目谈判，即项目的中外双方就有关合资事宜进行具体磋商；签订合同与制定章程；申请审批及注册登记。下面主要介绍签订合同与制定章程和申请审批及注册登记的程序和要求。

1. 签订合同与制定章程

合同和章程是外商投资企业最基本的法律文件，投资各方的权利、义务都在合同、章程中约定。合同、章程一经政府审批机关批准，就具有法律效力，对签约各方都有约束力。政府依法监督合同、章程的履行，依法保护投资各方和企业的合法权益。

合同的基本内容包括：投资的宗旨、经营范围和经营规模；投资总额、资金筹措、各方的投资及投资方式；投资各方的责任；利润分配方式；企业董事会的组成；生产设备和技术的来源方式及费用；产品内外销比例和责任；企业外汇收支平衡的安排；经营期限以及违约责任、争议的解决等条款。

合同决定企业的章程。外商投资企业的章程是按照投资合同规定的原则，经投资各方一致同意，规定企业的宗旨、组织原则和经营管理方法等事项的文件。

企业章程的基本内容包括：企业宗旨、经营范围；注册资本、各方出资额、出资比例、出资期限及股权转让的规定；利润分配和亏损分担的方式和比例；董事会的组成、职权和议事规则；管理机构的设置、办事规则；财务、会计、审计制定的原则；经营期限和解散、清算程序等。

国家有关部门制订了外商投资企业合同、章程参考格式，供国内企业在对外谈判和起草合同、章程时参考。

2. 申请审批及登记注册

（1）企业设立程序。① 呈报设立企业的项目建议书。② 呈报项目可行性研究报告。③ 呈报设立企业的合同、章程。④ 投资者凭审批机关颁发的批准证书在工商行政管理机关办理企业登记注册手续。

（2）审批机关和审批权限。按照法律规定，申请设立外商投资企业，必须经政府审查批准。项目建议书和可行性研究报告一般由计划主管部门（技术项目由经贸主管部门）会同有关部门审批；企业合同、章程由外经贸主管部门审批。

凡属于国家限制外商投资、建设条件和生产条件需由国家综合平衡、产品出口涉及配额、许可证管理或超出地方政府审批权限的项目，由国务院有关主管部门审批。限制举办的服务贸易类项目，如机场的建设、宾馆饭店、商业零售、租赁、货运代理、金融、保险等项目以及设立投资性公司、股份公司等，均需报国务院有关部门审批。

凡不属于上述规定之内的限额以下项目，由省、自治区、直辖市人民政府及其授权机关审批。地方政府的审批权限，不论是沿海省市区还是中西部地区省市区都同样拥有投资总额 3 000 万美元以下项目的审批权。

（3）审批原则和审查要点。① 审批原则是指审查合同、章程内容是否符合法律法规和行政规章的规定；是否符合项目可行性研究报告的内容及其批准文件的要求；是否符合平等互利的原则。② 审查要点包括审查合同、章程的有效性以及内容是否完备；要求呈报的文件是否齐全；是否有涉及政府行为及约束第三者的条款；经营范围、投资、企业组织机构、设备进口、技术转让、内外销比例及责任、外汇平衡、违约责任、争议解决、合同期限及终止、企业解散等条款是否具体、明确。

（4）登记注册。包括两个步骤：① 项目立项批准后，进行企业名称登记。② 审批机关批准合同、章程后，进行企业设立登记。

二、中外合作经营企业

（一）合作经营企业的概念与作用

中外合作经营企业亦称契约式合营企业。它是由外国公司、企业和其他经济组织或个人依据《中华人民共和国中外合作经营企业法》，同中国的公司、企业或其他经济组织在中国境内共同投资或提供合作条件举办的企业。

中外合作者的投资或者提供的合作条件可以是现金、实物、土地使用权、工业产权、非专利技术和其他财产权利。中外合作企业一般由外国合作者提供全部或大部分资金，中方提供土地、厂房、可利用的设备、设施，有的也提供一定量的资金。如果中外合作者在合同中约定合作期满时企业的全部资产归中方合作者所有，则外方合作者可以在合作期限内先行回收投资。这一做法，一方面，可以解决国内企业缺乏投资来源问题，另一方面，对许多急于回收投资的外国投资者具有很大的吸引力。

（二）合作经营企业的特点

合作经营企业的特点是合作方式较为灵活，它与中外合资经营企业最大的不同在于中外各方的投资一般不折算成出资比例，利润也不按出资比例分配。各方的权利和义务，包括投资或提供合作条件、利润或产品的分配、风险和亏损的分担、经营管理的方式和合同终止时财产的归属等项，都在合作各方签订的合同中确定。

（三）合作经营企业的法律特征

1. 组织形式和合作条件

合作企业可以组成具有法人资格的实体，即有限责任公司，也可以组成非法人的经济实体，即合作各方共同出资或提供合作条件，按照合作企业合同的约定经营管理企业，合作各方对企业的债务承担无限连带责任，企业不具有法人资格。非法人合作企业合作各方提供的合作条件或投资可由合作各方分别所有，也可以共有，由合作企业统一管理和使用，任何一方不得擅自处理。

具有法人资格的合作企业设立董事会及经营管理机构，董事会是最高权力机构，决定企业的一切重大问题。不具有法人资格的合作企业设立联合管理委员会，由合作各方派代表组成，代表合作各方共同管理企业。另外，合作企业成立后，经董事会或联合管理委员会一致同意，报原审批机关批准，还可以委托合作一方或第三方经营管理企业。

2. 收益分配和风险承担

作为契约式的合作企业，合作各方以各种方式投资，不一定要求作价，也不一定要按各自的出资比例分配收益和承担风险。合作各方可以协商确定各方的出资方式、责任、权利和收益分配等，并将其具体地写在合同中。在企业成立后的经营过程中，合作企业有盈余或发生亏损，各方应得的权利和应负的责任均按合同的约定执行。合作企业可采用分配利润、分配产品或合作各方共同商定的其他方式，按合作各方共同商定的分配比例分配收益。

3. 投资回收与合作（营）期限

《合作法》规定：“中外合作者在合作企业合同中约定合作期满时，合作企业的全部固定资产归中方合作者所有的，可以在合作企业合同中约定外方合作者在合作期限内先行回收投资的办法。”

外国合作者在合作期限内可按下列方式提前回收投资：

（1）中外合作者在合作企业合同中约定分配比例时，扩大外国合作者的初期分配比例。

（2）经财政税务机关审查批准，外国合作者可以在合作企业缴纳所得税前回收投资。

（3）经财政税务机关审查批准的其他方式回收投资。

国家对合作企业合营期限方面的规定基本上同合资企业差不多。合作企业的合作期限由中外合作者协商确定，并在合作合同中定明，报审批机关批准。如果合作各方要求延长合作期限，应在距合作期满 180 天前向原审批机关提出申请，说明合作合同执行情况，延长期限的原因和目的。

（四）合作企业立项管理的程序与要求

合作企业立项管理的程序和要求与合资企业基本相同，也分为以下四个步骤。

1. 编写项目建议书和可行性研究报告。
2. 项目谈判。
3. 签订合同与章程。
4. 申请审批及登记注册。

（五）中外合资与中外合作经营企业的区别

1. 投资方式不同

合资经营企业是股权式合营企业，各方的投资物都要折股计算投资比例；而合作经营企业是契约式合营企业，各方的投资物一般不计算投资比例。

2. 法律依据和法人地位不同

合资企业的法律依据是《中外合资经营企业法》及其实施条例，合资企业是中国的独立法人；合作企业的法律依据是《中外合作经营企业法》及其实施细则，合作企业可以是中国的独立法人，也可以不是独立法人。

3. 组织形式和管理方式不同

合资企业的组织形式是建立董事会作为企业的最高权力机构，双方共同管理，董事会任命总经理等管理人员；合作企业的组织形式不尽相同，法人式的一般成立董事会，非法人式的一般是成立联合管理委员会，在管理方面，一般是以一方为主，另一方协助，或者是委托第三方管理。

4. 收益分配方式不同

合资企业按注册资本比例分配利润和承担亏损与风险；合作企业按合同规定的比例分配利润或产品以及分担风险和亏损。

5. 合营期满资产处理方式不同

合资企业期满后按注册资本比例分配资产净值；合作企业期满后资产净值按合同的规定处理，如果外方在合作期限内已先行回收投资，则资产净值一般无偿归中方所有。

三、外（独）资企业

（一）外资企业的概念与作用

外资企业即外商独资经营企业，是指外国的公司、企业、其他经济组织或者个人，按照中国的有关法律在中国境内设立的全部资本由外国投资者投资的企业。外国投资者的出资可以是自由兑换的外币，也可以是机器设备，工业产权或专有技术等。

根据外资企业法的规定，设立外资企业必须有利于中国国民经济的发展并应至少符合下列一项条件，即采用国际先进技术和设备，产品全部或者大部分出口。

（二）外资企业的特点

外资企业具有三个基本特点：

1. 外资企业是依中国法律在中国境内设立的。因此，外资企业与外国企业是两个不同的概念，外国企业是指在国外依照外国法律设立的，然后经东道国法律许可在东道国境内从事经营的企业，是外国的企业，具有外国的国籍。

2. 外资企业的全部资本归外国投资者所有，因而与中外合资企业和中外合作企业相区别，外资企业相当于外国跨国公司在东道国设立的股权全部所有的子公司。

3. 外资企业是一个独立的实体，它由外国投资者独自投资，独立经营，并成为独立核算、独立承担法律责任的经济组织。因而外资企业不同于外国企业的分支机构，后者是外国企业（如母公司或总公司）在东道国经许可后设立的一个附属机构，不是一个独立的法律实体，只能以总公司的名义从事活动，并由总公司承担法律责任。

（三）外资企业的法律特征

外资企业全部资本由外国投资者投资，没有中国投资者的资金参与。外资企业的财产全部归外国投资者所有，经营管理权为外国投资者所掌握，外国投资者享有企业全部利润并独自承担经营风险和亏损。这是外资企业与中外合资经营企业、中外合作经营企业的主要区别。

外国投资者在中国境内的投资、获得的利润和其他合法权益，受中国法律保护。

外资企业的经营期限根据不同行业和企业的具体情况，由外国投资者在设立外资企业的申请书中拟定，经审批机关批准。外资企业需要延长经营期限的，应在距经营期满180天前向审批机关提出延长期限的申请，审批机关在接到申请之日起30天内决定批准或不批准。经批准的，向工商行政管理机关办理变更登记手续。

另外，《外资法》及其实施细则对外国投资者的资格、外资企业的设立、出资方式、财务、外汇、税务、劳动管理、企业终止与清算等都作了明确规定。

（四）外资企业设立的基本程序

1. 外国投资者向审批机构报送设立外资企业的初步申请报告。报告内容包括：设立外资企业的宗旨；经营范围、规模；生产产品；使用的技术设备；产品在中国和国外市场的销售比例；用地面积及要求；需要用水、电、煤、气或其他能源的条件及数量；对公共设施的要求等。

2. 审批机构收到外国投资者报送的初步申请报告后，应在30天内以书面形式答复外国投资者。

3. 外国投资者收到书面答复后，应向审批机构报送下列文件：

（1）设立外资企业申请书；

（2）可行性研究报告；

（3）外资企业章程；

（4）外资企业法定代表人（或董事会人选）名单；

（5）外国投资者的法律证明文件和资信证明文件；

（6）审批机关的书面答复；

（7）需要进口的物资清单；

（8）其他需要报送的文件。

上列（1）、（3）项文件必须用中文书写；（2）、（4）、（5）文件可以用外文书写，但应当附中文译文。

两个或两个以上的外国投资者共同申请设立外资企业，外国投资者之间须签订合同，并将合同副本报送审批机关备案。

4. 审批机关在收到申请设立外资企业的全部文件之日起 90 天内决定批准或不批准。审批机关如果发现上述文件不齐备或者有不当之处，可以要求限期补报或修改。

5. 设立外资企业的申请经审批机关批准后，外国投资者应当在收到批准证书之日起 30 天内向工商行政管理机关申请登记，领取营业执照。外资企业的营业执照签发日期，为该企业成立日期。

四、中外合作开发

中外合作开发是指中国公司与外国公司通过订立风险合同，对海上和陆上石油以及矿产资源进行合作勘探开发。合作开发是目前国际上在自然资源领域广泛采用的一种经济合作方式，其最大的特点是高风险、高投入和高收益。合作开发一般分为三个阶段，即勘探、开发和生产阶段。中国在石油资源开采领域的对外合作中一般采用这种方式。截至 2011 年年底，中国总共批准中外合作开发项目 191 个，实际使用外资金额 75.07 亿美元。目前已有一些合作开发的油田投入商业性开发。

中国于 2001 年 9 月 23 日公布并施行了经过修改的《中华人民共和国对外合作开采陆上石油资源条例》（以下简称《陆上石油资源条例》）和《中华人民共和国对外合作开采海洋石油资源条例》（以下简称《海洋石油资源条例》）。经过修改并颁布实行的《陆上石油资源条例》规定中华人民共和国境内的石油资源属于国家所有，中国政府依法保护参加合作开采陆上石油资源的外国企业的合作开采活动及其投资、利润和其他合法权益。国务院指定的部门负责在国务院批准的合作区域内，划分合作区块，确定合作方式，组织制定有关规划和政策，审批对外合作油（气）田总体开发方案。中国石油天然气集团公司和中国石油化工集团公司负责对外合作开采陆上石油资源的经营业务；负责与外国企业谈判、签订、执行合作开采陆上石油资源的合同；在国务院批准的对外合作开采陆上石油资源的区域内享有与外国企业合作进行石油勘探、开发和生产的专营权。《陆上石油资源条例》一共有 6 章 31 条。

经过修改并颁布实行的《海洋石油资源条例》规定中华人民共和国的内海、领海、大陆架及其他属于中国海洋资源管辖领域的石油资源，都属于国家所有。中国政府依法保护参与海洋石油资源合作开采的外国企业的合法权益与合作开采活动。中国对外合作开采海洋石油资源的业务，由中国海洋石油总公司全面负责。中国海洋石油总公司是具有法人资格的国家公司，享有在对外合作海区内进行石油勘探、开发、生产和销售的专营权。《海洋石油资源条例》分为4章27条。

2011年国务院对《海洋石油资源条例》的第十条进行了修改，规定参加合作开采海洋石油资源的中国企业与外国企业，都应当依法纳税。修改的实质是为了营造公平的投资环境，同时也是为了减少资源浪费，控制环境污染。

五、外商投资股份有限公司

外商投资股份有限公司又称外商投资股份制企业，是指外国公司、企业和其他经济组织或个人同中国的公司、企业或其他经济组织按照平等互利的原则，通过认购一定比例的股份，在中国境内共同举办的公司。外商投资股份有限公司全部资本由等额股份构成，股东以其所认购的股份对公司承担责任，公司以全部财产对公司债务承担责任，中外股东共同持有公司股份，外国股东购买并持有的股份需占公司注册资本25%以上。外国投资者还可依照有关法规对中国的A股上市公司进行中长期战略性并购投资，取得该公司的A股股份。外商投资股份有限公司是外商投资企业的一种形式，适用国家法律法规对于外商投资企业的有关规定。截至2011年年底，在华设立的外商投资股份有限公司为390家，实际使用外资金额93.57亿美元。

外商投资股份有限公司是近年来出现的一种新的利用外商直接投资的方式，它是在中国证券市场不断扩大和企业股份制改造日趋深入的背景下产生的。外商投资股份有限公司与中外合资企业、中外合作企业和外资企业的相同点是它们都是有限责任性质的企业，并且都是我国利用外商直接投资的有效方式；它们之间的不同点表现在许多方面，如设立方式不同、最低注册资本额要求不同、股权转让不同和公开性要求不同等。

国家规范和管理外商投资股份有限公司的政策法规主要有：原对外贸易经济合作部于1995年发布施行的《关于设立外商投资股份有限公司若干问题的暂行规定》；商务部、中国证券监督管理委员会、国家税务总局、国家工商行政管理总局和国家外汇管理局于2005年年底发布并于2006年年初施行的《外国投资者对上市公司战略投资管理办法》等。

六、投资性公司

投资性公司是指外国投资者在中国境内以独资或与中方投资者合资的形式设立的从事直接投资的公司，其形式一般为有限责任公司。

投资性公司投资设立企业，按外商投资企业的审批权限及审批程序另行报批。投资性公司设立分支机构应报商务部批准，且需符合一定的条件。符合条件的投资性公司可申请被认定为跨国公司地区总部，并依法办理变更手续。投资性公司在中国境内的投资活动不受公司注册地点的限制。经中国政府批准设立的投资性公司被赋予较其他外商投资企业更为广泛的经营范围，以鼓励跨国公司在中国开展系列性的投资活动。

为了更好地规范和促进投资性公司的发展，完善投资性公司的功能，进一步鼓励外国投资者来华投资，商务部于2004年11月17日公布了经过修订的《关于外商投资举办投资性公司的规定》，并于2006年5月26日公布了《关于外商投资举办投资性公司的补充规定》。

七、BOT投资方式

自20世纪80年代以后，BOT这种新的利用外资方式在中国出现。尽管BOT方式在一些方面有其特殊性，但它也属于利用外商投资的范围，也受中国有关外商投资企业政策法律的管辖。外商可以以合资、合作或独资的方式建立BOT项目公司。下面从几个角度对BOT投资方式进行分析介绍。

（一）BOT投资方式的含义

BOT投资方式有时也称为公共工程特许权。BOT是英文Build—Operate—Transfer的缩写，意即建设—经营—转让。典型的BOT方式是指：东道国政府同国外项目公司（或投资者）签订合同，由该项目公司承担一个基础设施或公共工程项目的筹资、建造、营运、维修及转让。在双方商定的一个固定期限内（一般为15～20年），项目公司对其筹资建设的项目行使运营权，以便收回对该项目的投资、偿还该项目的债务并赚取利润。协议期满后，项目公司将该项目无偿转让给东道国政府。

在BOT方式中，项目公司由一个或多个投资者组成，通常包括承包公司和设备供应商等。项目公司以股本投资的方式建立，有时也可以通过发行股票以及吸收少量政府资金入股的方式筹资。BOT项目所需的资金大部分通过项目公司从商业金融渠道获得。BOT项目的运作过程从政府的角度来说一般要经过以下几个阶段：确定项目、招标准备及要约、评价和谈判；从私营企业的角度来说一般都要经过下列几个阶段：投资前评估、执行、建设、经营和产权移交。

BOT方式是自20世纪80年代以来日渐活跃的投资方式，不论是在欧美发达国家还是在广大发展中国家，都常常采用这种方式建设大型基础项目。例如，英法两国采用这种方式合作建成横穿英吉利海峡连接两国的欧洲隧道。东盟国家也运用BOT方式引进了大量的外资参与本国基础设施的建设。BOT投资方式是由土耳其已故总理厄扎尔在20世纪80年代土耳其国家私营计划框架工程中首创的，以后被世界各国所认同并被广泛采用。

（二）BOT投资方式的特点

BOT是一种新的利用外资的方式，它与传统的利用外资方式不同，具有以下特点：（1）BOT方式的主体一方为东道国政府部门，另一方为私营机构的项目公司，而传统利用外资的方式，其主体一般是企业与企业之间或者政府与政府之间。（2）BOT项目的实施是一项复杂的系统工程，需要金融、贸易、保险、技术引进、工程承包、土地、交通能源、通信、广告等各种行业的相互协调与合作，尤其是东道国政府的强有力支持，是关系到一个BOT项目能否成功的关键，而传统利用外资的方式，则没有这么复杂。（3）BOT方式下对项目建设方式的选择，一般采用国际招标，而传统利用外资的方式则一般不通过招标。（4）BOT方式的资金来源，主要是国际金融机构提供的无追索权贷款。采用BOT方式，可以允许政府参股。而传统的利用外资方式，其注册资本以外的贷款，也不是无追索权的贷款，同时亦不允许政府投资。(5) BOT 方式的经营管理，通常是在东道国政府的许可范围内，由项目公司按自身的管理模式进行操作，而传统的利用外资方式，则按东道国有关法律及双方的约定来进行操作。(6) BOT 方式合作期满后，项目公司将该项目无偿移交给东道国政府，而传统的利用外资方式，在期满后，外方一般按合同规定将标的转让给东道国企业。

(三) BOT 投资方式的适用范围

BOT 投资方式的适用范围比较广，但主要适用于一国的基础设施和公共部门的建设项目，如电厂、高速公路、污水处理、铁路、桥梁、隧道、港口、机场、钢铁企业、教育和医疗卫生基础设施等。这些项目一般工程量大，建设时间长，耗资巨大，关系国计民生，并属于急需项目；而且，这些项目的市场需求一般都较好，能够获得较稳定的收入。

(四) BOT 投资方式的演变

BOT 投资方式在其发展过程中出现了一系列演变方式，主要有以下几种：BOO (Build—Own—Operate)：意为建设—拥有—经营；BOOT (Build—Own—Operate—Transfer)：意为建设—拥有—经营—转让；BOOST (Build—Own—Operate—Subsidize—Transfer)：意为建设—拥有—经营—补贴—转让；BTO (Build—Transfer—Operate)：意为建设—转让—经营；BLT (Build— Lease—Transfer)：意即建设—租赁—转让；BT (Build—Transfer)：意即建设—转让；BMT (Build—Manage—Transfer)：意即建设—管理—转让。BOT 的各种变形方式各有其特点，但它们又都与 BOT 方式有某些相似的地方。

(五) BOT 投资方式的作用

BOT 方式的作用表现在：(1) 有利于减少政府的财政负担。政府通过让私营企业筹资、建设和经营的方式来参与基础设施项目，可将原来必须用于这方面的资金转用于其他项目的投资与建设。(2) 避免了政府的债务风险。BOT 项目的建设资金由私人企业负责筹措，政府不承担项目的贷款债务。(3) 有利于提高项目的运作效率。由于有私营企业参加，贷款机构对项目的要求就会比对政府更加严格，另外，私营企业为了减少风险，获得较多收益，客观上也会更加注重管理，控制造价。(4) 可以更好地满足社会需求。采取 BOT 方式，可以使一些本来急需建设但目前政府财政又无力投资建设的基础设施项目，提前建成并发挥作用，从而更好地满足社会需求，促进经济发展。

八、外商投资创业投资企业

外商投资创业投资企业（以下简称创投企业）是指外国投资者根据中国法律注册成立的公司、企业或其他经济组织在中国境内设立的以创业投资为经营活动的外商投资企业。创业投资企业是指主要向未上市高新技术企业进行股权投资，并为之提供创业管理服务，以期获取资本增值收益的投资方式。创投企业可以采取非法人制组织形式，也可以采取公司制组织形式。采取非法人制组织形式的创投企业的投资者对创投企业的债务承担连带责任。非法人制创投企业的投资者也可以在创投企业合同中约定在非法人制创投企业资产不足以清偿该债务时由以创业投资为主营业务的必备投资者承担连带责任，其他投资者以其认缴的出资额为限承担责任。采用公司制组织形式的创投企业的投资者以其各自认缴的出资额为限对创投企业承担责任。

设立创投企业应具备下列主要条件：（1）投资者人数在 2 人以上 50 人以下，且应至少拥有一个以创业投资为主营业务的且符合其他条件的必备投资者；（2）非法人制创投企业投资者认缴出资总额的最低限额为 1 000 万美元；公司制创投企业投资者认缴资本总额的最低限额为 500 万美元。除必备投资者外，其他每个投资者的最低认缴出资额不得低于 100 万美元。外国投资者以可自由兑换的货币出资，中国投资者以人民币出资；（3）有明确的组织形式；（4）有明确合法的投资方向；（5）除了将本企业经营活动授予一家创业投资管理公司进行管理的情形外，创投企业应有 3 名以上具备创业投资从业经验的专业人员。

创投企业可以经营以下主要业务：以全部自有资金进行股权投资，具体投资方式包括新设企业、向已设立企业投资、接受已设立企业投资者股权转让以及国家法律法规允许的其他方式；提供创业投资咨询；为所投资企业提供管理咨询等。创投企业资金应主要用于向所投资企业进行股权投资。

为鼓励外国投资者来华从事创业投资，建立和完善中国的创业投资机制，商务部和科技部等 5 个部门于 2003 年 1 月 30 日公布了《外商投资创业投资企业管理规定》，并于当年 3 月 1 日开始施行。

九、其他外商直接投资方式

其他外商直接投资方式包括外国公司、金融机构在华设立从事经营活动的分支机构（如分公司、分行）等。外国公司或金融机构经批准可在中国境内设立分支机构，从事生产经营活动。外国公司或金融机构属于外国法人，其在中国境内设立的分支机构不具有中国企业法人资格。外国公司或金融机构对其分支机构在中国境内进行经营活动承担民事责任。外国公司或金融机构的分支机构应当在其名称中标明该外国公司的国籍及责任方式，并应在本机构中置备该外国公司或金融机构的章程。外国公司或金融机构在中国境内设立分支机构，必须在中国境内指定负责该分支机构的代表人或者代理人，并向该分支机构拨付与其所从事的经营活动相适应的营运资金。分公司或分行的经营范围不得超出母公司或母行的经营范围。

第三节　中国利用外商直接投资的一些政策法律规定

外商投资的政策法律规定是调整外商投资企业在设立、变更、终止和经营管理过程中产生的经济关系的法律规范的总和。改革开放近 30 年来，为了创造良好的投资环境，鼓励外商来华投资，中国政府逐步建立了一套较为完整的外商投资法律体系，包括有关外商投资的专门法律法规（如《中外合资经营企业法》等）、一般性的法律法规（如《公司法》等）和国际条约（如《双边投资保护协定》等）；与此同时，还制定了包括工商政策、产业政策、地区政策、税收政策、金融政策、外汇政策、土地政策、就业政策、海关政策和投资促进政策等一系列具体的相关政策。以上这些方面涉及的利用外资政策法规数以百计，下面仅对其中几个具体方面的政策法规作一些介绍。

一、关于外商投资产业政策方面的规定

外商投资产业政策是国家总体产业政策在外商投资领域的体现。2002 年公布施行的《指导外商投资方向规定》、2008 年重新修订后实施的《中西部地区外商投资优势产业目录》和 2011 重新修订后公布实施的《外商投资产业指导目录》等三个文件具体体现了中国政府对外商投资的产业政策。其中，《外商投资产业指导目录》和《中西部地区外商投资优势产业目录》是指导审批外商投资项目和外商投资企业适用有关政策的依据。外商投资产业政策的基本原则是对外商投资进行分类指导，根据项目和地区的不同实行不同的产业政策。凡符合《外商投资产业指导目录》规定的鼓励类外商投资项目给予鼓励和优惠；对于列入《中西部地区外商投资优势产业目录》的外商投资项目可享受鼓励类外商投资项目优惠；另外，根据《鼓励外商投资高新技术产品目录》的规定，对外商投资十一大类高新技术领域给予优惠。

《指导外商投资方向规定》将外商投资项目分为鼓励、允许、限制和禁止四类。鼓励类、限制类和禁止类的外商投资项目，列入《外商投资产业指导目录》；不属于鼓励类、限制类和禁止类的外商投资项目，为允许类外商投资项目，允许类外商投资项目不列入《外商投资产业指导目录》。

《指导外商投资方向规定》在第五、六、七条中分别列举了鼓励类、限制类和禁止类外商投资项目。属于下列情形之一的，列为鼓励类外商投资项目：（1）属于农业新技术、农业综合开发和能源、交通和重要原材料工业的；（2）属于高新技术、先进适用技术，能够改进产品性能、提高企业技术经济效益或者生产国内生产能力不足的新设备、新材料的；（3）适应市场需求，能够提高产品档次、开拓新兴市场或者增加产品国际竞争力的；（4）属于新技术、新设备，能够节约能源和原材料、综合利用资源和再生资源以及防治环境污染的；（5）能够发挥中西部地区的人力和资源优势，并符合国家产业政策的；（6）法律、行政法规规定的其他情形。属于下列情形之一的，列为限制类外商投资项目：① 技术水平落后的；② 不利于节约资源和改善生态环境的；③ 从事国家规定实行保护性开采的特定矿种勘探、开采的；④ 属于国家逐步开放的产业的；⑤ 法律、行政法规规定的其他情形。属于下列情形之一的，列为禁止类外商投资项目：① 危害国家安全或损害社会公共利益的；② 对环境造成污染损害，破坏自然资源或者损害人体健康的；③ 占用大量耕地，不利于保护、开发土地资源的；④ 危害军事设施安全和使用效能的；⑤ 运用我国特有工艺或者技术生产产品的；⑥ 法律、行政法规规定的其他情形。上述三种项目之外的其他项目为允许类外商投资项目。

《指导外商投资方向规定》第八、九、十和十一条还规定了其他内容：《外商投资产业指导目录》可以对外商投资项目规定“限于合资、合作”、“中方控股”或者“中

方相对控股”。限于合资、合作，是指仅允许中外合资经营、中外合作经营；中方控股，是指中方投资者在外商投资项目中的投资比例之和为51%及以上；中方相对控股，是指中方投资者在外商投资项目中的投资比例之和大于任何一方外国投资者的投资比例。鼓励类外商投资项目，除依照有关法律、行政法规的规定享受优惠待遇外，从事投资额大、回收期长的能源、交通、城市基础设施（煤炭、石油、天然气、电力、铁路、公路、港口、机场、城市道路、污水处理、垃圾处理等）建设、经营的，经批准，可以扩大与其相关的经营范围。产品全部直接出口的允许类外商投资项目，视为鼓励类外商投资项目；产品出口销售额占其产品销售总额70%以上的限制类外商投资项目，经省、自治区、直辖市及计划单列市人民政府或者国务院主管部门批准，可以视为允许类外商投资项目。对于确能发挥中西部地区优势的允许类和限制类外商投资项目，可以适当放宽条件；其中，列入《中西部地区外商投资优势产业目录》的，可以享受鼓励类外商投资项目优惠政策。

为了加快实施国家制定的西部大开发战略，鼓励中西部地区利用外资，引进先进技术和设备，发展中西部地区具有比较优势的产业和技术先进的企业，促进产业结构的优化升级，带动中西部地区经济整体素质的提高，中国政府有关部门于2000年发布施行了《中西部地区外商投资优势产业目录》，并于2004年修订后重新发布施行。重新修订后施行的《中西部地区外商投资优势产业目录》还兼顾到了中部地区崛起战略和东北地区老工业基地振兴战略。列入《中西部地区外商投资优势产业目录》的外商投资项目可享受《外商投资产业指导目录》中鼓励类外商投资项目的相关政策及有关优惠政策，例如对设在西部地区国家鼓励类产业的外商投资企业，在一定期限内减按15%的税率征收企业所得税。新的《中西部地区外商投资优势产业目录》涉及中西部地区20个省市区，共列具体条目267条，主要涉及四个领域：特有矿产资源开发、退耕还林还草及粮食和特色动植物资源深加工、地方优势产业发展和扩大社会服务行业开放。目录修订坚持了四条原则：比较优势原则、时效性原则、节约资源与保护环境原则和扩大开放原则。

2011年重新修订后公布施行的《外商投资产业指导目录》列出鼓励类项目12类、限制类项目13类和禁止类项目12类。2011年修订的《目录》与2007年修订的《目录》相比有以下几点不同：一是进一步扩大对外开放。新《目录》增加了鼓励类条目，减少了限制类和禁止类条目。同时，取消部分领域对外资的股比限制，有股比要求的条目比原目录减少11条。二是促进制造业改造提升。将高端制造业作为鼓励外商投资的重点领域，促进外商投资使用新技术、新工艺、新材料、新设备，改造和提升传统产业。三是培育战略性新兴产业。鼓励外商投资节能环保、新一代信息技术、生物、高端装备制造、新能源、新材料、新能源汽车等战略性新兴产业。四是促进服务业发展。积极引导外商投资服务业，推动产业结构调整。鼓励外商投资现代服务业，支持面向民生的服务业扩大利用外资，推进服务业开放进程。五是促进区域协调发展。贯彻落实《我国国民经济和社会发展“十二五”规划纲要》提出的推进新一轮西部大开发、全面振兴东北地区等老工业基地、大力促进中部地区崛起等部署，继续实行差别化的产业导向政策。

二、关于外商投资地区政策方面的规定

有关外商投资的地区政策指的是国家对于设立在特定地区的外商投资企业给予一定的优惠和鼓励待遇。实行改革开放政策以来，中国采取的是从沿海到内陆循序渐进的开放战略。加入 WTO 以后，对这种开放战略进行了一定程度的调整。伴随着西部大开发战略、东北老工业基地振兴战略和中部崛起战略的先后实施，对进入这些地区的特定外商投资项目也规定给予一些鼓励。这些经济特殊区域，是我国吸收外商直接投资的重要载体。中国目前对外商投资实行特殊政策的区域主要有：（1）经济特区：包括深圳、珠海、厦门、汕头、海南及上海浦东新区；（2）沿海开放城市 14 个：包括上海、天津、大连、秦皇岛、烟台（含威海）、青岛、连云港、南通、宁波、温州、福州、广州、湛江和北海；（3）国家级经济技术开发区 49 个及 5 个享受国家级经济技术开发区政策的工业园区，遍布于各省、市、自治区；（4）国家级高新技术产业开发区 53 个，遍布于各省、市、自治区；（5）此外还有：国家级保税区 15 个和 5 个保税港区，主要分布在沿海港口附近；国家级出口加工区 60 个，分布在各省、市、自治区；国家级边境经济合作区 14 个，主要分布在沿边省区；国家级旅游度假区 12 个，主要分布在比较著名的旅游风景区；天津滨海新区和福建海峡西岸经济区等。

根据国家实施的西部大开发战略，鼓励包括外资在内的投资到中西部内陆地区发展。有关的外商投资政策措施包括：（1）《中西部地区外商投资优势产业目录》内的项目，享受鼓励类外商投资项目政策；（2）对外商投资西部地区基础设施和优势产业项目，适当放宽外商投资的股比限制；（3）鼓励外商投资于西部地区的农业、水利、生态、交通、能源、市政、环保、矿产、旅游等基础设施建设和资源开发，以及建立技术研究开发中心；（4）扩大西部地区服务贸易领域的对外开放，对一些服务业领域的开放，允许在西部地区先行试点，并允许适当扩大试点范围；（5）拓宽外资渠道：允许外商在西部地区进行 BOT、TOT 方式试点；允许外商投资项目开展包括人民币在内的项目融资；支持符合条件的西部地区外商投资企业在境内外股票市场上市；支持西部地区属于国家鼓励和允许类产业的企业通过转让经营权、出让股权、兼并重组等方式吸引外商投资；积极探索以中外合资产业基金、风险投资基金方式引入外资；（6）鼓励已设立的外商投资企业到西部地区进行再投资，其再投资项目外资比例超过 25% 的，享受外商投资企业待遇。

东北地区是中国的老工业基地，为了促进东北地区的对外开放和吸收外资，国家采取了一系列政策措施。与东北老工业基地振兴有关的外资政策主要涉及以下几个方面：鼓励外资参与国有企业改组改造；推进重点行业和企业的技术进步；进一步扩大开放领域，提升服务业发展水平；促进区域经济合作健康发展；营造良好的发展环境，为加快对外开放提供保障。

三、关于外商投资企业核准、设立与终止方面的规定

根据国家现行法律规定，外商投资企业的设立实行政府逐项核准和审批登记制度。投资总额大小和《外商投资产业指导目录》的项目分类是划分中央政府和地方政府核

准与审批外商投资企业权限的主要依据。

一般而言，投资总额在1亿美元（含1亿美元）以上的鼓励类、允许类外商投资项目及投资总额在5 000万美元（含5 000万美元）以上的限制类外商投资项目，由国家发展与改革委员会负责项目核准，由商务部负责审批。其中总投资5亿美元及以上的鼓励类、允许类项目和总投资1亿美元及以上的限制类项目由国家发展和改革委员会与商务部审核后报国务院核准。

省、自治区、直辖市及计划单列市人民政府的相应主管部门负责审批下列项目：投资总额在1亿美元以下的鼓励类、允许类外商投资项目；投资总额在5 000万美元以下的限制类外商投资项目。地方政府审批后，须报国务院主管部门和行业主管部门备案。涉及配额、许可证的外商投资项目，须先向商务部门申请配额、许可证。

为履行中国加入世界贸易组织的承诺，依据外商投资三个法律（《中外合资经营企业法》、《中外合作经营企业法》和《外资企业法》）及其实施条例（细则），中国已陆续制定并公布实施金融、商业、交通运输、电影电视制作等40多个服务贸易领域外商投资的法律、规章，在服务贸易领域的外商投资项目的审批按相应法律规定办理。

申请在华设立外商投资企业需要履行一定的设立程序。申请设立中外合资经营企业和中外合作经营企业的基本程序大体相同，包括以下几步：（1）项目核准。中方或外方投资者可以通过各种途径选择合资（合作）者，在了解合资（合作）者的业务范围和资信状况，确定合作意向后，由中方投资者编写项目申请报告，报审批部门（国家发展和改革委员会或地方主管部门）审批（备案）。获得核准后，中外投资者向工商行政管理部门申请企业名称登记，以保护名称专用权和防止重名。（2）合同与章程的申报审批及申领外商投资企业批准证书。项目获得核准后，由中方投资者将合同、章程和可行性研究报告等法律文件报送审批部门（商务管理部门）审批。审批部门自收到上述法律文件之日起，对中外合资企业应在三个月内决定批准或不批准，对中外合作企业应在45天内决定批准或不批准。获得批准后，由商务管理部门颁发外商投资企业批准证书。（3）营业执照的申领。领取批准证书之后，中外投资者须在30日内向工商行政管理部门办理登记注册手续，领取营业执照。营业执照的签署日期即为合资（合作）企业的成立日期。

在华设立外商独资经营企业，外国投资者可以自己办理申请和报批等手续，也可以委托具有相应资格的咨询代理机构办理申请和报批等手续。在取得发展和改革部门的项目核准后，填写《在中国设立外资企业申请表》，编制可行性研究报告，编写公司章程等有关文件，向商务管理部门申请报批。根据外资企业法的规定，商务部门应在收到申请之日起90天内决定批准或不批准。经批准后，由商务管理部门颁发外商投资企业批准证书。外国投资者凭批准证书办理相关登记注册手续，领取营业执照。外商投资企业在领取营业执照起30天内还需向有关部门办理相关登记手续，如到银行开立外汇及人民币账户，办理海关登记，到税务部门办理税务登记，到外汇管理部门办理外汇管理登记，到商检局办理商检登记，到劳动局办理招工、招聘手续和境外人员就业手续等。

关于外商投资企业经营期限方面的规定有：外商投资企业的经营期限，根据不同行业和项目的具体情况，由投资者按照国家有关规定协商确定，一般为10～30年，最长可为50年，经国务院特殊批准可不规定经营年限。对于约定经营期限的外商投资企业，经营期满时企业终止；如其投资各方有意延长经营期限，可在距经营期满180天前向审批机关申请，取得批准。在企业经营期间，企业具有其经营自主权。政府对外商投资企业不实行国有化和征收。在特殊情况下，根据社会公共利益需要实行征收的，要依照法律程序进行，并给予相应的补偿。关于外商投资企业终止方面的规定是：外商投资企业出现终止条件时，应由企业提出终止申请，报审批机关核准，核准日期即为企业终止日期。

为了改善投资环境和投资服务，方便中外投资者办理核准、设立和审批登记等手续，提高政府工作效率，打造“服务型政府”，目前，我国许多地方政府实行“一站式审批”，商务部门和相关政府部门采取联合办公形式，对外商投资事项进行集中受理。这样做的结果是大大缩短了外商投资企业设立审批所需要的时间。另外，各省市区和计划单列市均成立了外商投资服务中心或促进中心，为外国投资者提供全过程的服务，即“一条龙服务”。例如在前期可帮助寻找合作伙伴，协助选择厂址，编制项目建议书并代理上报，代办企业名称登记，编制可行性研究报告，代拟合同和章程，代办申请营业执照；中期可代办规划设计，工程建设和用地，环保和消防以及公用事业等有关建设手续；后期可代聘代招员工，提供相关信息等。同时，咨询顾问公司、律师事务所和会计师事务所等中介服务机构也可为投资者提供高效优质的服务。

近年来，我国政府借鉴国际上投资促进的经验，成立了相应的投资促进机构。在商务部下面设立了投资促进事务局，各省市区也成立了投资促进或招商引资机构。这些机构的设立有利于实施外商投资促进战略，有利于外商投资项目的核准与设立，同时也有利于组织实施境内外投资促进活动和加强与境外投资促进机构的联系。

四、关于中外合资经营企业注册资本与投资总额比例的规定

根据《中外合资经营企业法实施条例》的规定，合营企业的投资总额（含企业借款），是指按照合营企业合同、章程规定的生产规模投入的基本建设资金和生产流动资金的总和；合营企业的注册资本，是指为设立合营企业在登记管理机构登记的资本总额，应为合营各方认缴的出资额之和。这说明注册资本额与投资总额可以不一致，注册资本额一般小于投资总额。

1987年3月1日，国家工商行政管理局发布了《关于中外合资经营企业注册资本与投资总额比例的暂行规定》，它以法规的方式，明确了中外合资经营企业注册资本与投资总额的比例。其主要内容如下：

（一）中外合资经营企业的投资总额在300万美元以下（含300万美元）的，其注册资本至少应占投资总额的7/10。

（二）中外合资经营企业的投资总额在300万美元以上至1 000万美元（含1 000万美元）的，其注册资本至少应占投资总额的1/2，其中投资总额在420万美元以下的，注册资本不得低于210万美元。

（三）中外合资经营企业的投资总额在1 000万美元以上至3 000万美元（含3 000万美元）的，其注册资本至少应占投资总额的2/5，其中投资总额在1 250万美元以下

的，注册资本不得低于500万美元。

（四）中外合资经营企业的投资总额在3 000万美元以上的，其注册资本至少应占投资总额的1/3，其中投资总额在3 600万美元以下的，注册资本不得低于1 200万美元。

（五）中外合资经营企业如遇特殊情况，不能执行上述规定，由原商务部会同国家工商行政管理局批准。

（六）中外合资经营企业增加投资的，其追加的注册资本与增加的投资额的比例，也按上述规定执行。

（七）中外合作经营企业，外商独资经营企业的注册资本与投资总额的比例，参照此规定执行。

从上述规定中可看出以下几个特点：第一，注册资本与总投资的比例只规定下限不规定上限，即最少不得低于多大比例，但多者不限，甚至可以全额注册（注册资本与总投资额相等）。这视企业的具体情况而定，实际上也有许多外商投资企业是实行全额注册的。第二，注册资本随投资额的增大而比重降低，这体现了国家鼓励举办大型项目，而且大型项目中，一定数量的注册资本就能承担一般性的风险。第三，国家对一些特殊项目还给予特别优待，可允许降低注册资本的比例，这主要是指对那些大型生产性项目、高技术项目等实行的特殊鼓励政策。

中国之所以对中外合资经营企业注册资本与投资总额的比例作出规定，是出于以下几方面的考虑：首先，企业注册资本是企业用来承担债务的最低资本，如果投资额很大，注册资本很小，债权人就会不放心，也会影响企业信誉。其次，企业以较少的注册资本举债，也会发生困难。因为，金融机构向企业提供贷款，也要求贷款额与企业注册资本额有一个适当的比例。再次，使注册资本与投资总额保持一定的比例，也会使中外双方投资者减少风险。最后，中外合资经营企业的注册资本，也应与生产经营规模和范围相适应。

五、关于外商投资企业合并与分立的规定

为了规范涉及外商投资企业（包括合资、合作、外资企业和外商投资股份有限公司）合并与分立的行为，保护企业投资者和债权人的合法权益，原外经贸部、国家工商行政管理局于1999年9月23日发布了《关于外商投资企业合并与分立的规定》。《规定》首次用法规的形式规范了外商投资企业之间的合并与分立以及外商投资企业与中国内资企业之间的合并活动，从而为外商投资企业的重组和购并提供了法律保障。《规定》的主要内容有：

合并是指两个以上的公司依照公司法的有关规定通过订立协议而归并成为一个公司。公司合并可以采取吸收合并与新设合并两种形式：吸收合并是指公司接纳其他公司加入本公司，接纳方继续存在，加入方解散；新设合并是指两个以上公司合并设立一个新的公司，合并各方解散。分立是指一个公司依照公司法的有关规定，通过公司最高权力机构决议分成两个以上的公司。公司分立可以采取存续分立与解散分立两种形式：存续分立是指一个公司分离成两个以上公司，本公司继续存在并设立一个以上新的公司；

解散分立是指一个公司分解为两个以上的公司，本公司解散并设立两个以上新的公司。

公司的合并或分立，应当遵守中国的法律、法规和本规定，遵循自愿、平等和公平竞争的原则，不得损害社会公共利益和债权人的合法权益。公司的合并或分立，应符合《指导外商投资方向暂行规定》和《外商投资产业指导目录》的规定，不得导致外国投资者在不允许外商独资、控股或占主导地位的产业的公司中独资、控股或占主导地位。公司因合并或分立导致其所从事的行业或经营范围发生变更的，应符合有关法律、法规及国家有关产业政策的规定并办理必要的审批手续。公司的合并或分立，须经公司原审批机关批准并到登记机关办理有关公司设立、变更或注销手续。

各方投资者在合并后的公司中的股权比例，根据国家有关规定，由投资者之间协商或根据资产评估机构对其在原公司股权价值的评估结果，在合并后的公司合同、章程中确定，但外国投资者的股权比例不得低于合并后公司注册资本的 25%。各方投资者在分立后的公司中的股权比例，由投资者在分立后的公司合同、章程中确定，但外国投资者的股权比例不得低于分立后公司注册资本的 25%。

公司与中国内资企业合并必须符合中国利用外资的法律、法规和产业政策的要求并具备以下条件：（1）拟合并的中国内资企业是依照《中华人民共和国公司法》规范组建的有限责任公司或股份有限公司。（2）投资者符合法律、法规和部门规章对合并后公司所从事有关产业的投资者的资格要求。（3）外国投资者的股权比例不得低于合并后公司注册资本的 25%。（4）合并协议各方保证拟合并公司的原有职工充分就业或给予合理安排。

六、关于外国投资者并购境内企业的规定

为了促进和规范外国投资者在中国境内的并购活动，中华人民共和国商务部、国务院国有资产监督管理委员会、国家税务总局、国家工商行政管理总局、中国证券监督管理委员会、国家外汇管理局等六部委于 2006 年 8 月公布了《外国投资者并购境内企业暂行规定》，并于 2009 年进行了修订。

外国投资者并购境内企业，是指外国投资者协议购买境内非外商投资企业（以下称“境内公司”）的股东的股权或认购境内公司增资，使该境内公司变更设立为外商投资企业（以下称“股权并购”）；或者外国投资者设立外商投资企业，并通过该企业协议购买境内企业资产且运营该资产；或外国投资者通过协议购买境内企业资产，并以该资产投资设立外商投资企业运营该资产（以下称“资产并购”）。依照《外商投资产业指导目录》不允许外国投资者独资经营的产业，并购不得导致外国投资者持有企业的全部股权；需由中方控股或相对控股的产业，该产业的企业被并购后，仍应由中方在企业中占控股或相对控股地位；禁止外国投资者经营的产业，外国投资者不得并购从事该产业的企业。

外国投资者并购境内企业设立外商投资企业，应依照《规定》经审批机关批准，并向登记管理机关办理变更登记或设立登记。外国投资者在并购后所设外商投资企业注册资本中的出资比例一般不低于 25%。外国投资者的出资比例低于 25% 的，除法律、行政法规另有规定外，应依照现行设立外商投资企业的审批、登记程序进行审批、登记。审批机关在颁发外商投资企业批准证书时加注“外资比例低于 25%”的字样。登

记管理机关在颁发外商投资企业营业执照时加注“外资比例低于25%”的字样。

外国投资者并购境内企业设立外商投资企业，外国投资者应自外商投资企业营业执照颁发之日起3个月内向转让股权的股东，或出售资产的境内企业支付全部对价。对特殊情况需要延长者，经审批机关批准后，应自外商投资企业营业执照颁发之日起6个月内支付全部对价的60%以上，1年内付清全部对价，并按实际缴付的出资比例分配收益。外国投资者股权并购，并购后所设外商投资企业增资的，投资者应在拟变更设立的外商投资企业合同、章程中规定出资期限。规定一次缴清出资的，投资者应自外商投资企业营业执照颁发之日起6个月内缴清；规定分期缴付出资的，投资者第一期出资不得低于各自认缴出资额的15%，并应自外商投资企业营业执照颁发之日起3个月内缴清。外国投资者资产并购的，投资者应在拟设立的外商投资企业合同、章程中规定出资期限。外国投资者并购境内企业设立外商投资企业，外国投资者出资比例低于25%的，投资者以现金出资的，应自外商投资企业营业执照颁发之日起3个月内缴清；投资者以实物、工业产权等出资的，应自外商投资企业营业执照颁发之日起6个月内缴清。

外国投资者股权并购的，对并购后所设外商投资企业应按照以下比例确定投资总额的上限：（1）注册资本在210万美元以下的，投资总额不得超过注册资本的7/10；注册资本在210万美元以上至500万美元的，投资总额不得超过注册资本的2倍；注册资本在500万美元以上至1 200万美元的，投资总额不得超过注册资本的2.5倍；注册资本在1 200万美元以上的，投资总额不得超过注册资本的3倍。外国投资者资产并购的，应根据购买资产的交易价格和实际生产经营规模确定拟设立的外商投资企业的投资总额。拟设立的外商投资企业的注册资本与投资总额的比例应符合有关规定。

外国投资者并购境内企业有下列情形之一的，投资者应就所涉情形向商务部和国家工商行政管理总局报告：（1）并购一方当事人当年在中国市场营业额超过15亿元人民币；（2）一年内并购国内关联行业的企业累计超过10个；（3）并购一方当事人在中国的市场占有率已经达到20%；（4）并购导致并购一方当事人在中国的市场占有率达到25%。境外并购有下列情形之一的，并购方应在对外公布并购方案之前或者报所在国主管机构的同时，向商务部和国家工商行政管理总局报送并购方案。商务部和国家工商行政管理总局应审查是否存在造成境内市场过度集中，妨碍境内正当竞争、损害境内消费者利益的情形，并作出是否同意的决定：①境外并购一方当事人在我国境内拥有资产30亿元人民币以上；②境外并购一方当事人当年在中国市场上的营业额15亿元人民币以上；③境外并购一方当事人及其关联企业在中国市场占有率已经达到20%；④由于境外并购，境外并购一方当事人及其关联企业在中国的市场占有率达到25%；⑤由于境外并购，境外并购一方当事人直接或间接参股境内相关行业的外商投资企业将超过15家。有下列情况之一的并购，并购一方当事人可以向商务部和国家工商行政管理总局申请审查豁免：①可以改善市场公平竞争条件的；②重组亏损企业并保障就业的；③引进先进技术和管理人才并能提高企业国际竞争力的；④可以改善环境的。

七、关于外商投资举办投资性公司的规定

为了促进外国投资者来华投资，引进国外先进技术和管理经验，商务部于2004年

11 月公布了《关于外商投资举办投资性公司的规定》，并根据形势发展的需要于 2006 年 5 月公布了《关于外商投资举办投资性公司的补充规定》。该《规定》允许外国投资者根据中国有关外国投资的法律、法规及本规定，在中国设立投资性公司。

投资性公司系指外国投资者在中国以独资或与中国投资者合资的形式设立的从事直接投资的公司。公司形式为有限责任公司。投资性公司所投资企业系指符合下列条件的企业：（1）投资性公司直接投资或与其他外国投资者和/或中国投资者共同投资，投资性公司中折算出的外国投资者的单独投资或与其他外国投资者一起投资的比例占其所投资设立企业注册资本的 25% 以上的企业；（2）投资性公司将其投资者或其关联公司、其他外国投资者以及中国境内投资者在中国境内已投资设立的企业的股权部分或全部收购，投资性公司中折算出的外国投资者的单独投资或与其他外国投资者的投资额共同占该已设立企业的注册资本 25% 以上的企业；（3）投资性公司的投资额不低于其所投资设立企业的注册资本的 10% 。

申请设立投资性公司应符合下列条件：（1）外国投资者资信良好，拥有举办投资性公司所必需的经济实力，申请前一年该投资者的资产总额不低于 4 亿美元，且该投资者在中国境内已设立了外商投资企业，其实际缴付的注册资本的出资额超过 1 000 万美元，或者该外国投资者资信良好，拥有举办投资性公司所必需的经济实力，该投资者在中国境内已设立了十个以上外商投资企业，其实际缴付的注册资本的出资额超过 3 000 万美元；（2）以合资方式设立投资性公司的，中国投资者应为资信良好，拥有举办投资性公司所必需的经济实力，申请前一年该投资者的资产总额不低于 1 亿元人民币；（3）投资性公司的注册资本不低于 3 000 万美元。

外国投资者须以可自由兑换的货币或其在中国境内获得的人民币利润或因转股、清算等活动获得的人民币合法收益作为其向投资性公司注册资本的出资。中国投资者可以人民币出资。外国投资者以其人民币合法收益作为其向投资性公司注册资本出资的，应当提交外汇管理部门出具的境内人民币利润或其他人民币合法收益再投资的资本项目外汇业务核准件等相关证明文件及税务凭证。自营业执照签发之日起 2 年内出资应不低于 3 000 万美元，注册资本中剩余部分出资应在营业执照签发之日起 5 年内缴清。

投资性公司经商务部批准设立后，可以依其在中国从事经营活动的实际需要，经营下列业务：（1）在国家允许外商投资的领域依法进行投资。（2）受其所投资企业的书面委托（经董事会一致通过），向其所投资企业提供下列服务：协助或代理其所投资的企业从国内外采购该企业自用的机器设备、办公设备和生产所需的原材料、元器件、零部件和在国内外销售其所投资企业生产的产品，并提供售后服务；在外汇管理部门的同意和监督下，在其所投资企业之间平衡外汇；为其所投资企业提供产品生产、销售和市场开发过程中的技术支持、员工培训、企业内部人事管理等服务；协助其所投资企业寻求贷款及提供担保。（3）在中国境内设立科研开发中心或部门，从事新产品及高新技术的研究开发，转让其研究开发成果，并提供相应的技术服务。（4）为其投资者提供咨询服务，为其关联公司提供与其投资有关的市场信息、投资政策等咨询服务。（5）承接其母公司和关联公司的服务外包业务。

投资性公司从事货物进出口或者技术进出口的，应符合商务部《对外贸易经营者备案登记办法》的规定；投资性公司出口产品可按有关规定办理出口退税；投资性公司可通过佣金代理（拍卖除外）、批发方式在国内销售其进口及在国内采购的商品；特殊商品及以零售和特许经营方式销售的，应符合相关规定。

投资性公司设立后，依法经营，无违法记录，注册资本按照章程的规定按期缴付，投资者实际缴付的注册资本额不低于3 000万美元且已用于本规定第八条所规定的用途，投资性公司经所在地的省、自治区、直辖市或计划单列市商务主管部门审核同意，向商务部提出申请，并获批准的，还可依其在中国从事经营活动的实际需要，依照国家有关规定，经营下列业务：(1) 受所投资企业的书面委托（经董事会一致通过），开展下列业务：在国内外市场以经销的方式销售其所投资企业生产的产品；为其所投资企业提供运输、仓储等综合服务；(2) 以代理、经销或设立出口采购机构（包括内部机构）的方式出口境内商品，并可按有关规定办理出口退税；(3) 购买所投资企业生产的产品进行系统集成后在国内外销售，如所投资企业生产的产品不能完全满足系统集成需要，允许其在国内外采购系统集成配套产品，但所购买的系统集成配套产品的价值不应超过系统集成所需全部产品价值的50%；(4) 为其所投资企业的产品的国内经销商、代理商以及与投资性公司、其母公司或其关联公司签有技术转让协议的国内公司、企业提供相关的技术培训；(5) 在其所投资企业投产前或其所投资企业新产品投产前，为进行产品市场开发，允许投资性公司从其母公司进口与其所投资企业生产产品相关的母公司产品在国内试销；(6) 为其所投资企业提供机器和办公设备的经营性租赁服务，或依法设立经营性租赁公司；(7) 为其进口的产品提供售后服务；(8) 参与有对外承包工程经营权的中国企业的境外工程承包；(9) 在国内销售（不含零售）投资性公司进口的母公司产品。

被认定为地区总部的投资性公司，可依其在中国从事经营活动的实际需要，经营下列业务：本规定第十条、第十一条、第十五条所规定的业务；进口并在国内销售（不含零售）跨国公司及其控股的关联公司的产品；进口为所投资企业、跨国公司的产品提供维修服务所需的原辅材料及零配件；承接境内外企业的服务外包业务；根据有关规定，从事物流配送服务；经中国银行业监督管理委员会批准，设立财务公司，向投资性公司及其所投资企业提供相关财务服务；经商务部批准，从事境外工程承包业务和境外投资，设立融资租赁公司并提供相关服务；委托境内其他企业生产/加工其产品或其母公司产品并在国内外销售；委托境内其他企业生产/加工产品并在国内外销售，从事产品全部外销的委托加工贸易业务以及经批准的其他业务。

投资性公司可以作为发起人发起设立外商投资股份有限公司或持有外商投资股份有限公司未上市流通的法人股。投资性公司也可以根据国家有关规定持有境内其他股份有限公司未上市流通的法人股。投资性公司应视为股份有限公司境外发起人或股东。允许投资性公司根据国家有关规定对上市公司进行战略投资，投资性公司应视为股份有限公司境外股东。

投资性公司投资设立企业，投资性公司中折算出的外国投资者的单独投资或与其他外国投资者一起投资的比例一般不低于其所投资设立企业的注册资本的25%，其投资设立的企业享受外商投资企业待遇，发给外商投资企业批准证书和外商投资企业营业执照；出资比例低于25%的，除法律、行政法规另有规定外，均应按照现行设立外商投资企业的审批登记程序进行审批和登记。投资性公司投资设立企业，按外商投资企业的审批权限及审批程序另行报批。投资性公司在中国境内的投资活动不受公司注册地点的限制。投资性公司与其所投资设立的企业是彼此独立的法人或实体，其业务往来应按独立企业之间业务往来关系处理。投资性公司不得直接从事生产活动。

八、关于保护外商投资的规定

自从实行改革开放政策以来，为了更多地引进和利用外商直接投资，中国政府非常重视对外商在华投资的法律保护。目前，中国已经建立了比较完备的外商投资法律体系，同时，还与一些国家签订了双边投资保护协定和双边税收协定，并积极地研究有关保护外国投资的国际公约，采取了切实的步骤对外商投资企业提供了有效的法律保护措施。

国家依法保护外国合营者和外国投资者的财产所有权和处置权。《中外合资经营企业法》第2条规定：中国政府依法保护外国合营者按照经中国政府批准的协议、合同、章程在合营企业的投资，应分得利润和其他合法权益。只要外国合营者遵守中国的法律和规定，他们的合法财产是受我国法律保护的，任何人不得侵犯。《中外合资经营企业法实施条例》第23条规定：合营一方如向第三者转让其全部或部分出资额，须经合营他方同意，并经审批机构批准。合营一方转让其全部或部分出资额，合营他方有优先购买权。合营一方向第三者转让出资额的条件，不得比向合营他方转让的条件优惠。这说明在中国法律允许的范围内，外国合营者可以转让他们投资的财产。《中外合作经营企业法》第3条和《外资企业法》第4条也对此方面的内容作出了相应的规定。

国家对外商投资企业不实行国有化和征收。《中外合资经营企业法》第2条规定：国家对合营企业不实行国有化和征收；在特殊情况下，根据社会公共利益的需要，对合营企业可以依照法律程序实行征收，并给予相应的补偿。对外商投资企业实行国有化和征收是指主权国家按照法律程序，将外商投资企业的资产和经营权收归国家所有，并由国家加以控制和管理的一种政府措施。国有化的形式包括：收购外国公司控制的股份，征收外国公司的资产并给予一定的补偿，没收外国公司的资产等。在一国的相关法律中公开宣布对外资不实行国有化和征收，是发展中国家依法保护外国投资常见的措施。类似的规定在《外资企业法》第5条中也可以看到。

国家保护外国投资者分得的净利润、企业期满或者终止时分得的资金以及外籍职工的工资收入等的汇出权。《中外合资经营企业法》第10条规定：外国合营者在履行法律和协议、合同规定的义务后分得的净利润，在合营企业期满或者中止时分得的资金以及其他资金，可按合营企业合同规定的货币，按外汇管理条例汇往国外。第11条规定：合营企业的外籍职工的工资收入和其他正当收入，按中华人民共和国税法缴纳个人所得税后，可按外汇管理条例汇往国外。《中外合作经营企业法》第23条和《外资企业法》第19条也作出了同样的规定。

同其他国家签订双边投资保护协定和避免双重征税与防止偷漏税的协定以及参加一些较主要的国际公约，也是保护外商在华投资合法权益的一项重要措施。双边投资保护协定也称鼓励与保护投资协定，是资本输出与输入国或互有输出与输入国家之间就其投资或与投资有关的业务活动如何给予保护达成的双边条约。投资保护协定的内容主要包括以下几个方面：受保护的投资财产的种类；东道国给予投资者的投资及与投资有关的业务活动的待遇；对外国投资者投资财产的征收、国有化措施及其补偿；投资及其收益的汇回；投资争议的解决等。双边投资保护协定的规定与东道国保护外资的立法相辅相成。到2003年年底，中国已同110个国家（其中亚洲38国、欧洲35国、非洲23国、北美洲4国、南美洲7国、大洋洲3国）签订了投资保护协定，其中生效的已达80多个。中国同其他国家一旦签订投资保护协定并生效后，也就在协定规定的范围内承担了保护外资的责任和义务。

双边税收协定是国家之间为了协调税收关系和处理税务问题，通过谈判缔结的一种双边条约。不同国家之间在对跨国纳税人的跨国所得进行征税时，有一些问题难以独自解决，因而需要通过与其他国家签订双边税收协定的方式加以处理。一国税务部门难以单独解决的问题有三个：一是为了避免跨国纳税人受两国政府管辖重复纳税，应合理地分配有关国家之间的税收权益；二是有关国家之间相互交换税收情报，防止跨国公司偷漏税行为的发生；三是避免各国对外国投资者采取税收歧视，取得相互对等待遇。双边税收协定一般包括以下内容：协定的适用范围；协定的规范内容和有利于投资的待遇；消除双重征税的方法如抵免法（税收饶让）等；享受协定待遇的程序。在涉外税收方面，中国同许多国家签订了避免对所得双重征税和防止偷漏税的协定。到2011年5月底，中国政府已先后与世界上96个国家和地区签订了关于避免双重征税和防止偷漏税的协定，其中大部分已经生效。可以说，上述这些协定的签订，对于保护外商在华投资，健全和完善中国的涉外法律制度，促进国际间的相互投资，加强中国在国际经济活动中的地位等，都起到了重要的作用。

本章小结

利用外商直接投资是中国对外开放政策的一个重要的组成部分，外商直接投资已对中国的经济发展产生了多方面的积极作用。本章专门论述中国利用外商直接投资问题，先后对利用外商直接投资的状况、作用、主要形式、政策法律规定、服务业对外资的开放等进行了分析和阐述。通过本章的学习，应使学生对中国利用外商直接投资有一个较深入的了解，掌握利用外资方面的主要知识。

思考与练习题

1. 中国利用外商直接投资的作用是什么？
2. 中国利用外商直接投资的主要形式有哪些？中外合资经营企业的法律特征是什么？BOT投资方式的特点和适用范围是什么？
3. 国家有关部门对中外合资经营企业的注册资本和投资总额比例有哪些规定？对外国投资者并购境内企业有哪些规定？

第四章　中国对外直接投资

第一节　中国对外直接投资的发展

一、跨国经营与对外直接投资

跨国经营是指一家企业的生产经营活动跨越国界，直接与国际市场（包括商品市场和要素市场）发生联系的行为。

跨国经营与跨国公司是两个既有区别又有联系的概念。两者的区别在于：跨国经营是企业的一种活动方式与行为，指企业的生产经营向外向化、国际化方向发展；而跨国公司是企业的一种组织形式。两者的联系表现为：当一家企业的跨国经营活动达到一定的程度后，这家企业就演变成一家跨国公司，而所有的跨国公司都要进行跨国经营活动。

跨国经营有两个层次的内容：第一个层次是商品和劳务的进出口，包括一般货物商品的国际间买卖，技术商品的国际间买卖和劳务的输入与输出；第二个层次是资本的流入和流出，流入是利用外资，流出是海外投资。如果一家企业的跨国经营发展到了第二层次，特别是海外投资达到一定的规模（在两个或两个以上的国家拥有企业）后，它就成为跨国公司。

在当今世界经济中，各国企业进行跨国经营已形成趋势和潮流，中国企业也不例外。跨国经营的客观必然性主要体现在：

（一）跨国经营是现代科学技术发展的要求

现代科学技术的迅速发展，一方面为生产和资本国际化的进一步发展提供了物质基础，另一方面科技发展又为跨国经营提出了客观要求。科技创新要求在研究与开发上投入巨额资本，而收回研究与开发成本的一个重要途径就是扩大最终产品的生产与销售规模，这就要扩大产品的市场，包括国外市场，于是就要进行第一层次的跨国经营；当产品出口受到国外贸易壁垒的限制时，便进行对外直接投资，就地生产就地销售，以获取高额利润，即进行第二层次的跨国经营。

（二）跨国经营是市场不完全性所产生的要求

市场不完全性也称为市场不完全竞争，是指由于存在一些障碍或干扰，导致某些市场的缺陷或某些市场经营效率太低、交易成本上升。市场不完全性表现在两个方面：一是由于政府的干预政策造成的不完全性，如关税限制、非关税限制、税收管制、价格管制和利润管制等；二是由于市场本身因素所导致的不完全性，如国际间的运输成本、缺乏技术知识等中间产品的交易市场等。市场不完全性的客观现实迫使企业为避免外部市场的不完全性而趋向建立其内部市场，通过内部市场交换中间产品，降低交易成本，提高经营效率。

（三）跨国经营是合理配置资源的要求

世界上任何一个国家都不可能拥有经济发展所需要的全部资源，都会遇到资源约束的问题。经济发展所需要的资源既包括自然资源，也包括资本、技术、经济管理、经济信息、劳动力等生产要素。为了满足本国经济发展的需要，就需要从国外输入各种自然资源和各种生产要素，与此同时，也可以向国外输出本国相对充裕的各种资源和生产要素。利用本国和他国的不同资源和要素优势，在国际间实现资源和要素的合理流动与重新组合配置，获得绝对和相对利益，这也是发展跨国经营的一个重要动因。

二、中国企业对外直接投资的发展和特点

（一）中国对外直接投资的发展

新中国成立后的50多年来，企业对外直接投资大体上经历了以下几个发展阶段：

第一个阶段为初步发展阶段，自1949年到1978年。从新中国成立到实行改革开放政策以前的30年间，中国企业在海外开展了一些直接投资活动。这期间，为了开拓国际市场，发展与世界各国的贸易往来，各专业外贸总公司先后分别在巴黎、伦敦、汉堡、东京、纽约、香港、新加坡等国际大都市设立了海外分支机构，建立了一批贸易企业。与此同时，中国的一些与贸易相关的企业也在海外投资开办了一些远洋运输和金融等方面的企业。这是继新中国政府接管在香港的一批中资企业后，新中国国内企业自己到海外投资开办的首批企业。这批海外企业的投资规模普遍较小，多分布在世界上的一些著名港口和大城市，主要从事贸易活动，基本属于贸易性的海外投资。这批海外企业的设立为新中国对外贸易事业的发展作出了积极的贡献。

第二阶段为进一步发展阶段，自1979年到1985年。自从1979年中国实行改革开放政策以后，国内企业到海外投资办企业得到了较迅速的发展。1979年11月，北京市友谊商业服务总公司与日本东京丸一商事株式会社在东京合资开办了“京和股份有限公司”。这是中国实行改革开放政策后在海外开办的第一家合资经营企业。该企业的主要经营范围是为北京市食品工业企业的更新改造引进技术和设备，在日本开办北京风味餐馆和提供厨师服务等。1980年3月，中国船舶工业总公司、中国租船公司与香港环球航运集团等共同投资5 000万美元，合资成立了“国际联合船舶投资有限公司”，总部设在百慕大，在香港设立“国际联合船舶代理公司”，从事代理中国船舶及船用设备的进出口和经营国际航运业务，中方占投资的45%。这是当时中方投资额最大的海外合资企业。这一阶段，中国在海外投资开办的企业还有：在香港开办的从事金融业务的企业——中芝兴业财务有限公司，在日本开办的从事经济技术咨询服务的企业——京达股份有限公司，在阿拉伯也门开办的从事承包工程的企业——也中建筑工程有限公司，在荷兰开办的分别从事轮船代理业务和船舶物料供应的企业——跨洋公司与远通海运服务公司以及在澳大利亚开办的从事航运代理业务的企业——五星航运代理股份有限公司等。

第三个阶段为加快发展阶段，自 1986 年到 1992 年。在这一阶段，中国对外直接投资有了较快的发展，主要表现在：参与海外投资的国内企业类型增加，不仅外经贸企业而且工业企业、商贸物资企业、科技企业及金融保险企业等也参与到了海外投资之中；海外投资的领域进一步拓宽，在服务业、工农业生产加工、资源开发等几大产业内的若干行业中都有海外企业设立；海外企业的数量增加，截至 1992 年年底，海外非贸易性企业达 1 360 家，海外贸易性企业达 2 600 家左右，海外贸易性企业和非贸易性企业的中方投资总额达 40 多亿美元；海外企业分布的国家和地区更加广泛，到 1992 年年底，中国企业已经在世界上 120 多个国家和地区设立了海外企业。

第四阶段为调整发展阶段，自 1993 年到 1998 年。由于整个国民经济发展中存在着经济发展过热，投资结构不合理，物价上涨过快等现象，从 1993 年年中开始，国家决定实行经济结构调整，紧缩银根，让过热的经济软着陆。与此相应，海外投资业务也进入清理和整顿时期，国家主管部门对新的海外投资实行严格控制的审批政策，并对各部门和各地方已开办的海外企业进行重新登记，海外投资的发展速度开始放慢。在这 6 年间，中国对外直接投资额为 12.78 亿美元，批准设立海外企业 1 500 家左右。通过对以往海外投资经验教训的总结和对中国企业国际竞争力现实状况的分析，在这一阶段的后期，中国政府提出了发展海外投资的新的战略方针：鼓励发展能够发挥我国比较优势的对外投资，更好地利用两个市场、两种资源；组建跨行业、跨部门、跨地区的跨国经营企业集团；在积极扩大出口的同时，要有领导有步骤地组织和支持一批有实力有优势的国有企业走出去，到国外，主要是到非洲、中亚、中东、东欧、南美等地投资办厂。新的海外投资战略方针的提出预示着海外投资将出现新一轮快速发展时期。

第五阶段为新的较快发展阶段，自 1999 年开始。从 1999 年开始，为了推动出口贸易的发展，为了加快产业结构的调整，为了向海外转移国内成熟的技术和产业，中国政府提出鼓励有实力的国内企业到海外投资，通过开展境外加工装配，就地生产就地销售或向周边国家销售，带动国产设备、技术、材料和半成品的出口，扩大对外贸易。上述新的政策措施被系统地概括成为“走出去”战略。为了加快实施“走出去”战略，商务部先后向 200 多家企业颁发了“境外加工贸易企业批准证书”。由境外加工贸易而引发的海外投资将成为今后中国海外投资的一个新的增长点，这种海外投资的加快发展还将导致海外投资主体、方式和行业结构出现新的变化。另外，中国加入世界贸易组织后，在外国企业和产品大举进入中国市场的同时，中国企业也应当大步走向国外，只有走向国外，才能充分抓住入世后的机遇和充分利用其他缔约方给予我们的权力。目前，海外投资行为更趋合理，盲目投资减少，以市场为导向，以效益为中心，正逐步成为中国企业海外投资遵循的基本原则。随着海外投资规模的扩大和海外投资企业数量的增加，中国的跨国公司也应运而生了，按照跨国公司的定义来推算，目前中国已经具有了一批自己的跨国公司。

根据商务部、国家统计局和国家外汇管理局联合发布的统计数据，2011 年中国对外直接投资额达 746.5 亿美元，其中，非金融类直接投资 685.8 亿美元，占 91.9%；金融类 60.7 亿美元，占 8.1%。根据联合国贸发会议统计数据，2011 年中国对外直接投资流量在世界上排名第 6 位，存量位居第 13 位。截至 2011 年年底，中国 13 500 多家境内投资主体共在海外设立对外直接投资企业 1.8 万家，分布在全球 177 个国家（地区）。对外直接投资累计净额（存量）达 4 247.8 亿美元，年末境外企业资产总额近 2 万亿美元。

（二）中国企业对外直接投资的特点

中国企业对外直接投资具有以下特点：

第一，从发展规模和投资主体看，海外投资发展速度比较快，平均投资规模逐步扩大，投资主体不断优化。自从实行改革开放政策以来，中国对外直接投资就在原来较低的基础上获得了迅速的发展，并已形成一定规模，海外投资企业数量和对外直接投资金额的年均增长率都较高。近年来，国内一些规模较大的行业排头兵企业、技术较先进的企业以及具有名牌商品的优秀企业加入到海外投资的行列中来。2011 年，中国对外直接投资主体继续保持多元化格局，在非金融类存量中，占据前三位的是：国有企业所占比重为 62.7%，较上年下降 3.5 个百分点；有限责任公司占 24.9%，较上年增加 1.3 个百分点；股份有限公司占 7.6%，较上年增加 1.5 个百分点。在投资主体不断优化的同时，海外投资企业的中方平均投资规模也在不断扩大，据商务部统计，目前平均投资规模超过 1 000 万美元。

第二，从地区分布看，海外投资企业分布的国家和地区广泛，越来越呈现出多元化趋势。截至 2011 年年底，中国的 1.8 万家境外直接投资企业分布在全球 177 个国家与地区，占全球国家与地区总数的 72%（投资覆盖率），其中在亚洲和非洲的投资覆盖率分别达 90% 和 85%。从境外企业的地区分布来看，中国在亚洲设立境外企业数量近万家，占总数的 53.6%，其中在中国香港地区设立境外企业超过 4 500 家，占境外企业总数的 25.3%；在欧洲设立了近 2 500 家，占 13.5%；在非洲地区设立的境外企业数量超过 2 000 家，占 11.5%；在北美洲地区设立了近 2 500 家，占 13.7%；在拉丁美洲地区有 800 多家，占 4.6%；在大洋洲地区有 500 多家，占 3.1%。总体来看，中国海外企业的分布格局与中国对外贸易的市场结构和世界资源分布结构有着一定的联系。

第三，从行业分布看，第一、第二和第三产业都有分布。制造业占境外企业总数的 30.8%，批发和零售业占 25.3%，租赁和商务服务业占 12.5%，建筑业占 6.4%，采矿业占 4.3%，农、林、牧、渔业占 4.2%。近些年，资源开发、金融与批发零售等服务业、境外加工制造业等行业因受到国家政策鼓励而成为中国海外投资的重要领域，发展较快。从对外直接投资存量（2011 年年底达 4 247.8 亿美元）的行业分布来看，租赁与商业服务业、金融业、采矿业、批发零售业、制造业、交通运输业六个行业占 89%，其中租赁和商务服务业占 33.5%，金融业占 15.9%，采矿业占 15.8%，批发零售业占 11.6%，制造业占 6.3%，交通运输、仓储和邮政业占 5.9%；在投资存量中另外几个所占比重较多的行业是：信息传输业、计算机服务和软件业占 2.2%，房地产业占 2.1%，建筑业占 1.9%。

第四，从出资方式、企业所有权结构和设立方式看，出资方式多种多样，海外企业以合资合作居多，设立方式新建与并购并举。中国企业对外直接投资的出资方式（或称投资方式）越来越多样化，有的以现汇出资（含企业自有资金和国内贷款），有的以从国外获得的贷款出资，有的以国内机械设备等实物出资，还有的以国内的技术专利或专有技术（含劳务）出资。从中国海外投资企业所有权结构来看，海外独资企业占30%左右，与东道国或第三国共同举办的合资与合作企业约占70%左右。这些海外投资企业分别采用了股份有限公司和有限责任公司的组织形式。中国海外投资企业的设立多采用新建方式（含股本投资、利润再投资和其他投资），采用国际上较流行的收购与兼并（含股权置换）方式设立的原来较少，但近年来不断扩大，以2011年为例，通过收购与兼并方式实现的对外投资占到当年对外直接投资流量总额的36.4%。

第五，从与国内母公司的关系看，海外投资企业对国内母（总）公司的依赖仍然比较重，自我开拓和横向联系能力有待加强（境外企业总数的95%为子公司或分支机构，只有5%属于联营公司）。就目前的状况而言，中国部分海外投资企业各方面业务多由国内直接控制，是国内母公司的补充，没有在海外当地形成属于本企业自己的营销网络和信息渠道。还有一些海外企业只是与母公司进行双向联系，海外企业之间以及海外企业与当地企业之间的横向联系较少。一些海外企业还没有树立在海外独立作战的意识，没有自己独立的品牌，没有把整个世界市场作为经营与赚钱的舞台，以实现在全球范围内进行资源优化配置和产品生产与销售的合理布局。

三、中国对外直接投资的作用

对外直接投资的发展会对国内企业和国内经济发展起到积极的推动作用。归纳起来，主要表现在以下几个方面：

（一）利用国外资源弥补中国资源的不足

中国是一个幅员辽阔的大国，但人均自然资源占有量比较低，国内资源供需的总量和结构矛盾日益突出。通过海外投资，可以开发国外的资源为我所用，利用国外资源弥补国内资源短缺。中国在国外开办的林业开发、矿产开采和海洋渔业等对外投资企业，对满足国内这方面的资源需求起到了很好的作用。

（二）学习和引进国外先进技术和管理经验，提高企业生产能力和经营管理水平

借助于对外投资企业，能以优惠的价格和优质服务为国内企业引进先进的技术、设备和关键零部件，引进外资，推动国内企业的技术改造，增强国内企业的新产品开发能力和出口供货能力。而且，我方人员还可以通过参与对外投资企业的经营管理学到国外一些先进管理经验，促进中国企业管理水平的提高。

（三）扩大出口，推动中国对外贸易的发展

对外投资企业的建立，很重要的一个目的就是要巩固、扩大和开拓海外市场。创办对外投资企业，绕过关税和非关税壁垒，变国内生产国外销售为国外生产国外销售，可以扩大出口；在海外创办零部件供应与产品维修服务企业，可以扩大机电仪产品出口，巩固和扩大原有市场；那些生产与消费必须在同一地点同一时间进行的有形商品（如食品）与无形商品（如各种各样的服务）的出口，也需要通过海外投资来实现；海外投资还可以直接带动国产的机械设备、原材料出口。

（四）有助于实施市场多元化战略

改变中国出口市场过分集中的状况，开辟新的市场，实现出口市场多元化，是保证

中国对外经济贸易持续稳定发展的重要条件之一。为此，就需要通过海外投资在新的出口市场所在地建立一些贸易企业和零部件组装与加工企业，扩大中国商品在该区域国家内的销售。

（五）有助于消化和转移国内过剩的加工能力和传统技术，加快产业结构和产品结构调整，搞活国有大中型企业

目前，中国一些传统加工产业的国内市场已经面临饱和，而且，随着国民经济的发展和技术进步，还会不断地出现过剩的加工能力和技术。这就要求我们在大力开拓国外产品市场的同时，通过大力开拓国外投资业务来消化和吸收国内过剩的加工能力。通过国际投资，带动设备、技术和劳务出口，转移一部分加工能力和适用技术。赋予国有大中型企业海外投资权，让它们参与国际市场的竞争，对于提高企业素质，调整企业产品结构，搞活国有大中型企业是有利的。

（六）促进对外承包工程的发展和扩大劳务输出

有些国家规定，外国承包公司只有与本国公司在当地依法登记注册组成合资承包公司才能在当地开展工程承包业务。中国的国际经济技术合作公司与海外资信好、有经营和业务活动能力的承包商组成合资承包工程公司或集团公司，是一种扩大业务的有效做法。例如，1994 年中国辽宁国际经济技术合作公司与突尼斯伏尔塔电气公司联合出资在突尼斯组建了中国－突尼斯建筑工程合资公司，该公司资本额为 40 万第纳尔（约合 40 万美元），中方占 49%，突方占 51%。根据突尼斯法律，在合资企业中只要突方占 51% 的资本，该合资公司就有权申请本国建筑业许可证，并可以与当地公司享有同样权利参加非国际性招标项目的投标，承包突尼斯各类建筑工程。这家公司的成立有利于扩大中国在突尼斯工程承包业务。通过组建合资承包工程公司或公司集团，可以使双方在资金、人力、技术、信息等方面互为补充，有利于增强竞争能力，提高中标率。

除以上所讲的几点作用外，海外直接投资还可以起到巩固和扩大中国对外经济援助的成果、及时了解和把握国际经贸信息与动态以及有助于培养跨国经营所需人才等方面的作用。

四、中国企业开展对外直接投资的可能性和条件

现阶段，中国企业到海外投资创办企业的可能性和条件主要有：

首先，中国已经拥有一批具有一定实力且在国际上享有信誉的企业。在美国《财富》杂志公布的 2012 年全球最大的 500 家企业中，中国有 79 家企业入围，超过了日本（68 家），仅次于美国（132 家），其中中国内地公司 69 家，中国香港地区公司 4 家，中国台湾地区公司 6 家。中国内地入围公司依次为：中国石化集团、中国石油天然气、国家电网、中国工商银行、中国建设银行、中国移动通信、中国农业银行、中国银行、中国建筑工程总公司、中国海洋石油总公司、中国铁建、中国中铁、中化集团、中国人寿保险、上汽集团、东风汽车、中国南方电网、一汽集团、中国五矿集团、中国中信集团、宝钢集团、中国兵器工业集团公司、中国交通建设集团、中国电信、神华集团、中国南方工业集团、平安保险、中国华能集团、中国航空工业集团、中国邮政、河北钢铁

集团、中国冶金科工集团、中国人民保险公司、首钢集团、中国铝业公司、中国航海油料集团、武汉钢铁、交通银行、冀中能源集团、中国联通、中国国电集团、江苏沙钢集团、中国铁路物资总公司、华为集团、中国建筑材料集团、中国机械工业集团、中国大唐集团、联想集团、中国远洋运输总公司、中国电力建设集团、中粮集团、河南煤业化工集团、中国化工集团、天津市物资集团、中国电子信息产业集团、浙江物产集团、中国华电集团、中国船舶重工集团、山东魏桥创业集团、山西煤炭运销集团、太平洋保险公司、中国电力投资集团、山东能源集团、鞍钢集团、浙江吉利控股集团、绿地控股集团、新兴际华集团、开滦集团、招商银行。其中有三家进入了前 10 名，中国石化集团、中国石油天然气和国家电网分别名列第 5、第 6 和第 7 位。根据联合国贸易与发展会议（UNCTAD）网站公布的材料，按海外资产多少评选了“2010 年发展中国家与转轨国家最大 100 家非金融类跨国公司”，中国大陆有 9 家跨国公司入选，入选的 9 家中国跨国公司控制着 1 303 亿美元的海外资产，海外销售额达 1 121 亿美元，海外雇员接近 12.5 万人，平均跨国指数为 24.7%。在《美国工程新闻记录》（ENR）评选的 2012 年国际承包商 225 强中，中国内地共有 52 家企业入选，占入选企业总数的 23.1%；而在该杂志评选的 2012 年世界最大的 200 家设计公司中，有中国电力工程顾问集团等 21 家中国公司入选，占入选企业总数的 10.5%。在英国《银行家》杂志评选的 2012 年世界最大的 1 000 家银行中，中国上榜数量上升到 104 家，首次赶超日本并仅次于美国，其中中国工商银行、中国建设银行、中国银行和中国农业银行四家银行都进入了前十名。上述事实说明，中国已有一批在国际上具有一定实力和影响力的企业。这些企业管理科学，经营机制先进，信誉较好，有一定的跨国经营和海外投资办厂经验，比较优势明显。它们可用自有资金进行海外投资，也可以利用在国际金融市场上筹集的资金进行海外投资。另外，中国的大多数大型企业或企业集团都已制定了国际化经营战略，这也将有力地促进和推动中国海外投资事业的发展。

其次，中国已经具有一定的资金实力。2012 年，全国进出口总值为 38 667.6 亿美元，其中出口值为 20 489.3 亿美元。截至 2012 年年底，国家外汇储备余额为 3.31 万亿美元。2012 年中国的人均 GDP 约为 5 184 美元。这些数字说明中国每年拿出一部分资金进行海外投资和创办海外投资企业是有条件的。应当说，中国国际资本流动格局中流入大于流出的状况还会存在若干年，但这种格局正在逐步发生变化，流出与流入之间的差额正在逐步缩小。中国正在由贸易大国向投资大国转变，正在由对外直接投资的潜在大国向现实大国转变。中国已经发展到应适当加快海外投资的新阶段，资金方面的有来有往是当今国际经济发展的潮流，两者之间是可以相互促进的。

再次，中国在技术和设备方面具有比较优势。进行海外投资在技术和设备方面具有比较优势是完全可以的，不一定具有绝对优势，只要相对于东道国来讲具有比较优势就可以进行投资。中国在一些技术领域是拥有国际先进水平的，而且还具有大量的适用技术、特色技术和传统技术，技术商品的价格相对便宜，这些技术在广大发展中国家是受欢迎的。同样，在单项设备和成套设备方面中国也具有相对优势。特别是近年来中国国内许多产品变成长线产品，许多企业的生产能力闲置，因此也迫切需要借助海外投资向海外转移具有一定竞争力的设备和技术。

最后，中国在管理人才方面也具有一定的优势。尽管中国企业的总体管理水平同发达国家相比还有差距，但是，在一些地区和行业以及一些企业中管理水平还是比较先进的。例如，近年来中国青岛海尔集团公司以其卓有成效的管理而在国际上扬名，其管理经验和案例已经进入国外著名商学院的课堂和教科书。在改革开放的过程中，中国一些企业已经培养和锻炼了一批熟悉国际惯例和市场环境，有能力在海外从事生产、经营和管理的人才。

总之，无论是从客观条件还是从主观条件来看，中国企业进行海外投资和跨国经营都是具有可能性的。我们应当以更加积极的姿态，推动这项大有希望的事业的发展，促进更多的中国企业走出去，使它们在国际经济舞台上扮演更加重要的角色。

五、中国企业在进行对外直接投资中应注意的几个问题

（一）要注意对投资环境的综合评估和投资项目的可行性研究

对投资环境的综合评估和对投资项目的可行性研究虽然都涉及东道国各方面情况的分析，但侧重点有所不同。前者侧重于宏观方面的分析，如投资软环境与硬环境的分析和评估，也就是地区和国别可行性的分析；后者则侧重于微观方面的分析，即项目可行性的分析。在评估投资环境时，要针对投资软、硬环境所包括的各方面具体内容，采用一种或几种较为典型的评估方法进行全面综合评估，得出结论，以确定是否将资金投入该国或地区。对投资环境进行评估之后，还要就具体的投资项目进行可行性研究，以确定该项目是否成立以及是否将资金投入该项目。进行可行性研究，要按照可行性研究报告所包含的各项内容逐项进行详细的研究与分析，要从经济、财务、技术、法律等方面进行可行性论证。

（二）要注意选好合作伙伴

理想的合作伙伴是海外投资成败的关键因素之一。选择国外合作者时主要应掌握以下几个方面的情况：资金能力、经营信誉、产品销售渠道、共同的奋斗目标。以上几个方面缺一不可，否则尽管我们投入了大量的资金、技术、设备和人力，也可能落个毫无效益的结果。为此，我们应当在合资或合作项目正式签约前，对合作对象的资信情况、履约能力、销售渠道等方面进行调查了解。调查合作对象资信情况的方式有直接调查和间接调查两种。

（三）要注意人才的选派和培养

实践证明，对外投资企业经营的好与坏，一个关键的因素是我方选派的管理人员素质如何。国际市场的竞争，归根到底是人才的竞争。要选派那些政治素质好、技术业务过硬、身体健康、年富力强的人员到对外投资企业工作。派往对外投资企业工作的人员应当是复合型的人才，不仅要懂得外语，还要懂法律、懂经济、懂管理。对外投资企业所需要的人才也可以在国外招聘，这也是一条重要途径。聘用对对外投资企业所在地情况熟悉的人员或国内短缺的一些专业人才到企业工作，有利于对外投资企业业务活动的开展。另一方面，要研究对外投资企业的经营管理以及人事、工资制度的改革，把管理人员的责、权、利统一起来，调动在对外投资企业工作的人员的积极性。

（四）其他几个应注意的问题

下面几个问题也是企业进行海外投资时应加以注意的：

1. 风险防范问题

一般而言，到国外投资办企业比在国内所遇到的风险要多要大，对可能遇到的风险要进行研究，要采取一些行之有效的措施加以防范。

2. 合理避税问题

合理避税一不违法，二可以增加企业盈利，因此，要认真分析可能性，适当加以运用。

3. 出资方式（或称出资物）的选择问题

较常见的股权式投资出资方式有：用企业的国内资金出资、用从国外筹集的资金出资、用技术折股出资、用机器设备折股出资、用管理折股出资等，企业可根据自身的条件选择于己最有利的出资方式。

4. 企业组织形式和所有权战略

对外直接投资的企业组织形式主要有：海外分公司、海外子公司和海外联络办事处，它们各有特点，企业应根据自己的投资目的与经营战略加以选择。在对外直接投资的所有权战略方面，企业可根据自己的资金实力及经营管理和决策控制的考虑而在拥有百分之百股权、拥有多数股权、拥有半数股权和拥有少数股权等不同的所有权战略之间进行选择。

第二节　中国对外直接投资的管理

一、中国对外直接投资的宏观管理

对海外投资的宏观管理主要是指国家政府各级主管部门依据中国法律和现行的相关政策，通过行政、经济和法律等手段，对中国公司、企业和其他经济组织在境外投资设立的合资与合作企业的中方和独资企业进行的管理。上述政府各级主管部门包括：商务部、国家发展与改革委员会、国有资产监督管理委员会、财政部、国家外汇管理局、劳动与社会保障部、海关总署等国务院直属职能部门，以及各省、市、自治区、计划单列市的外经贸管理部门等。宏观管理是多方面多层次的，主要有对海外投资的促进、扶持、核准、保护、奖励、限制、监督、检查、惩罚和撤销等。现阶段，对海外投资的宏观管理分为综合性归口管理、专业性管理、地方政府的管理和中国驻外使领馆的管理四个方面。

商务部（原外经贸部）和国家发展与改革委员会是国务院授权的海外投资业务的归口管理部门，其主要管理职能有：制定海外投资的有关管理办法；根据有关制度对海外投资进行统计并发布公报；对海外投资企业进行年检；制定海外投资的国别产业导向目录；制定鼓励和扶持海外投资的措施等。商务部的归口管理是宏观管理的一个重要方面。这些年来，商务部先后制定了一系列有关对外投资管理的规定和办法，如境外投资开办企业核准事项的规定、对外直接投资统计制度等。到目前为止，有关境外直接投资的法律政策体系、登记备案体系、鼓励政策体系、服务促进体系、外交协调体系和国际法律保障体系等六大体系有的已经建立，有的正在构建之中。

对境外投资的专业性管理包括外汇管理、国有资产管理和劳动工资管理。国家外汇管理局、中国人民银行、国有资产监督管理委员会、劳动与社会保障部等是中国境外投资业务的协助管理部门，主要负责与境外投资有关的外汇汇出汇入、资金投放、劳动工资和境外国有资产管理等方面政策的制定、执行和监督。近年来，《境外投资外汇管理办法》、《境外国有资产产权登记管理暂行办法》等专项法规的颁布实行，使这些方面的管理做到了有法可依，发挥了积极的作用。

各省、市、自治区、计划单列市政府和国务院有关部委依照国家的有关法规，对本地区和本部门的企业开展的海外投资业务的管理也属于政策性的宏观管理和调控。地方政府和有关部委的职能主要是根据本地区、本行业的综合优势与特点，在国家统一规划的范围内，确定本地区、本行业的重点投资方向和领域，制定有关境外投资的各种具体管理办法和措施。

中国驻外使（领）馆经济商务参赞处（室）也负责对设在所在国（地区）的中国海外投资企业进行指导和管理。这方面管理的具体内容包括：维护中国独资企业和合营企业中方的正当权益；监督检查中国在当地投资的独资企业与合营企业中方贯彻执行国家的方针政策、遵守所在国（地区）法律法规的情况；协调中国境外企业与当地政府的关系，使其生产经营活动有利于推动两国间经济联系的健康发展。

总体而言，国家对海外投资宏观管理的目标主要有五个：一是对海外投资的规模与总量进行调控；二是调整和优化海外投资的地区、国别、行业（领域）、主体、方式结构；三是提高海外投资的经济与社会效益；四是确保海外国有资产的保值和增值；五是为海外投资活动和海外投资企业提供各方面的服务。

二、中国对外直接投资的行业导向

考虑到目前中国进行海外投资的可能性和世界直接投资发展的新特点，以及中国国内产业结构调整和优化的目标，现阶段中国海外投资的重点行业是：

1. 加工装配型的制造业。设立这种类型的企业可以突破东道国所实行的贸易保护主义政策，带动和扩大国内的技术、设备、半成品、零部件和原料的出口，实现就地生产就地销售和向第三国销售；与此同时，还可以充分利用中国企业在设备、技术和人力等方面的比较优势，取得比较利益。目前，国家对这一行业的海外投资给予重点支持，为此制定了一系列的鼓励和优惠政策。这一行业主要涉及机电行业和轻工服装业，具体涉及汽车、摩托车、小型农机具的组装和电视机、电冰箱、洗衣机、电风扇、空调等家用电器的加工装配等。

2. 资源开发行业。资源开发性项目一般建设周期长，投资额较大。过去的十几年，资源开发型项目成为中国对外直接投资的一个重点，今后仍应是中国海外投资的重点。这是因为中国人均占有资源不多，在海外对中国短缺资源项目进行投资，对打破资源垄断有利，具有重要的战略意义。

3. 科技开发行业。这方面的企业分为三类：一类是通过对中国目前技术上仍属空白或落后的东道国技术密集型企业的投资和管理，从中学习和吸取对方的先进技术，将技术带回国内应用；另一类是在国外发达国家组建高科技新产品开发公司，将开发的新产品交给国内企业生产，然后再将产品销往国外；还有一类是指鼓励国内的高科技企业走向国际市场，进行海外投资，扩大高科技产品的出口，实现科技产品的国际化。国家鼓励和支持技术含量较高的海外投资项目的发展。

4. 工程承包与劳务合作业务。中国具有丰富的劳动力资源，中国承包劳务企业在国际市场已具有较强的竞争力，因此，国家支持承包劳务企业在海外创办一些相关企业，以扩大中国的海外工程承包和劳务合作业务。

5. 服务贸易行业。这类企业包括金融保险、进出口贸易、商业批发、信息咨询、运输通信、医疗卫生、旅游、广告、维修服务等行业的服务性企业。通过创办独资或合资的服务行业企业，可以直接扩大中国的服务出口，并可间接促进中国有形商品的出口。

第三节　对外投资企业项目建议书、可行性研究报告、合同、章程的主要内容与要求

一、项目建议书的主要内容与要求

项目建议书由申请设立对外投资企业的中方主办单位编制，它是中方投资者向其主管部门和审批部门上报的文件之一，它主要是从宏观上论述项目设立的必要性和可能性，为项目立项提供依据。项目建议书的主要内容与要求包括：

1. 中方主办单位的基本情况，外方合作者的基本情况。

2. 拟建项目的背景，投资的必要性和可能性。

3. 产品的销售地区及市场分析。

4. 项目投资总额与注册资本估算，中方投入资金金额及投入方式，资金来源、构成以及借贷资金的条件。

5. 企业生产和经营的规模、范围、经营期限及企业的人员编制。

6. 企业经济效益的初步分析及对投资回收期的估算。

7. 企业的地址、周围环境、占地和建筑面积。

8. 主要原材料的供应和项目开工生产的条件。

9. 拟采用的生产技术和主要设备。

10. 主要附件包括合作对象的资信情况、中国驻项目所在国或地区使（领）馆对拟建项目的审查意见、国内有关部门对投入资金的意向函件以及产品销售市场情况的初步调研和预测报告。

二、可行性研究报告的主要内容与要求

可行性研究报告是中方投资者或中方投资者与外方合作伙伴对拟建项目在经济、技术、财务以及生产设施、管理机构、合资条件等方面进行研究评论的文件。可行性研究

报告的内容必须实事求是，提供的数据资料要准确可靠，对项目的建设和企业的生产经营要进行风险性分析。

编制可行性研究报告是海外投资过程中非常重要的一环，可行性研究报告编制的认真与否、科学与否直接影响着对外投资企业的审批，影响着对外投资企业的生产经营和对外投资企业的经济效益。关于海外投资项目可行性研究报告的内容和格式，目前中国国内的法规没有统一的规定，一般是参照利用外商投资项目可行性研究报告的内容和要求并结合海外投资的具体情况来编写。海外投资项目可行性研究报告的主要内容和要求是：

（一）基本情况

1. 拟建企业名称、法定地址，合作各方名称、注册国家（地区）、法定地址和法人代表姓名、职务、国籍。

2. 拟建项目总投资、注册资本、合资各方出资比例，中方股本额及自有资金额、出资方式、资金来源及构成。

3. 合作期限、合作各方利润分配和亏损应承担的责任。

4. 项目可行性研究的概况、结论、问题和建议。

（二）产品方案及市场需求情况

包括销售预测、销售方向、产品竞争能力（如产品返销国内，要有国内市场情况分析）、产品方案、建设规模和发展方向等。

（三）资源、原材料、能源、交通等配置情况

（四）建厂条件及厂址选择方案

（五）技术设备和工艺过程的选择及其依据

包括技术来源、生产方法、主要工艺技术和设备选型方案的比较、引进技术、设备的来源等。

（六）生产组织结构及经营管理方式

（七）建设方式、建设进度及其依据

（八）投资估算及资金筹措

包括资金总额（含固定资产投资、流动资金和建设期利息）、资金来源与筹措及贷款的偿还能力、方式及担保方等。

（九）项目经济分析与环境评价

包括财务分析、国民经济分析、不确定性分析及政治、法律、环境评估。要采用动态法、敏感性分析法为主进行项目效益和收支情况的分析。

（十）主要附件

1. 合作各方资产负债表、损益表。

2. 外汇管理部门对投资外汇风险和外汇资金来源审查的意见。

3. 投资所在国（地区）有关投资的主要法律、法规等。

4. 国内有关部门对资金安排的意见（动用国家资金的，须附财政部门的批准文件）。

5. 有关金融机构对海外贷款的承诺文件。

6. 产品返销国内的，要有国内有关部门对返销产品的安排意见。

7. 有关部门对以专有技术（含设备）投资的项目中专有技术出口的审查意见。

8. 项目建议书的审批文件。

三、海外合营企业合同的主要内容与要求

海外合营企业（包括海外合资企业与海外合作企业）是中国对外直接投资的重要形式之一。经验表明，缔约双方一纸合同订得好坏，往往关系到企业的成败，因而必须十分慎重。在某一国家或地区创办合营企业，首先要了解清楚该国或地区的法律和政策规定，并按照其法律要求，结合中国对外投资的有关法律和政策，草拟和制定合同。海外合营企业合同的主要内容和要求一般包括：

1. 总则，写明缔约各方当事人根据平等互利、友好协商的原则在所在国或地区成立合营企业。

2. 合营各方的名称、法定地址和法定代表的姓名与国籍。

3. 合营企业名称、法定地址、法人性质、经营目的、经营范围和经营规模。

4. 合营企业的注册资本与各方的出资额、出资方式、出资比例、出资的缴付期限及对出资额欠缴、转让的规定。

5. 合营各方利润分配和亏损分担的比例。

6. 合营企业期限、解散及清理程序和财产的处理。

7. 合营企业董事会的组成，董事名额分配，总经理、副总经理及其他高级管理人员的职责、权限和聘用办法。

8. 合营各方当事人的责任和义务。

9. 违约责任、损失赔偿。

10. 纳税、财务、会计、审计的处理原则。

11. 劳动管理、工资和福利、劳动保险等事项的规定。

12. 不可抗力条款、保险条款。

13. 企业筹备、建设等事项的规定。

14. 投资及其收益汇出的条款。

15. 解决合营各方之间争议的方式和程序。

16. 合同文本采用的文字和合同生效、修改、终止和延长条款。

四、海外合营企业章程的主要内容与要求

创办对外投资企业，不论是独资的还是合营的，都要制定章程。章程是企业向社会公开树立起来的一面旗帜，它向公众明确表明企业的宗旨、经营范围、资本状况、企业董事会及总经理的职权范围与管理办法等。章程是根据合同确定的原则而制定的。章程比较概括，合同则比较具体；章程是公开的，合同一般则是保密的。制定对外投资企业章程，一方面要根据本企业自身的情况，另一方面也要考虑和结合东道国的有关法规与

企业章程范本。由于海外独资企业章程与海外合营企业章程大同小异，所以下面只介绍海外合营企业章程的主要内容和要求。海外合营企业章程的主要内容和要求是：

1. 合营企业的名称和法定地址。

2. 合营企业的宗旨、经营范围、合营期限。

3. 合营各方的名称、注册国家、法定地址、法定代表的姓名、职务和国籍。

4. 合营企业投资总额、注册资本、合营各方的出资额、出资比例、出资额转让的规定、利润分配和亏损分担的比例。

5. 股东大会、董事会的组成、职权和议事规定，董事的任期、董事长、副董事长的职责。

6. 管理机构的设置、办事规则，总经理、副总经理及其他高级管理人员的职责和任免方法。

7. 财务、会计、审计制度的原则。

8. 解散和清算。

9. 章程修改的程序。

第四节 中国海外企业的当地化经营

一、海外企业当地化经营的含义

海外企业指的是国内企业通过对外投资在海外设立的企业，即中资海外企业。当地化经营（Localization）又称属地化经营、本地化经营或经营当地化，是指海外企业以东道国独立的企业法人身份，按照当地的法律规定和人文因素，以及国际上通行的企业管理惯例进行企业的经营和管理。

海外企业在东道国开展生产经营活动，首先要承认自己在形式上是东道国当地的企业，是在东道国已形成的社会经济和法律环境下经营的法人，所以，要把当地化经营作为自己的基点和发展方向。实现了当地化经营，海外企业才算真正纳入到所在国的经济运行体系之中。

要在激烈的竞争中站住脚，就要及时利用当地的人、财、物等多方面资源，要转化角色，在当地安家落户，将自己从中国的海外企业转变成东道国企业，不仅要建立生产中心，还要逐步设立销售中心、研发中心、采购中心、设计中心和管理中心等。

国际化与当地化是现代企业发展过程中相辅相成的两个方面，是结果与过程的关系，不可分割，必须加以正确地处理。企业开展对外直接投资是走向国际化的表现，但是，在国际化的过程中要兼顾当地化，从一定的角度来讲，当地化经营是国际化的进一步深入发展。制约当地化经营的主要因素是企业领导者的思想观念以及企业的管理制度和发展战略，因此，要想真正实现中国海外企业的当地化经营，就必须要从思想观念、管理制度和发展战略上找差距，从这些方面采取有效的措施。

二、海外企业当地化经营的主要内容

海外企业当地化经营主要包括六个方面内容：

（一）经营管理当地化

即在企业经营管理方面实行一系列当地通行的做法。国外市场经济的发展较国内要早要成熟，因而当地企业已经形成了一套适应市场经济环境需要的经营方式和经营手段，中国海外企业应尽快把这些东西学到手并加以实际应用。例如，我们应采用当地或国际通行的企业制度、企业决策与管理方法、财务管理制度和会计方法、人事管理制度、营销策略、审计制度和方法以及企业资产信托机制管理方法等。只有实现经营管理的当地化才能想当地市场之所想，急当地消费者之所急，真正地贴近当地市场，才能因地制宜制定适合与当地其他企业竞争的战略。

（二）人员当地化

可以说人员当地化是所有当地化中最重要的，因为经营管理当地化主要还是要靠当地化人才来实施。人员当地化并不是指海外企业要百分之百的聘用当地人员，而是指海外企业可以大胆地、较多地聘用当地人员，不仅一般工作人员可从当地雇佣，而且中高级管理人员（如总经理）也可从当地雇佣，并且还要从当地雇佣会计师、律师等专业人员。实行人员当地化政策可以充分利用当地的人力资源，为海外企业的发展注入活力。2011 年跨国公司的外国分支机构在世界各地雇用的员工总数约为 6 900 万。大量资料表明，跨国企业外派人员的失败率比较高，美国外派人员中提前回国的比率大致在 10% ~80% 之间，而且派遣母国人员赴海外企业工作的成本高，又与当地雇员和群体（政府、供应商、顾客等）存在着沟通上的障碍。

（三）工资分配当地化

工资分配当地化又称国外工资制，它是指对国内外派人员实行与同企业内或同行业内外方人员相同的工资标准和待遇，把个人的工资收入与个人对企业贡献的大小挂钩。工资分配当地化后，国内外派人员原来享受的工资以外的福利待遇应取消（如免费住房、免费通信、免费用车、伙食补贴、交通补贴、往返国内机票补贴以及代交的个人所得税等），外派员工应当像当地员工一样自己负担所有的生活费用。

（四）品牌当地化

品牌当地化是企业及其商品能否被消费者认同的关键。这一点国外公司的有些做法值得中国海外企业借鉴。“Sprite” 原是可口可乐公司的一个品牌，如果直译成中文就是“魔鬼”、“小妖精”、“调皮捣蛋者” 的意思，这显然不能给中国消费者留下良好的印象，而经过本地化翻译后的名称“雪碧”，含义为纯洁、清凉，在此基础上再加上由中国体育明星所做的广告，市场反应自然是十分热烈。因此，中国的海外企业也要重视品牌，逐步扩大自有品牌在东道国的知名度和影响力，提升品牌价值，实现品牌扩张。

（五）研发当地化

实施研发当地化可以实现产、销、研一体化，使研发直接为产品当地化服务，使产品更加贴近市场，而且还有利于利用当地的科技人才，占领技术高端。据资料显示，我国集中在美国的海外研发机构有 40%，在日本有 7%，在欧洲有 13%，总共有 60% 集中在美日欧三地，另外集中在东南亚的有 13%，其他地区的有 27%；在与其他国家进行跨国联盟中，93.3% 的合作建立在美日欧等少数发达国家，仅有 6.7% 的合作建立在欠发达或者发展中国家①。可见研发当地化已成为跨国公司的一种较普遍做法。

（六）资金当地化

企业在海外生存与发展，必须要解决融资问题。一方面，可以到当地金融机构借贷，另一方面，也可以考虑发行企业债券，或采取一些被允许的灵活的融资方式。当然，如果能够争取在当地上市，则不仅可以募集到较多的当地资金，还可以使本公司更容易得到当地消费者的认同和关注。

三、海外企业当地化经营的意义和作用

能否实现海外企业的当地化经营不仅关系到这些企业的发展，甚至关系到它们的成败。具体而言，海外企业实行当地化经营战略的主要意义和作用是：第一，它可以使中资海外企业真正把自己定位于一个当地企业，实实在在地按照一个当地企业进行经营和管理，使企业贴近当地市场，树立当地企业形象，扩大市场份额，提高经济效益，保障海外投资目的的实现。第二，当地化是实现企业国际化的必由之路，只有真正雇佣当地劳工，使用当地资源，了解当地法律和文化，建立了自主的生产、销售或研发中心，在东道国扎根、生长，实现了真正的本地化，才能真正走向国际，成为国际化的跨国企业。第三，不实施当地化战略，中资海外企业就无法在当地扎根，因而在生产经营中就有可能遇到各种障碍与困难，就有可能遇到更多的风险。因此，可以说实行当地化经营也是克服障碍与减少、防控风险的重要手段。

本章小结

对外直接投资是中国对外开放的一个重要的组成部分，它与利用外商直接投资一起构成了中国资本要素国际移动方面有进有出的格局。本章先后论述了中国对外直接投资的发展状况、宏观管理、对外投资相关文件的主要内容与要求、中国海外企业的当地化经营等问题。

思考与练习题

1. 跨国经营与对外直接投资的关系怎样？跨国经营的必然性表现在哪些方面？
2. 中国对外直接投资的作用是什么？
3. 中国企业开展对外投资的可能性和条件是什么？
4. 现阶段国家鼓励的海外投资重点行业有哪些？
5. 对外投资企业项目建议书的主要内容与要求是什么？
6. 对外投资企业经营当地化的含义和主要内容是什么？

---

① 顾君杰，张晨等．中国海外研发投资的影响因素与模式选择．商场现代化，2012（10）（下旬刊）：121.

第五章　国际间接投资

国际间接投资的主要形式是证券投资。第二次世界大战以来，国际贸易的飞速发展加速了金融的国际化过程，其中的证券投资已成为20世纪90年代国际金融市场最活跃的因素。在西方发达国家，证券投资活动已深入到社会各个阶层，成为企业经营和个人生活中的主要内容之一。自中国对外开放以来，中国的很多企业都积极参与国际投资活动，而涉足证券投资领域却还处于发展阶段。随着中国证券市场的对外开放和企业国际化趋势的加强，了解当代国际证券市场并广泛参与国际证券投资活动对中国来说是非常必要的。

第一节　国际证券投资概述

一、证券投资的含义

证券是代表一定财产所有权和债权的凭证，它是一种金融资本，表示对财产的一项或多项权益，其内容包括占有、行使、处分和转让等。实际上，证券就是权益的象征，合法地拥有证券就意味着合法地拥有权益，这种权益将随着证券的转让而转移，因而，权益正是证券的价值所在。

证券具有狭义和广义之分，狭义的证券是一种有面值的，并能给持有者带来收益的所有权和债权的证书，其具体内容包括股票、债券和基金证券等资本证券。广义的证券内容十分广泛，它除了包括股票、债券和基金证券在内的资本证券以外，还包括货币证券、商品证券和不动产证券等。货币证券指的是支票、本票、汇票等，商品证券是指水单、仓单、提单等，不动产证券指的是房契和地契等。在我们日常生活中所说的证券指的是狭义的证券，即股票、债券和基金证券。在大陆法系的国家中，证券被认为是有价证券的简称。有价证券是具有一定面额，代表一定的财产权，并借以取得长期利益的一种凭证。有价证券既属于经济的范畴，也属于法律的范畴，其经济范畴主要表现为有价性和收益性，即它可以买卖和转让，并能凭此取得收益；其法律范畴主要体现在证券与权益紧密相连，以及证券发行和流通的规则性。

证券投资是指个人、企业以赚取股息、红利、债息为主要目的购买证券的行为。证券投资是一种不涉及资本存量增加的间接投资，证券本身不是商品，但它可以作为商品在市场上进行买卖。证券作为商品的时候则与一般商品不同，一般商品是用于满足人们的某种需要，其价值是由生产该产品所需的必要劳动时间决定的，而投资者购买证券是为了满足其增值欲望，证券的价值则由证券发行企业的经营状况决定。证券投资的作用不仅仅体现在能给投资者带来收益，而且还体现在加速资本集中，促进社会资金的合理流向，以满足从事社会化和国际化生产的企业对巨额资金的迫切需求。证券投资是资本流动的形式之一，证券投资的国际化，不仅使闲置资本在世界范围内得到广泛的利用，促进了世界性的经济发展，而且为证券投资企业和个人带来了更广阔的投资机会。目前，证券投资已经发展成为国际投资活动的主要形式之一。

二、证券投资的特征

证券投资是以获取收益为目的并以信誉为基础的，投资者能否获取收益或收益多少取决于企业的经营状况，证券的持有者还可以将证券在证券市场进行买卖和转让，这些就决定了证券投资具有投资的收益性、投资行为的风险性、价格的波动性、流通中的变现性和投资者的广泛性等特征。

（一）投资的收益性

投资的收益性是指证券的持有者可以凭此获取债息、股息、红利和溢价收益。证券投资的收益分固定和非固定收益两大类，购买债券和优先股的投资者取得的收益是固定的，无论证券发行者的经营效益如何，他们分别获取固定的债息和股息，而购买普通股和基金证券的投资者所获取的收益是非固定的，他们能否获取收益或收益的多少取决于证券发行者经营效益或基金运作的情况，盈利多则收益多，盈利少则收益少，亏损或无盈利则无收益。据最新统计，美国债券的投资者年平均收益率为5.5%左右，而股票投资者的年平均收益率则平均在11%以上。此外，证券的投资者还可以通过贱买贵卖获取溢价收益。

（二）投资行为的风险性

证券投资者不仅可以获取收益，同时还必须承担风险。其风险主要来自四个方面：第一是经营风险，即证券的发行企业在经营中，因倒闭使投资者连本带利丧失殆尽，或因亏损在短期内没有收益而给投资者造成损失；第二是汇率风险，即由于投资者所用货币贬值，导致债券等的投资者到期所得到的本金和利息不足以弥补货币贬值带来的损失；第三是购买力风险，即在投资期内，由于通货膨胀率的原因，货币的实际购买力下降，从而使投资者的实际收益下降；第四是市场风险，即投资者往往会因证券市价的跌落而亏损。此外，政治风险往往也是证券投资者不可回避的因素。购买任何证券的投资者都要承担一定的风险，只是承担风险大小的不同而已。投资股票的风险一般要大于投资基金的风险，而投资基金的风险又大于投资债券的风险，投资政府债券的风险又要比投资其他债券的风险小得多。实际上，证券投资的收益越多，投资的风险也就越大。

（三）价格的波动性

企业往往根据其发行证券的目的、企业的发展规划和发行方式的不同，来决定证券的发行价格。但由于企业的经济效益、市场、投资者心理和政治等因素的影响，导致市场的交易价格与票面值或发行价格相偏离，这种偏离会给投资者带来收益或损失。当然，很多投资者都想利用价格的波动来满足其资本增值的欲望。

（四）流通中的变现性

证券在流通中的变现性指的是证券的让度性和可兑换性。证券的投资者可以在证券市场上按照法定的程序将证券公开进行买卖和转让，即持有者可以根据自身的需求和市场的具体情况自由地将证券变为现金。变现性的强弱取决于证券期限、收益形式、证券发行者的知名度、证券的信用和市场的发达程度等多种因素。一般说来，证券的信誉越高、期限越长、发行者的知名度越大、市场运行机制越发达，证券在流通中的变现性越强；否则，其流通中的变现性就较差。

（五）投资者的广泛性

投资者的广泛性主要是指参与证券投资的人多而且面广。证券的投资者既可以是政府和企业，也可以是个人，其中的社会大众是主要的证券投资者。证券投资对投资者的投资数量不作具体限制，投资数量由投资者根据其资金数量的多少和风险的大小自行决定，这就为寻求资本增值的社会大众参与证券投资提供了可能。据统计，美国有1/3以上的人口参与了证券投资，中国近些年出现的“股票热”和“投资基金热”也充分说明了这一点。

三、国际证券投资的发展趋势

作为国际投资活动的重要组成部分，证券投资自20世纪80年代以来一直呈迅猛发展的态势。纵观目前国际证券投资的现状，国际证券投资未来将呈以下发展趋势：

（一）证券交易国际化

证券交易国际化主要表现在四个方面：一是证券发行、上市、交易的国际化，这主要体现在一国的筹资者不仅可以申请在其他国家发行和上市交易有价证券，而且在其他国家发行的证券既可以以本国货币为面值，也可以以东道国或第三国货币为面值；二是股价传递的国际化，即任何一国的股市行情都对其他国家有示范效应；三是多数国家都允许外国证券公司设立分支机构；四是各国政府间及其与国际组织间加强了证券投资合作与协调。

（二）证券投资基金化

在证券投资活动中，个人投资者数额小而且资金分散，难以参与收益较高和资本额要求也较高的证券投资活动。于是各种投资基金便应运而生。投资基金一般由专家运营，采用投资组合，而且由不同的机构进行运作、管理和监督，这不仅提高了投资者的收益率，也降低了投资风险。

（三）证券投资的增长速度超过了直接投资

从第二次世界大战结束到20世纪70年代末，国际直接投资一直占有主导地位，其中发达国家在1951年至1964年间的私人投资总额中，大约有90%采用直接投资，其私人直接投资额从1960年的585亿美元增加到1980年的4 702亿美元，增长速度为11%。进入20世纪80年代以后，国际证券投资的增长速度超过了国际直接投资。从1981年至1989年，国际债券市场的发行量从528亿美元增至2 500亿美元，平均每年增长18.9%。世界最大的投资国美国从1980年至1993年的对外证券投资由624.5亿美元增加到5 184.8亿美元，平均每年增长17.7%，而美国同期的对外直接投资仅从2 154亿美元增加到5 486亿美元，平均每年只增长7.5%。从1994年至2001年国际证券投资每年的增长率一直保持15%以上。2004年至2009年，平均来看，美国对外直接投资仅占其海外总投资的 23%，证券投资则高达 77%。但由于受 2008 年国际金融危机的影响，美国海外证券投资总值由 2007 年年底的 7.2 万亿美元下降至 2008 年年底的 4.3 万亿美元，缩水了 40%。2009 年以后，随着美国经济形势的好转，证券投资的数额开始出现上升，增长势头逐渐显现。国际证券投资的增长势头还会随国际金融市场的发展与完善，以及发展中国家因经济建设速度加快而对资金需求的急剧增长，保持相当一段的时间。

（四）债券在国际金融市场融资中所占的比重日益提高

国际债券融资一直是国际融资的一种方式，而债券融资的地位在不断提高。1975 年，在国际金融市场融资总额 585 亿美元中，债券融资仅为 187 亿美元，占融资总额的 32%。而 1994 年债券融资达到了 2 939.4 亿美元，占当年国际金融市场融资总额 4 741 亿美元的 62%。2007 年国际债券市场资本值达到 17.6 万亿美元，占国际金融市场总融资额的 50% 以上。近年来，债券融资一直保持强劲的上升势头。债券融资占国际金融市场融资比重的提高与各国证券市场的开放、证券市场的统一化和国际化以及交易的多样化有关。

（五）流向发展中国家的证券资本在不断增加

20 世纪 80 年代以来，国际资本流动的总态势是流向发展中国家。进入 20 世纪 90 年代以后，流向发展中国家的证券资本也在迅速增加。例如，1993 年，在全球海外股票投资的 1 592 亿美元中，有 525 亿美元流向发展中国家，占了股票总投资额的 33%。从 1989 年至 1997 年，流向发展中国家的证券投资每年平均递增 34% 左右，其中主要是流向新加坡、马来西亚、泰国、印尼、中国等亚洲的新兴市场。1997 年至 2006 年大量资金流向发展中国家，发展中国家证券市场迅速发展起来，占全球股票投资额的 1/3 以上。这主要与发达国家的低利率政策，以及发展中国家经济发展迅速，市场收益率高，风险较小有关。受 2008 年金融危机冲击，流向发展中国家的净资本流量下降明显，私人资本流量受创尤为严重。

第二节 国际债券投资

债券是一种按照法定程序发行的，并在规定的期限内还本付息的一种有价证券，债券所表明的是一种债务和债权的关系。债券对发行者来说是一种筹资手段，也表明了它对持有者所欠的债务；债券对购买者来说却是一种投资工具，还表明了它对发行者所享有的债权。人们购买债券的行为就是债券投资，如果投资者购买的是国际债券，那就是国际债券投资。国际债券投资具有收益性、安全性和流动性等特点。

一、债券的种类

债券种类的划分方法很多，下面将介绍几种最常见的分类方法。

（一）按债券发行主体分类

1. 政府债券。它包括国家债券和地方债券。国家债券是中央政府为维持其财政平衡所发行的债券，而地方债券是地方政府为解决其财政开支所发行的债券。

2. 公司债券。它是由股份公司为筹集资金而发行的债券。

3. 金融债券。金融债券是由金融机构为筹集资金而发行的债券。

（二）按债券是否记名分类

1. 记名债券。记名债券是指在债券上标有投资者姓名，转让时需经办理过户手续的债券。

2. 无记名债券。无记名债券是指在债券上没有投资者的印鉴，转让时也无需办理过户手续的债券。

（三）按债券是否有抵押或担保分类

1. 抵押债券。抵押债券是债券的发行者以其所有的不动产和动产为抵押而发行的债券。

2. 无抵押债券。无抵押债券是指债券的发行者不以自己的任何物品作抵押，而是以自己的信誉为担保的债券。

3. 收入债券。收入债券是地方政府以某些项目的收入为担保而发行的债券。

4. 普通债务债券。普通债务债券是国家政府以其信誉及税收等为担保而发行的债券。

（四）按债券形态分类

1. 剪息债券。剪息债券指的是券面上附有息票，定期到指定的地点凭息票取息的债券。

2. 贴现债券。贴现债券是指以低于债券面额发行，到期按债券面额偿还，其差额为投资者利息的债券。

（五）按债券的偿还期限分类

1. 短期债券。短期债券一般是指偿还期限在一年以内的债券。

2. 中期债券。中期债券一般是指偿还期限在 2 ~ 5 年的债券。

3. 长期债券。长期债券一般是指偿还期限在 5 年以上的债券。

（六）按债券募集方式分类

1. 公募债券。公募债券是公开向社会募集的债券。

2. 私募债券。私募债券是指向少数特定人募集的债券。

（七）按债券发行的地域分类

1. 国内债券。国内债券是由本国政府、金融机构、企业等机构在国内发行的并以本国货币计价的债券。

2. 国际债券。国际债券是指由一国政府、金融机构、企业在国外发行的并以某种货币计价的债券。

二、国际债券的种类与类型

国际债券是由一国政府、金融机构、企业或国际组织，为筹措资金而在外国证券市场上发行的、以某种货币为面值的债券。随着世界各国对外国投资者限制的放松和国际证券市场的迅速发展，使国际债券的发行量在 20 世纪 80 年代初超过了国际银团贷款的数量，从而出现了国际借贷证券化的趋势。

（一）国际债券的种类

国际债券大致可分为三大类：第一类是外国债券，第二类是欧洲债券，第三类是全球债券。

1. 外国债券

外国债券是借款国在外国证券市场上发行的、以市场所在国货币为面值的债券。如某国在美国证券市场上发行的美元债券，在英国证券市场发行的英镑债券等。习惯上人们把外国人在美国发行的美元债券称为“扬基债券”，在英国发行的英镑债券叫“哈巴狗债券”，在日本发行的日元债券叫“武士债券”。外国债券的发行一般均由市场所在国的金融机构承保。中国曾在日本、美国、欧洲等地的证券市场上发行过外国债券。外国债券实际上是一种传统的国际债券。

2. 欧洲债券

欧洲债券是指以某一种或某几种货币为面额，由国际辛迪加承销，同时在面额货币以外的若干个国家发行的债券。如美国在法国证券市场发行的英镑债券就叫欧洲债券。按习惯，如果面值为美元的欧洲债券一般被称为欧洲美元债券，面值为日元的欧洲债券被称为欧洲日元债券，面值为德国马克的欧洲债券被叫做欧洲德国马克债券，其他面值的欧洲债券可以以此类推。在日本东京发行的外币债券，通常称为将军债券。总之，欧洲债券的发行者、面值货币和发行地点分属于不同的国家。

欧洲债券既有期限为1~2年的短期债券，也有5~10年的中长期债券，还有无偿还期的永久性债券。欧洲债券往往采取无担保的不记名形式发行，投资欧洲债券的收益是免缴收入所得税的。除瑞士法郎市场以外，欧洲债券可以不受各国法规的约束，进行自由流通。欧洲债券往往通过国际辛迪加发行，并可在一个或几个国家的证券交易所同时挂牌。欧洲债券具有发行成本低、发行自由、投资安全、市场容量大等特点。

欧洲债券的发行者主要是公司和国际组织，近些年来，一些国家的政府也开始涉足这一市场，而欧洲债券的投资者主要是公司和个人。欧洲债券的币种以美元、日元、德国马克和瑞士法郎居多。欧洲债券于1961年2月1日首先在卢森堡发行，目前，卢森堡和伦敦是目前欧洲债券市场的中心。

3. 全球债券

全球债券是指在国际金融市场上同时发行，并可在世界各国众多的证券交易所同时上市，24小时均可进行交易的债券。全球债券最初的发行者是世界银行，后来被欧美以及一些发展中国家所效仿。全球债券先后采用过美元、加元、澳元、日元等货币发行。全球债券采取记名形式发行，在美国证券交易所登记。全球债券具有发行成本低、发行规模大、流动性强等特点。全球债券是一种新兴的债券，它的发行规则和程序还有待完善。

（二）国际债券的类型

1. 一般欧洲债券。一般欧洲债券是一种期限和利率均为固定不变的债券。它属于传统的欧洲债券，目前这种债券的发行量在不断减少。

2. 浮动利率债券。浮动利率债券是一种根据银行间的拆借利率为基准，再加一定的加息率，每3个月或6个月调整一次利率的债券。这种债券始于20世纪70年代初期。

3. 锁定利率债券。锁定利率债券是一种可由浮动利率转为固定利率的债券，即债券发行时，只确定一个基础利率，待债券发行之后，如果市场利率降到预先确定的水平时，则将债券利率锁在一定的利率水平上，成为固定利率，直到债券到期时止。锁定利率债券于20世纪70年代中期才开始发行。

4. 授权债券。授权债券是指在债券发行时附有授权证，债券的持有人可按确定的价格，在未来某一时间内，购买指定的债券或股票。

5. 复合欧洲债券。复合欧洲债券是指以一揽子货币为面值发行的债券。到目前为止，发行这种债券已采用过的货币单位有欧洲记账单位、欧洲货币单位、特别提款权、欧洲货币合成单位。复合欧洲债券的利率固定而且水平较高。

三、国际债券的发行

（一）国际债券市场对发行者的要求

国际债券市场一般有严格的管理制度，但也有一些国家债券市场相当自由。管理较严的国家一般对发行者均有如下要求：

1. 必须经过正式申请和登记，并由专门的评审机构对发行者进行审查。

2. 发行者必须公布其财政收支状况和资产负债情况。

3. 在发行期间，每年应向投资人报告资产负债及盈亏情况。

4. 债券发行获得批准后，必须根据市场容量，统一安排发行的先后次序。

5. 债券的发行与销售一般只许证券公司或投资银行经营，一般银行只能办理登记及还本、付息、转让等业务。

6. 一般须由发行者国家政府或中央银行进行担保，担保必须是无条件的和不可撤销的。

（二）国际债券的发行程序

国际债券的发行分公募发行和私募发行。公募发行是通过中介机构的承包包销，公开向社会募集资金；而私募发行则是在中介机构的协助下，向有限的特定投资者募集资金。其具体发行程序大致可分为以下几个步骤：

1. 发行企业选任一家金融公司作为此债券发行的组织者，即主干事银行或主干事证券公司。双方就此债券的形式、发行市场、发行数量、币种、利率、价格、期限以及发行的报酬和费用等进行磋商。

2. 向当地外汇管理部门提出发行债券申请，经该部门审查并提出意见后，报经该国政府有关管理部门批准。

3. 向国外有关资信评审机构申请评级。申请评级以前，需先向国内的审查管理机构提出书面申请，并提供评级机构名称和用于评级的资料等。发行者应在得到评级结果的三日内向审批管理部门报告评级结果。

4. 向拟发行证券的市场所在国政府提出申请，征得市场所在国政府的许可。

5. 发行者在得到发行许可后，委托主干事银行组织承销团，由其负责债券的发行与包销。

四、国际债券清算机构与清算程序

（一）国际债券清算机构

目前，国际上有两大债券清算机构，即欧洲清算系统和塞德尔国际清算机构。欧洲清算系统成立于1968年，总部在布鲁塞尔，它是一个股份制的机构，现有股东125个，主要从事债券的清算、保管、出租、借用，并提供清算场所等业务，该系统还在世界上16个国家和地区设立了分支机构。塞德尔国际清算机构也是一个股份制机构，它成立于1970年，总部设在卢森堡，它与欧洲很多国家的银行建立了清算代理关系，其业务范围与欧洲清算系统大致相同。上述两家清算机构均有现代化的各种设施，目前，国际债券交易的清算，绝大部分是通过这两个机构进行的，它们已发展成为当今世界两家最大的清算机构。

（二）国际债券清算程序

国际债券的清算大致经以下几个程序：

1. 开立债券清算账户和货币清算账户。申请加入清算系统的银行或证券公司必须开立债券清算账户和货币清算账户。债券清算账户是用于债券面额的转账，而货币清算账户是用于买卖债券时，按市场价格和生息后计算出的总额转账。因为国际债券交易既转移所有权，还要按市场价格计算出等值的货币支付。

2. 发送债券清算指示。债券买卖成交以后，买卖双方分别向其清算机构发送清算指示。清算指示主要包括清算机构名称、买入或卖出债券的种类、买入谁的或卖出对象、成交日期、结算日期、债券的面额和币种、成交价格、生息与否、货币总额、结算路线、清算指示的发送者名称和发送日期等。

3. 核对清算机构发回的有关交易细节的报告，以便及时纠正。

4. 在结算日进行内部账务处理。

5. 核对清算机构的对账单，如有不符，可立即向对方和清算机构查询，如无异议，便应制作对账平衡表。

五、国际债券投资收益

债券投资收益是指投资者在一定的时期所获取的利润。债券投资收益通常是用收益率来表示的，而收益率指的是债券投资的收益占最初投资额的比例。针对每位债券投资者的不同情况，可选用以下几种收益率，作为衡量投资者收益的标准。

（一）名义收益率

名义收益率是指根据债券每年的固定利息与债券面额之比，计算出投资者每年的收益率，其计算公式为：

$$\text{名义收益率} = \frac{\text{债券年利息}}{\text{债券面额}} \times 100\%$$

例如，一张面额为100元、年利息为15%的债券，其持有者的名义收益率为：

$$\frac{15}{100} \times 100\% = 15\%$$

（二）本期收益率

本期收益率是债券每年的固定利息与债券本期市场价格之比。投资者可以通过对市场上各证券本期收益率的计算和比较，来作出投资哪种证券的决定。本期收益率的计算公式为：

$$本期收益率 = \frac{债券年利息}{本期市场价格} \times 100\%$$

例如，一张面额为 100 元、利率为 15%、期限为 5 年的债券，该债券发行时最初的认购者在购买后的第 3 年初以 90 元卖出，那么，该债券新的购买者的本期收益率为：

$$\frac{15}{90} \times 100\% = 16.67\%$$

（三）持有期收益率

债券的持有期收益率是指投资者从买入债券到卖出债券期间所得的实际收入。其计算公式为：

$$持有期收益率 = \frac{卖出价 - 买入价}{买入价} \times \frac{360}{持有期限} \times 100\%$$

例如，某人在证券市场上以 100 元买了一张刚发行的、利率为 15%、期限为 5 年的债券，两年之后又以 120 元的价格卖出，其持有期的收益率为：

$$\frac{120 - 100}{100} \times \frac{360}{720} \times 100\% = 10\%$$

（四）到期收益率

债券的到期收益率是指投资者从买入债券到债券到期时止的收益率，其计算公式为：

$$到期收益率 = \frac{债券到期后的本金和利息总额 - 买入价}{买入价 \times 待偿还的期限} \times 100\%$$

例如，某人以 120 元购买了一张面值为 100 元、利率为 15%、期限为 5 年的债券，由于该投资者买入这张债券时，该债券已发行了 3 年，那么该投资者待 2 年后债券到期时的收益率为：

$$\frac{100 + (15 \times 5) - 120}{120 \times 2} \times 100\% = 22.92\%$$

第三节　国际股票投资

一、股票投资的概念

股票是有价证券的一种，它是股份公司发行的，用以证明股票持有人对公司拥有所有权，并可以分享公司股息或红利，参与公司经营管理等方面权益的凭证。股票属于要式证券，必须依据法定格式制成。股票的票面应载有公司的名称、公司的成立时间、发行股份总数及每股金额、本次发行的股份总数、股票的发行时间、股息或红利的发放时间与地点、股票的种类及其他差别的规定、公司认为应当说明的其他事项和股票的编号等。此外，股票还必须有3名以上董事的签名盖章，并经主管机构或其核定发行登记机构的认证。

股票投资是企业、个人等购买股票的一种行为。股票投资者一般享有以下3项基本权利：（1）公司盈利时的分红要求权，红利也是股票投资者的收益；（2）剩余财产的分配权，剩余财产的分配权限于公司解散或倒闭时才会出现；（3）股东大会的参加和表决权，股东的表决权也意味着股东对公司的间接经营管理权。股东的上述权益说明，股票投资是属于间接投资，它具有收益性、风险性、变现性、决策的参与性、价格的波动性等特征。

二、股票的种类

企业往往根据不同的需要发行不同种类的股票，而股票种类的不同也决定了投资者享有的权利和义务的不同。因此，股票的投资者根据股市行情的变化，选择不同种类的股票对获取投资的最佳收益是十分有益的。股票的种类和分类方法很多，按股东承担的风险和享有的权益来分，可分为普通股和优先股；按股票是否记名来分，可分为记名股票和无记名股票；按股票有无面额来分，可分为面额股票和无面额股票。

（一）普通股和优先股

1. 普通股

普通股是股份公司必须发行的一种基本股票，是股份公司资本构成中最重要、最基本的股份。购买了普通股就等于购买了企业的资产，购买得越多，占有公司资产的比重就越大。普通股是股票中最普遍的形式。普通股的股东一般享有以下几项权利：

（1）收益的分享权。在公司有盈利的时候，普通股的股东有权分享公司的盈利，但盈利的分享必须是在满足了优先股股东的股息之后。普通股股东的红利是不固定的，它取决于公司的盈利多寡，盈利多则多分，盈利少则少分，没有盈利则不分。

（2）剩余资产的分配权。在公司破产的时候，普通股股东有分得公司剩余资产的权利，但剩余资产的分配必须在清偿了公司的债务及优先股的股东收回了最初的投资和分得了股利之后进行。

（3）决策权。股东有权参加或委托代理人参加一年一度的股东大会，并行使其表决权，从而使股东间接参与了公司的经营管理。

（4）新股认购权。股东有优先认购公司所发新股的权利，以维持股东在公司原有的权益比例。股东在认购新股时，可以以低于市价购买一定比例的新股，因此，新股认购权也是有价值的，如股东不想认购新股，可将其新股认购权按一定的价格进行转让。新股认购权一般被称为认股特权，认股特权价格的计算公式为：

$$P = \frac{P_0 \times R}{1 + R}$$

式中：P 代表认股特权价格，P_0 代表股票市价与面值的差额，R 代表新股与旧股的认购比例。

例如，某公司发行的旧股面值为 20 元，其市价每股 30 元，每拥有 8 股旧股可认购 1 股新股，其每股的认股特权价格为：

$$\frac{(30-20)\times\frac{1}{8}}{1+\frac{1}{8}}=1.11(\text{元})$$

（5）股份的转让权。除公司发起人的股份必须在达到规定的期限以后才能转让以外，其他股东的股份可以随意转让。

2. 优先股

优先股是指股东在公司盈利或在公司破产清算时，享有优先于普通股的股东分配股利或资产权利的股份。优先股是相对普通股而言的，具体地讲，优先股股东的优先权主要表现在两个方面：（1）公司盈利分配的优先权，即在公司盈利时，在优先股股东的股息得到满足之后，普通股股东才能分得红利；（2）索债优先权，即在公司破产时，在优先股的股东按面值得以清偿之后，如有剩余，普通股股东才能得到清偿。

优先股与普通股相比，还具有以下 3 个特点：（1）表决权受到限制。优先股股东一般没有表决权，只有在涉及直接关系到优先股股东利益的问题时，才能行使表决权。实际上，优先股股东没有参与公司经营管理的权利。（2）股息固定。优先股股息是事先规定的，一般按面值的一定比例计算，不能随公司盈利的多寡而增减。（3）具有可赎回性。近些年来，许多公司发行的优先股均订有偿还条款，发行优先股的公司一般在发行一年后可以以高于面值赎回或购回已发行的优先股。鉴于优先股股息固定，而且股东又没有表决权，所以人们常常将优先股称为介于债券和股票之间的混合证券。

优先股本身的种类也很多，常见的主要有以下几种：

（1）积累优先股。它是指在公司某一时期内的盈利不足以分派给股东固定的股息情况下，股东有权在公司盈利丰厚时，要求公司补足将以前所欠股息积累起来的数额。

（2）非积累优先股。它是指由于公司盈利较少，当年未能向股东发放或未如数发放固定的股息，在日后公司盈利后，股东不具有要求公司补发以前所欠股息的权利。但非积累优先股的股息一般高于积累优先股。

（3）可调换优先股。它是指股东在一定时期内，可以以一定的比例将优先股换成该公司的普通股，否则属于不可调换的优先股。在公司经营状况好而且普通股股价高时，投资者愿意将优先股调换成普通股。

（4）积累可调换优先股。它是一种兼积累优先股和可调换优先股性质的优先股。

（5）股息率可调整优先股。它是指股息率不固定，而是随着其他证券或利率变化而调整的优先股。这种优先股股息率的变化与公司的盈利状况无关。

（6）参与分红优先股。它是指股东除收取固定的股息以外，还可与普通股一起分享红利的股票。

（二）记名股票和无记名股票

1. 记名股票。记名股票是指在股票上载有股东的姓名，并将该股股东的姓名和地址记载在公司股东名册上的一种可以挂失的股票。记名股票必须经卖方背书和盖章才可转让。转让时需要办理过户手续。发放股息或红利，需由公司书面通知股东。

2. 无记名股票。无记名股票是指在股票上不载有股东的姓名并不能挂失的股票。无记名股票可以在证券市场上随意转让，不需办理过户手续。公司在发放股利时，也不必向股东发出书面通知，而是凭票取息。这种股票发行手续简便，转让方便，但公司不易掌握。很多国家将无记名股票发行的数额占股票发行总额的比例，限制在一定的比例之内。

（三）面额股票和无面额股票

1. 面额股票。面额股票是指在股票上标明一定金额的股票。股票面额能使股东了解每一股所代表股权的比例，以确定对公司所有权的大小。面额股票既可以使公司在出售股票时取得公正的价格，也可以防止公司内部人员以低价获得新股，并为股票的交易价格提供了参考依据。股票的面额并不代表公司资产的全部价值，面额股票的发行公司一般不能以低于面额发行。

2. 无面额股票。无面额股票是指股票上不标有一定的金额，只标有总股数的股票。无面额股票可以促使投资者在购买股票时，注意计算股票的实际价值，而不至于被面额所迷惑，而且其发行价格也不受限制。

三、股票的价值与收益

（一）股票的价值

股票本身没有价值，但股票是股东对企业所有权的凭证，它代表了一定量的资本，所以股票又有价值。

1. 股票的面值

股票面值是股票上标明的金额。股票面值的作用在于说明每股股份对企业拥有权的比例。随着企业的发展和市场各种因素的变化，股票的市场价格往往背离股票面值。

2. 股票的账面价值

股票的账面价值也称股票净值。它是根据公司的财务报表计算得出的，表明每股代表公司实际资产价值的价值。账面价值是公司的真正资产，也是公司债权债务相抵后所剩的余额。其计算公式为：

$$账面价值=\frac{公司净资产-优先股票总额}{普通股总股数}$$

3. 股票的市值

股票的市值就是股票的市场价格，即股票市场上的买卖价格。股票市场价格是随着股市行情的变化经常波动的，影响股票市值变化的因素很多，其中利率和股息是最主要的因素，股票市值与股息成正比，与利率成反比。其计算公式为：

$$股票市值 = \frac{股票面额 \times 预期股利收益率}{市场利率}$$

4. 股票内值

股票内值是经济学家对企业的财务状况、未来收益和其他影响企业收入的因素分析之后，得出的股票所代表的真正价值。实际上，股票内值的高低，取决于股票未来预期的收入。股票未来预期收入高，股票的内值就高；否则，其内值就低。投资者都在寻求购买内值高于市值的股票。计算股票内值一般都把未来的收入折成现值进行计算，其计算公式为：

$$未来收入的现值 = \frac{未来预期收入}{(1 + 贴现率)^{未来年数}}$$

（二）股票投资收益

股票投资收益是指投资者购买股票所获取的利润。股票投资收益主要来源于股息、红利和股票的溢价，收益的大小一般用权益率来表示。

1. 股息、红利和溢价

股息是优先股股东定期得到的固定收益。由于优先股股东的股息是固定的，一般按年计算，所以它不与公司经营状况的好坏相联系。

红利是普通股股东获取的投资收益。普通股股东的红利是不固定的，红利的多少取决于公司的盈利情况，盈利多则红利多、盈利少则红利少，无盈利或亏损则无红利。

股票溢价是指股东以高于买进股票的价格卖出股票所赚取的买卖差价。在证券市场上，一般把为赚取买卖差价而买入股票的行为叫投机，而把以获取股息或红利为目的买入股票的行为称为投资。

2. 股票投资的收益率

股票投资收益率指的是购买股票所得的收入占购买股票所用金额的比例。一般来说，优先股股东的收益率是相对稳定的，而普通股股东的收益率是不稳定的。股票投资收益率有两种计算方法，即本期股票收益率和持有期股票收益率。

（1）本期股票收益率。本期股票收益率就是本期（年）股利占本期股票价格的比例，其计算公式为：

$$本期股票收益率 = \frac{本期股利}{本期股票价格} \times 100\%$$

例如，某公司 1996 年 1 月 1 日发行股票，股票的购买者以 50 元一股购入，1997 年 1 月 1 日购买者每股分得红利 10 元，本期股票收益率为：

$$\frac{10}{50} \times 100\% = 20\%$$

（2）持有期股票收益率。持有期股票收益率指的是投资者从购买股票开始到卖出股票时止的收益率。其计算公式为：

$$持有期股票收益率 = \frac{出售价格 - 购入价格 + 现金股利}{购买价格} \times 100\%$$

例如，某人购买了 100 元股票，一年后以 104 元卖出，一年中所得红利为 8 元，其持有期收益率为：

$$\frac{104 - 100 + 8}{100} \times 100\% = 12\%$$

四、股票的交易方式

（一）现货交易

股票的现货交易亦称现金交易，它是指股票的买卖双方达成交易以后，在短期内完成交割的一种买卖方式。现货交易的交割时间一般为成交的当天，但也可以是当地股票交易市场的习惯日，如美国纽约股票交易所现货交易的交割时间为成交后的第五个营业日，东京股票交易所是成交后的第四个营业日。股票的现货交易是属于一手交钱一手交货的实物交易，即买方付出价款，卖方交付股票。

（二）期货交易

股票的期货交易是指股票的买卖双方成交以后，交割和清算可以按契约所规定的价格在未来某一时间进行，即股票期货交易的双方在签订交易合同之后，买方不用立即付款，卖方也不需即时交出股票，而是在双方约定的未来某一时间进行。这样可以使买方在手中资金不足时购买股票，卖方可以在没有股票的情况下出售股票，买卖双方便可以利用这一机会，按照预期的价格变动进行买卖远期股票，以从中谋取买卖差价。在实际操作中，股票的买卖双方往往都以相反的合同进行冲抵，只清算买卖价差。买入期货合同，以图在交割前股价上涨，这种行为一般被称为多头；卖出期货合同，以图在交割前股价下跌，这种行为一般被称为空头。此外，投资者进行期货交易的另一个目的是为了套期保值，以避免价格变动的风险。

（三）保证金交易

保证金交易又称信用交易或垫头交易。它是指客户买卖股票时，向经纪人支付一定数量的现款或股票，即保证金，其差额由经纪人或银行贷款进行交易的一种方式。如果经纪人为交易者垫付的是部分款项应称为融资；如果经纪人借给交易者的是股票则叫做融券。保证金交易也是从事证券投资活动的一种手段，从事该种交易的交易者是想利用股票价格在短期内的变动牟取暴利，即投资者在预测某种股价将要上涨时，便以保证金的形式购买股票，以待股价上涨后再卖出。保证金交易属于多头或买空交易，它要求交易者必须有足够的信誉和实力，以凭此开设保证金账户。在交易的过程中，投资者用保证金购买的股票全部用于抵押，客户还要向经纪人支付垫款利息。

（四）期权交易

股票期权交易实际上是一种股票权利的买卖，即某种股票期权的购买者和出售者，可以在规定期限内的任何时候，不管股票市价的升降程度，分别向其股票的出售者和购买者，以期权合同规定好的价格购买和出售一定数量的某种股票。期权一般有两种：一种是看涨期权，即投资者按协议价格购买一定数量的某种股票的权利；另一种是看跌期权，即投资者可以以协议价格卖出一定数量的某种股票的权利。在股价看涨时，投资者愿意购买看涨期权；当股价趋跌时，投资者往往愿意购买看跌期权。在期权的买者认为行使期权对自己不利时，可以放弃期权，但期权的购买费不予退还，期权合同一般随着有效期的结束而失效。期权交易一般对买卖双方均有好处，买方可以利用期权保值或赚取股票的买卖差价，而卖方则可以赚得期权的出售费。

（五）股票价格指数期货交易

股票价格指数期货交易是投资者以股票价格指数为依据进行的期货交易。在股价指数期货交易中，买进和卖出均为股票期货合同。股份指数期货价格是由点来表示的，股份的升降以点数计算，点数代表一定数量的标准金额。

在股票交易中，投资者的风险很大，尤其是对股票发行者的经营状况和股市的急剧变化难以把握和预测，而股价指数期货交易为投资者减少了上述的一些风险。投资者在了解了国民经济的发展状况、金融市场利率和某些主要行业的发展前景后，就可以预测股价指数的走势，股价指数的变动代表了股价总水平的变动。因此，在对股价指数的升降进行了准确的预测之后，投资者就可买进或卖出期货合同。

第四节 投资基金

一、投资基金的概念

世界各国对投资基金（Investment Fund）的称谓有所不同，美国叫共同基金（Mutual Fund）或互惠基金，英国叫单位信托基金（Unit Trust）。按国务院批准颁布的《证券投资基金管理暂行办法》的解释，投资基金是指“一种利益共享，风险共担的集合证券投资方式，即通过发行基金单位，集中投资者的资金，由基金托管人托管，基金管理人管理和运用资金，从事股票、债券等金融工具投资”。投资基金属于间接投资，而且也是证券投资的一种形式。它实际是证券投资基金的募集人受投资者的委托，以向投资者发行基金凭证的方式，把分散的投资者的资金汇集起来，由具有专业知识和投资经验的专家按组合投资的原理分别投资于各种金融工具，以使投资者在承担较小风险的前提下获取最大的投资收益。

投资基金是一种大众化的信托投资工具，而像股票、债券、期货、黄金等金融工具又是投资基金的主要投资对象。投资基金源于100年前的英国，它是在西方国家证券投资盛行，市场操纵和市场欺诈严重，股灾遍布的背景下而产生的，投资基金正是迎合了投资者的安全心理和对海外金融投资的普遍需求。后来，随着美国金融业的迅速崛起，投资基金在美国得到不断地发展和完善。

投资基金是建立在金融市场充分发展和日益完善的基础之上的，金融市场充分发展的一个重要表现是融资方式多样化，而投资基金的出现与发展正是金融市场深入发展的重要体现。金融业的充分发展扩大了投资基金的投资领域，投资基金的发展也无疑是对金融市场进一步发展的一种推动。现代投资基金代表了一种新的投资方式，它已从最初的债券和股票投资逐步发展成为各种货币市场工具投资。进入20世纪80年代以后，随着投资基金制度的日益完善，投资基金品种的不断增多以及投资基金运作技术的创新，货币市场基金每年都已成倍的速度增长，从而带动了整个投资基金业的发展。据统计，目前全球投资经理人掌握了大约30万亿美元的基金资产，其中美国共同基金资产达到了4万亿美元，仅次于商业银行4.6万亿美元的资产，尤其是进入20世纪90年代以来，美国共同基金的增长更为神速，1990～1996年共同基金的增长速度为218%，美国大约有37%的家庭拥有共同基金，共同基金占美国所有家庭资产的36%，英国和日本拥有投资基金的家庭也接近10%。投资基金的迅速发展使目前竞争日趋激烈的金融市场体系中，呈现出银行业、保险业、投资基金业三足鼎立的局面。

二、投资基金的特点

投资基金是一种证券信托投资方式，也是以金融资产为经营对象，并以金融资产的保值或增值为目的的投资工具。作为投资工具，投资基金与其他投资工具相比具有以下几个特点：

（一）专家理财

投资基金是一种投资工具，投资于投资基金就等于聘请了一位具有专业知识和丰富经验的专家为你进行投资决策和运作。他们的投资决策一般是在根据随时了解到的最新的有关经济形势、国内外市场的发展动态、上市公司的经营状况等信息，并经过认真分析和对证券市场总体走势进行预测后作出的，因此能为投资者带来较高的回报。而个人投资者往往缺乏专业知识、投资经验不足、信息不灵和只能随风炒作，多数投资者难有收益。

（二）风险较小

投资基金的运作人为了减少风险，进行组合投资。投资组合一般是指债券与股票等有价证券的组合，它们主要包括上市或未上市公司的股票、股权凭证、新股认购权证、政府债券、地方债券、公司债券、金融债券等，在个别国家也允许利用少部分资金用于房地产业的投资。即使投资股票，也不能将全部基金只用于购买一种股票。理想的投资组合一般是选择15～25种证券，购买各种证券的数量也有一个适当的比例，这就大大降低了投资风险，增加了投资的安全系数。

（三）管理和运作法制化

目前，世界各国都颁布了有关投资基金的管理和运作的法规，对投资基金的设立、管理和运作作了严格的限定。按多数国家的规定，投资基金的经营机构由基金公司、基金管理公司和基金托管公司组成；基金必须委托银行作为托管人托管基金资产，委托基金管理公司作为基金管理人管理基金资产和进行投资运作；基金资产独立于基金托管人和基金管理人的资产，基金托管人与基金管理人在行政上和财务上相互独立，其高级管理人员不得在对方兼任任何职务。此外，还规定了每个基金投资于股票和债券的比例，一个基金持有一家上市公司股票占基金资产净值的最高比例，同一基金管理人管理的全部基金持有一家公司证券占该公司发行证券总数的最高比例，一个基金投资国家债券的最低比例等。管理和运作的法制化有利于保护投资者的利益。

（四）选择性强，适合各类投资者

在发达的西方国家证券市场上，投资基金的种类众多并涉及一切投资领域。因此，投资者对投资基金有很大的选择性，投资基金的品种也适合各类投资者。对于不愿冒大风险的稳健型投资者来说，可选择购买债券基金、货币基金、优先股基金或蓝筹股基金等。对敢冒风险追求高利的投资者来说，可选择购买期货基金、杠杆基金或认股权证基金等。与此同时，不管是力图降低风险还是寻求高利的投资者，为实现他们各自的目标，并根据国内外经济和市场形势，即可选择国家基金，也可通过本国的基金管理公司购买国际基金和海外基金。此外，由于投资基金是以基金单位为基金的认购单位，认购多少应视投资者的自身实力而定，因而投资基金即适合资金雄厚的大投资者，也适合资金较少的中小投资者。

（五）交易成本低

在当前国际基金市场竞争日趋激烈的情况下，基金公司除了不得不加强管理和服务之外，还在不断降低其所收取的管理费和购买手续费，而且很多国家投资基金的买卖还免交印花税。基金的管理费一般一年交纳基金净资产的1% ~1.5%，购买费一般一次性交纳3% ~5%，持有基金的第一年交纳了6.5%，从第二年开始每年只需交1% ~1.5%。而如果购买股票，一年之内只要交易5 ~6 次的费用就会达到或超过基金投资者第一年所交纳的6.5% 的费用，如果交易2 次就可超过基金投资者第一年之后每年交纳的费用，这样算起来购买投资基金所需的费用要比购买股票所需的费用低得多。

从投资基金的上述特点来看，投资基金确实是一种风险较小，收益一般会高于储蓄和购买债券的投资方式。但它也并非是十全十美的，由于它在实际运作中采用组合投资，这虽然降低了风险，但也限制了投资者的收益。而且由于一次性交纳购买费，这就使投资基金只适合长线投资，不适合短线炒作，投资者若频繁买卖基金，成本会很高，收益会低于其他投资方式。此外，投资基金也并非没有风险，它采用的组合投资虽然将风险降低到最小，但其也面对风云变幻的市场风险，以及情报与预测是否准确和管理是否严谨的经营风险，如中国香港的太阳基金在半年内从每基金单位14.8 美元跌至面值以下的4.35 美元，使基金的投资者损失巨大。投资基金也与其他投资方式一样，是一种收益与风险并存的投资方式。

三、投资基金的分类

世界各国发行的投资基金种类繁多，形式多样，这也正是投资基金在当今世界得以迅速发展的因素之一。但是国际上众多的投资基金也给其进行统一分类带来一定的难度，从目前的投资基金分类情况看，已被国际上认可的分类标准有：按投资基金的组织形态可分为公司型投资基金和契约型投资基金；按受益凭证能否赎回可分为开放型投资基金和封闭型投资基金；按基金的来源和运用的地域可分为国内基金、国际基金、海外基金和国家基金。

（一）公司型投资基金和契约型投资基金

1. 公司型投资基金

公司型投资基金就是美国所称的共同基金，它是以盈利为目的的，并依据公司法的规定而不是依据信托契约而设立的，受基金投资者的委托通过发行股票来筹集资金并从事各种有价证券投资的股份有限公司。公司型投资基金涉及五个当事人，即投资者、基金公司、管理公司、托管公司和承销商。基金的投资者是基金的股东，是基金资产的实际持有人，以其所持有公司股份的份额分享投资收益和承担风险，并通过股东大会及其所拥有的投票权来选举董事会；基金公司是基金本身，也是基金资产的名义持有人，其主要职责是根据章程作出投资决策；基金的管理公司是一个独立于基金公司并由专家组成的，执行基金公司决策的机构，即负责进行投资组合和进行投资运作，基金管理公司根据与基金公司签署的管理协议行使权利，履行义务并收取管理费；托管公司也是一个独立的机构，它主要负责保管基金资产，进行资产核算，配发股息及办理过户手续，监督基金管理公司的投资运作，托管公司一般由银行和信托机构承担，它也是根据与基金公司签署的保管协议行使权利，履行义务并收取托管费；承销商是管理公司的代理机构，主要负责基金受益凭证的销售，股息的发放及基金的赎回等。公司型投资基金的设立必须在工商管理部门和证券交易委员会注册，并同时在股票发行和交易的所在地登记。公司型投资基金已被世界各国广泛采用。

2. 契约型投资基金

契约型投资基金又称信托投资基金，是指通过发行受益凭证筹资，由基金管理公司、托管公司、投资者以签订信托契约的形式组建的一种投资基金。契约型投资基金不仅涉及基金的管理公司和托管公司，也涉及投资者。基金管理公司作为受托者是基金的发起人，负责设定基金的类型，发行受益凭证，依据信托契约进行投资运作，并指定基金的托管机构；托管公司作为基金的受托人主要负责基金的有价证券和现金的管理，及其他有关代理业务和会计核算业务，托管公司一般是银行或信托公司；基金的投资者也称受益人，他是以购买受益凭证的方式成为信托契约的当事人的，并以此享有基金收益的分配权。契约型投资基金是一种历史最为悠久并也被广泛采用的一种投资基金，英国、日本、韩国、新加坡、中国香港和中国台湾设立的投资基金多属于这一类。

3. 公司型投资基金和契约型投资基金的区别

公司型投资基金和契约型投资基金是以其组织形态来划分的，这也就决定了它们具有以下区别：

（1）法律地位不同。公司型投资基金是按各国的《公司法》设立的，故具有法人地位；而契约型投资基金则是按各国的《信托法》设立的，多数国家都不承认其法人资格。

（2）基金存在的时间不同。公司型投资基金由于具有法人地位，所以它在不破产或不解散的前提下可以无限期的永远存在下去；而契约型投资基金由于多数国家不承认其法人地位，在契约到期时投资基金便自动终止。

（3）融资渠道不同。具有法人地位的公司型投资基金可以通过向银行贷款来发展自己，扩大运营的规模；而不具有法人地位的公司一般得不到银行的贷款，投资者的收益也因而可能会受到影响。

（4）投资运作的依据不同。公司型投资基金是股份有限公司，其投资运作的依据是公司章程；而契约型投资基金的设立是以信托契约为纽带，其投资运作依据当然是信托契约。

（5）投资者在投资基金中所处的地位不同。投资者在公司型投资基金中是股东，作为股东可以通过股东大会行使表决权，来间接参与基金的经营与管理；而在契约型投资基金的形式下，投资者以购买受益凭证的方式作为信托契约的当事人，不具有任何形式的经营管理权，只是投资基金的受益人。

（6）投资者成为股东或受益人所需经过的手续不同。公司型投资基金的投资者在购买股票以后，还得根据交易所的规定日后办理完交割手续后才能成为股东；契约型投资基金的投资者只要向基金管理公司购买了受益凭证之后，便可成为受益人。

（二）开放型投资基金和封闭型投资基金

1. 开放型投资基金

开放型投资基金是指投资基金发行的资本总额和份数不是固定不变的，而是根据基金自身的需要及金融市场供求关系的不断变化，随时增发新的基金份额或发行已被投资者赎回的投资基金。开放型投资资金的资本总额是不封顶的，基金公司可以根据其经营策略和金融市场的变化发行新的基金份额，因此它也被称为追加型投资基金。开放型投资基金的投资者不仅可以随时购买基金份额，还可以根据行市的变化在基金首次发行一段时间以后，将所购买的投资基金的全部或部分在基金管理公司设定的内部交易日，并通过内部交易柜台再卖给基金管理公司，即赎回现金。若被赎回的基金数额过大并超过了基金正常的现金储备时，基金公司还可以重新发售已赎回的受益凭证。开放型投资资金的买卖价格是由基金的净资产价值加一定的手续费决定的，当然开放型投资基金的买卖价格也反映了投资基金所投资的股票、债券等有价证券的价值及基金的收益情况。

2. 封闭型投资基金

封闭型投资基金指的是基金在设立时规定一个基金发行的固定数额，并在规定的时间内不再追加发行，投资者也不能赎回现金。封闭型投资基金由于基金的资本总额是固定的，因此在基金资本数额达到了计划要求时，便进行封闭，在规定的时间内基金公司即不能增发基金，投资者也不能赎回现金。封闭型投资基金虽然不能赎回，但却可以像普通股一样在二级市场上通过经纪人进行买卖。封闭型投资基金的交易价格虽然也以基金的净资产为基础，但却更能反映经济形势和金融市场的状况。

3. 开放型投资基金和封闭型投资基金的区别

开放型投资基金和封闭型投资基金都是相对而言的，它们是不同经济发展阶段的产物，从目前各国发行的这两类基金的规则来看，它们的区别主要体现在以下几个方面：

（1）基金的发行限额不同

封闭型投资基金的设立是规定有基金资本的最高限额，当发行的基金额度达到规定的份额或发行期已过时便停止发行，并且在基金规定的期限内不得追加资本，扩大规模；开放型投资基金的基金数额则不加以限制，基金公司可根据具体情况随时增发新的基金份额，扩大基金规模。

（2）交易的方式与地点不同

封闭型投资基金的投资者在基金规定的期限内不得赎回其资金，只能在到期后赎回或在基金上市后通过经纪人进行交易；而开放型投资基金在基金规定的期限内可以随时直接向基金管理公司赎回其资金，这也节省或免除了交易的手续费和各类税费，从而降低了投资成本。

（3）交易价格的依据不同

封闭型投资基金在上市之前，投资者以基金的净资产价值买入，当基金发行完毕或发行期已过，基金可以上市交易时其价格则根据金融市场的供求关系，以及世界经济形势或基金所在国的经济状况而定，而不是依据基金的净资产价值而定，这就增加了投资者的投资风险；而开放型投资基金的投资者在直接向基金公司赎回资金时，其价格则按基金的净资产价值，这就大大降低了投资风险。

（4）基金运用率和运用的投资组合不同

封闭型投资基金的投资者由于不能随时赎回其资金，说明基金的数额不会随时增大或减少，即基金的数额是稳定的，于是基金管理公司可以将全部基金用于投资，尤其是长线投资，这实际上是增加了基金的收益；而投资者可能随时赎回的开放型投资基金，基金公司则不能将全部基金用来投资，必须预留出一部分基金，或在投资组合时购买一定比例的随时可出手的金融商品以应付随时想赎回现金的投资者，而且能用于长线投资的部分很少，从而会影响基金的长期效益。

（5）适用的投资市场不同

封闭型投资基金由于资本总额固定不变并不能随时赎回，这就只适合在规模较小而且开放度不高的金融市场上进行投资；而开放型投资基金由于资本总额不固定并随时可以赎回资金，从而使它适合在开放度较高及规模较大的金融市场上进行投资。世界各国在最初建立投资基金时，一般都先采用封闭型的，随着投资基金业的成熟及金融市场的发展与完善才会过渡到开放型，这也正是封闭型投资基金的历史早于开放型投资基金的原因所在。

（6）适合的投资者不同

封闭型投资基金的受益凭证上市买卖时，往往对每手的最低交易额度要求较高，这就使资金较少的投资者，难以上市进行买卖，它更适合机构投资者或基金较多的个人投资者；而开放型投资基金每笔的交易额度要求较低，符合中小投资者的投资需求。

开放型投资基金和封闭型投资基金是可以相互转化的，封闭型投资基金如果上市满3年，而且市价低于净资产价值的20%时，经投资者大会的通过可以转为开放型投资基金：开放型投资基金如果规模过大，也可以停止基金的扩大发放，使其处于类似封闭型投资基金的状态。从投资基金的发展趋势来看，更适合于金融市场操作，能满足金融市场对资金不断增长的需求，以及更有利于投资者，开放型投资基金将会占据投资基金市场的主导地位。

（三）国内基金、国际基金、海外基金和国家基金

1. 国内基金

国内基金是指面向国内投资者发行的并用于在国内金融市场上进行投资活动的投资

基金。国内基金虽然在大多数国家仍占主导地位，但其筹资范围的局限性、投资机会选择的有限性和收益的有限性已表现得非常明显。

2. 国际基金

国际基金是指面向国内投资者发行的，用于在国际金融市场上进行投资运作的投资基金。国际基金由于是到境外金融市场上进行投资运作，这不仅为本国的投资者带来了更多的投资机会，增加了投资收益和分散了投资风险，还可使本国的投资者及有关投资和金融机构了解、认识和熟悉国际金融市场，并为其开辟了投资国际金融市场的手段。

3. 海外基金

海外基金又称离岸基金，它是指面向基金公司所在国以外的投资者发行的，并投资于境外金融市场的投资基金。海外基金的发行范围广，投资的地域宽和投资组合的选择性强。发行海外基金对一国的国内投资机构或金融机构来说是一种熟悉国际金融市场，了解国际金融市场法规，成为跨国经营企业的一个重要途径。

4. 国家基金

国家基金是指面向境外投资者发行的，用于在国内金融市场投资运作，并在基金发行完毕后受益凭证在境外证券市场上市进行交易的一种投资基金。国家基金是一种不仅基金公司的所在国没有还本付息的债务压力，而且操作简便，成本较低，风险较小的投资基金。国家基金是一个国家利用外资，解决本国发展资金不足的重要手段。

（四）其他投资基金

投资基金除了上述几种分类方法以外，还有以下分类方法：按投资风险和受益目标不同，可将投资基金分为积极成长型基金、成长型基金、成长与收入型基金、平衡型基金、收入型基金；按投资对象的不同，可将投资基金分为股票基金、债券基金、选择权基金、指数基金、期货基金、认股权证基金等；按投资计划是否可变更来分，可将投资基金分为固定型基金、半固定型基金、融通型基金；按投放的市场不同，可将投资基金分为资本市场基金、货币市场基金、店头市场基金、外汇市场基金、黄金市场基金；按投资基金资产的形态划分，可将投资基金分为证券投资基金和直接投资基金；按投资货币的种类不同，可将投资基金分为美元基金、日元基金、马克基金、英镑基金、欧洲货币单位基金等；按基金是否收费划分，还可将基金分为收费基金和不收费基金。实际上投资基金的分类是没有统一和严格的标准的，按不同标准划分出的不同种类的投资基金往往是相互交叉的，但按上述标准分出的投资基金的类别至少有助于认识和理解投资基金。

四、投资基金的设立与运作

投资基金的设立与运作指的是从基金发起人发起设立基金、向投资基金的主管部门提交设立投资基金的申请、发表基金招募说明书、发行基金证券到基金上市的全部过程。

（一）基金发起人发起设立基金

基金发起人是投资基金的发起者及最终设立者。基金发起人是一个法律的概念，它一般指具有法人地位的机构。在金融体制非常完善的国家，基金发起人必须符合规定的条件，如对发起人资本的要求、财务状况的要求、组织机构的要求、业绩的要求、营业场所的要求、认购基金股份或认购基金单位的要求等。基金发起人一般为经国家有关部门批准设立的证券公司、信托投资公司和基金管理公司等。基金发起人的主要职责是制定有关设立基金的具体工作方案，确定拟设立基金的类型，起草申请基金设立报告和信托凭证，募集设立基金所需的费用，并对由于自身的过失给投资者造成的任何损失承担连带的赔偿责任。如果发起人是两个或两个以上，还应签订发起人协议书，以明确各发起人之间的权利和义务。

（二）向投资基金的主管部门提交设立投资基金的申请

基金的发起人在完成了设立基金所需的各向准备工作之后便可向国家有关投资基金的主管机构提出设立基金的申请。在向主管机构提出设立基金的申请时，除了提交能说明设立基金必要性和可行性的基金设立申请报告以外，还应同时提交能体现发起人权利和义务的发起人协议及能反映基金性质和管理等情况的招募说明书，并附带有委托管理协议、委托保管协议、基金公司章程、信托契约、每个基金发起人最近 3 年的财务报告以及会计师、律师、经纪人、投资顾问接受委任的信件等文件。

（三）发表基金招募说明书

基金招募说明书是向所有的基金投资者发布的，用以说明基金性质，基金当事人权利和义务以及基金从发起、运作到终止全过程的法律性文件。其主要内容包括基金的设立背景、种类、规模、发行价格、发行原则、发行对象、投资者应支付的费用、交易的方式和条件、投资的策略和范围、派息和纳税的时间与方式、财会和报告制度以及当事人权利与义务等。基金招募说明书的编写应以“公开、公正、公平”为原则，力求简洁和通俗易懂，并保持相对的稳定，以确保广大投资者的利益。基金招募说明书一般发布在规定的报刊上。

（四）发行基金证券

基金证券亦称基金券或受益凭证，它即是基金管理公司或信托投资机构签发给投资者的一种确认其投资份额的证书，也是投资者参与分红及出让份额的凭证。基金证券的发行是指基金发起人在其设立基金的申请获得国家有关主管部门批准后进行，基金证券的发行方法与股票、债券的发行方法类似，大致有两种发行方式，即定向发行和公开发行。在一般情况下，如果基金的发行数额较大一般采用公开发行，如果数额较小一般采用定向发行。基金证券即可由基金管理公司或信托投资机构自行发行，也可通过承销机构代为发行。基金的发行价格可以采用以面值为准的平价、高于面值的溢价或低于面值的折价。基金的个人和机构投资者按照规定的程序并凭规定的证件，通过购买基金证券来实现其投资。投资者的多寡及其购买基金单位数量的大小是基金发行能否成功的关键。

（五）基金上市

基金发行成功之后，基金管理公司依法向有关证券交易所或证券交易中心提出上市申请，经审查并符合交易所或证券交易中心规定的上市条件后，便可获准在交易所挂牌交易。从不同性质基金的特点来看，封闭型投资基金可以上市进行交易，而开放型投资基金只是通过内部的交易柜台购回或赎回，但在目前发达国家的证券市场上，开放型投资基金也可上市流通。上市基金的交易规则与股票和债券的交易规则大致相同。基金的上市不仅满足了基金投资者的变现要求，还加强了基金的透明度和市场监督，同时也扩大了基金的影响。

五、投资基金的管理

（一）投资基金管理的主要依据

投资基金管理的主要依据包括投资基金章程、信托契约、委托管理协议、委托保管协议和招募说明书等。

1. 投资基金章程

投资基金章程是基金的发起人在设立基金时所制定的纲领性文件。其主要内容包括总则（基金的名称、地址、法人代表、类型、宗旨、管理人、托管人及制订该章程的依据）、基金证券的有关规定、基金的发行与转让（发行对象、规模、方式、认购的最低额、期限及存续期）、基金持有人的权利与义务、投资目标、投资政策、投资范围、投资限制、有关当事人的职责、资产评估与经营情况的报告时间和方式、基金运作所需的各项费用及其计算、会计与税收、终止与清算、公司董事会的产生办法和权限以及附则等。投资基金章程是基金管理的主要法律依据，也是投资者或债权人了解基金的重要文件。

2. 信托契约

信托契约是基金管理人与托管人在设立基金时，为明确双方的权利和义务而制定的一种核心性文件。它的主要内容包括当事人的名称和地址、基金的名称和期限、基金的规模（发行总额、单位面额、受益凭证单位总数）、基金设立的目标、投资政策、投资限制、派息政策、基金资产净值的计算和报告方法、基金的发行与认购方法、基金所有当事人（包括管理人、托管人、投资顾问、投资者、律师等）的权利与义务、信托费用种类与标准、信托契约的修改与终止等。信托契约与基金章程一样也是投资基金的根本大法，投资基金的所有文件如招募说明书、设立基金的申请报告、基金募集与发行计划、受益证书等都是以信托契约为依据的。

3. 委托管理协议

委托管理协议是公司型投资基金与基金管理公司就委托管理公司，对基金资产进行投资管理问题达成的协议。委托管理协议的作用在于从法律上确立了基金公司和基金管理公司的权利和义务。选择合格的基金管理人是使基金增值及投资者权益得以保护的重要保障。作为基金的管理人不仅应具有法律所规定的资产、固定的经营场所和必备的设施、一定数量的专业技术人员，还应具有优良的业绩和良好的信誉。基金管理公司应该是经国家有关主管部门批准的信托投资公司、证券公司或专门从事基金管理工作的基金管理公司。

4. 委托保管协议

委托保管协议是基金公司或基金管理公司与基金托管人就保管基金资产问题达成的

协议。委托保管协议的作用在于明确委托人即基金公司或基金管理公司与受托人即基金托管公司的权利与义务，其中主要是明确受托人的责任和义务。一般说来，委托保管协议一般都要求受托人承担以下几方面义务：一是按委托人的指示保管基金的资产；二是对投资项目进行清算；三是负责基金证券买卖的交割、清算和过户；四是负责向投资者派息及新增基金份额的认购；五是对管理公司进行监督。委托保管协议应在基金设立之前签署，而且也是提出设立基金申请时所应必须附带的材料。

5. 招募说明书

招募说明书在前面已经作了介绍，它是经国家有关部门认可的一个法律性文件。招募说明书实际上是一种自我介绍性文件，在该文件中基金公司向投资者介绍了基金本身以及基金的管理人、托管人、法律顾问、投资顾问、审计师、律师等有关当事人的详细情况。其目的是让投资者了解本基金，以使投资者作出是否投资本基金的决策。实际上，招募说明书是基金对投资者的许诺，投资者也以此监督基金公司的运作。当投资者的权益受到侵犯时，他们便可以此行使权利来维护其自身利益。招募说明书已成为基金经营与管理的纲领性文件。

（二）投资基金运作与管理的法律规范

从事投资基金活动国家的政府，为了规范其证券市场的正常运行机制，保护每一个投资基金者的利益及其资金安全，对投资基金的运作与管理进行了程度不同的监督和限制。其限制具体体现在以下三个方面：

1. 投资基金对象的限制

投资基金作为一种信托投资工具应具有一定的投资范围，按多数国家的法律规定，投资基金主要用于投资上市或未上市公司的股票、股权凭证、新股认购权证、政府债券、可转换公司债券、金融债券等有价证券，以及一些变现性较强的商业票据。有些国家不许投资未上市的公司股票，只有极个别国家允许作一些诸如房地产业务等直接投资。

2. 投资基金数量的限制

投资基金在投资股票时，各国都规定了每个投资基金股票和债券的最低比例，购买同一公司证券的数量占该公司已发行证券的最高比例，以及购买同一公司的股票占该基金资产净值的最高比例等。其具体比例各国的规定是不一致的，据了解，多数国家一般把每个投资基金股票和债券的最低比例限定在 80% 左右，而购买同一公司证券的数量占该公司已发行证券的最高比例，以及购买同一公司的股票占该基金资产净值的最高比例限定在 5% ~10% 之间。有些国家对不同类别的投资基金采取不同的比例限定，也有些国家对所有的投资基金采用相同的比例限定。

3. 投资基金方法的限制

为了防止出现欺诈行为或使投资者受到伤害，各国都严格规定禁止利用基金购买本基金或基金的董事、主要股东、主要承销商所持有的证券，或将基金资产出售给或借给上述与基金本身的有关人员；禁止经营多种投资基金的基金管理公司对其所经营投资基金进行相互间的交易；禁止从事信用交易，即利用拆借资金或贷款买入证券以及卖出借来的证券。

（三）投资基金的投资政策与投资组合

1. 投资基金政策

投资基金政策是基金公司为实现投资基金设立的宗旨和目标而制定的原则性的指导方针。在制定投资政策时，应从以下五个方面入手：一是投资组合，不同的投资政策将会影响基金运作时所采用的投资组合，制定的投资政策一定要符合基金的性质，收入型或平衡型基金往往制定保守的投资政策，积极成长型或成长型基金应制定较激进的投资政策，而成长型及收入型投资基金则应制定较适中的投资政策；二是购买证券的分散程度，即基金持有股票所属公司的数量和购买各种不同公司证券的比例，较保守的投资基金制定的政策应有利于证券的分散化，追求高利润基金的投资政策，往往对投资证券分散化的限制较宽；三是各种证券质量的搭配，保守型基金为了取得稳定的收益，其投资政策对证券发行者的业绩要求较高，否则不许买进，而追求高利润基金的投资政策给予基金的操作者较大的证券选择自由；四是充分利用基金进行投资的程度，谋求高利润基金的投资政策一般允许把基金的全部用于投资股票和债券等，而求得稳定收益基金的政策则要求用基金资产在短期票据、债券和股票之间进行转移，并保留一定数量的现金；最后是收益的发放方式，追求收入型基金和平衡型基金的投资政策一般把基金的收益定期以现金的形式直接发放给投资者，而追求高利润的积极成长型或成长型基金的投资政策则一般不将收益以现金的形式直接分配给投资者，而是将收益滚入本金进行再投资，以求更高的收益。

投资基金政策是由基金性质决定的，它实际上是投资基金运作的导向，积极成长型、成长型投资基金适合勇于冒险的投资者；平衡型、收入型投资基金则适合较为保守和十分保守的投资者；而成长型及收入型投资基金更适合介于两者之间的投资者。投资基金政策应在其招募说明书中体现出来，以使投资者选择符合自己需要的投资基金。

2. 投资基金的投资组合

投资组合就是基金管理公司在利用基金资产进行投资运作时，将基金资产分散投资于国内外各种有价证券和不动产等。投资组合是投资基金运作与管理的一个核心问题，因为投资组合是投资基金的一大特征。投资于投资基金虽然风险较小，但并非没有风险，它也像投资于其他证券一样，存在来自政治、经济、社会等方面的变动所导致损失的风险，以及来自金融市场、利率、购买力、基金本身经营不善或欺诈行为造成损失的风险。

投资组合的目标就是降低投资风险，根据金融市场上收益与风险成正比的关系，投资组合分为收入型投资组合、成长型投资组合及两者结合型的投资组合。收入型的投资组合一般将投资风险较大的股票与安全性较高的债券的比例定为1∶9或2∶8之间，而成长型的则为9∶1或8∶2之间，两者结合型的一般是5∶5左右。以降低投资风险为目标的投资组合的具体内容就是分散风险，而分散风险的方法应从以下几方面考虑：（1）证券种类的分散，即投资股票与债券的比例；（2）国别的分散，即购买国外证券和国内证券的比例；（3）行业或部门的分散，即选购工业、农业、交通、通信、金融等部门及电子、化工、汽车、服装等行业的比例；（4）证券发行公司的分散，即投资不同规模、不同实力、不同前景公司证券的比例；（5）证券到期时间的分散，即选购期限长短不同证券的比例；（6）投资时间的分散，即可以先把基金的一部分存入银行或购买一些短期商业票据，然后逐步分期和适时的将这部分资金用于选购目标证券。投资组合是依据投资政策而制定的，它是投资基金性质的具体体现。投资组合往往还会随着基金管理人的变化、投资目标的改变、费用的调整、基金资产的增减和配置的变化而变化。

（四）投资基金的费用、利润的分配、税收和报告制度

1. 投资基金的费用

投资基金的费用主要是指基金在整个运作过程中所需的各种投入，它主要由基金的开办费（设计费、注册费及与此有关的投入费）、固定资产的购置费、操作费（会计师费、律师费、广告费、召开受益人大会的投入费）、受益凭证的销售费、基金利润的分配费以及行政开支费（管理人员的办公、工资、福利、保险等费用）构成。

投资基金设立与运作所需的费用主要来自投资者和基金本身的收益。投资者交纳的费用有以下几项：（1）首次认购费，它是投资者首次认购基金时一次性支付的费用，该费用一般为买卖基金总额的3%左右，用于刊登广告、购买设备和支付中间人的佣金；（2）管理年费，即基金管理人因经营和管理基金而从基金收益中提取的费用，提取的标准各国不一，主要由基金的性质而定，一般为基金资产净值的0.25%～2.5%；（3）保管年费，即基金的托管人因保管和处分基金资产而从基金收益中提取出的手续费，提取标准一般为基金资产净值的0.2%；（4）赎回费和投资财务费，即投资者出售或赎回基金时所交的费用，该费用一般为单位基金资产净值的0.5%～1%；（5）业绩费，基金管理人根据其业绩从基金收益中提取的费用，业绩费一般为年利润的3%～4%。

2. 投资基金的收益及其分配

投资基金的收益除了来自债券与股票的利息和股利之外，还有一部分来自利用基金资产投资于有价证券所得到的买卖差价收益即资本利得，以及基金所持有的证券增值所带来的收益即资本增值。基金净收益的分配比例各国不一，一般要求将每年盈利的90%以上分配给投资者，美国规定不少于95%，我国规定不少于90%。收益的发放方式即可采用以现金的方式直接发放给投资者，也可将其收益滚入其本金进行再投资。

3. 投资基金的税收

世界各国对投资基金的收税方法是不一致的，多数国家对投资基金的经营者是免税的，因为投资基金的经营者即不是基金资产的所有者，也不是基金的受益者。基金的收益是运用信托资产创造的，投资基金的经营者只不过是一个委托代理机构。纳税人应该是基金的投资者。即交纳所得股息、利息、红利收入的所得税，股票基金和债券基金的交易税及交易单据的印花税等。纳税可采用由投资者自缴和由基金公司代缴两种方式。有些国家和地区对基金的投资者免征一定的税金，特别是对海外投资基金的投资者免除一切税收。

4. 投资基金的报告

按各国的法律规定，基金公司应定期或不定期地向投资者公布基金的有关信息，这些信息主要通过基金运作过程中发布的报告与公告来披露。这些报告与公告包括：（1）基金的年度报告与中期报告，其主要介绍基金一年或半年来的运营状况和基金管

理人的经营业绩，其中包括基金的资产负债表和损益表等；（2）基金资产净值公告，每月至少公告一次，介绍基金的资产净值及每基金单位资产净值；（3）基金投资组合公告，至少每季度公告一次，主要介绍基金资产投资于股票、债券及其持有现金等的比例。上述报告一般由基金管理人编制并向投资者公布。

本章小结

国际间接投资主要是一种以证券为媒体的一种投资活动，本章重点介绍了国际证券投资的含义与特征，国际债券和股票的种类、发行方法及交易程序，债券和股票的价格及其计算方法，投资基金及其运作。其主要目的在于使学生通过本章的学习，正确理解证券投资的重要意义，掌握证券投资的基本技能。

思考与练习题

1. 证券投资的特征是什么？
2. 证券投资的发展趋势是什么？
3. 国际债券有哪几种类型？
4. 优先股和普通股的区别是什么？
5. 股票有哪几种交易方式？
6. 投资基金的特点是什么？

第六章　国际证券投资市场

第一节　国际证券市场

一、国际证券市场

国际证券市场是由国际证券发行市场和流通市场所组成。国际证券市场一般有两层含义，一层含义是指已经国际化了的各国国别证券市场；第二层含义指的是不受某一具体国家管辖的境外证券市场。目前，绝大多数的国际证券市场属于第一层含义的证券市场，只有欧洲债券市场属于第二层含义的国际证券市场。由于股票是目前国际证券市场上交易量最大的有价证券，所以人们通常所称的证券市场一般是指股票市场。

国际证券市场历史悠久，最早可以追溯到 17 世纪创立的荷兰阿姆斯特丹证券交易所。19 世纪 70 年代以后，以股票为中心的证券交易所如雨后春笋蓬勃地发展起来，尤其是第二次世界大战以后，股票和债券交易量的大幅度增加，使世界上形成了诸如纽约、伦敦、东京、中国香港等许多著名的国际证券交易所。国际证券市场不仅可以吸收社会大量闲散资金并使其在国际间进行合理地配置，而且还为企业转移和分散风险，以及投资者利用闲置资本获取利润提供了机会。国际证券市场已成为当代国际金融市场的重要组成部分。

二、国际证券发行市场和流通市场

国际证券市场由两部分组成，即证券发行市场和流通市场。证券发行市场一般称为“初级市场”或“第一市场”，证券流通市场往往被称为“次级市场”或“第二市场”。

（一）国际证券发行市场

国际证券发行市场是向社会公众招募或发售新证券的场所或渠道。由于发行市场卖出的是新印发并第一次出售的证券，所以称为“初级市场”或“第一市场”。

证券发行市场由发行人、购买者和中间人组成。证券市场上的发行人一般是资本的使用者，即政府、银行、企业等；证券的购买者多为投资公司、保险公司、储蓄机构、各种基金会和个人等；中间人主要包括证券公司和证券商等。证券发行市场一般有固定的场所，证券既可在投资公司、信托投资公司和证券公司发行，也可在市场上公开出售。证券发行的具体方式有两种：一种是在证券公司等金融机构的协助下由筹资企业自行发行；另一种是由投资银行等承购商承购，然后由承购商通过各种渠道再分销给社会各阶层的销售者进行销售。当新证券发行完毕后，该新证券的发行市场也就自行消失。

（二）国际证券流通市场

国际证券流通市场是指那些转让和买卖那些已由投资者认购了的证券的市场，因此它也被称为“次级市场”或“第二市场”。证券的发行市场是制造证券的市场，它是流通市场产生的基础，而流通市场为投资者提供了转让和买卖证券的机会，满足了投资者渴求资本短期收益的欲望，从而起到了引导投资导向和变现的作用。证券流通市场一般有四种形式，即交易所、柜台交易、第三市场和第四市场。

1. 证券交易所

证券交易所是属于有组织的规范化的证券流通市场，这里的投资者必须通过经纪人按法定的程序从事证券的交易活动。交易所内买卖的证券也必须是经有关部门核准上市的证券，交易所内的证券交易将便利、迅速、公平、合法于一体（具体内容将在下面作专门介绍）。

2. 柜台交易

柜台交易是指在证券交易所以外进行的交易活动，亦称场外交易。这种交易在17世纪已经出现，但当时人们多在柜台上进行，所以又称店头交易。柜台交易的证券多属可以公开发行，但未在证券交易所登记上市的证券。柜台交易的数量没有起点和单位限制，不通过竞价买卖，交易者可以不通过经纪人直接买卖证券，而是协议成交。柜台交易也有固定的场所，一般在证券经营商的营业处进行。由于柜台交易满足了不同类型和不同层次的证券投资者的需求，因而得以迅速发展。

3. 第三市场

第三市场是指非交易所会员从事大量上市股票买卖的市场，也就是说，交易的证券已经上市，但却在交易所以外进行交易。第三市场是20世纪60年代才开创的一种市场。在第三市场进行证券交易的投资者可以节省在交易所内应缴纳的佣金等交易费，因而这种市场的交易额占各种证券市场交易额总和的比重不断提高。目前，有很多投资公司、基金会、保险公司等也频繁地在第三市场上从事证券交易活动。

4. 第四市场

第四市场指的是各种机构或个人不通过经纪人，直接进行证券买卖交易的市场，它实际上是通过计算机网络进行大量交易的场外市场。在第四市场上进行交易，不仅使交易者的身份得以保密和节省佣金等交易费用，而且成交迅速。第四市场上的交易活动，交易者往往互不知道对方的身份，通过将信息输入电脑来寻找客户。双方通过电脑进行磋商，最后达成交易。

三、证券交易所

证券交易所是买卖和转让已核准发行的债券、股票等有价证券的交易场所，它是一种大型的、有高度组织的交易机构。证券交易所属于二级市场，同时也是二级市场的主体和核心。

（一）证券交易所的组织形式

证券交易所的组织形式一般有两种，一种是公司制，另一种是会员制。

1. 公司制证券交易所

公司制证券交易所是由投资者以股份有限公司形式设立的，以盈利为目的的法人机构。这种交易所是由股份公司提供场地、设备和服务人员，并在主管机构的管理和监督下，证券商依据证券法规和公司章程进行证券买卖和集中交割。公司制证券交易所相当于一个以盈利为目的的自负盈亏的私人公司，其收益主要来自发行证券的上市费和证券交易的手续费。证券公司本身的证券大都不上市交易，公司本身也不自行或代客买卖证券。目前，世界各国的多数交易所属于公司制证券交易所。

2. 会员制证券交易所

会员制证券交易所是由证券商自愿组成的非法人团体。会员制证券交易所是不以盈利为目的的，在交易所内进行交易的投资者必须为该所的会员，其会员资格是经过交易所对学历、经历、经验、信誉和资产的认证以后取得的。会员制证券交易所的会员既可以是投资银行、证券公司、信托公司等法人，也可以是自然人。交易所的费用由会员共同承担。这种交易所也同样提供场地、设备和服务人员，证券的投资者也只能通过经纪人代为买卖。发达国家的交易所以前多属于会员制证券交易所，但目前他们中的多数已转为公司制证券交易所。

（二）证券交易所交易的基本程序

由于在证券交易所进行证券交易的大多数投资者是通过经纪人买卖证券的，这就使证券交易更为复杂。目前，西方国家的证券交易所的交易程序大都经过以下几个步骤：

1. 选择证券经纪人

证券投资者应首先在某一家银行或证券公司等金融机构，选择一个符合自己要求的经纪人。选择经纪人的标准，主要有经纪人所属证券公司的声誉和经纪人本人的声誉、资历、经验等。此外，经纪人还可以通过报纸上的经纪人广告来寻找。对于一个缺乏经验的初次投资者来说，寻找一个经验丰富的经纪人作为决策参谋是很有必要的。

2. 开立账户

即投资者到选定的经纪人公司办理开户手续。在开立账户之前，经纪人公司要对申请开立账户的客户进行调查，如果对客户的信誉情况搞不清楚，经纪人公司可以要求客户交纳抵押金或提供银行担保。待开户申请批准后，经纪人公司发给客户同意书，并予以编制账号，填制“开立账户卡”给客户。账户实际上是投资者与经纪人所签订的，规定双方权利和义务的委托买卖证券的契约。目前证券买卖开立的账户有四种：一种是现金账户，即客户在成交以后，买方必须在清算日或清算日之前全额支付价款，卖方也必须交清出售的证券；第二种是保证金账户，即以证券商提供资金信用购买证券的方式所开立的账户；第三种是联合账户，即由两个或两个以上的投资者共同开立的账户；第四种是随机账户，即客户授权经纪人自主决定并随机根据行市的变化进行交易的账户，亦称授权账户。

3. 委托

开立账户以后，投资者便可委托经纪人买卖证券。委托可以当面委托，也可以通过电话、电报、电传、信函等形式进行委托。委托还需填写委托书，委托书一般注明委托人的姓名、账户、时间、股票名称、买卖数额、委托方式和类型等。委托的类型一般有五种：（1）购买与出售委托，购买委托是委托经纪人购进证券，出售委托是委托经纪人卖出证券；（2）整数与零数委托，委托交易的单位为一个或其倍数的委托叫整数委托，交易单位为一个单位以下的委托为零数委托；（3）市价委托与限价委托，由经纪人按市价自行决定交易的委托为市价委托，要求经纪人在一定的价格范围内进行交易的委托为限价委托；（4）当时委托与公开委托，委托时间从委托有效期开始至当日交易所营业终止时结束的叫当时委托，公开委托是指当周委托、当月委托或不定期委托；（5）授权委托，它包括完全授权委托和限制授权委托，前者是指客户对经纪人买卖股票的种类、数量、价格等方面不加以任何限制，而后者指的是客户对经纪人在买卖股票的种类、数量、价格等方面加以限制；（6）停止损失委托，即客户委托经纪人在股价升至其指定限度以上或股份跌至其指定限度以下时，为其按市价买进或卖出股票，以维护其既得利益或减少其损失。

4. 成交

经纪人接到委托指令后，马上到交易台前执行委托，在了解了行情以后，便可进行讨价还价。在证券交易所内买卖证券是通过竞价方式进行的，这种方式也称双边拍卖，即买者之间相互竞以高价买进，卖者之间竞以低价卖出，最后将两头凑近达成交易。按交易所的规定，后者喊出的卖价不得高于前者，而后者喊出的买价也不得低于前者。报价和竞价的方式目前主要有三种：即口头、填单和电脑。

5. 清算

清算就是证券的买卖双方在成交以后，通过证券交易所的清算公司将双方交易的数量和价格等进行轧抵，并计算出差额的过程。

6. 交割

交割是证券的卖方交票、买方付款的过程。在成交并经过清算之后，便可进行交割。但在证券交易所的证券交易中，并不一定对每笔交易都进行交割，只对其净差额的证券和价款进行交割。交割也并不是在成交后立即进行，交割的时间一般有几种确定的方法：（1）当日交割，即在成交当日进行证券和价款的收付；（2）次日交割，即在成交日后的下一个营业日进行证券和价款的收付；（3）例行交割，即按当地交易所的例行规定，从成交日算起的若干个营业日内完成交割；（4）选择交割，即证券交易双方自行选定交割日期，选择交割的期限一般在成交日后的 5 ~ 6 天进行，选择交割多用于场外交易。

7. 过户

过户是办理证券所有权变更的过程。在成交以后，如果证券的买方不打算在短期内卖出便可办理过户，过户仅限于记名的证券，过户时需要买方持有经原证券所有人背书的证券和成交通知书，并填有过户申请书，过户一般均由经纪人代为进行。如果投资者买进是为了卖出，以赚取买卖差价，就可不必办理过户手续。

第二节　世界主要的证券交易市场

几乎所有实行市场经济的国家中都有证券交易市场，而且不止一个，这样一来，世界各国大大小小的证券交易市场的数量是难以数清的。但是，目前世界上规模最大并且最具影响的证券交易市场则应数纽约证券交易所、伦敦证券交易所和东京证券交易所。我国的香港联合证券交易所在国际之名的交易所中也占有一席之地。

一、纽约证券交易所

纽约证券交易所成立于1792年，位于目前世界公认的金融中心美国纽约曼哈顿的华尔街。纽约证券交易所原是会员制证券交易所，受20世纪70年代初经济危机的影响，于1972年7月改为公司制证券交易所。但纽约证券交易所仍实行“席位”会员制。

2005年4月末，纽约证券交易所收购全电子证券交易所（Archipelago），成为一个盈利性机构，改名为纽约证券交易所集团，并结束了长达137年之久的席位买卖交易。2006年6月1日，纽约证券交易所宣布与泛欧股票交易所（Euronext）合并组成纽约证券交易所——泛欧证券交易所公司（NYSE Euronext）。

今天的纽约证券交易所拥有会员1 416名，其中1 366名“席位”会员，代表着600多家证券经纪公司，约有4 200多种证券每天在这里进行交易，其中有3 600多种股票和500多种债券。有大约3 000家公司在此上市，全球市值18万亿美元。只有拥有“席位”的会员才有资格进入纽约证券交易所的交易大厅进行交易，按纽约证券交易所的规定，只有在“席位”会员出现空缺时，才会吸纳新会员。纽约证券交易所过去只接纳个人会员，而目前会员的资格既可以是从事证券交易的个人，也可以是公司企业或合伙企业。从目前的会员结构上看，个人会员占60%以上，但作为个人会员必须是年满21岁以上的美国公民。吸纳新会员的程序是，在申请人提交了入会申请书后，交易所先对申请人身世、阅历、信用等情况进行调查，合格后需经该交易所董事会三分之二以上的理事通过便可获得会员席位。申请人在获得会员资格的同时，必须同时买入一个席位，其价格根据当时证券业务的状况而定，在纽约证券交易所的历史上，会员“席位”的价格最低是1.7万美元，最高为1929年售出的一个，当时售价为62.5万美元，相当于现在的600多万美元。作为会员每年必须缴纳总共1 500美元的会费和年费，而且还要将相当于净佣金的1%上交给交易所。此外，在任何一个会员死亡时，每位会员必须捐赠15美元的瞻仰费。纽约证券交易所在管理上是民主的，最高权力机构是董事会，董事会有21名董事组成，除董事长由董事会推荐外，其余20名董事由交易所内的普通会员选举产生，而且任期仅2年。在20名董事中，其中的10名代表证券商，另10名代表广大投资者的利益。负责交易所日常工作的是由董事长任命的总裁。按交易所的规定，董事长和董事不得和任何经纪人和自营商有任何关联。

纽约证券交易所的主要部分是交易大厅，其面积相当于足球场的3/5，其气势十分壮观，堪称世界之首。厅内分股票和债券两个交易厅，20世纪80年代初，交易所将原来的22个交易站改为14个，其中7个交易站在主厅，3个在位于左侧的蓝厅，4个在位于右侧的东厅。每个交易站又按大小分设16或22个小站，每一笔交易都必须在小站进行。在大厅的周围及每个交易站的上方都配有电子显示设备，交易所内的任何一位经纪人坐在交易台前，只要一按按钮，即可获得各种证券的最新行情。交易厅的周围有许多电话和传真机等通信设施。纽约证券交易所为了与世界其他各地交易所相衔接，其交易时间由过去的6小时改为从上午9:30至下午4:00的6个半小时，这不仅方便了投资者及时争取到了大量的欧洲投资者，还使全世界每天24小时不间断地连续进行交易。但是，如果股票指数在上午下跌250点，交易将停止半小时，下午下跌达到400点，交易将停止1小时。纽约证券交易所对公众是开放的，参观者虽然不能进入交易大厅，但可通过电梯到达位于交易大厅四周较高的观测台，透过观测台的玻璃俯视交易大厅的概貌和厅内经纪人的日常交易情况。

纽约证券交易所采用的交易方式有现款交易、例行交易、发行日交易和连带选择权交易4种。在无特别指令的情况下，所有委托都采用例行交易，例行交易的交割手续是在第5天进行，这是1820年以来的传统做法。纽约证券交易大厅内从事交易的“席位”会员分为经纪人和专业股票商两大类。经纪人分为5类：第一类是专家经纪人或称佣金经纪人，他们属于证券公司，在公司办公室接受客户委托并代客买卖的经纪人，其报酬来自客户的佣金，但不承担任何风险，这类经纪人是交易所内数量最多的，约有400人；第二类是交易所经纪人或称大厅经纪人，有时也被叫做2美元经纪人，其主要任务是在交易繁忙时，协助其他会员或受因故未上班会员的委托进行交易，这类经纪人大约有100人，他们有一个时期仅从每100股交易中收取2美元费用，故又称2美元经纪人；第三类是交易所自营商，他们仅为自己进行交易，并以当事人的身份向顾客买卖证券，其收益来自买卖差价，由于他们的每笔交易不用支付佣金，而且又有近水楼台之便，其活动受到各方的指责，故该种会员交易活动现在受到管理部门的严格限制，而且已为数很少；第四类是零数经纪人或零数自营商，他们专门从事低于100股即零数股票交易的经纪人；第五类是债券经纪人，他们是交易大厅内仅从事债券交易的经纪人。专业股票商是受经纪人的委托进行股票交易，因此又称经纪人的经纪人。纽约证券交易原来一直实行固定佣金制，1975年取消了这一做法，其佣金的标准大致为交易额不足5 000美元的，其佣金为交易额的2% ~10%；交易额在5 000美元以上20 000美元以下的，其佣金为1.5% ~2%；20 000美元以上的为1.5%以下。

纽约证券交易所对申请在该所上市的美国国内公司有严格的标准，即公司必须拥有不少于4 000万美元的有形资产净值和总值相当于4 000万美元的股票，拥有2 000个以上的股东，其中公众持股不得少于110万股，最近一年的税前盈利必须达到250万美元，过去两年的平均利润不少于200万美元。纽约证券交易所也接受外国公司挂牌上市，上市条件较美国国内公司更为严格。申请上市的公司被批准上市以后，先缴纳2.5万美元的入会费，然后每年缴纳1.5至5美元的会费。对批准在该所上市的公司出现下列情况之一者，将会被停止上市资格：（1）持股的股东低于1 200个；（2）公众拥有的股票总值低于500万美元；（3）公众持股少于60万股。从近几年的情况看，纽约证券交易所每年都有因不符合上述标准而被停止在该市上市资格的公司。纽约证券交易所还有一个显著的特点，就是不是以数字来代表上市公司的股票，而是以1至4个字母来表示，如S、H、D或FA、HE、KT或KHN、TIM、QWE，其中使用3个字母的居多，而使用一个字母的则为数极少。

美国对证券业务有一套较为完善的管理体制，其中直属美国总统领导的证券交易委员会对证券经营机构、证券的发行、证券交易等实施全面的管理权，该委员会还按经济区域直接在当地派驻机构和人员对证券市场进行监管。此外，美国还颁布了一整套有关证券交易方面的法律，主要包括《证券法》、《证券交易法》、《政府证券法》、《信托契约法》、《投资公司法》和《投资顾问法》。

二、伦敦证券交易所

伦敦证券交易所成立于1773年，它具有近240年的历史，是世界上最古老的证券交易所，也是目前世界上第三大证券交易中心。伦敦证券交易所的交易地点不仅设在伦敦，而且在英国的格拉斯哥、利物浦、伯明翰等城市也设有交易场所。伦敦证券交易所虽然是一个股份有限公司，但也属于会员制证券交易所。该交易所的会员代表着381家证券公司。该交易所的会员不能是其他交易所的会员，而且只有原有会员退出该交易所后，才会补充新会员。交易所的最高权力机构是理事会，理事会由52名理事组成，其中46名理事从会员中选举产生，1名是政府经纪人，5名是聘请的列席理事，理事的任期为3年。理事会下设业务、人事、仲裁和财政4个委员会，主持日常工作的是由理事会任命的总经理。

伦敦证券交易所上市的证券种类最多有10 000多种，其中外国证券占50%左右。上市的公司有3 233家，有来自70多个国家和地区的上市公司，其中英国本土的上市公司2 000多家，国外公司约600家，但外国上市公司的资产总额却占该交易所上市公司资产总额的约70%，2000年伦敦交易所外国证券交易总额约5万亿美元。申请在伦敦证券交易所上市的公司首先填写申请表，并编写上市说明书，拟上市公司的董事们必须对上市申请书内容的准确性负责，上市说明书和申请表还必须在两家全国性的刊物上发表。上市说明书先由交易所的挂牌上市部进行审查，最后由公司的业务委员会对其资信和资格进行审核。伦敦证券交易所是典型的“自律型”管理体制，因为英国与美国和日本相比，政府对证券交易所的干预程度极低，其主要表现在两个方面，一是没有专门的证券法，有关证券管理方面的法规主要体现在1946年发布的《借贷法》、1948年颁布的《公司法》、1958年颁布的《反欺诈法》和1968年修订的《公司转移控制及合并规则》等金融管理方面的法规中。二是英国没有专门的证券管理机构，涉及证券交易的管理机构只有两个，一个是国家贸工部，其证券方面的管理职能是只对非交易所会员的证券商有一定的管理权及对证券的登记和发行的公开透明度行使调查权；另一个机构是英格兰银行，它只对经伦敦证券交易所已批准上市的公司证券给予认可，而没有真正意义上的审批权。

伦敦证券交易所有三大特色：一是该所内上市的债券的交易量超过了其他证券的交易量，其中英国本国公债的大部分是在该交易所进行交易的，而且债券的大部分是外国债券；二是在该交易所的大厅内不设综合行情咨询系统，也不报告当市的最新交易牌价，而当市交易的详尽资料刊载在次日的《金融时报》等杂志上；三是从成交到交割所间隔的时间是世界所有交易所中最长的，多数股票交易是在成交后的两个星期内交割，如遇节假日，交割手续顺延。伦敦证券交易所目前主要采用现款交易和两周清算交易两种，交易所内分成8个交易区，即政府统一长期公债市场、美国股票市场、美国债券市场、外国公债市场、英国铁路证券市场、矿业证券市场、银行证券市场和工商证券市场。伦敦证券交易所的开市时间从上午 9:30 分至下午 3:30 分共 6 小时。伦敦证券交易所的证券交易主要是在中间商和经纪人之间进行，该交易所经纪人的种类和职能与纽约证券交易所经纪人的职能大体相同，其佣金也是固定的，但对不同的证券有不同的佣金标准，股票的交易值在 200 英镑以下的，可酌情而定；佣金在 200 至 467 英镑的，佣金为 7 英镑；交易值在 476 英镑以上的，佣金为交易值的 1.5% 。伦敦证券交易所内的中间商与纽约证券交易所内的证券自营商相似，靠低价买进高价卖出来赚取买卖差价。

除主板市场之外，1995 年伦敦证券交易所还推出了另项投资市场（AIM），AIM 市场上市标准较低，主要面向新成立的，尚未达到主板市场标准但具有较大发展潜力的中小企业，对有发展潜力的中小企业在 AIM 市场上上市实行保荐人制度。伦敦证券交易所还具有高流动性、市场的多层次性、产品的多样化和高知名度。此外伦敦交易所还是世界上最大的股票基金管理中心 。机构投资者是伦敦交易所证券的主要交易者，其交易份额占到交易所交易总额的 80% 以上，因此，对国际上的大机构投资者具有极大的吸引力。

三、东京证券交易所

东京证券交易所创建于 1879 年，它与历史悠久的伦敦证券交易所和纽约证券交易所的历史相比，晚了近一个世纪，但它的发展速度很快，目前已经超过具有 200 多年历史的伦敦证券交易所跃居世界第二位。今天的东京证券交易所经历了艰难的发展过程，该交易所 1943 年曾与日本另外 8 家证券交易所合并成为官商合办的交易所。日本战败后，该交易所于 1946 年宣布解散。第二次世界大战后在美国对日本政治和经济的改革中，东京证券交易所按美国纽约证券交易所的模式重新开业。2013 年 1 月 1 日，东京证券交易所将与大阪证券交易所合并成为日本交易所集团。东京证券交易所也属于股份制交易所，并实行会员制。它的最高权力机构是由一名理事长、23 名理事和 5 名监事组成的理事会。

东京证券交易所内设有股票交易大厅、债券交易大厅、债券期货交易大厅、国债交易大厅和电脑系统买卖室。东京证券交易所股票交易有两种方式：一种是在交易大厅通过交易站进行交易，这里主要是交易 250 种日本和外国股票；另一种是通过电子计算机进行交易，即经纪人公司通过中央处理器向经纪人发出指令，经纪人接到指令后通过计算机进行交易，并将交易的结果通过中央处理器立即返回给经纪人公司。该交易所股票交易的结算可采用当日结算、特约日结算和例行结算。当日结算就是在交易成交的当天进行股票或钱款的交割，特约日结算一般是在交易成交后 15 天内的某一日进行交割，例行结算是在交易成交后的第四个交易日进行结算，该交易所内的股票交易多数采用例行结算。至于债券交易，该交易所只允许面值 100 日元至 1 000 日元的国债、大面值的可转换债券、世界银行债券、亚洲开发银行债券、欧洲日元债券和外国债券集中进行交易。东京证券交易所有两大特色：一是在交易大厅通过交易站进行股票交易时，买或卖股票的数量和价格是用一只手来表示的；另一特色是本国证券和外国证券的交易时间不同，本国部的交易时间是从上午 9:00 – 11:00，下午 1:00 – 3:00，外国部的交易时间是从上午 10:30 – 11:00，下午 2:00 – 3:00；第三个特色是佣金的收取方法较为特别，东京证券交易所原来按股计算佣金，自1977年以后改为按交易额加一定的金额来计算佣金，如交易额在20万日元以下的，佣金为2 500日元；交易额在20万~100万日元的，佣金为交易额的1.5%；交易额在100万~500万日元的，佣金为交易额的0.9%加2 500日元；交易额在500万~1 000万日元的，佣金为交易额的0.7%加12 500日元；交易额在1 000~3 000万日元的，佣金为交易额的0.757%加25 000日元；交易额在3 000万~5 000万日元的，佣金为交易额的0.375%加85 000日元；交易额在5 000万~1亿日元的，佣金为交易额的0.225%加160 000日元；交易额在1亿~3亿日元的，佣金为交易额的0.2%加185 000日元；交易额在3亿~5亿日元的，佣金为交易额的0.125%加410 000日元；交易额在5亿~10亿日元的，佣金为交易额的0.1%加535 000日元；交易额在10亿日元以上的，佣金为交易额的0.075%加785 000日元。东京证券交易所对在该所上市的公司也指定了标准，即公司的纯资产价值必须在10亿日元以上，成立的时间不得少于3年，在东京范围内的公司不少于600万股，东京范围以外的公司不少于2 000万股，10个最大股东所拥有的股数上市时不得超过上市总股数的80%及上市一年后不超过70%，公司最近3年的盈利额应分别达到2亿、3亿和4亿日元等。

日本对证券的管理体制是模仿美国的体制建立起来的，有关证券方面的法律和机构也十分完善和健全。东京证券交易所直接在日本大藏省的监督下进行证券交易，大藏省为此还专门设立了证券局，证券局设一名总裁和副总裁若干名，其中一名副总裁兼任东京证券交易所的监理官。日本颁布的有关证券方面的法规有《证券交易法》、《证券投资公司法》、《证券投资信托法》和《担保公司信托法》等。

四、香港联合证券交易所

香港联合证券交易所是1986年由四家证券交易所合并而成。香港联合证券交易所也是伴随着英国的殖民入侵而产生的，随着19世纪50、60年代一些英国公司在香港的筹资活动和互换股份活动，香港当时确实需要一个进行股份交易的交易所。1891年，香港历史上第一个证券交易所——“香港股票交易经纪协会（又称香港股份总会）”宣告成立，1914年更名为“香港证券交易所”。1921年，香港又出现了第二家证券交易所“香港证券经纪协会”。1941年日本占领香港，这两家交易所被迫停业。第二次世界大战结束以后，这两个交易所又重新恢复营业，并于1947年合并。1969年12月，香港又成立了远东交易所（俗称“远东会”），由于该交易所摒弃了伦敦证券交易所的交易方式，采用了适合华人的交易规则和聘用华人为交易所的经纪人，使该交易所在香港获得了极大的成功，香港的金融业从此得以迅速发展。此后，金银证券交易所和九龙证券交易所分别于1971年和1972年先后诞生，香港从此出现了四家交易所并立的局面。20世纪80年代以后，香港的证券业走向成熟，根据香港政府1980年通过的《证券交易所合并法案》，上述四家交易所合并经营，叫香港联合交易所，并于1986年4月2日正式营业。香港联合证券交易所与香港期货交易所、香港中央结算公司于2000年3月6日宣布合并，成立香港新交所，又称香港交易及结算所有限公司，联合交易所、期货交易所和中央结算公司分别作为新交所的附属公司，合并后的联交所的股份的所有权与交易设施的使用权分开。

香港联合证券交易所是香港唯一获香港证监会批准设立的交易所，注册股本为1 200港元，分为1 200股，每股面值1港元，持有1股者为该交易所会员，截至2012年9月底，香港联合证券交易所共有会员568名，其中交易会员547名，非交易会员21名。香港联合证券交易所的最高权力机构是由13人组成的董事会。其中执行主席1名，执行董事兼集团行政总裁1名，非执行董事11名。董事会下设7个部门，即稽核委员会、投资顾问委员会、常务委员会、提名委员会、薪酬委员会、风险管理委员会和上市委员会。香港联合证券交易所在2006年翻新后设有294张交易台，交易场地面积为12 200平方尺。目前在该所上市的证券有近1 700种，其中80%为股票，20%为债券。尽管在该交易所工作的多为华人并符合华人的利益与要求，但由于香港直至1997年7月1日之前，仍为英国所控制，所以该交易所受英国证券交易所的影响较大，所以其交易所的管理机构、交易方式及法规与伦敦证券交易所极为相似。香港联合证券交易所一直都只进行现货交易，并于成交日后的第二天进行交割，交易单位1 000股，1995年9月以后开始进行股票期权交易。1993年以前，在香港联合证券交易所进行的交易是以手势进行的，用手势进行交易主要是通过交易所内的内部电话系统或面对面进行商议。为迎合市场的需求，1993年11月正式启用自动对盘系统交易各种证券，即通过电脑系统输入买卖订单，订单根据最好的价格和出入时间的先后次序，自动进行匹配和成交。在该交易所进行交易，客户须支付5%的佣金和3%的印花税，而对交易数目较大的老客户，交易所会酌情减低佣金的比例。

香港联合证券交易所有三大特点：一是外来资金相对其他发达国际证券交易所比重较大，因为香港证券市场是一个相当开放的市场，上市公司的一半以上都在香港以外的国家和地区注册，来自欧美及日本、新加坡等亚洲国家投资者的资金占该市场股票交易总额的25%左右；二是在该交易所上市的多数是经营商业、银行业和房地产的公司，这主要是与香港地域狭小，工业企业较少，而商业和金融业较发达有关；三是投机性较强，既价格波动较大，这主要与外来资金较多有关。申请在香港联合证券交易所上市的条件是：拟上市公司的市值不得少于1亿港元，必须具备在相应的管理阶层管理下不少于3年的营业记录，上市证券已发行的部分至少有25%为公众持有，公众所持股份的市值不少于5千万港币，而且必须有香港联合证券交易所的证券商、银行或其他香港联合证券交易所能接受的机构组成的保荐人进行保荐。

为了向外扩展业务，尤其是中国内地的业务，使恒生指数达到2万点的水平，香港联合证券交易所于1998年发表了名为《迈进新世纪》的三年策略性规划，其主要内容是：（1）吸引更多的公司上市；（2）再争取150家内地国企或红筹股上市，使国企和红筹公司总数达到250家；（3）逐步发展成为一个服务全面的证券市场，提供种类更平衡的产品组合；（4）晋身为亚洲区内的地区和环球证券离岸上市和买卖中心。香港联合证券交易所是目前世界上较有影响的交易所，截至2011年2月按交易额来看可排世界第8位，按交易所挂牌上市公司市值排名可排世界第6位。香港联合交易所与期交所、中央结算公司合并的目的也是为了以更加雄厚的资金开发先进的电子网络技术，扩大交易和交收系统的兼容能力，以近早实现“直通式”交易模式。

五、纳斯达克证券交易市场

纳斯达克（National Association of Securities Dealers Automated Quotation，NASDAQ）市场意为全国证券交易商协会自动报价系统。它是由美国全国证券交易商协会于1971年创建并管理的全球最大的场外交易市场。

纳斯达克市场由两个独立的市场组成，一个是为那些在财务、股本和管理等方面均符合标准的高科技企业提供融资的纳斯达克国家市场，另一个是上市条件更为宽松的小资本市场，即电子柜台交易市场（Over the Counter Bulletin Board，OTCBB）。电子柜台交易市场是由纳斯达克管理的股票交易系统，它是为还未达到在纳斯达克和纽约证券交易所上市条件的公司提供上市融资的市场，微软和思科等国际知识企业都曾在此上市融资。

纳斯达克证券交易市场既是最值得美国人骄傲的交易市场，它也是世界上唯一获得成功的创业板市场，纳斯达克证券交易所近两年来已成为炙手可热的网络等高科技企业上市筹资的场所。当然，也有些网络科技公司最初并没有选择在纳斯达克证券交易所上市，如大名鼎鼎的美国在线（American Online）当初并不看好纳斯达克，而是选择了纽约证交所。纳斯达克市场虽然没有像纽约、伦敦证券交易所那样有悠久的历史，但纳斯达克市场却抓住了发展机遇，30多年来，纳斯达克市场的交易额每年都在成百倍地增长，不仅是世界上最早实现电子化的证券交易市场，也是全世界发展最快的证券交易市场。纳斯达克市场在20世纪90年代中期以后，上市公司数量和成交量开始超过伦敦和东京证券交易所，甚至在很多方面超过了世界最大的纽约证券交易所，尤其是在此上市的公司数量最高时达到了5 500多家，远远超过纽约证券交易所，比纽约证券交易所和美国证券交易所上市公司数量的总和还多，1993～1997年间，在纳斯达克上市的公司占到美国三大交易所的56%。目前纳斯达克证券市场的日均成交量基本上保持在10亿股上下，使纽约证交所的8亿股左右大为逊色。纳斯达克证券市场已成为世界上仅次于纽约证券交易所的第二大证券交易所，缔造了后来居上的神话。目前全世界几乎所有的网络公司或高科技公司都企盼着在纳斯达克上市，其知名度远远盖过了纽约证券交易所，令美国在线的股东们后悔莫及。

1998年纳斯达克市场与成立于1921年的美国证券交易所合并，从而成为全球最先进、最有效和最具竞争力的证券交易市场。纳斯达克之所以极具竞争力，而且发展速度之快主要是由于它的特点决定的，这些特点主要包括以下几个方面：

1. 交易系统的先进性。纳斯达克市场在设计时就以实现全面的电子交易为发展目标，1971年设立后，纳斯达克市场就不断地向这一目标逼近，这一目标在1984年12月全面实现，即完整的自动电子交易系统，它采用高效的电子交易系统，在全球设置了26万台计算机销售终端，这不仅节省了交易成本，还大大提高了交易效率。

2. 全球化发展战略。全球化发展战略主要体现在两个方面，一是纳斯达克市场从创设之日起，就利用各种途径吸引来自世界各国的证券机构的投资基金参与市场运作，向位于世界各个角落的交易商、基金经理和经纪人传送市场内所有证券的报价和最新的交易信息。二是基金吸引外国公司到纳斯达克上市，截至2010年年底，在纳斯达克市场上市的公司中美国本土以外的公司占到了2/3以上。事实上，只有纳斯达克市场才是真正意义上的世界性证券交易市场。

3. 独到的做市商制度。在纳斯达克的市场上做市商与在其他市场上做市商有所不同，做市商可以不断地主持某一种股票的买卖，同时发布有效的买卖报价，买卖双方都无需等待对方的出现，只要有一方愿意同做市商进行交易。这种做市商制度使报价更趋于优化，同时大大提高了股票的流动性和成交的连续性。纳斯达克市场成就了许多证券公司，梅林、高盛、摩根·斯坦利等证券公司都是纳斯达克市场上的做市商，他们提高了纳斯达克市场的知名度。按照纳斯达克市场的规定，在这里上市的公司，至少同时有两家以上的做市商为其报价。在纳斯达克上市的公司，平均每家公司有 12 家做市商，有的多达 40 ~ 50 家。

4. 对在纳斯达克上市的公司条件要求较为宽松。如公司资产只要不低于 40 万美元，股东股本最低 200 万美元，公众持股量达到 10 万美元，发行市价 100 万美元，股东数量 300 人，最低递盘价 4 美元，做市商数目为 3 个。宽松的条件使科技含量极高和成长性极强的中小企业以及大量的非美国公司在这里上市，所以它是真正意义的全球性的并为高科技企业提供上市融资机会的股票交易所。

当然，纳斯达克市场也有退市制度，如果上市公司股票连续 30 个交易日股价低于 1 美元，市场要对其提出警告，警告后 3 个月股价仍未能回至最高美元以上的股票，则将其摘牌退至电子柜台交易市场，在电子柜台交易市场被摘牌的公司将退至粉单市场进行报价交易。粉单是私人投资并于 1991 年设立的全国行情局，为未上市的公司提供交易报价服务，粉单的监管也由美国证监会和纳斯达克市场负责。

自纳斯达克市场诞生以来，纳斯达克的神话风靡世界，从 1971 年成立至 1999 年 10 月纳斯达克综合指数上涨了 32. 66 倍，1999 年 12 月突破 4 000 点，从 3 000 点到突破 4 000 点只用了 38 个交易日，2000 年 3 月，纳斯达克综合指数又超越了 5 000 点的巅峰，当时的市值已达全球股票总市值的 1/5，其最高点曾达到了 5 046. 8 点，随后出现大幅度地调整，最低下探至 1 114. 11 点，此后基本保持在 2 000 点至 2 200 点之间，目前的市值只剩最高点时的 1/3 左右。2000 年纳斯达克市场的暴跌，随之而来的是融资功能的下降，其全球战略也严重受挫，宣布退出日本市场，而后又不得不关闭欧洲纳斯达克。2000 年的市场大幅度地下挫也促使纳斯达克市场实施改革，如调整公司的上市标准，注重上市公司质量和盈利能力，增加董事会的独立性和独立董事的权利，加强审计委员会的权力。把员工的股票期权排除在股东大会权利之外。

纳斯达克市场无论其面临的形势如何严峻，作为全球最活跃和最有影响的证券交易市场，其地位都是不容置疑的。因为它培育了美国一大批像微软（Microsoft）、英特尔（Intel）、戴尔（Dell Computer）、思科（Cisco）、雅虎（Yahoo）、电子海湾（Ebay）及亚马逊书店（Amazon）等众多高科技巨擘，为美国 20 世纪的最后 10 年经济的持续增长起到了助推器的作用。这也是美国经济持续增长最长的时期，被经济学家称为“近乎理想和完美的发展”，而这中间纳斯达克功不可没。纳斯达克的市场模式和制度正在成为其他国家创业板市场纷纷效仿的楷模。纳斯达克市场在今天的全球市场中仍然是影响最大和最具活力的证券交易市场。截至 2010 年，在纳斯达克股票市场上的外国上市企业中，有 156 家为中国企业，这一数量超过了以色列，使中国成为纳斯达克上市企业最多的国家。

第三节 中国证券市场

一、中国证券市场的产生与发展

证券市场是商品经济发展的产物。中国自改革开放以来，随着引入市场经济，证券市场已成为社会主义经济的重要组成部分。随着市场经济在中国的充分发展，中国证券市场从组织结构到法律规范正日趋成熟和完善。

（一）旧中国的证券市场

19 世纪中叶以后，随着中国沦为半封建半殖民地社会，英国等列强通过一系列不平等条约取得了在中国设厂、经商和发行证券等一系列特权。随后，他们便在中国兴办企业，并通过发行股票来筹集华人资金，如 1864 年设立的汇丰银行，1865 年设立的省港澳轮船公司等都公开向华人募集了大量的股份。随着外国公司在中国发行股票和债券数量的日益增多，中国的证券市场也随之产生。上海外商股票经纪人于 1891 年在上海组织成立了上海股份公所，它是中国的第一家外商经营的证券交易所，1902 年清政府又将其改组为上海众业公所。

在洋务运动的推动下，中国开始筹办自己的股份公司，其中最重要的要数李鸿章于 1872 年在上海筹办的轮船招商局。到 19 世纪末，通过募股设立的中国人自己经营的企业已达到将近 200 家，如天津火柴公司和南通大生纱厂等。随着以筹资办企业方式的兴起和股票发行数量的大幅度增加，出现了一些自发进行股票交易的固定场所，由于当时的股票持有者多为商人，如铁商、茶商、皮货商和商品经纪人，而且后来其中的很多人成为专门经营证券交易的商人，所以这些自发进行股票交易的场所一般是在这些商人经常出入的茶馆，如当时位于上海南京路上的惠芳茶栈。证券交易的日益普遍也促进了股份制企业的发展，到 1913 年年底，全中国各种形式的股份制企业达 992 家。为了规范证券交易，1914 年秋天，第一家由中国人自己经营的证券交易所在上海成立，即上海股票商业公会。中国股票交易从此从自发的茶馆交易转为有组织的集中交易。当时的上海股票商业公会实行会员制，最初的会员只有 15 家，会员需先缴纳白银 12 两作为公会的资本，以后每月缴纳 2 两作为会费。交易的方式仅限于现货交易。交易的标的为政府公债、铁路债券、公司股票和外汇等。为配合证券交易，1914 年 12 月 29 日，北洋政府还颁布了中国第一部证券法——《证券交易所法》，该法为证券交易所的设立和证券交易提供了法律依据。此后，全国的各大城市纷纷开设了证券交易所，1918 年北平证券交易所宣告成立，这也是中国第一家经政府正式批准设立的证券交易所；1920 年 5 月，原上海股票商业公会改组为上海华商证券交易所，这也是当时中国规模最大的证券交易所；同年 7 月 1 日，上海证券物品交易所也正式挂牌成立；天津于 1921 年也开设了天津证券物品交易所。随后证券交易所和信托公司如雨后春笋的出现在全国各地。到 1921 年年底，仅上海一市就有各类交易所 140 多家，而且股票的交易量陡增。但是，由于当时中国迅速发展的证券市场与落后的工商业不相适应，加之许多交易所和信托公司相互利用，致使股价奇高，远远高出上市公司的实际业绩，1921 年秋在全国出现的这一现象被称为股票交易风潮，这也是中国证券市场发展过程中出现的第一次高潮。1922 年 1 月，上海证券物品交易所突然宣布倒闭，引发了股价的急剧下滑，随之而来的便是证券交易所和信托公司的大量倒闭，仅在短短的两个月内，全国仅剩证券交易所十几家，其中上海仅剩六家，中国的证券交易从此跌入低谷。20 年代末至抗日战争前后，国民党政府发行了大量的收益较高的国债及国内经济的相对繁荣，刺激了中国证券市场的发展，于是出现了中国证券市场发展史上的第二次高潮。在此期间，为了抑制当时的投机风潮，1929 年 10 月，国民党政府颁布了新的证券法。日本投降以后，国民党政府最初想控制证券市场的证券交易，但由于社会闲散资金无正当出路，黑市交易禁而不止，于是国民党政府于 1946 年 5 月决定筹备成立上海证券交易所，并于当年 9 月 16 日正式开业。1948 年 2 月，天津证券交易所也宣布开业。由于国民党政府实行币制改革，推行金圆券，国内的交易所再度停业。1949 年 2 月，上海证券交易所再度恢复开业，但由于国民党军队节节败退，股价全面下跌，上海证券交易所于同年 4 月再次停业。此后，由于国内通货膨胀严重，造成未上市股票的厂外交易十分活跃，这一现象直至新中国的成立。

总之，旧中国的证券市场带有殖民地半殖民地的性质，这不仅表现在最早的证券交易所是外国人开设的，还表现在他们发行的证券在中国证券市场上占有十分重要的地位。此外，旧中国的证券市场仅限于上海和天津等发达的大城市，而其他一些小城市由于没有证券交易所，只能停留在柜台交易的水平上，而且中国的证券交易所停停办办，颇费周折。影响了中国证券市场的发展，这也与经济发展水平和接连不断的战争有关。

（二）新中国成立至改革开放前的中国证券市场

新中国成立之后初期，中国政府虽然实行国有化，把财政收支、资金管理和物资调拨统一在政府手中，并整顿旧中国遗留下来的各种经济组织和机构，但并没有关闭证券市场，而是采取利用证券市场的政策，来促进国民经济的恢复和发展。这主要体现在中央政府在关闭旧的证券市场的同时，又建立了新的证券市场。1949 年 6 月，新中国建立后的第一个证券交易所，即天津证券交易所，从此翻开了新中国证券交易所的历史。1950 年 2 月 1 日，北京也成立了证券交易所，随后上海也成立了新的证券交易所。这些证券交易所是按国家新的有关证券方面的法规设立的，其运作完全是在政府的严格控制下进行的，但只从事单一的现货交易，不做期货，并且不以盈利为目的。这主要是因为国家只利用证券市场来调节银根和产业结构，对经济进行宏观控制，即把证券市场看做是向社会主义过渡中可以利用的经济杠杆。新中国早期的中国证券市场在 1949 年至 1952 年期间，对恢复国民经济打击投机倒把和欺诈，稳定当时十分混乱的市场起到了积极的作用。但随着国有化的进程和计划经济体制的不断强化，证券市场的作用日益减弱，证券交易所也随即停止了交易活动。1952 年以后至 1978 年这一段时间，随着企业社会主义改造的完成，中国企业只剩下全民所有制和集体所有制两种形势，股份制在中国已不复存在，中国政府在 20 世纪 60 年代虽然也发行过债券，但发行的渠道是通过国有银行，而不是通过证券市场，而且不许上市流通。1952 年 7 月，天津证券交易所并入天津投资公司，证券交易所在中国从此消失。此时的中国证券市场应该说已名存实亡。

（三）改革开放之后的中国证券市场

从1978年改革开放至今，中国的证券市场大致经历了两个发展阶段。第一阶段是1978年至1990年。这一阶段中国的证券市场开始重新萌芽，这主要表现在以下三个方面：一是农村开始实行家庭联产承包责任制，农民的收入不仅大幅度增加，而且大量的农村劳动力从土地中解放出来，中国农村从此广泛合股集资并创办了一系列各种类型的乡镇企业，这些合股集资而成的企业虽然只是在花名册上登记或开具股金收据，不上市发行股票，但它毕竟是中国股份制经济的萌芽；二是在农村股份制经济的带动下，城市的股份制企业也应运而生，1984年北京天桥股份有限公司的成立成为中国第一家股份制企业，同年11月，上海飞乐音响股份有限公司率先向社会公开募集股票，从此成为中国首家公开向市场发行股票的企业，此后在北京、上海、西安、沈阳、广州、重庆等地出现了通过发行股票进行筹资的活动。三是恢复发行债券，1981年，中国政府发行了新中国诞生以来的首批国库券，1985年以后又相继发行了金融和建设等债券。中国证券交易在20世纪90年代以前，大都属于场外交易，而且多属地区性的，还没有形成真正意义的全国性证券交易中心。

第二阶段是从1990年开始至今，应该说它是中国证券市场的起步阶段。1990年12月，上海证券交易所正式挂牌营业，它是新中国成立后第一家按国际标准运作的交易所。上海证券交易所的成立不仅标志着在中国大地消失了38年的证券交易所又重新复生，而且还标志着新中国证券交易市场的诞生。此后，深圳证券交易所也在1991年7月宣告成立。中国证券市场从此进入了迅速发展时期，其主要表现在以下六个方面：

1. 证券市场从上海、深圳两地向全国各地延伸，通过计算机联网全国各地的投资者均可参与沪深两个市场的证券交易。从而形成了全国统一的现代化和规范化的证券交易市场。截至2010年12月31日上海证券交易所共有上市公司894家，深圳证券交易所共有上市公司1 169家。

2. 全国证券交易自动报价系统开通。该系统正式开通于1990年12月5日，它是以计算机联网为纽带，通过远程通信手段，来为全国的会员公司进行证券买卖提供即时报价、辅助成交、统一清算和交割的现代化综合服务。

3. 初步形成了中国证券市场的管理体系。例如，1991年，中国100家证券公司组成了中国证券业协会，财政部成立了国债协会，以及由中国人民银行、国家计委、财政部等参与组建股票联合审批办公室。

4. 中国政府及企业走出国门，开始在国际资本市场上发行各种国际债券和股票，即在国内发行B股来吸引外国投资，在国际金融市场上发行美元、日元、全球等国际债券筹资，在中国香港发行H股及在美国发行ADR（存托凭证）来筹资。

5. 有关证券方面的法规日趋完善。中国政府从1990年至今相继出台了有关规范证券市场方面的《中华人民共和国公司法》、《中华人民共和国国库券条例》、《股票发行和交易管理暂行条例》、《企业债券管理条例》、《国务院关于股份有限公司境外募集股份及上市的特别规定》、《关于严禁国有企业和上市公司炒作股票的规定》、《可转换公司债券管理办法》、《证券期货信息传播管理的若干规定》和《证券投资基金法》等。证券法规的健全和完善，也标志着中国证券市场走向成熟。

二、中国证券市场的对外开放

中国证券市场的对外开放主要体现在以下两个方面：

（一）发行B股

B股是指在中国境内注册的股份有限公司向境外投资者发行，在境内证券交易所以外币认购和进行交易的股票。B股股东的权利和义务与A股相同，其红利以人民币计算，但折成外汇汇出国外。B股是外国投资者目前在中国进行证券交易的主要方式。1992年2月1日，上海真空电子器件股份有限公司首次在上海证券交易所发行了总额为1亿元人民币的B股，这标志B股市场正式建立，也标志着中国证券市场正式向外资开放。B股的发行为中国的上市公司开辟了新的融资渠道，并促进了中国证券市场的进一步发展。

（二）外国证券公司进入中国

自1979年中国政府批准第一家国外银行在北京开设办事处以来，截至2010年年底，已有15个国家的106家境外机构获得合格境外机构投资者资格，有161家境外证券类机构和8家境外交易所设立了驻华代表处。与此同时，日本大和证券公司与中国最大的证券公司华夏证券公司共同建立了合资投资信托公司，中国人民银行、中国经济技术投资担保公司、美国摩根士丹利公司、新加坡政府投资公司、中国香港名力集团5家在1995年7月组成了中国国际金融有限公司，这也是中国第一家中外合资银行。随着中国证券市场的发展，中国于2001年下半年也开始着手研究QFII，并成立了QFII研究小组。2002年11月5日，中国人民银行和中国证监会联合发布了《合格境外机构投资者境内证券投资管理暂行办法》，对进入QFII的门槛等问题作了详细的规定。此后，国家外汇管理局要求境外合格投资者申请的投资额度不得低于等值5 000万美元的人民币，不得高于等值8亿美元的人民币。这标志着QFII制度在中国境内正式启动。在随后的几个月中，包括瑞银集团、野村证券、高盛等在内的众多境外大型金融机构纷纷向中国证监会递交资格申请并获得了批准。截至2009年12月31日，已有91家外资金融机构获得QFII资格，获准投资额300亿美元。外国证券公司进入中国证券市场不仅推动了中国证券市场的开放，也有助于中国企业和证券公司走向世界。

中国的证券市场是在中国经济体制改革的大背景下发展起来的。它与财政税收体制改革、金融体制改革、投资体制改革、外汇管理体制改革有着密切的关系。中国证券市场将会随着经济的发展和经济体制改革的深化，进一步得到发展和完善。

三、中国参与国际证券市场活动

（一）中国发行国际债券融资

中国经济的迅速发展引发了急需建设的交通、能源、通信等基础设施领域对资金的巨大需求，由于国际债券具有期限长和筹资数额大等优点，中国政府和企业从20世纪80年代初开始采用发行国际债券这一发达国家惯用的筹资方式。1982年1月，中国国际信托投资公司在日本东京市场上首次发行了100亿日元的私募债券，期限为12年，票面利率为8.7%，从而开创了中国利用国际证券市场筹集资金的先例。1983年8月，福建投资企业公司又在日本东京市场发行了50亿日元的私募债券利率为8.5%，期限为10年。1984年11月，中国银行首次在日本东京市场发行了200亿日元的公募债券。中国银行、中国国际信托投资公司和福建投资企业公司于1985年先后在东京、法兰克福、中国香港、伦敦和新加坡发行了10次国际债券。据统计，从1986年至1992年，中国先后在国际债券市场上总共发行过49次债券，筹资16.6亿美元。此后，中国利用国际债券市场融资的数额急剧上升，1993年中国的金融机构在国际证券市场上发行债券达21次，筹资共达28亿美元。1994年1月14日，财政部代表中国政府正式向美国证券交易委员会注册登记发行10亿美元的全球债券，并同时在美国、欧洲和亚洲销售，发行该债券的牵头机构是美国的美林证券公司，这也是中国首次进入美国资本市场。2004年12月，国家开发银行在银行间债券市场发行总量为4亿美元的首只浮动利率美元金融债券。之后国开行又于2005年10月在纽约成功发行10亿美元全球债券。2012年5月，中国石化集团公司成功发行30亿美元国际债券。该次发行在债券认购规模、单次发行额、发行价格等方面创造了中国企业境外发债的多项新纪录，不仅筹措了大量低成本资金，而且积累了境外债券发行经验。

从中国在国际证券市场已发行的债券情况看，中国发行的国际债券有如下特点：

1. 公募和私募相结合。中国发行国际债券是以私募债券的形式起步的，因为私募债券发行程序简单，不必因向地方政府报送“注册报告”与“募股说明书”待批而耗费时间。但由于私募债券不能在二级市场上市流通，所以中国同时也发行了审批手续复杂，但能在二级市场上挂牌交易的公募债券。

2. 发行主体多元化。中国发行国际债券的主体既有以政府名义出现的银行和金融机构，也有以政府或银行作担保的各类企业，从而开创了一个全方位、多层次的融资渠道。

3. 在内地注册和在中国香港注册的企业并举。即除上述境内注册企业发行国际债券融资外，在中国香港注册的中资公司，如海外发展、粤海投资、越秀投资等也通过发行可换股债券筹集资金。

4. 发行的国际债券的种类多样化。到目前为止，中国已发行的国际债券种类有扬基债券、武士债券、将军债券、欧洲美元债券、亚洲美元债券、欧洲日元债券、欧洲马克债券、全球债券、可换股债券（在中国香港市场上发行）等。债券种类的多样化不仅有利于扩大中国的筹资规模，而且可以减少利率和汇率风险。

5. 发行市场的分散化。中国国际债券的发行市场已由20世纪80年代的日本，扩展到20世纪90年代以后的欧洲、北美和亚洲各国。

利用发行国际债券进行融资，已成为中国利用外资的主要途径。中国政府和企业的国际债券融资对中国基础设施的建设及经济的迅速发展起到了明显的促进作用。

（二）中国企业海外上市融资

1. 中国企业海外直接上市

海外上市是中国企业走向世界的一个重要途径。进入20世纪90年代以后，随着中国证券市场的对外开放，中国企业也开始了到海外发行股票并直接上市的历程。目前，中国企业主要是通过在中国香港发行H股和在美国发行ADR（美国存托凭证）在海外直接上市的。

（1）发行 H 股

H 股是在中国内地注册的股份有限公司在境外发行上市的普通股的简称。1992 年 10 月，中国证券监督管理委员会确定了首批 9 家大型国有企业作为试点单位，在中国香港发行 H 股并上市。1993 年 6 月 19 日，中国证券监督管理委员会、香港证券及期货事务监察委员会、香港联合交易所、上海和深圳证券交易所在北京联合签署了《证券监督合作备忘录》，这为中国企业在中国香港上市奠定了法律基础。从 1993 年 6 月 29 日青岛啤酒股份有限公司最先在中国香港上市之后，至 1994 年 6 月 6 日东方电机股份有限公司正式在香港联合交易所挂牌上市，获准上市的 9 家中国内地企业共发行 55.06 亿 H 股，筹资达 116.81 亿港币。1994 年中国又安排了 22 家内地企业到中国香港上市。截至 2010 年年底，中国内地已有 163 家企业完成了在中国香港的上市工作。中国内地企业在中国香港上市，不仅为国内企业筹集了大量的资金，而且还促进了中国企业股份制的改革和中国股票市场的发展。

（2）发行 ADR

ADR（American Depositary Receipt）是美国存托凭证的缩写。它是指由美国存托银行发行的一种类似股票证书的可转让票据，它代表美国投资者对非美国公司、政府或美国公司的海外子公司发行证券的所有权凭证。具体地讲，在美国发行股票的外国公司将其股票，由承销商交由本国银行或外国在本国的分支机构保管，并以此为担保通知美国的存托银行发行股票存托凭证供美国投资者购买，美国投资者购买的存托凭证就是外国公司发行股票的凭证，投资者可将存托凭证上市转让或凭以领取股息。如果股票存托凭证是向全球投资者发行的，则称为全球股票存托凭证，即 GDR。

ADR 是因外国投资者在美国发行股票不便及美国投资者上市转让外国公司股票困难而产生的。ADR 的发行实际上是避开了美国法律对外国公司股票在注册手续、财务报表、会计准则、信息披露等方面的严格管辖，并为美国投资者购买并转让非美国公司的股票提供了便利。中国证券监督管理委员会在 1994 年所选定的第二批到海外直接上市的国有企业中，有华能国际电力、华能发电开发、东方航空、南方航空和天津钢管 5 家公司可以通过发行 ADR 到美国证券市场上挂牌上市。1994 年 4 月 28 日，中国证券监督管理委员会和美国证券交易委员会签订了《中美合作监管备忘录》，从而开始了两国股票投资领域的合作。中国山东华能国际电力公司于 1994 年 8 月 4 日以 ADR 方式在美国纽约证券交易所挂牌上市，成为新中国第一家在美国上市的公司。山东华能国际电力公司此次共发行 2 337.4 万股，约合 11.687 亿普通股，每股发行价格为 14.25 美元，共筹资 3.33 亿美元。此后，中国的有些公司将已发行的 B 股或 H 股转为 ADR 形式在美国上市，如上海的氯碱化工、上海轮胎橡胶和上海第二纺织等。也有的公司是在全球配售过程中将在美国发行的部分以 ADR 的形式配售上市，如上海石化股份有限公司等。中国企业将 B 股和 H 股转为 ADR 在美国发行，成为中国证券市场与国际接轨的又一途径。

2. 中国企业海外间接上市

中国企业海外间接上市主要有两种方式，即买壳上市和造壳上市。

（1）买壳上市。买壳上市是指一家或几家公司联合以现金或交换股票的形式，收购另一家已在海外证券市场上挂牌上市公司的部分或全部股权来取得上市地位。中国企业通过买壳上市融资始于1984年年初，但为数很少。20世纪90年代以后，通过该方式上市的中资公司有所增加，截至2012年10月10日，美国三大股市的“非美国公司股票”中，中资概念股有178只其中至少有一半以上都是通过“买壳上市”而来。例如，首钢在1992年收购了中国香港东荣钢铁公司51%的股权后，将公司更名为中国香港首钢国际公司，并募股集资达18亿港币。通过买壳上市筹资不仅可以注入资产来增加公司的实力，还可以避开一些东道国对外国公司上市的严格限制，并可以节省大量的时间。目前，虽然到海外买壳上市的中国企业必须经过中国证券监督管理委员会的批准，但买壳上市仍不失为中国企业国际化的一个最佳途径。

（2）造壳上市。造壳上市筹资有两种具体做法：一是一些企业通过在国际证券市场所在国或地区注册成立一家控股公司，对其内地企业进行控股，然后内地企业间接以控股公司的身份申请上市；二是国内企业与已上市的外国公司合并，通过增发新股或换股上市。这种做法实际上是中外合资企业海外上市的一种基本模式。

（三）中国企业对外证券投资

中国企业对外证券投资只是刚刚起步，最多不过10年的历史。1986年中国国际信托投资公司通过国际融资租赁的方式购买了澳大利亚波特兰铝厂11%的股份，以此开始了中国进入国际市场从事证券投资的历史。20世纪90年代以后，中国企业海外证券投资有所发展。1990年，中信香港集团收购了香港泰富发展有限公司49%的股份，并将该公司改名为中信泰富。香港泰富发展有限公司是一家在香港已上市的公司，中信香港集团收购了该公司后，利用其上市公司的地位进行了一系列的注册和收购活动，使中信泰富从1990年2月市值仅为7亿港币的小公司，到1994年发展成为一家市值400余亿港币的大公司。在中国企业从事海外证券投资的同时，中国的各主要金融机构也大力发展海外金融业务，尤其是注重海外证券业务的开展，截至2011年年底，政策性银行及国家开发银行设立6家海外机构参股2家境外机构；5家大型商业银行设立105家海外机构，收购或参股10家境外机构。其中中国工商银行已在34个国家和地区设立了252家境外分支机构。由于中国企业的经济实力所限，中国企业海外证券投资的规模远远小于中国企业的海外上市筹资活动，但中国企业从事海外证券投资活动却为中国企业跨国化开辟了又一重要途径。

四、中国的投资基金业

（一）中国投资基金业的产生与发展

中国的投资基金业产生于20世纪90年代初，虽然在20世纪80年代中期以后，一些专家曾提出了发展中国投资基金业的必要性和可能性，并发起设立了一些基金，但由于规模较小不足以形成市场，使中国的投资基金业仍处于理论探索阶段。1992年由中国农村发展信托投资公司等在山东淄博发起设立的乡镇企业投资基金，并于1992年得到中国人民银行的批准，成为中国第一家经法律认可的投资基金。随后各种类型的投资基金在沈阳、大连、海南、武汉、北京、深圳等地广泛出现。1997年11月14

日，国务院证券委员会发布了新中国成立以来有关投资基金设立、运作和管理的第一部法规——《证券投资基金管理暂行办法》，从此使中国的投资基金业步入规范化轨道。

从1991年至1997年年底，中国的投资基金业已走过了7年的历程，全国各地设立的各类投资基金达75只，基金凭证47个，募集资金总规模约76亿元人民币，基金市值近100亿美元，在证券交易中心上市的38个，并形成了以沈阳、大连、天津、武汉、上海、四川、浙江为中心的市场板块。1998年3月23日，开元和金泰两只投资基金分别获准在上海和深圳交易所上网发行，基金规模各为20亿元人民币，均采用契约型封闭式，存续期都为15年。开元和金泰两只投资基金是1997年《证券投资基金管理暂行办法》颁布后首次上市发行的基金，这两只基金的上市发行，标志着中国证券投资基金的正式启动，同时也迎来了"中国百姓投资基金热的高潮"。2001年9月，华安创新证券投资基金成立，成为中国第一只开放式基金。2002年以来，伴随着创新步伐的加快，中国基金市场进入了快速发展阶段，先后推出了债券型基金、指数基金、系列基金、货币市场基金、保本型基金，生命周期基金等创新基金，中国基金业资产规模和产品结构全方位的快速发展。2007年7月封闭式基金引入结构化产品，推出了创新型封闭式基金拓宽了基金产品的创新空间。在从1998年以来的13年发展历程中，中国投资基金经历了2001年至2005年的五年熊市，也经历了2006年至2007年的牛市（资产规模年增长分别为81.72%和282.52%），更经历了2008年市场暴跌（资产规模增长为-40.82%）之后的持续震荡。截至2012年3月31日，中国有72家基金管理公司管理资产规模达到3.14万亿元人民币。截至2012年6月，中国的基金份额持有人账户总数超过2.33亿，约有40%的城镇居民家庭参与基金投资。虽然经历了全球危机，普通投资者对基金的参与度并没有下降，基金份额较2007年10月股票市场高点时增长了45%并且创了历史新高。

（二）中国发展投资基金业的必要性

1. 企业所有制改革的需要

目前中国的大中型国有企业正进行股份制改造，企业的公有股份投资于投资基金，使股票在基金股东之间流动，即可避免大量公有股流入私人手中，又可实现公有资产的流动和增值，还可以解决公有股上市的难题，进而起到支持国有企业改革的作用。

2. 中小投资者的要求

在中国，存款仍然是城乡居民投资的主要渠道，他们把金融资产的80%以上用于银行储蓄，在中国的存款利率经过了三次下调之后，使城乡居民对银行存款失去兴趣。而今天的股市经过多次震荡之后再次陷入低迷，再加上他们缺乏专业知识以及没有足够的资料和时间去研究股市，这就令积蓄不多的中小投资者们望而却步。中小投资者渴望有一种收益较高、风险较低的投资工具，投资基金则能迎合这部分中小投资者的这一需要。

3. 稳定证券市场的需要

中国证券市场上的投资者一直以中小散户为主，中小散户在风云莫测的股市中只能更加注重短线投资，追涨杀跌，加剧了市场波动，导致中小投资者亏多赚少。投资基金使中小投资者的资金由散变为集中，进行理性投资。由于投资基金的规模大，作出投资决策前先运用其丰富的专业知识、经验及信息，对股市进行深入的研究和分析，并进行长线投资，不盲目投资，不跟风炒作。这不仅加强了投资决策的正确性，还降低了证券市场的投机成分，减缓了市场的异常波动，起到了稳定证券市场的作用。

4. 证券市场发展的需要

发达国家的证券市场不仅法规健全和规模庞大，而且还表现在品种的多样化和结构的合理性。发展投资基金不仅增加了投资市场上的投资工具，还可使证券市场的结构得以调整，从而达到增加筹资数量，发展证券市场的目的。

本章小结

国际证券市场是证券投资活动的重要场所，对国际证券市场是否熟悉，直接关系到证券投资的效益。本章重点介绍了国际证券发行市场和流通市场，证券交易所的类型，世界上著名的交易所，以及中国是如何利用国际证券市场进行融资的。本章的目的在于使学生熟悉国际证券市场，以利于其创造更高的投资效益。

思考与练习题

1. 什么是国际证券发行市场?
2. 什么是国际证券流通市场?
3. 国际证券流通市场分哪几种形式?
4. 证券交易所有哪几种组织形式?
5. 纽约证券交易所与纳斯达克市场有什么不同?
6. 中国企业是如何在海外证券市场上市融资的?

第七章　国际技术贸易

在当今的社会经济发展中，科学技术的地位日益重要。20世纪60年代以来，许多国家都把引进技术作为提高技术水平，加快经济发展，增强国力，提高本国商品在国际市场占有率的一个重要途径，国际技术贸易正逐渐成为国际经济合作活动的重要组成部分，并受到世界各国的普遍关注。

第一节　国际技术贸易概述

一、技术的含义

技术作为一种人类智慧的成果，应该是一种系统的知识，它是人类最宝贵的财富。目前，国际上对“技术”还未形成统一认识。由于对技术在认识角度上的差异，技术有狭义和广义之分。狭义的技术指的是那些应用于改造自然的技术，而广义的技术则是指解决某些问题的具体方法和手段。技术一词在不同的领域也有不同的解释，在社会科学领域，技术是指用于解决社会发展中所面临的问题的具体措施；而在自然科学领域，则被认为是解决生产领域问题的某种发明或技能。世界知识产权组织在1977年出版的《供发展中国家使用的许可证贸易手册》中，给技术下的定义是：“技术是指制造一种产品的系列知识，所采用的一种工艺或提供一项服务，不论这种知识是否反映在一项发明、一项外形设计、一项实用型或者一种植物的新品种，或者反映在技术情况或技能中，或者反映在专家为设计、安装、开办、维修、管理一个工商企业而提供的服务或协助等方面”。这是迄今为止国际上给技术所下的最为全面和完整的定义。实际上知识产权组织把世界上所有能带来经济效益的科学知识都定义为技术。

技术可以被划分为若干种，它是根据不同的标准划分的。技术按其作用来划分，可分为生产技术和经营技术；按形态划分，可分为软件技术和硬件技术；按其公开程度划分，可分为公开技术、半公开技术和秘密技术。

技术作为人类经验的总结和智慧的结晶，将会随着科学技术的进步而发展，人们也会借助于不断进步的科学方法来加深对技术的内涵和复杂性的认识。技术也将会成为人们认识自然、解决生产等领域所面临问题的最有力的武器。

二、国际技术转让与国际技术贸易

联合国在《国际技术转让行动守则草案》中，把技术转让定义为：“关于制造产品、应用生产方法或提供服务的系统知识的转让，单纯的货物买卖或只涉及租赁的交易都不包括在技术转让的范围之内。”国际技术转让是带有涉外因素的转让，是跨越国境的转让。

国际技术转让与国际技术移动不同，国际技术移动是指技术从一个国家向另一个国家的移动，即技术的位移，这种位移可以发生在不同国家或地区之间，也可以发生在同一国家内的不同地区之间。而国际技术转让是指一国技术的所有者将技术的所有权或使用权转让给另一国的其他人，即技术的所有权或使用权的转让。技术的所有权和使用权属于知识产权的范畴。

国际技术转让分有偿和无偿两种，有偿的技术转让是一种商业性的技术买卖，无偿的技术转让则属于非常性质的技术援助。凡是通过双边政府间的带有援助性的经济合作或科学技术交流等形式所进行的技术转让，属于无偿的或非商业性的技术援助；而通过贸易途径并以企业为交易主体的技术转让是属于商业性或有偿的技术转让。有偿的技术转让实际上是一种贸易活动，因此，有偿的国际技术转让也被称为国际技术贸易。

国际技术贸易的标的是技术，而技术是一种无形的商品。但在国际技术贸易的实际运作中，只有发达国家之间的技术贸易才会有单纯的软件贸易，而发展中国家在开展技术贸易时，由于技术落后和应用科学技术的能力较差，往往在进行软件贸易的同时，还伴随着硬件贸易，即引进技术与进口设备相结合。与此同时，许多发展中国家为解决资金的严重短缺，又往往将引进技术和设备与利用外资相结合。国际技术贸易在国际贸易中的地位日益重要，其实际操作也日益复杂。

三、国际技术贸易的产生与发展

技术在国际间的转让由来已久，早在公元6世纪，中国的养蚕和丝绸技术就曾通过丝绸之路传到中亚、西亚和欧洲各国。从10～15世纪，中国的造纸、火药、印刷术相继传到西方。16世纪初，德国的机械表制造技术和意大利的眼镜技术也先后传到日本和中国。16世纪以前，英国的技术水平还远远落后于欧洲大陆，英国的工业是在引进欧洲大陆先进的工匠技术的基础上发展起来的。但是，18世纪以前的技术转让还不属于现代意义上的技术贸易，这主要表现在两个方面：一个是转让的手段落后，国际间的技术转让主要是工匠技能的传播，而不是许可权的转让；二是传播的时间较长，中国的养蚕和丝织技术用了1800多年才传到欧洲，造纸、火药和印刷术传到欧洲也用了600多年。而意大利的眼镜和德国的机械表技术则分别用了300年和100多年的时间才传到日本和中国。

现代意义的技术贸易是通过技术的商品化，并伴随着资本主义商品经济的发展而逐步发展起来的。进入18世纪以后，随着工业革命的开始，资本主义的大机器生产逐步代替了封建社会的小农经济，这为科学技术提供了广阔的场所，并出现了以许可合同形式进行交易的技术贸易。19世纪以来，随着西方各国技术发展速度的加快和技术发明数量的不断增多，绝大多数国家都建立了以鼓励发明制造为宗旨的保护发明者权利的专利制度，这就促使以许可合同形式出现的国际技术贸易迅速发展。第二次世界大战以后，科学技术在经济发展中所起的作用日益重要，国际间经济上的竞争实际上表现为技术的竞争。为此，技术已作为一种特殊的商品成为贸易的主要对象，这就使第二次世界大战后的技术贸易额不断增加。20世纪60年代中期技术贸易的年成交额仅为27亿美元，20世纪70年代中增至110亿美元，到20世纪80年代中激增到500亿美元左右，

20 世纪 90 年代国际技术贸易的每年的成交额超过了 1 000 亿美元，进入 21 世纪以后，国际技术贸易额激增至 5 000 亿美元，国际技术转让已成为当今国际贸易的主要内容。

四、国际技术贸易的特点

科学技术是生产力已被世界各国所普遍认识，他们竞相开展国际技术转让活动。随着国际技术市场竞争的日趋激烈，国际技术贸易出现了以下特点：

（一）发达国家在国际技术市场上占有统治地位

长期以来，国际技术转让活动主要集中在发达国家之间进行，发达国家的技术贸易额占世界技术贸易额的 80% 以上，而且主要集中在美、英、法、日、德等少数几个国家，这 5 国的技术贸易额就占发达国家技术贸易总额的 90% 以上，这是因为他们既是技术的出口大国，也是技术的进口大国。近几年来，发展中国家的技术进出口无论在数量上还是在种类上都有了长足的发展，但他们在国际技术市场上的份额极为有限，一般不超过 10%，而且还局限在少数几个新兴的工业化国家。实际上发展中国家在国际技术市场上主要扮演的是接受者的角色，这主要与他们经济发展水平低和技术水平落后有关。

（二）软件技术在国际技术贸易中的比重日益提高

20 世纪 80 年代以前，国际技术贸易主要是通过引进和出口先进设备等硬件来进行的，以软件为交易对象的交易较少，进口国往往是以购买设备等硬件为目的兼买软件。进入 20 世纪 80 年代以后，这种状况发生了根本性的变化，以许可贸易形式进行的软件交易占据了主导地位，技术的进口国往往为了购买某项专利或专有技术而附带进口一些设备。尤其是发达国家间的技术贸易，软件技术的转让已占其技术贸易额的 80% 以上，其中美国的软件技术销售额每年递增 30% 以上。近几年来，发展中国家开始注重技术引进的效益，减少硬件技术的引进，软件技术正逐渐成为其技术引进的主要标的。

（三）发达国家的跨国公司控制着国际技术贸易

国际技术贸易不仅集中在少数几个发达国家，而且被这些国家的跨国公司所控制。据统计，西方国家的跨国公司控制着发达国家技术贸易的 80%，而发展中国家技术贸易的 90% 也控制在西方国家的跨国公司手中。这主要是与他们资金雄厚、技术力量强大、重视技术开发、并拥有众多的专利技术有关。正是因为跨国公司在技术贸易中的垄断地位，使他们在技术转让的谈判中处于有利地位，他们往往以垄断高价向发展中国家出售其技术，并附加一些诸如限制性采购等条件。跨国公司转让技术一般与资本输出和商品输出相结合，通过在东道国建立子公司或合资公司进行的。

（四）国际技术市场上的竞争日趋激烈

国际技术市场上的竞争主要表现为发达国家之间的竞争。美国的技术出口遍及全球，日本的技术市场主要是亚洲，法国多向非洲国家出口技术，东欧则是德国的技术市场。他们为了保持原有的技术市场或扩大其技术市场份额，都在不断地进行技术的开发。美国为保持其对尖端技术的垄断，严格控制本国先进技术的外流，并经常运用国家安全机密法和出口管制法来限制某些先进技术的出口。日本为保持自己在微电子技术等方面的领先地位，也加强了对技术出口的限制。与此同时，英、法、德三国也不甘寂寞，为了争取市场份额，他们经常联合开发与研究，如他们20世纪70年代合作研制的空中客车飞机已对美国航空技术的垄断地位提出了挑战。国际技术领域中的竞争正成为新一轮贸易战中的主要焦点。

第二节 国际技术贸易内容

国际技术贸易的标的是无形的技术知识，它一般包括受法律保护的专利技术、商标，以及不受法律保护的专有技术。

一、专利

（一）专利的含义

专利（Patent）最早起源于中世纪的英国，当时英国国王为鼓励发展国内产业，对引进外国技术的个人发给一种专利证，授予其使用该技术的独占权，但专利权仍属于国王，这实际是现代专利制度的雏形。现代专利是指专利主管机关依照专利法的规定，根据发明人的申请，经审查并在符合法律规定的条件下，授予发明申请人在规定的时间内对其发明所享有的一种独占实施权。专利就其内容来说应包括三个方面：一是独占的实施权，即在一定期限内，发明人对其发明所享有的独占实施权；二是受法律保护的发明创造，它包括发明专利、实用新型专利和外观设计专利；三是专利文献，它包括说明书、权利要求等。

（二）专利的种类

1. 发明专利

发明（Invention）不同于发现，发明是指对产品、方法或其改进所提出的新的技术方案。而发现则是揭示自然界已存在的但尚未被人们所认识的事物。发明一般有三个特征：其一，发明必须是一种技术方案，即用来解决某一具体问题的方案，如果不能在生产中被利用，则不能取得法律的保护；其二，发明是对自然规律的利用，即它是在对自然规律认识的基础上的革新或创造；其三，发明是具有最高水平的创造性技术方案，即比已有的技术先进。发明还有三种表现形态：一种表现为产品发明，它是指经过人们智力劳动创造出来的新产品，产品发明可以是一个独立的新产品，也可以是一个产品中的某一部件；第二种表现是方法发明，即制造某种物品或解决某一问题前所未有的方法；第三种表现是改进发明，即发明人对已有产品发明和方法发明所提出的具有实质性改革及创新的技术方案。

2. 实用新型专利

实用新型（Utility Model）是指对产品的形状、构造或两者的结合所提出的实用的新的技术方案。实用新型也具有三个特点：一是它必须是一种产品，如仪器、设备、日用品等；二是实用新型是一种具有形状的物品，如气体、液体或粉状的物质；三是实用新型必须实用。实用新型虽然是一种发明，但其技术价值较发明低，即对实用新型的创造性要求较低，其经济效益则不一定低于发明。实用新型亦被称为“小发明”。

3. 外观设计专利

外观设计（Design）是指对物的形状、图案、色彩或其结合所做出的富有美感并能应用于工业的新设计。形状是指平面或立体轮廓，即所占的空间形状，无固体形状的气体、液体及粉末状的固体不属于外观设计的范围。图案是指作为装饰而加于产品表面的花色图样、线条等。色彩是指产品表面的颜色。美感是指其形状、图案、色彩等所具有的特点，很多国家对外观设计不要求其具有美感。外观设计往往是外形、图案和色彩三者结合后所产生的富有美感的外表或形态，而不涉及产品的制造和设计技术。

（三）专利的特点

专利是一种无形的财产权，具有与其他财产权不同的特征，即专利具有专有性、地域性、时间性和实施性四个特征。

1. 专有性

专有性也称独占性或排他性。专有性是指同一发明在一定的地域范围内，其专利权只能授予一个发明者，做出同一发明的其他人不能获得同一发明内容的专利权。发明与物质生产不同，在物质产品的生产中，每生产一份新产品就能生产一份新的财产，而技术发明是一项能被普遍应用的解决某一问题的新的技术方案。重复研制不能产生新的使用价值和增加新的财富，重复以前的发明也不能被称之为发明。发明人被授予发明专利权后，其在一定的期限内享有独立制造、使用和销售权，其他人如欲使用，必须征得专利权人的同意，否则属于侵权行为。

2. 地域性

专利权是一种有地域范围限制的权利。除有些情况下依据保护知识产权的国际公约，以及个别国家承认另一国批准的专利权有效以外，技术发明在哪个国家申请专利，就由哪个国家授予专利权，而且只在专利授予国的范围内有效，对其他国家不具有法律约束力，即其他国家不承担任何保护义务，其他人可以在其他国家使用该发明。但是，同一发明可以同时在两个或两个以上的国家申请专利，获得批准后其发明便可在该国受到法律保护。

3. 时间性

专利权还是一种具有时间性的权利，专利权的有效保护期限结束以后，发明人所享有的专利权便自动丧失，一般不能续展，发明便成为社会公有的财富，其他人可以自由地使用该发明制造产品。目前，世界各国的专利法对专利的保护期限规定不一，一般为10～20年，中国的专利法对发明专利的保护期限规定为20年，对实用新型专利和外观设计专利的保护期限规定为10年。专利的保护期限是以专利权人履行交费义务为前提的，如果专利权人没按规定履行其交费义务，即使在法律规定的专利保护期限届满前，其专利权也告丧失。

4. 实施性

对发明者所得到的专利权，除美国等少数几个国家以外，大多数国家都要求专利权人在给予保护的国家内实施其专利，即利用专利技术制造产品或转让其专利。

（四）授予专利权的条件

1. 授予发明专利和实用新型专利的条件

根据世界各国专利法的规定，授予专利权的发明和实用新型必须具有新颖性、创造性和实用性。

（1）新颖性

新颖性是指在提出专利申请以前，尚未有过的发明或实用新型。判断发明和实用新型是否具有新颖性一般依据以下三个标准：

① 时间标准。多数国家在时间标准上采用申请日原则，即发明和实用新型在申请日以前没有公开过，也就是说没有其他人向专利的授予机构就相同内容的专利或实用新型提出过专利申请。也有少数国家以发明的时间为准，即专利权授予技术的最先发明者，而不是最先提出申请的人。

② 地域标准。目前，世界各国所采用的地域标准有三种：一种是世界新颖，即发明或实用新型必须在全世界任何地方未被公开或未被使用过，英国、法国、德国等均采用世界新颖；第二种是国内新颖，即发明或实用新型在本国范围内未被公开和使用过，澳大利亚、新西兰和希腊等国则采用国内新颖；第三种是混合新颖，即发明或实用新型从未在国内外出版物上发表过，并从未在国内公开使用过。中国、美国、日本等采用混合新颖。

③ 公开的形式标准。世界各国专利法都规定，一项发明或实用新型必须是从未以任何形式为公众所知，否则将失去新颖。

（2）创造性

创造性是指申请专利的发明和实用新型与已有的技术相比具有实质性特点和显著的进步。已有的技术在这里是指专利申请日之前已公开的技术；实质性的特点是指申请专利的发明和实用新型与已有的技术相比有本质性的突破；显著的进步则是指发明或实用新型克服了已有技术的某些缺陷和不足，并取得了较大的进步，如降低了原材料的消耗和成本，或提高了劳动生产率等。在实际操作中，创造性比新颖性更难评判，但判断发明的创造性和新颖性是有本质区别的，前者是对发明的技术质量进行判断，即发明比已有技术的先进程度和创造程度，而后者则是判断发明是否已包括在已有技术之中，只要没包括在已有技术之中，不管其创造程度或先进程度如何，均被认为具备新颖性。

（3）实用性

实用性是指发明或实用新型能够在产业上制造或使用，并且能产生积极的效果。这里的产业不仅包括工业、农业、矿业、林业、渔业和牧业，还包括运输和金融等服务性行业。在产业上能够制造和使用是指能在生产中制造和使用，并能多次和反复地进行制造和使用。能够产生积极的效果是指能提高劳动生产率，节省劳动力，改进产品的质量，否则，发明创造就没有任何价值。实际上，实用性既是发明创造的技术属性，也是发明创造的社会属性。

2. 授予外观设计专利的条件

授予外观设计专利的条件与授予发明和实用新型专利的条件有所不同，外观设计应在申请日以前，没在国内外出版物上公开发表过或没在国内公开使用过，即出版公开应以世界新颖为准，使用公开则以国内新颖为准。此外，外观设计也必须具备创造性和实用性，而且有些国家还要求外观设计富有美感。

3. 不授予专利的发明创造

为促进社会经济的发展，维护良好的社会秩序和公共道德，各国都对一些阻碍社会进步，有损社会公德的发明制造不授予专利。目前，世界上大多数国家都不对以下发明授予专利：

（1）科学发现，如不具有应用于工业的纯科学原理和理论；

（2）智力活动的规则与方法；

（3）疾病的诊断与治疗方法；

（4）化学物质；

（5）饮食品和药品；

（6）动植物品种；

（7）用原子核变换方法获得的物质。

二、商标权

（一）商标的概念及其作用

商标（Trade Mark）是指生产者或经营者用以标明自己所生产或经营的商品，与其他人生产或经营的同一商品有所区别的标记。商标可以用文字、图形、字母、线条、数字或颜色单独组成，也可以是由上述几种形式结合在一起组成。

商标是商品经济的产物，在当代经济生活中它具有以下作用：

1. 区别商品的生产者、经营者、服务者、进货来源及档次

同一类商品往往有若干家生产者、经营者或若干个产地。消费者可以通过商标来辨别商品的产地、经营者或生产者，以便于消费者精心选购其心目中的名牌产品及有良好信誉的生产者或经营者的产品。此外，商标往往还能说明产品的档次，如汽车中的奔驰和宝马代表德国产的高档车，而丰田则代表日本产的中档车。

2. 代表商品质量和服务质量

消费者总是把商标和产品质量联系在一起，消费者心目中的著名商标是逐渐树立起来的，并以长期保持高质量和周全的售后服务赢得的。因此，商标一般是产品质量的象征和生产企业的商誉。在目前的国际贸易中，有很大比例的交易是凭商标进行买卖的。

3. 有助于商品和服务的广告宣传

一个好的商标设计，往往图形醒目，文字简练，便于消费者识别和记忆。用商标做广告，其效果远比冗长的文字说明要好，可使消费者对商品的质量、性能、用途、式样、耐用程度等有一个完整而又美好的印象，从而加深消费者对该商品的印象，增加消费者对该商品的购买欲望。

（二）商标的种类

随着科学技术的发展，产品品种的不断丰富，以及商标制造技术的日益进步，商标的种类也在增多。商标从不同的角度可划分为不同的类别。

1. 按商标的构成要素可分为文字商标、图形商标和组合商标。

（1）文字商标

文字商标指的是由文字组成的商标。文字一般包括中文、外文、汉语拼音、字母或数字等。如太阳神口服液、万宝路香烟、可口可乐饮料和三五香烟等均属文字商标。

（2）图形商标

它是由几何图形、符号、记号、山川、建筑图案、日用品、动物图案等组成的商标。如北京蜂王精营养补剂的商标就有一只蜜蜂图案。

（3）组合商标

组合商标是由文字和图形两部分组合而成，如羊城牌围棋的商标上有“羊城”二字和一只山羊，并有一个围棋棋盘。

2. 按商标的使用者可分为制造商标、商业商标和服务商标。

（1）制造商标

制造商标是商品的制造者使用的商标，这类商标代表着企业的商誉和产品的质量。商品上的商标多属这类商标，如索尼电器和北京的天坛家具等。

（2）商业商标

商业商标是商品的销售者使用的商标。这类商标往往是享有盛誉的商业企业使用，如中国外贸公司出口茶叶使用的“龙”商标，天津粮油进出口公司出口葡萄酒使用的“长城”商标，以及日本三越百货公司使用的“三越”商标。

（3）服务商标

服务商标是旅游、民航、运输、保险、金融、银行、建筑、维修等服务性企业使用的商标，如中国民航使用的“CAAC”和中国人民保险公司使用的“PICC”等。

3. 按商标的用途可分为营业商标、等级商标和证明商标。

（1）营业商标

营业商标指的是以生产或经营企业名字作为商标，如“同仁堂”药店、“盛锡福”帽店、“六必居”酱菜园、“狗不理”包子铺等，这类商标有助于提高商标或企业的知名度。

（2）等级商标

等级商标是同一企业根据同一类商品的不同质量、规格等而使用的系列商标。这种商标在国外使用的相当普遍，如瑞士手表，“劳力士”为最高档次的手表，“浪琴”为二级表，“梅花”为三级表，“英纳格”则为四级表。

（3）证明商标

证明商标又称保证商标，它是指用于证明商品原料、制造方式、质量精密度或其特征的商标，如绿色食品标志、真皮标志、纯羊毛标志、电工标志等均属于证明商标。

（三）商标权及其内容

商标权是指一国的商标主管部门根据商标申请人的申请，经核准后，授予商标申请人的一种商标专用权。商标权是一个集合概念，它包含以下四方面内容：

1. 使用权

即只有商标的注册人才是该注册商标的合法使用者。

2. 禁止权

商标所有人有权向有关部门提请诉讼，请求停止他人的侵权行为，可要求侵权人赔偿其经济损失，并追究侵权人的刑事责任。

3. 转让权

商标所有人可以将商标的所有权有偿或无偿转让给他人，并放弃一切权利。

4. 许可使用权

商标所有人可以以有偿或无偿的方式许可他人使用自己注册的商标。

（四）商标权的特征

商标权也是一种受法律保护的无形资产，并属于知识产权的范畴。它一般具有以下特征：

1. 独占性

独占性是指商标是其所有人的财产，所有人对其享有排他的使用权，并受到法律保护，其他人不得使用。商标的独占性一般表现在两个方面：一是所有人享有在核定的产品上独家使用权，未经所有人的同意，其他人不得乱用或滥用；二是商标所有人享有禁止权，即其他人不得将与商标所有人的注册商标相同或近似的商标用于同一类或类似的商品上。商标权只能授予一次，其他人在一种或类似商品上再提出相同或近似商标的使用申请，则得不到国家主管机构的授权。

2. 时间性

商标权的保护有时间限制，一般为10～15年，中国为10年。但与专利权所不同的是，在商标保护期届满时，可以申请续展，而且对续展的次数不加以限制。只有在商标权所有人按期交纳费用并按期办理续展手续的前提下，方可永远保持商标的所有权。

3. 地域性

商标权的所有人，只在授予该商标权的国家境内受到保护。如果商标权想要在其他国家得到同样的保护，商标的所有人必须依法在其他国家申请注册，才能得到当地法律的保护。

三、专有技术

（一）专有技术的概念

专有技术来自英语中的Know-how，其意为“知道怎么干吗”？该词在20世纪五六十年代首先出现于英国和美国，目前在世界上已被广泛承认和使用。至于对专有技术的理解，国际上还没形成统一的认识。世界知识产权组织在其1972年制定的《发展中国家保护发明示范法》中，对专有技术所下的定义是：“所谓专有技术是指有关使用和运用工业技术的制造方法和知识。”国际商会在拟定的《关于保护专有技术的标准条款的草案》中，把专有技术定义为：“实施某种为达到工业生产目的所必须具有的秘密性质的技术知识、经验或其积累。”专有技术一般包括知识、经验、数据、图纸、配方、技术资料等。它既涉及工艺、技能、制造和加工标准，也涉及制造、使用和维修的程序等。专有技术实际上是没有申请专利的知识产权，专有技术的所有人依靠自身的保密手段来维持其所有权，因而专有技术又被称为秘密技术。

第二次世界大战以后，尤其是20世纪六七十年代以来，随着技术贸易的迅速发展，专有技术的转让数量占国际技术贸易量的比例日益提高，甚至超过了专利技术的交易量。例如，在中国引进的技术中，90%以上都属于专有技术。专有技术虽然是不受法律保护的秘密技术，但却能用于工业生产和服务等行业，它对社会经济的发展有着重要的实用价值。

（二）专有技术的特征

专有技术不像专利技术和商标一样经过法律的认可而得到保护，它是一种非法定的权利，因此，它往往具有以下特征：

1. 保密性

专有技术是不公开的，没经法律授权的秘密技术。凡是以各种方式为公众所知的技术都不能称为专有技术，由于专有技术没经法律程序授权得到保护，因此，专有技术的所有者只能依靠自身的保护措施来维持其技术的专有权。如美国可口可乐公司研究出可口可乐的配方后，没去申请专利，而是将配方分为两部分，总经理和总工程师各持其中的一部分，以此为手段将可口可乐的配方从1886年保持至今。专有技术往往也会因保密措施不当而变为公开技术，从而丧失其商业价值。专有技术之所以没有取得专利权主要有两方面原因：一方面是它不具备取得专利权的条件；另一方面原因是专有技术虽然具备取得专利权的条件，但专有技术的所有者愿意自行保密而没去申请专利。因此，专有技术的范围比专利技术更为广泛。

2. 经济性

专有技术也是人类智慧的结晶，但它也必须能应用于生产和服务等行业，当然也会产生经济效益。否则就称不上技术，也不会成为技术贸易的标的。专有技术的经济性在形态上，既可以是从产品的开发到最终制成制成品的总体系列技术，也可以是以一项或几项产品的配方、工艺或产品设计方案为主的单项技术。

3. 可传授性

专有技术作为一种技术必须能以言传身教或以图纸、配方、数据等形式传授给他人，而不是依附于个人的天赋条件而存在的技术。

4. 历史性

专有技术不是研究人员灵机一动而产生的，而是经过多年的经验积累总结出来的，这一过程往往需要很长时间。随着经济和科学技术的发展，专有技术的内容也会随之丰富和发展，但有些专有技术也会随着替代技术的问世而被淘汰。

（三）专有技术与专利技术的区别

专有技术与专利技术一样，都是无形资产和人类智慧的结晶，都能应用于工业生产和服务等行业，并且都具有一定的商业价值。但它们也有以下几个区别：

1. 法律地位不同

专利技术是经过法律程序得以授权，并受法律保护的技术；而专有技术是由于某种原因未申请专利或不能取得专利的技术，它因此不受法律保护而靠自身的保护来维持其所有权。

2. 技术内容的范围不同

专有技术内容的范围比专利技术宽。世界各国都对授予专利的技术领域作了限定，不是所有的技术都能申请专利。此外，技术的所有者在提出专利申请时，必须用文字对技术作出详细的介绍，这就等于公开了其技术，并往往容易被他人窃用。为此，专利的申请者一般只将技术中容易被别人仿造的部分申请专利，而把技术的核心部分自我进行保密。总之，专有技术的内容不仅包括各种能授予专利权的生产和服务等行业的技术，而且还包括不能授予专利权的管理、经营等方面的技术。

3. 存在的时间不同

专利技术受法律保护的时间是有限的，一般最长为 20 年，而且不能续展。而专有技术不受时间的限制，即在技术不过时的情况下，只要保密工作做得好，可以永远作为技术而存在，如可口可乐的配方作为专有技术已保密 100 多年了。

第三节　国际技术贸易方式

技术作为商品是无形的。因此，技术贸易的方式与有形商品贸易的方式相比有很大的不同，技术贸易虽然不经过租船、报检、报关、装运、投保及验收等有形商品贸易的履约程序，但往往要涉及有关国家的法规、国际公约及众多的技术人员，并常常伴随着设备及原材料等有形商品贸易。技术贸易从交易的开始到交易的结束一般需要很长一段时间，因为技术贸易的内容和方式极为广泛和复杂。目前，国际技术贸易的主要方式有许可证贸易、技术服务、合作生产与合资经营、工程承包、补偿贸易等。

一、许可证贸易

（一）许可证贸易的概念

许可证贸易（Licensing）亦称许可贸易。它是指技术的提供方与接受方之间签订的，允许接受方对提供方所拥有的技术，享有使用权及产品的制造权和销售权。许可证贸易的核心内容是转让技术的使用权，以及产品的制造权和销售权，而不是技术的所有权。许可证贸易都是有偿的。

许可证贸易是目前国际间进行技术转让的最主要的方式。随着科学技术的进步，新技术的不断涌现，以及技术在经济发展中的作用日益明显，各国都把引进技术作为当务之急。而技术的提供方为了获取高额利润，或绕过贸易壁垒，或开拓新的技术市场，不断以有偿许可的方式来出让技术的使用权，这就促使许可证贸易在全球范围内得以迅速发展。

（二）许可证贸易的种类

1. 按交易的标的可分为专利许可、专有技术许可、商标许可和综合许可。

（1）专利许可

专利许可是指将在某些国家获准的专利使用权许可他人在一定的期限内使用。专利许可是许可证贸易的最主要的方式。

（2）专有技术许可

专有技术许可是指专有技术的所有人在受让人承担技术保密义务的前提下，将专有技术有偿转让给他人使用。保密条款是专有技术许可合同的主要条款，双方应以该条款中就保密的范围与期限作出规定。在转让专有技术时，许可方有义务帮助受让人掌握受让的技术。

（3）商标许可

商标许可是指商标所有者授予受让人在一定的期限内使用其商标的权利。由于商标涉及企业的商誉，因此，许可方对受让人使用该商标的商品质量有严格的要求，并对使用该商标的商品质量有核准和监督权。

（4）综合许可

即技术的所有者把专利、专有技术和商标的使用权结合起来转让给他人使用。许可证贸易大多属于综合许可，单纯以专利、专有技术或商标为标的的许可交易则很少。

2. 按授权的范围可分为普通许可、排他许可、独占许可、分许可和交叉许可。

（1）普通许可

普通许可是指许可方将技术和商标的使用权、专利产品的制造权和销售权，授予被许可人在一定的地域或期限内享用。许可方在该地区仍享有上述权利，及将上述权利转让给该地区第三者的权利。

（2）排他许可

排他许可是指许可方将技术和商标的使用权、专利产品的制造权和销售权，转让给被许可方在一定的地域或期限内享用。许可方虽然在该地域内仍享有上述权利，但不得将上述权利转让给该地区的第三者享用。排他许可也称全权许可。

（3）独占许可

独占许可是指许可方将技术和商标的使用权、专利产品的制造和销售权，转让给被许可方在一定的地域或期限内享用，许可方不仅不能在该地域内将上述权利转让给第三者，就连许可方自己在该地域内也丧失了上述权利。

（4）分许可

分许可亦称可转售许可。它是指许可方将其技术和商标的使用权、专利产品的制造和销售权转让给被许可人在一定的地域或期限内享用以后，被许可方还可以将所得到的上述权利转让给其他人使用。

（5）交叉许可

交叉许可又称互换许可。它是指许可贸易的双方将各自所拥有的技术和商标的使用权、专利产品的制造和销售权相互交换，互相许可对方享用其上述权利。交叉许可交易既可以是普通许可，也可以是排他许可或独占许可。

二、技术服务

技术服务是伴随着技术转让而进行的。目前，国际上出现了很多以提供信息、咨询、技术示范或指导为主的技术服务性行业。他们主要是通过咨询服务和人员培训来提供技术服务的。

咨询服务的范围很广，如帮助企业进行市场分析和制定行业发展规划，为项目投资进行投资前可行性研究，为项目施工选择施工机械，对企业购置的设备进行技术鉴定，为大型项目提供设计服务等。人员培训是指技术服务的提供者为生产企业所需的各类技术人员进行专业培训，培训的方法既可以让需要培训的人员到技术服务的提供国接受集中而又系统的培训，也可以由技术服务的提供方派专家到技术服务的接受方所在国进行讲学，或进行实际操作示范。技术服务与许可证贸易不同，它不涉及技术使用权与所有权的转让，而是技术的提供方用自己的技术和劳动技能为企业进行有偿服务。

三、合作生产与合资经营

合作生产指的是两个不同国家的企业之间根据协议，在某一项或某几项产品的生产和销售上采取联合行动并进行合作的过程。而合资经营则是两个或两个以上国家的企业所组成的共同出资、共同管理、共担风险的企业。合作生产与合资经营的区别在于，前者强调的是合作伙伴在某一领域合作中的相互关系，而后者主要强调企业的所有权及其利益的分享和亏损的分担问题。不管是合作生产还是合资经营，技术在合作生产或合资经营过程中实现了转让。在合资经营过程中，一方一般以技术为资本来换取效益和利益，而另一方无论以什么形式的资产为股本，都成为了技术的受让者。合作生产的内容比合资经营更为广泛，既可以是项目合作、开发合作、生产合作，也可以是销售合作。在生产合作的过程中，其中的一方实际上是以获取技术要素为宗旨，以提高其产品质量及增强企业实力为目的。利用合作生产或合资企业经营来引进国外先进技术，已成为世界各国的普遍做法。

四、国际工程承包

国际工程承包也是国际技术转让活动的一种形式。它是指通过国际间的招标、投标、议标、评标、定标等程序或其他途径，由具有法人地位的承包人与发包人之间，按一定的条件和价格签订承包合同，承包人提供技术、管理、材料，组织工程项目的实施，并按时、按质、按量完成工程项目的建设，经验收合格后交付发包人的一项系统工程。工程承包方式适用于大型的建设项目，如机场、电站和各类生产线的新建或扩建等。这类项目不仅规模大，而且伴随着技术转让问题。在施工中，承包商将使用最新的工艺和技术，并采购一些国家的先进设备，有些项目还涉及操作人员的技术培训，生产运行中的技术指导，以及专利和专有技术的转让。由于目前的国际工程承包活动盛行交钥匙工程及建设—经营—转让（BOT）等方式，这就使国际工程承包中技术转让的内容十分广泛。现在许多国家都想通过国际工程承包活动来带动本国企业的技术改造。

五、补偿贸易

补偿贸易是指在信贷的基础上，一国企业先从国外厂商那里进口技术和设备，然后以回销产品或劳务所得的价款，分期偿还外商提供的技术和设备的价款。补偿的具体方法大致可分为五种：第一种是直接补偿，即以引进技术和设备所生产出的产品返销给对方，以返销所得的价款补偿；第二种是用其他产品补偿，即技术和设备的进口方不是以进口的技术和设备产出的产品，而是以双方约定的其他产品补偿；第三种是以进口的技术和设备产出的产品所获取的收入补偿；第四种是以提供劳务的形式补偿，即技术和设备的进口方以向出口方提供一定量的劳务来补偿其进口技术和设备的价款；第五种是混合补偿，即技术和设备的进口方一部分以直接产品，一部分以其他产品或现汇或劳务来抵偿进口技术和设备的价款。补偿贸易也是发展中国家引进技术的一种途径。因为在补偿贸易方式下，技术和设备的出口方向进口方提供信贷，这正好解决了急需技术和设备的发展中国家的资金问题。通过补偿贸易，一些老企业得以进行技术改造，填补了进口国的某些技术空白，增强了进口国的出口创汇能力，进而推动进口国技术的进步和经济的发展。

第四节　国际技术贸易的价格与支付

一、技术的价格及其决定因素

（一）技术价格的概念

技术是有价值的，技术的价格也是以技术的价值为依据的，但技术的价格与其价值并不相符。技术的价格实际上是技术的接受方向技术的提供方所支付的全部费用，同时也是双方对超额利润和新增利润的分成。

（二）技术价格的决定因素

不管是什么技术，其价格总是在不断变化的。技术价格的确定及波动幅度一般取决于以下几个因素：（1）技术的研究开发成本。研究开发成本高的技术，其价格便较高，否则则较低。（2）技术的市场需求。市场需求大的技术，其价格则较高，否则则较低。（3）技术的成熟程度。引进后便能使用的成熟技术，其价格便较高，引进后还须进一步开发试验才能使用的技术价格则应较低。（4）技术的生命周期。生命周期长的技术价格较高，很快会被淘汰的技术价格较低。（5）支付方式。是一次性支付还是分期付款都会影响价格，前者的价格一般较低，后者的价格一般较高。（6）谈判的策略与技巧也直接影响着技术的价格。

二、技术价格的构成

技术价格一般由以下三个部分构成：

（一）技术的研究开发成本

这部分成本主要包括研究开发技术时所消耗的物化劳动和活劳动，它大约要占技术价格的60% ~70% 。

（二）增值成本

即技术的提供方为转让技术而支付的各种费用，如派出谈判人员、提供资料和样品、培训人员、签订合同、提供技术指导及管理等费用。

（三）利润补偿费

即由于技术的转让使技术的提供方在技术的受让国市场或第三国市场，失去该技术产品的市场份额而蒙受利润损失所应得到的补偿。

三、技术转让费的支付

技术贸易的支付方式与商品贸易有所不同，目前国际上通行的技术转让费的支付方式大致有以下三种：

（一）总付

总付是指双方在签订技术转让合同时，确定一个总价格，然后由受让方一次性或分期支付。这种支付方法虽然价格明确，但由于利润与收益无关，使技术的买方难以得到卖方的技术帮助，从而使技术难以发挥最大的效益。同时也使卖方丧失了因利润增加而获取额外利润的机会。

（二）提成支付

提成支付是双方签订技术转让协议时，不确定技术的总价格，而是规定根据所转让的技术投产后的实际经济效益，在一定的偿付期限内按一定的比例提取技术转让费的一种方式。提成支付可按销售额、利润或产量提成。

（三）入门费加提成费

入门费加提成费是总付和提成支付两者相结合的支付方式。它是在双方签订了技术转让协议之后，技术的受让方按协议规定，先向技术的提供方支付一笔款项，即入门费，然后在转让的技术投产以后，按销售额、利润或产量提成支付。入门费加提成费支付是目前国际技术转让中使用最多的一种支付方式。

第五节　知识产权的国际保护及《与贸易有关的知识产权协议》

一、保护专利的国际公约

（一）《巴黎公约》

《巴黎公约》是《保护工业产权的巴黎公约》的简称，它1883年签订于法国的巴黎，1884年生效，先后经6次修订，最后一次修订是1967年的斯德哥尔摩文本。中国于1985年3月19日成为该公约第95个成员国。截至2012年3月，成员国已达174个。迄今为止，《巴黎公约》是世界上参加国最多和影响最大的一个保护知识产权的国际公约。它为世界各国在工业产权保护方面提供了一个基本准则。其中保护专利的内容主要体现在以下四大原则中。

1. 国民待遇原则

国民待遇原则指的是各成员国在保护工业产权方面必须给予其他成员国的国民平等地享受该国国民能够获得的保护；即使是非成员国，只要他们在公约某一成员国内有住所，或有真实有效的工商营业所，亦应给予相同于本国国民的待遇。

2. 优先权原则

优先权原则即缔约国的国民向一个缔约国第一次提出专利和商标权申请后，又在一定的期限内就同一发明和商标向另一缔约国提出申请时，其第二次申请日应视同第一次申请日。发明和实用新型的优先权期限为 12 个月，而商标和外观设计仅为 6 个月。优先权原则的意义在于保护世界上最先提出申请的人。

3. 专利权独立原则

专利权独立原则即一个缔约国对一项发明授予了发明专利，而其他缔约国没有义务必须对同一发明授予专利。此外，任何一个缔约国不能因同一发明在其他缔约国被驳回或宣告无效，而将此发明驳回或宣告无效。这实际上要求各国的专利法彼此独立，互不影响。

4. 强制许可原则

强制许可原则即自专利申请日起满 4 年或从专利批准日起满 3 年，取得专利权的发明创造，如无其正当理由而没实施或没充分实施，缔约国的专利主管当局有权根据要求，颁发实施该项专利的强制许可，取得强制许可者，在给予专利权人合理的报酬之后，便可以实施该项专利。

（二）《专利合作条约》

《专利合作条约》1970 年签订于华盛顿，1978 年生效，1979 年和 1984 年分别进行了两次修改。其成员必须是《巴黎公约》的成员，到 2012 年 3 月止，该条约共有 144 个成员国。中国于 1994 年 1 月 1 日正式加入该条约。该条约的主要内容是：在申请人自愿的基础上，一个发明要想在部分或所有缔约国取得保护，通过一次国际申请，便可在部分或所有缔约国获得专利权。这样的国际申请与分别向每一个缔约国提出的保护申请具有同等的效力。

（三）《海牙协定》

《海牙协定》是《工业品外观国际备案海牙协定》的简称。《海牙协定》签订于 1925 年，分别于 1934 年和 1969 年进行过两次修订，其成员必须是《巴黎公约》的成员，截至 2012 年 3 月，已有成员 60 个。该协定的主要内容是：缔约国的任何国民、居民或在其成员国有实际营业所的人，如果想在不同的缔约国取得工业品的外观设计专利，可以直接或按照缔约国的法律通过该国的工业产权局向世界知识产权组织国际局提出外观设计备案。这里讲的备案与注册的含义相同。中国目前还不是该协定的成员国。

（四）《欧洲专利公约》

《欧洲专利公约》签订于 1973 年，1977 年 10 月 7 日生效。其成员到 2012 年 3 月止共有 38 个。该公约规定："一切个人、法人、依法成立的相当于法人的一切团体均能申请欧洲专利。"授予欧洲专利权，并不是一种在一切缔约国统一发生效力的专利权，而是在申请人所指定的一个或几个缔约国发生效力的专利权。根据《欧洲专利公约》建立的欧洲专利局总局设在慕尼黑，在海牙和柏林分别设了两个分局。分局负责欧洲专利申请的初审，而总局则负责实质性审查和专利权的授予。该公约实际上是地区性的跨国“专利授予”公约。

二、保护商标权的国际公约

（一）《巴黎公约》

《巴黎公约》不仅涉及专利权的保护，也涉及商标权的保护，它为世界各国包括专利权和商标权在内的整个工业产权制度的建立奠定了基础。《巴黎公约》涉及商标权保护的主要内容除前述国民待遇原则和优先权原则外，还有共同规则。共同规则是指缔约国必须遵守的规则。涉及商标保护方面的内容主要包括：

（1）缔约国办理商标注册，均按国内法律规定，各自独立。

（2）商标的转让，如按照一个缔约国的法律规定，只有连同该商标所属的厂商或牌号同时转让方可生效。只有将厂商或牌号在该国的部分连同在该国制造和销售带有被转让的商标的商品专用权一起转让给受让人，才能认为其有效。

（3）对于服务商标也必须给予保护。

（4）禁止在商标上使用缔约国的国旗、国徽、纹章、官方检验印记及政府间国际组织的旗帜、证章、缩写和名称。

（5）对于仿造、模仿或翻译在缔约国已经驰名的商标，则拒绝或撤销注册并禁止使用。

（二）《商标国际注册马德里协定》

《商标国际注册马德里协定》简称《马德里协定》。它是以《巴黎公约》为基础，在世界知识产权组织的管理下专司国际注册问题的实质性协定。《马德里协定》签订于1891年7月14日，并经过7次修改，最后一次修订是1979年。只有《巴黎公约》的成员才有资格参加该协定，中国于1989年10月4日成为《马德里协定》的成员国。截至2013年3月，其成员国已有56个，按《马德里协定》的规定，任何一个缔约国的自然人和法人在所属国办理了某一商标的注册后，如果又要求在其他缔约国得到法律保护，则可向设在日内瓦的国际局申请注册。国际局收到申请即予以公告，并通知申请人要求给予保护的缔约国。被要求保护的缔约国收到通知后在一年内作出是否给予保护的决定。如果在一年内未向国际局提出驳回声明，则该商标被视为已在该国核准注册并予以法律保护。实际上各缔约国只需办理一次注册手续，付一次费用，以法文填写统一的表格，就可取得在两个或两个以上国家的商标注册。

（三）《尼斯协定》

《尼斯协定》是《商标注册用商品与服务国际分类尼斯协定》的简称。该协定于1957年6月15日在法国的尼斯签订，1961年4月8日生效，后经4次修订，最后一次修订是1983年。截至2008年12月31日，已有83个成员国，参加该协定的成员国必须是《巴黎公约》的成员。截至2012年3月已有83个成员国。《尼斯协定》的主要内容是对商标注册用商品和服务的国际分类作了专门的规定，其中把商品分为34类，服务项目分为8类。此外，该协定又把各类中的具体商品和服务项目分为1万项。《尼斯协定》规定各成员国应当使用该商品和服务国际分类方法，但没强调缔约国必须把它作为唯一的商品和服务的分类方法。《尼斯协定》为商标国际注册提供了一个系统的国际分类表，使商标注册和检索更加方便，同时也有利于对商标的管理。中国曾于1988年11月1日就开始采用国际分类，并于1994年8月9日正式成为《尼斯协定》的成员国。

（四）《维也纳协定》

《维也纳协定》是《商标图形国际分类维也纳协定》的简称。《维也纳协定》虽然签订于1973年6月12日，但由于该协定规定其成员国必须达到5个才能生效，所以该协定于1985年才生效。《维也纳协定》的签字国有19个，到2012年3月止，共有31个成员国。《维也纳协定》的主要内容是，在《尼斯协定》的基础上，把含有图形的商标进行了分类。其中分为29个大类，144个小类和1 569个细目。对图形进行国际统一分类，有利于相同或近似的图形商标进行检索，避免了商标所有人之间的权利冲突。中国虽然未加入《维也纳协定》，但中国在1988年采用商品和服务国际分类的同时，已开始采用商标图形的国际分类。

三、《与贸易有关的知识产权协议》

《与贸易有关的知识产权协议》（Agreement on Trade—Related Aspects of Intellectual Property Rights，缩写为TRIPs）（以下简称知识产权协议）是关贸总协定乌拉圭回合中所签署的一揽子协议的一部分。将知识产权纳入关贸总协定的议题是1990年通过的。1994年4月15日，与贸易有关的知识产权等一揽子协议在摩洛哥马拉喀什签署。中国政府代表也在协议上签了字。《知识产权协议》主要包括以下几部分内容：

（一）基本原则

《知识产权协议》规定，所有缔约国应遵守《巴黎公约》、《专利合作条约》、《商标注册马德里协定》，并继续承担对《伯尔尼公约》、《罗马公约》、《有关保护集成电路知识产权的华盛顿公约》的义务。缔约方对协议的内容一旦发生争执，应按关贸总协定规定的途径解决。

（二）有关工业产权的规定

《知识产权协议》中有关知识产权的规定包括专利、工业品外观设计、商标、地理标志、集成电路布图设计以及知识产权的实施。

1. 专利

《知识产权协议》中所涉及的专利仅指发明专利。关于专利权人的权利，该协议规定专利权人有权制止他人未经同意制造、使用、销售或为上述目的进口被授予专利的商品；有权制止未经许可而使用该生产方法，以及销售或进口该方法直接获得的产品。该协议对专利权作了一些限制规定，即为了不使专利权妨碍第三方合法权益而进行限制，但限制不能与专利的正常使用相冲突，限制不能不合理地损害专利权人的合法权益。

2. 工业品外观设计

《知识产权协议》规定，所有成员国必须对工业品的外观予以保护，保护期至少为10年，权利人有权禁止他人未经许可而制造、出售体现该设计的产品，有权禁止他人未经许可，以盈利为目的对该设计的实质性部分进行复制。该协议允许成员国对工业品的外观设计给予一定限制，但条件是必须保证第三方合法权益不至于受到外观设计专有权不应有的影响；不能妨碍有关设计的正常利用；限制不能过度，以免损害权利人的利益。

3. 商标

《知识产权协议》规定，缔约国必须对商品商标、服务商标提供注册保护，对驰名商标要给予特别保护，获准注册是取得商标权的唯一途径。申请注册的商标必须具有“视觉可视别”的标记。商标无正当理由而连续三年不使用，可予以撤销。商标应允许无限期的续展，首次注册和每次续展的期限不得少于7年。

4. 地理标志

地理标志又称产地标志。按《知识产权协议》的规定，当某种商品在质量、功能等特征上与该地有密切联系时，这个地理名称才构成应予保护的“原产地标志”。使用非商业真实来源的地理标志或以其他不正当方式使用原产地标志的行为属于违法行为。善意使用某种地理名称作为商标注册，或善意使用地理名称但未在公众中引起混淆的，可以不被撤销其注册或不禁止使用。

5. 集成电路布图设计

《知识产权协议》规定，一切为生产经营目的进口、销售或者散布含有受保护的布图设计，将该布图设计集成于一片材料之上或者之中的集成电路，以及集成电路构成的物品均为非法。不许对集成电路实行强制许可，对集成电路提供的保护期限自登记之日起或首次付诸商业使用之日起至少为10年，或从有关设计完成之日起15年。

6. 知识产权的实施

《知识产权协议》规定了知识产权的实施程序，并把保护的具体措施分为民事与行政措施、临时措施、边境措施和刑事程序五部分。这些措施是知识产权在世界范围内进行保护的有力保障，也是对知识产权保护尚不完备的发展中国家进行法制建设的一种促进。

（三）有关版权的规定

《知识产权协议》要求各缔约国必须遵守《伯尔尼公约》1971年文本的实体条款及附件。缔约方必须把计算机程序作为《伯尔尼公约》中所指“文字作品”给予保护，将数据库作为汇编作品予以保护。保护期不得少于作品经许可而出版之年年底起50年。关于表演者和唱片、录音制品的制作者，表演者有禁止他人未经许可录制其未曾录制的表演和复制这类录制品的权利，并有禁止他人未经许可而以无线广播的形式传授或向公众传送其现场表演的权利。录音制品的制作者有权许可或制止直接或间接复制其录制品，并有权许可或禁止以商业目的出租其录制品。广播组织者有权许可或禁止他人录制或复制其广播，并有权禁止以无线电或电视传播其广播。

(四) 有关商业秘密保护的规定

《知识产权协议》要求缔约国保护商业秘密。该协议中所指的商业秘密是不为公众所知，能为权利人带来经济利益，具有实用性并经权利人采取保密措施的技术信息和经营信息。这说明商业秘密不仅包括具有秘密性质的经营管理方法及与经营管理方法密切相关的经营信息，还包括那些凭技能和经验产生的、在实践中尤其是工业中适用的技术信息。这就等于说未公开的技术也可以得到法律保护，因而填补了专利与版权之间的空白。根据该协议的规定，商业秘密的权利人有制止他人未经许可而披露、获得或使用有关信息权利。但该协议对商业秘密的保护期限未作具体规定。

第六节　中国的技术进出口贸易及对知识产权的保护

一、中国的技术进口贸易

(一) 中国的技术进口概述

中国的技术引进自新中国成立后就开始了。目前，随着科学技术在生产中所起的作用不断加强，中国政府正在把引进技术作为一项战略任务来抓，并把引进技术视为带动中国经济发展的最有效手段。中国的技术引进自新中国成立至今大致经历了以下两个发展阶段：

1. 初级阶段（1950 年至 1978 年）

在这一阶段的 29 年里，中国的技术引进工作经历了以下三个时期：

(1) 20 世纪 50 年代（1950～1959 年）。20 世纪 50 年代的中国百废待兴，对此，中国基本采用了全盘引进的做法，即以引进成套设备为主。通过全盘引进，填补了中国工业史上的很多空白，使中国的很多行业从无到有，中国 20 世纪六七十年代的龙头工业都是在这一时期兴建的，如鞍山、武汉、包头、本溪钢铁公司，吉林、太原、兰州氮肥厂，阜新海州露天煤矿，吉林丰满水电站，株洲硬质合金厂，抚顺铝厂，长春第一汽车制造厂，洛阳拖拉机厂，富拉尔基重机厂，华北制药厂，哈尔滨亚麻厂等为中国以后的经济发展奠定了坚实的基础。从 1950～1959 年，引进的项目为 450 项，合同总金额为 27 亿美元。这个时期的技术主要来源于苏联和一些东欧国家。

(2) 20 世纪 60 年代（1960～1969 年）。进入 20 世纪 60 年代以后，中国由于受“左”倾路线的影响，开始采用以自力更生为主、自力更生与引进相结合的政策。加上中国与苏联关系的恶化，苏方单方面撕毁合同并撤走专家，中国从而放慢了技术引进的速度，一下子拉大了与世界其他国家技术水平的差距。中国在这 10 年仅签订技术引进合同 84 个，价值仅为 14.52 亿美元，其主要是来自欧洲和日本等国的石油、电子、化工等方面的技术与设备。

(3) 20 世纪 70 年代（1970～1978 年）。从 1970 年至 1978 年改革开放前，随着中国在联合国席位的恢复及其与日本和美国关系的改善，中国从美国、日本、原西德、英国、法国、荷兰、瑞典、瑞士等十几个国家引进了一些化肥、石油、农业、轻纺等方面的技术和设备，如143成套机械化综合采煤机组，元宝山60万千瓦电站，宝山钢铁总厂，德兴铜矿，贵州铝厂，咸阳彩色显像管厂，大庆，辽河、四川泸州、湖北枝江、宁夏、新疆等17个大化肥厂，上海金山、辽阳、天津、仪征化纤厂，北京、大庆、山东齐鲁、南京扬子石油化工厂等，成交的项目为310项，其总金额为68.22亿美元。但中国由于不能摆脱“左”倾思潮的干扰，技术引进工作在这一时期很难有大的突破。

据初步统计，从1950年至1978年，中国以许可证贸易、咨询服务、技术服务、合作生产等方式进口的技术共845项，合同成交总额为119.72亿美元，其中成套设备的进口约占90%以上。

2. 发展阶段（1979年至今）

20世纪80年代以后，中国的技术进口开始走上正轨，进入发展时期。在这一时期，中国调整了技术引进的策略，注重引进产品的工艺技术、制造技术和管理技术，控制成套设备的进口。此外，中国引进技术的规模不断扩大，仅1980年至1994年的15年间，成交的合同额就达425亿美元，涉及项目5 793个。技术进口规模的扩大在20世纪90年代中期表现得最为明显，1995年，成交的合同金额较前一年激增217%，自1980年到2010年这20年间，中国共引进技术129 184项，合同总金额为3 330.9亿美元。

技术引进大大加快了中国企业的技术改造，推动了中国的技术进步，填补了中国一些行业的技术空白，缩短了与发达国家的技术差距。随着中国改革开放的深入和经济的发展，中国的技术引进工作还会得到进一步的发展。

（二）中国技术引进的基本原则

中国政府一方面为加快中国的技术进步，缩小与发达国家的技术差距，大力提倡并鼓励引进国外的先进技术，另一方面又根据中国的实际国情，制定了技术引进的基本原则。引进技术的基本原则主要有以下五个方面：

1. 在引进的技术中，应以软件技术为主，成套设备等硬件技术为辅。目前，中国进口的机械设备等硬件技术占80%，而软件技术只占20%。

2. 注重引进实用技术，如产品的工艺技术、制造技术和管理技术等，以利于对现有企业的技术改造和更新其产品。

3. 强调引进能填补国内空白的技术，避免重复引进。

4. 强调引进“兼容能力强”的技术，即引进的技术能与本国的技术配套使用，以充分发挥现有企业的潜力。

5. 优先引进出口创汇能力强的技术项目，以利于扶植或创建出口创汇能力强的工业项目。

6. 引进技术时，采用多渠道筹资，如利用外国政府贷款、混合贷款、出口信贷、国际金融机构贷款和商业银行贷款。

7. 鼓励技术贸易与投资相结合，即允许外国的投资者以其技术作为股本与我国企业共办合资企业，从而达到引进国外先进技术的目的。

（三）中国技术进口的程序

（1）技术进口交易的准备

这一阶段的工作包括引进技术项目的立项和可行性研究，其主要内容包括：

① 技术引进企业制定进口技术的计划，报有关政府主管部门审查批准；

② 进口技术的计划获得批准后，技术引进企业编制进口技术项目建议书，报有关政府主管部门审查批准；

③ 项目建议书获得批准后，技术引进企业编制可行性研究报告，报有关政府主管部门审查批准；

④ 可行性研究报告获得批准后，技术引进企业便可以进行正式的技术询价和谈判，若企业无进出口经营权，则需办理委托有经营权的外贸公司代理办理进口有关技术。

（2）对外谈判并签订合同

这一阶段主要包括以下主要工作：

① 正式对外询价，对技术和价格等有关因素进行综合分析；

② 技术谈判，进一步了解技术的内容和技术供方的意图；

③ 商务谈判，在技术谈判的基础上进行有关商业内容的谈判；

④ 商签合同，在按照有关法律的规定向审批机关办理审批手续后，进出口双方按照谈判的结果签订合同。

（3）履行合同

技术引进合同批准后，受方应统筹安排，加强与供方协调，按照合同的规定，按时按质履行合同。在这一过程中，需要完成以下工作：

① 供方交付技术资料，受方支付入门费；

② 受方派技术人员赴供方培训；

③ 供方交付机器设备、生产线，货到后受方提货及报验；

④ 供方派技术人员，协助受方安装技术设备，帮助受方掌握技术；

⑤ 投料试生产，供方和受方按照合同规定的技术标准验收，并签署验收报告；

⑥ 受方接受合同价款；

⑦ 争议的解决、索赔等。

二、中国的技术出口贸易

（一）中国技术出口概述

技术出口是中国技术贸易的重要组成部分。但长期以来，中国的技术贸易形成了只进口技术不出口技术的单向流动的局面。改革开放以后，中国开始从事技术出口并且发展十分迅速。中国的技术出口自 1980 年至今，大致经历了以下三个发展阶段：

1. 探索阶段（1980 年至 1985 年）

20 世纪 80 年代以后，中国开始探索技术出口的可能性和途径。从 1980 年到 1985 年，由于中国与其他国家的经贸合作还未完全展开，国家也没有有关技术出口的法规，中国企业缺乏技术出口的经验，所以技术出口的数量极为有限，每年技术出口的总金额仅为 1 000 万美元，而且技术出口的市场仅限于发达国家，如中国种子公司向美国西北石油公司出口杂交水稻技术；首都钢铁公司向卢森堡钢铁企业、英国戴维公司和美国公司转让了高炉喷煤粉技术和顶燃热风技术；东方科学仪器进出口公司向瑞士霍夫曼·罗士公司转让了 VC 二步发酵法技术等。中国在这一阶段的技术出口是处在无计划状态下的自发行为，而且出口的都是软件技术。

2. 起步阶段（1986 年至 1988 年）

1986 年中国政府为促进技术的出口，指定外经贸部和国家科委归口管理技术出口的部门，着手制定技术出口政策、审批程序和权限，并组织了一系列促进技术出口的活动，如举办“香港中国工业技术出口交易会”，组织参加“北美技术交易会”和“亚洲技术交易会”等，并组织人员赴阿根廷、巴西、墨西哥、日本等国考察技术出口市场，了解有关法规等，从而大大推动了中国的技术出口，使中国的技术出口额逐年上升，如 1986 年中国的技术出口仅 2 000 万美元，1987 年就达到了 1 亿美元。在这一阶段虽然发达国家仍是中国技术出口的主要市场，但发展中国家市场也占有一定的比例，而且除软件技术以外，成套设备和技术服务等方式出口技术所占的比重有所提高。

3. 初级阶段（1989 年至今）

1989 年以后，中国技术出口增长的速度在这一阶段加快，中国的技术出口不仅得以迅速发展，而且显现出以下特点：

（1）技术的出口市场以发展中国家为主，其中中国在这一时期向发展中国家出口的技术，占中国技术出口总额的 70% 以上。同时面向发达国家的技术出口的绝对额也在增长。

（2）技术出口的国别和地区更为广泛，但还有更大的技术市场潜力有待中国企业去开发。

（3）中国在出口技术的同时，带动了本国成套设备的出口。

中国的技术出口规模虽然逐年扩大，但与西方发达国家相比相差甚远，技术出口的市场还不够广泛，很多市场还有待开发。总之，中国的技术出口仍处于起步阶段。

（二）中国技术出口的原则

技术出口如果搞得好，不仅能为企业或国家带来巨大的利润或外汇收入，还能带动其他产品和机械设备的出口，创造就业机会，促进经济的发展。为此，中国政府根据具体国情，制定了技术出口的以下几个原则：

1. 应以技术出口带动其他产品的出口

目前，很多国家在转让技术时，往往伴随着数倍、数十倍或数百倍于技术价款的设备、零部件和原材料等的出口，这实际上已成为技术出口国的通行做法。据统计，跨国公司每向发展中国家转让 1 美元的技术，可以带出 80 美元的其他产品。这说明技术出口国在占有对方技术市场的同时，也开始占有其他产品的销售市场。

2. 广泛开拓发展中国家的市场

国际技术转让的流向，一般从某项技术较先进的国家流向某项技术较落后的国家，或从发达国家流向发展中国家。中国是一个发展中国家，大多项技术水平远远落后于发达国家，但中国有些技术接近和优于某些发展中国家的技术。这就为中国的技术出口带来了机遇。此外，中国的技术多为实用技术，正好符合发展中国家的技术要求。因此，发展中国家应成为中国技术出口的主要目标市场。

3. 技术出口不应影响中国产品已占有的国际市场

有些技术的出口会增强技术输入国生产某种产品的生产能力，如果中国某种产品生产技术的进口国正好是中国该产品的出口市场，就等于培养了一个竞争对手，会使中国丧失该国市场。为防止出现顾此失彼的现象，应避免这种技术的出口或避免这种技术向该国出口，对中国垄断的特有技术应禁止或限制其出口。

4. 对生命周期长的技术，应先出口产品后出口技术

有些技术的生命周期较长，在生产某种产品的技术处于介绍期和增长期时，最好不要出口该技术，以避免影响产品的出口，应在生产该产品的技术进入成熟期或衰退期后再出口该技术，这样既出口了产品，又出口了面临淘汰的技术，进而达到增加技术价值的目的。

5. 国家对经济发展急需的重点项目予以资助

即实施技术出口的信贷政策，设立技术和成套设备出口的买方信贷和卖方信贷，银行优先安排技术出口资金，给予一些重点技术出口企业对外融资权。

6. 鼓励采用贸工技银结合的方式出口技术

即把具有市场和信息优势的外贸企业、拥有生产优势的生产企业、拥有技术优势的科研单位和拥有资金优势的金融机构结合起来，建立贸工技银联合体，参与国际技术市场的竞争，以扩大技术的出口。

（三）中国技术出口的主要程序

国际技术出口程序大致可分为三个阶段：

第一阶段：技术出口项目的立项批准，主要包括技术出口项目的可行性研究和报主管部门批准。

第二阶段：谈判与签约，其内容主要包括技术询价和报价，技术谈判和商务谈判，以及接受与签订合同。

第三阶段：合同的履行，其内容主要包括技术资料的准备与交付，对受方人员的技术培训，派技术人员赴受方进行技术指导和技术项目验收，合同有关的机器设备及其他物料的准备和交付，合同价款的收汇等。

三、中国对知识产权的保护

中国历来崇尚科学技术，并一直重视对知识产权的保护工作，这主要表现在以下两个方面：

（一）重视与各类国际知识产权组织的合作

1978 年以前，由于中国处于封闭状态，进出口技术的数量较少，侵犯知识产权的事例也极为少见。随着中国对外开放，技术进出口数量的增加，知识产权的保护问题便提到议事日程。中国政府十分重视与国际各类保护知识产权组织的合作，改革开放之初便着手进行加入有关国际保护知识产权组织的工作。1980 年 6 月 3 日就加入了世界知识产权组织，1985 年 3 月 9 日成为《保护工业产权巴黎公约》的成员国，1989 年 10 月 4 日成为《商标注册马德里协定》的成员国，1992 年 10 月 15 日成为《保护文学和艺术作品伯尔尼公约》的成员国，1992 年 10 月 30 日成为《世界版权公约》的成员国，

1993 年 4 月 30 日成为《保护录音制品制作者防止未经许可复制其录音制品公约》的成员国，1994 年 1 月 1 日成为《专利合作条约》的成员国，1994 年 8 月 9 日成为《供商标注册用商品与服务国际分类尼斯协定》成员国，1995 年 7 月 1 日成为《国际承认用于专利程序的微生物保存布达佩斯条约》的成员国，1996 年 6 月 17 日成为《国际专利分类斯特拉斯保协定》的成员国，1996 年 9 月 19 日成为《建立工业品外观设计国际分类的洛迦尼斯协定》的成员国。此外，中国还参加了关贸总协定乌拉圭回合与贸易有关的知识产权协议谈判的全部过程，并在协议上签了字。

（二）加强知识产权的国内保护工作

中国在保护知识产权方面进行国际合作的同时，在国内也做了大量的工作。这主要表现在四个方面：一是颁布了一系列有关保护知识产权的法规，如 1982 年、1984 年和 1990 年分别颁布了《商标法》、《专利法》和《著作权法》；1986 年颁布的《民法通则》将知识产权作为一个整体并被确认为公民和法人的民事权利；为配合上述法律的实施，从 1991 年至 1996 年又先后颁布了《计算机软件保护条例》、《实施著作权条约的规定》、《关于惩治侵犯著作权犯罪的决定》、《关于惩治假冒注册商标犯罪的补充规定》、《反不正当竞争法》、《知识产权海关保护条例》、《驰名商标认定和管理暂行办法》和《马德里商标国际注册实施办法》等。二是设立了保护知识产权的专门机构，如国务院有关主管部门和地方政府都设立了专门的专利管理部门、版权管理部门和商标管理部门，海关总署也设立了知识产权边境保护处。三是做了大量的专利和商标的授予和注册工作，2011 年，中国专利局收到 163 万专利申请，年度代理量首次突破 100 万件，中国商标局到 2011 年年底累计注册商标 551.01 万件，同时将商标注册审查周期缩短到 10 个月之内。四是对违反知识产权规定的单位和个人给予了严厉的查处，中国采用一切手段来加强知识产权的保护力度，如外经贸部、新闻出版署和海关总署联合发布了《CD 设备进口的管理通知》，未经新闻出版署的批准不准进口 CD 生产设备，关闭了 10 家有严重侵权行为的 CD 生产企业，还查获多条 CD 地下生产线，取缔了一批非法音像制品集散地，建立了 CD 厂月报表制度，实施 SID 码制度，即没有 SID 码的光盘被视为非法。因此可见中国政府在保护知识产权方面作出了巨大的努力。

本章小结

本章重点介绍了专利和商标权的特点、种类和授予条件，专有技术的含义及其与专利的区别，有关专利和商标权的国际公约，技术转让的方式，中国进行技术转让的原则等。其目的是使学生认识到国际技术贸易是一项专业性很强而且较为复杂的国际经济合作活动，是从事技术贸易的基本技能。

思考与练习题

1. 国际技术贸易的特点是什么？
2. 授予专利的条件是什么？

3. 商标的概念及作用是什么？
4. 专有技术与专利的区别是什么？
5. 国际技术转让有哪几种方式？
6. 《巴黎公约》的主要内容是什么？
7. 《与贸易有关的知识产权协议》包括哪些内容？

第八章　国际工程承包与劳务合作

国际工程承包与劳务合作是一种综合性的并被世界各国广泛采用的国际经济合作方式。20 世纪 70 年代以后，随着科学技术的进步、国际分工的深入、生产的国际化、各国经济的发展以及中东各产油国石油收入的大幅度增加，这种合作方式有了较大的发展。国际工程承包与劳务合作既可以输出技术，又可带动资金、设备和劳务的出口，其在世界经济贸易市场上的地位日益突出。目前，全世界每年大约有 3 万 ~4 万亿美元国际工程发包额。国际工程承包与劳务合作已成为国际经济合作的重要方式。

第一节　国际工程承包概述

一、国际工程承包的含义及其业务范围

国际工程承包（International Contracting for Construction）是指一国的承包商，以自己的资金、技术、劳务、设备、原材料和许可权等，承揽外国政府、国际组织或私人企业即业主的工程项目，并按承包商与业主签订的承包合同所规定的价格、支付方式收取各项成本费及应得利润的一种国际经济合作方式。国际工程承包涉及的当事人主要有工程项目的所有人（业主或称发包人）和承包商，业主主要负责提供工程建造所需的资金和酬金等，而承包商则负责工程项目的建造，工程所需设备和原材料的采购，以及提供技术等。

国际工程承包的业务范围极为广泛，几乎遍及国民经济的各个部门，甚至进入了军事和高科技领域，其业务内容随科学技术的进步也日益复杂，规模更加庞大，分工越来越细。国际工程承包就其具体内容而言，大致包括以下几方面：

1. 工程设计。工程设计包括基本设计和详细设计。基本设计一般在承包合同签订之前进行，其主要内容是对工程项目所要达到的规格、标准、生产能力等的初步设计。而详细设计一般在承包合同的签订之后进行，其中包括机械设计、电器设计、仪表仪器设计、配套工程设计及建筑物设计等，详细设计的内容往往根据工程项目的不同而有所区别。

2. 技术转让。在国际工程承包中往往涉及工程所需的专利技术和专有技术的转让问题。

3. 机械设备的供应与安装。工程项目所需的机械设备即可由业主提供，也可由承包商提供，还可由双方分别提供不同的设备，设备的安装主要涉及技术人员的派遣及安装要求等。

4. 原材料和能源的供应，原材料和能源的供应与机械设备的供应一样，即可由业

主供应，也可由承包商提供，还可由双方分别提供不同的部分。

5. 施工。施工主要包括工程建造及施工人员的派遣等。

6. 资金。资金应由业主提供，但业主往往要求承包商提供信贷。

7. 验收。验收主要包括验收方法、验收时间和验收标准等。

8. 人员培训。人员培训是指承包商对业主派出的人员进行有关项目操作技能的培训，以使他们在项目建成并投入运营后，充分掌握该技术。

9. 技术指导。技术指导是指在工程项目建成并投入运营以后，承包商为使业主能维持对项目的运营继续对业主进行技术指导。

10. 经营管理。有些承包合同是属于 BOT 合同，即要求承包商在项目建成投产并经营一段时间以后，再转让给业主，这就使经营管理也成为承包商的一项重要内容。

上述广泛而又复杂的承包内容说明，作为承包商不仅要使其各类人员和施工设备配套成龙，还必须具有较高的组织管理水平和技术水平。

二、国际工程承包方式

（一）总包

总包是指从投标报价、谈判、签订合同到组织合同实施的全部过程，其中包括整个工程的对内和对外转包与分包，均由承包商对业主（发包人）负全部责任。采用这种承包方式签署的承包合同也叫总包合同。这是目前国际工程承包活动中使用最多的一种承包形式。

（二）单独承包

单独承包是指由一家承包商单独承揽某一工程项目。这种承包形式适用于规模较小，技术要求较低的工程项目。采用单独承包的承包商必须具有较雄厚的资金和技术实力。

（三）分包

分包是指业主把一个工程项目分成若干个子项或几个部分，分别发包给几个承包商，各分包商都对业主负责。在整个工程项目建设中，由业主或业主委托某个工程师，或业主委托某个分包商负责各分包工程的组织与协调工作。在分包条件下，业主分别与各承包商签订的承包合同叫分包合同或分项合同。

（四）二包

二包是指总包商或分包商将自己所包的工程的一部分转包给其他承包商。二包商不与业主发生关系，只对总包商或分包商负责，但总包商或分包商选择的二包商必须征得业主的同意。总包商或分包商与二包商签订的合同叫二包合同。一般说来，总包商或分包商愿意把适合自己专长、利润较高、风险较小的子项目留下来，而把利润低、施工难度较大而且自己又不擅长、风险较大的子项目转包出去。

（五）联合承包

联合承包是指由几个承包商共同承揽某一个工程项目，各承包商分别负责工程项目的某一部分，他们共同对业主负责的一种承包形式。联合承包一般适用于规模较大和技术性较强的工程项目。

（六）合作承包

合作承包是指两个或两个以上的承包商，事先达成合作承包的协议，各自参加某项工程项目的投标，不论哪家公司中标，都按协议共同完成工程项目的建设，对外则由中标的那家承包商与业主进行协调。

三、国际工程承包市场及其特点

（一）国际工程承包市场

随着科学技术的不断进步，各国经济的飞速发展，国际工程承包市场已遍及世界各地。就目前来看，国际上已形成了欧洲、亚太、中东、北美、拉美和非洲六大地区经济市场。

亚太市场一般是指南亚、东南亚、东亚、西北亚及大洋洲的澳大利亚和新西兰，它也是世界上三大承包劳务市场之一，该市场于20世纪80年代中期之后出现兴旺，由于该地区国家大都采用了适宜外资的政策，以及国际金融机构和发达国家投资者对该地区投资的不断增加，亚太市场正在成为具有巨大发展潜力的市场。

欧洲市场历来都是世界最大承包劳务市场之一，随着世界经济一体化大潮的推动，统一大市场的建成和经济的稳步增长，欧洲市场仍将保持原有的繁荣。

北美市场由于是由美国和加拿大两个发达国家所组成，工程项目的技术含量一般较高，因此，该市场历来被来自美、英、法、日等发达国家的大公司所垄断，就发展中国家的承包公司目前的经济及技术实力而言，在未来10~20年内还很难涉足该市场。

中东市场是20世纪70年代中期随该地区国家石油美元收入的不断增加而发展起来的一个承包市场，进入20世纪80年代后，随中东各产油国石油美元收入的锐减，以及两伊和海湾战争的冲击，该承包市场出现明显萎缩，随着战争的结束，第二次世界大战后的重建及其他中东国家基础设施建设的加快进行，中东市场仍具有一定的发展潜力。

拉美市场和非洲市场一样一直处于比较消沉的状态，虽然非洲和拉美地区各国都在采用能促进本国经济发展的政策，但由于该地区经济基础较差，资金不足，支付信誉不好，在短期内这两个市场很难出现较大的发展。

21世纪已经到来，根据有关方面的预测，世界经济在今后3至5年内将进入稳步增长时期，服务贸易将保持旺盛的发展势头，国际资本流动会更趋活跃，全球范围内的投资规模将会进一步加大。因此，国际工程承包市场将会有较大的发展。

（二）国际工程承包市场的特点

自20世纪80年代初至今，由于各国承包商数量的不断增加和各国因出现不同程度的经济困难所导致的发包数量的减少，以及各国对本国承包市场保护的加强，国际工程承包市场出现了以下特点：

1. 竞争激烈，利润下降

由于国际承包市场上承包商数量的不断增多，以及发包项目的减少，市场上形成了激烈的竞争态势。这就使承包价格越压越低，一些国家的承包商为了夺标，常常以低于成本价格投标，中标后靠带动原材料和设备的出口，或借机索赔来争取盈利。

2. 承包商对国内市场的依靠加强

由于国际工程承包竞争日趋激烈，难以获利，再加上国际金融市场动荡不定，汇率风险较大，许多承包商开始把注意力转向本国的承包市场，如 20 世纪 90 年代初世界排行前 250 名的承包商中有近 90% 是靠本国市场的承包业务盈利的。

3. 市场保护措施日益加强

在国际工程承包市场竞争日趋激烈的态势下，很多国家为扶植本国的建筑业，减少外汇支出，维护本国的经济利益，纷纷出台了一些保护主义措施，如限制外国承包商的承包范围，规定外国公司必须与当地公司联营或雇佣当地代理人才能取得承包资格，限定外国公司承揽本国的工程项目使用当地劳务的比例，给予本国公司各种优惠，以及通过设置各种障碍来限制外国承包商在本国的承包活动。

4. 带资投标、延期付款和实物支付的做法日益普遍

带资投标实际是一种投标与资金挂钩的做法，即投标人向发包人融资。就目前的国际承包市场而言，投标人向发包人融资已成为投标的先决条件，而且融资的优惠程度也成为除标价以外的另一个能否中标的决定因素。此外，延期付款和以实物支付的做法也日渐增多，如许多中东国家以石油或天然气来支付拖欠的工程项目的费用。

5. 承包项目由劳动密集型向技术密集型转化

随着科学技术的迅猛发展，出现了许多技术含量较高的新型产业，这就使项目建设从单纯的土建工程转向以技术工程为主的成套设施的建设，这类项目对承包商提出了更高的要求。

第二节 招标与投标

一、招标

（一）招标的概念

招标（Invitation to Tender）是指由发包人（业主）就拟建工程项目的内容、要求和预选投标人的资格等提出条件，通过公开或非公开的方式邀请投标人根据上述条件提出报价、施工方案和施工进度等，然后由发包人经比较择优选定承包商的过程。择优一般是指最佳技术、最佳质量、最低价格和最短工期。发包人要想在众多的投标者中选出在上述四个方面均具有优势的承包商是比较困难的，发包人应根据自己的资金能力、项目的具体要求、投标人的专长和所报的价格与条件来确定中标者。

（二）招标的方式

1. 公开招标

公开招标指的是招标人通过国内外各种有影响的报刊、电视、广播等宣传媒介刊登广告，发布招标信息，不限国籍的使全世界所有合格的承包商都有资格参加投标，招标人择优选择中标人的整个过程。公开招标的特点是招标通知必须公开发出，不限投标人

的数量，开标也必须有投标人在场时当众进行，但评标和定标却是秘密进行。一般来说，除非招标文件另有规定，公开招标的中标者应该是报价最低的投标者。公开招标是属于竞争性招标，采用这种招标方式有利于招标人降低成本，引进最先进的技术、设备及原材料，而且还可使所有的承包商都能得到公平的对待。世界银行认为，只有采用公开招标才能体现效率（Efficiency）、经济（Economy）和公平（Equity）的“三E原则”。

2. 国际限制性招标

国际限制性招标是指发包人不通过刊登广告，而是有选择的邀请若干家承包商参加投标的一种竞争性招标方式。限制性招标所限定的承包商主要有以下几种情况：一是为了保护本国的建筑市场，只允许本国的承包商参加投标或保留工程的某一部分给本国的承包商；二是为发包工程提供贷款的国家要求业主只邀请贷款国的承包商投标，必须把第三国甚至东道国的承包商排除在外；三是由于为工程提供贷款的机构是某一金融机构或基金组织，他们有时要求发包人在该金融机构或基金组织的成员国的承包商之间招标；四是有些项目较为特殊，对承包商在技术和经验上有较高的要求，国际上有能力建造该工程的承包商为数不多，所以只能邀请国际上有能力的承包商参加投标。在限制性招标的方式下，由于招标通知不使用广告的形式公之于众，所以只有被邀请并接受邀请的承包商才是合法的投标人，未接到邀请或通过其他途径得知招标信息的承包商，未经发包人的许可无权参加投标。这种招标方式的优点在于能够保证工程质量并能节省招标时间，但有时会漏掉有力的竞争者，从而错过了选择报价最低者的机会。

3. 两段招标

两段招标也是国际公开招标中的一种，但要把招标过程分为两个阶段，第一阶段采用公开招标，从合格的承包中选出三到五家承包商作为候选人，然后再让他们重新报价，并确定最终的中标者。两段招标不是两次招标，而是一次招标分为两个阶段，并只与承包商签署一个承包合同。

4. 谈判招标

谈判招标是属于非竞争性招标，目前有两种做法。一种是招标人根据自己的需要和所了解到的承包商的资信和技术状况，将符合要求的承包商排列出顺序，然后先与最符合要求的承包商进行谈判，若与之达不成协议，则按顺序继续与下一个进行谈判，直至达成协议为止，这种做法也叫议标；另一种是在开标以后，招标人分别与各投标人同时进行谈判，这就等于给了每个投标人多次报价的机会，最后与最符合要求的承包商签署承包协议，这种招标方式的优点在于由于给了每个投标人多次报价的机会，从而使招标人得益于投标人的价格竞争。谈判招标一般适用于专业技术较强，施工难度较大，多数承包商难以胜任的工程项目，在这种招标方式下，投标者能否中标的决定因素主要不是价格，而是承包商技术能力、施工质量和工期等条件。

（三）招标的程序

招标是以业主为主体从事的工作，整个招标过程所需要的时间，往往随招标方式和项目特点的不同而有所差异，少则一年，多则几年的时间。这些工作从成立招标机构开始到签订承包合同需要严格按照招标程序和要求进行，并要做大量繁杂而又细致的工作，其大致要经过以下具体程序：

1. 成立招标机构

业主在决定建造某一项目以后，便开始进行国际招标工作，国际招标工作的整个过程一般由一个专门设立的机构全权负责。招标机构可以自己设立，也可以委托国际上常设的招标机构或从事招标的咨询公司代为招标，招标机构的能力和工作效率直接影响着招标的成败。

2. 制订招标规则

招标规则主要包括以下内容：一是确定招标方式，即采用公开招标、限制性招标、两段招标和谈判招标；二是广告刊登的范围和文字表达方式；三是确定开标的时间和地点；四是评标的标准等。

3. 编制招标文件

招标文件是招标的法律依据，也是投标者投标和准备标书的依据。招标文件的具体内容应视项目的规模和复杂程度而定，其主要包括招标人须知、担保书、合同条件和技术规范等。因为招标人所要建造的工程项目和所要采购物资的具体内容与要求，以及评标的具体标准全部体现在招标文件中，所以招标文件一定要力求完整和准确。招标文件所用的语言应该是国际商业通用的英文、法文和西班牙文。

4. 发布招标公告

招标公告是招标机构利用广播、电视以及国内外知名度较高的报纸、期刊，向国内外所有合格的承包商发布的招标启示，即邀请所有合格的承包商投标。招标公告的主要内容包括发包人的名称、项目的名称与概况、项目的资金来源、招标的方式、投标的开始时间与截止日期、评标的地点与时间、招标文件的发售时间与办法等。

5. 进行资格预审

资格预审是招标机构发布招标公告以后承包商投标之前，对拟投标人是否有能力承揽其所要建设的工程项目而进行的一种资格审查。资格审查的内容包括承包商以往的业绩与信誉、设备与技术状况、人员的技术能力、管理水平和财务状况等。参加资格预审的承包商应向招标机构提供投标意向书、公司章程与条例、公司技术和行政管理机构的人员名单、公司现有的机械设备清单、公司现有的合同清单、公司过去五年来承揽类似合同的清单、公司资产负债表、业主或监理工程师对公司资信的证明和银行对公司资信的证明。资格预审的标准应在招标公告中注明，经资格预审所有符合标准的承包商都应准予投标。

6. 通知承包商参加投标

资格预审之后，招标机构以书信的方式向所有资格预审合格的承包商发出通知，让他们在规定的时间内和指定的地点购买标书，以参加投标。投标通知同时也在报纸上公布，但不公布获得投标资格的公司名称。

7. 收标

投标人按招标机构指定的地点投递标书，招标机构在投标地点设有由专人保管的投标箱，保管人员将收到的投标书放入投标箱，并将盖有日期的收据交给投标人，以证明其投标书是在投标截止日期之前收到的。投标截止日期一到，便立即封闭投标箱，此后收到的投标书均属无效。

8. 开标

开标一般有两种形式，即公开开标和秘密开标。公开开标是指招标人在规定的时间和地点按收到投标书的先后顺序，将所有的投标书当众启封，宣读每个投标人的姓名和标价。公开开标一般是通知所有投标的人参加并在公证机构的监督下进行，开标时投标书对自动降低价格的说明以及是否附有投标保证书和保函也一并宣布，但投标书的详细内容不必也不可能全部宣读。所有的标价均应记录在案，由招标负责人签字。秘密开标和公开开标大体一致，其唯一的区别在于秘密开标是在不通知投标人参加的情况下进行。

9. 评标

评标是招标机构的有关部门按一定的程序和要求，对每封投标书中的交易条件和技术条件进行综合评价，并选出中标候选人的过程。中标候选人一般为二至三人，并按综合条件排定名次，即最低标（第一中标人）、次低标（第二中标人）、第三低标（第三中标人），若无意外，最低标应是最终的中标者。交易条件主要是看标价，对业主来讲，标价越低越好；技术条件主要包括施工方案、施工所采用的技术、施工的组织与管理、工期，以及施工方案的合理性、可靠性和科学性。

10. 定标

招标机构经过综合分析，写出评标报告并选择报价低、技术实力强、信誉好和工期短的承包商作为中标者叫定标。业主在定标前要分别与中标候选人就合同的条款和细节进行谈判，以达成共识，确定最后的中标者。招标机构在定标后应以电话、电报、电传等快捷的方式通知中标人，对未中标者也应及时发出评标结果。招标不一定都能选中中标人，即废标，也就是招标人拒绝全部投标。一般来说，招标人在出现了下列三种情况之一时，有权宣布废标：（1）投标人少到不足三家；（2）最低标价超过标底；（3）所有的投标书均未按招标文件的要求编写。废标后，可进行第二次招标。

11. 签订承包合同

中标人接到中标通知以后，应在规定的时间内与业主签订承包合同，并递交履约保证书，至此，招标工作全部结束，中标人便可着手准备工程的开工建设。但若中标人未按期签约或故意拖延，并未事先向招标机构提出可以接受的申请，那么中标人应被视为违约。

二、投标

（一）投标的概念

投标（Bid）是以承包商为主体从事的活动。它是指投标人根据招标文件的要求，在规定的时间并以规定的方式，投报其拟承包工程的实施方案及所需的全部费用，争取中标的过程。投标书中的标价是承包商能否中标的决定性条件。因此，报价要极为慎重，报价应既要有竞争力，又要有利可图。

（二）投标的特点

1. 投标的前提是必须承认全部招标条件，否则就失去了参加投标的机会。

2. 投标属于一次性标价，但主动权掌握在招标人手中，即业主在选定最后中标者的过程中，投标人一般没有讨价还价的权利。

3. 投标在法律上属于要约，投标人因此要极为慎重，标价一旦报出，不能随意撤销。为此，招标人一般要求投标人交纳投标保证金。

（三）投标的程序

投标本身也是一个过程，其主要经过投标前的准备、询价、制定标价、制作标书、投递标书以及竞标等程序。

1. 投标前的准备

投标前的准备工作十分重要，它直接影响中标率的大小，准备工作应从以下三方面入手：

（1）收集有关信息和资料。需要收集的资料主要包括两个方面：一是项目所在国的情况，如项目所在国政治的稳定性，与邻国的关系，经济的发展水平，基础设施状况，金融与保险业的发达程度，水、电、石油、天然气、原材料的供应状况，自然、社会、文化环境等；二是收集竞争对手的有关资料，其中主要是了解能够参与本行业投标的企业数目，这些企业的经营状况、生产能力、知名度，以及他们参加投标的次数和中标率等。如果竞争对手在各方面均优于本企业，而且本企业中标的机会很小，就应放弃该项目的投标，则应转向本企业中标机会较大的其他项目。

（2）研究国际招标法规。国际招标活动涉及的东道国法规有采购法、合同法、公司法、税法、劳动法、外汇管制法、保险法、海关法、代理法等。

（3）组成投标小组。投标小组的成员应是由从本企业各部门中选拔出来的具有各种专业技术的人员组成，他们的能力将是本企业能否中标和获利的关键。

2. 询价

询价是投标人在投标前必须做的一项工作，因为承包商在承包活动中，往往需要提供设备和原材料，询价的目的在于准确地核算工程成本，以作出即有竞争力又能获利的报价。此外，有时生活物资和劳务的价格也是询价的一个内容。

3. 制定标价

投标价格的制定工作可以分成以下两步来做：

（1）成本核算。成本主要包括直接成本和间接成本。直接成本主要包括工程成本、产品的生产成本、包装费、运输费、运输保险费、口岸费和工资等；间接成本主要包括投标费、捐税、施工保险费、经营管理费和贷款利息等。此外，一些不可预见的费用也应考虑进去，如设备、原材料和劳务价格的上涨费，货币贬值费及无法预料或难以避免的经济损失费等。

（2）制定标价。制定标价考虑的因素主要有以下三个：一是成本，原则上讲，承包商在成本的基础上加一定比例的利润便可形成最后的标价；二是竞争对手的情况，如果竞争对手较多并具有一定的经济和技术实力，标价应定得低一些，如果本公司从事该工程的建造有一定的优势，竞争对手较少或没有竞争对手，那么标价可以定得高些；三是企业投标的目的，若是想通过工程的建设获取利润，那么标价必须高于成本并有一定比例的利润，在目前承包市场竞争如此激烈的情况下，很多承包商不指望通过工程的建造来取得收益，而是想通过承包工程带动本国设备和原材料的出口，进而从设备和原材料的出口中获取利润，出于这种目的的承包商所制定的标价往往与工程项目的建造成本持平或低于成本。当然，标价定得越低，中标率则越高。

4. 制作标书

标书是投标书的简称，亦称投标文件。它的具体内容依据项目的不同而有所区别，编制标书是指填好投标书及附件、投标保证书、工程量清单和单价表、有关的技术文件等，投标人的报价、技术状况和施工工程质量全部体现在投标书中。在编制标书以前，预审合格的承包商根据业主的通知到指定的机构购买招标文件，并一定要仔细阅读招标文件，编制的标书一定要符合招标文件的要求，否则投标无效。

5. 投递标书

投标书编制完成以后，投标人应按招标人的要求装订密封，并在规定的时间内送达指定的招标机构。投递标书不宜过早，一般应在投标截止日期前几天为宜。

6. 竞标

开标后投标人为中标而与其他投标人的竞争叫竞标。投标人参加竞标的前提条件是成为中标的候选人，在一般情况下，招标机构在开标后先将投标人按报价的高低排出名次，经过初步审查选定 2 ~ 3 个候选人，如果参加投标的人数较多并且实力接近，也可选择 5 ~ 7 名候选人，招标机构通过对候选人的综合评价，确定最后的中标者。有时候也会出现 2 ~ 3 个候选人条件相当，招标机构难定取舍，招标机构便会向候选人重发通知，再次竞标，投标人这时候将会采用各种手段竞标，以决雌雄。

第三节　国际工程承包合同与施工管理

一、合同的种类

国际工程承包合同从不同的角度，可以划分为不同的类型。

（一）按价格的构成和价格的确定方法来划分，合同可以分为总价合同、单价合同和成本加酬金合同

1. 总价合同

总价合同是指在承包合同中规定承包价格，业主按合同规定分期或一次性支付给承包商的一种合同形式。总价合同中所确定的价格是根据工程的图纸和承包的内容计算出来的，其价格一般是固定不变的。如果采用这种合同形式，投标人必须将一些可能发生的风险考虑进去，如原材料价格的上涨、工资的上涨、自然原因导致的误工、政治变动等风险，否则投标人将蒙受难以估量的损失。在有些情况下，总价合同中规定有价格调整条款，即在原材料或工资上涨幅度超过一定的比例时，合同的价格也作相应的调整，这就等于将一部分风险转移给了业主。

2. 单价合同

单价合同是一种按承包商实际完成的工作量和合同的单价来支付价款的一种合同形

式。合同中所确定的单价，即可以固定不变，也可以随机调整，其主要取决于合同的规定。固定总价和单价合同的区别在于前者按总价投标承包，而后者则按单价投标承包。在总价合同中，虽然也要求投标人报单价，但不要求详细；而在单价合同中，所列的单价必须详细，其所报的总价只是在评标时用于与其他投标人作比较。

3. 成本加酬金合同

成本加酬金合同是以工程实际发生的成本（施工费和材料费等），再加上双方商定的管理费和利润向承包商支付工程款的一种合同形式。在这种合同形式下，由于成本实报实销，因此承包商的风险很小，但这种合同的管理费和利润往往与工程的质量、成本、工期三项指标相联系，因此，承包商比较注重质量、成本和工期，业主便可从中得益。

（二）按承包的内容来划分，可以分为施工合同、设备的供应与安装合同、工程咨询合同、工程服务合同、交钥匙合同、交产品合同、BOT 合同

1. 施工合同

施工合同是业主与承包商签订的工程项目的建造实施合同。在国际工程承包活动中，大多属于这类合同。

2. 设备的供应与安装合同

这种合同的形式依承包商责任的不同而有所不同，一种是单纯的设备供应合同，即设备的供应者只负责提供设备；二是单纯的设备安装合同，即承包商只负责设备的安装；三是设备的供应商即负责提供设备又负责安装设备的供应与安装合同；四是设备的供应商负责提供设备，并负责指导业主自行安装的合同。

3. 工程咨询合同

工程咨询合同实际上是一种专业技术服务合同，业主咨询的主要内容有投资前的可行性研究、图纸的合理性、实施方案的可行性等。

4. 工程服务合同

工程服务合同是业主与能够提供某些服务工作的公司签订的合同，其主要目的是为工程项目提供服务，这类合同只有在建造规模较大而且较复杂的工程项目中签署。

5. 交钥匙合同

交钥匙合同是指承包商从项目的可行性研究、规划设计、勘察选点、工程施工、原材料的购买、设备的供应与安装、技术培训、试生产等一系列工作承担全部责任的一种承包方式，即承包商将已建成竣工的工程项目交给业主后即刻投入生产使用。在这种承包方式下，承包商的风险较大，但收益较高。

6. 交产品合同

交产品合同是指承包商不仅负责项目的可行性研究、规划设计、勘察选点、工程施工、原材料的购买、设备的供应与安装、技术培训、试生产等工作，还应负责指导业主生产出一定数量的合格产品，并在原材料及能耗达到设计要求之后才能正式移交给业主的一种承包方式。这种承包方式往往适合技术含量较高的大型项目。

7. BOT 合同

BOT 是英文 Build-Operate-Transfer 的缩写，意即建设 – 经营 – 转让。BOT 合同实际

上是承包商将工程项目建成以后，承包商继续经营该项目一段时间才转让给业主的一种承包方式。业主在采用 BOT 方式发包时，往往要求承包商负责项目的筹资或提供贷款，从而使筹资、建造、运营、维修、转让于一体，承包商在协议期内拥有并经营该项目，从而达到回收投资并取得合法利润的目的。这种承包方式多用于政府与私营部门之间，而且适用的范围较广，尤其适合于那些资金需求量较大的公路、铁路、城市地铁、废水处理、发电厂等基础设施和公共设施项目。它的优点在于东道国不仅可以引进较先进的技术和管理经验，还可融通资金和减少风险；而承包商则可从中获取更多的利润。

（三）按承包方式划分，可分为总包合同、分包合同和二包合同

这三种合同已在本章第一节承包方式中作了介绍，这里不再重复。

二、国际工程承包合同的内容

国际工程承包合同的内容虽依承建项目内容的不同而有所不同，但其主要条款大体一致，大多数国家也都为本国的承包活动制订了标准合同格式，目前，最广泛使用的合同格式是由国际顾问工程师联合会（FIDIC）拟定的《土木建筑工程（国际）施工合同条款》，亦称 DIDIC 条款。FIDIC 条款的第一版发行于 1957 年，1963 年、1977 年和 1987 年又分别印发了第二、第三和第四版。FIDIC 条款得到世界银行的推荐，成为目前国际上最具权威的从事国际工程承包活动的指导性文件。FIDIC 条款由三部分组成，即土木工程施工合同的一般条件、专用条款和合同格式，其主要包括以下内容：

（一）承包合同的定义

这一部分主要是阐明合同的当事人，合同中所包含的文件及其规范，以及对合同中所出现的各种术语的解释。

（二）业主的责任与违约

业主主要负责清理并提供施工场地，协助承包商办理施工所需的机械设备、原材料、生活物资的出入境手续，支付工程建设款等。反之，如果业主未按合同规定的期限和数额支付，或因业主破产、停业，或由不可预见的原因导致其未履行义务，承包商有权解除合同，撤走设备和材料，业主应向承包商偿付由此而发生的损失和费用。

（三）承包商的义务与违约

承包商是指其投标书已被业主接受的人，其主要义务是工程施工，接受工程师的指令和监督，提供各种保函，为工程办理保险。但当承包商未经许可转包或分包，拖延工期，放弃合同或破产时，业主可以没收保证金并在发出通知 14 日后占领工地，赶走承包商，自行施工或另找承包商继续施工，由此而产生的费用由违约的承包商负担。若承包商的施工不符合设计要求，或使用了不合格的原材料，应将其拆除并重新施工。

（四）工程师和工程师代表

工程师是由业主任命并代表业主执行合同规定的任务，如发出开工、停工或返工等指令，除非合同另有规定，工程师行使的任何权利都应被视为已征得业主的同意。工程

师代表应由工程师任命并向工程师负责，其主要职责是代表工程师在现场监督，检查施工质量，处理实施合同中发生的问题，工程师代表也可任命一定数量的人员协助其工作。

（五）转让与分包

承包商无业主的事先同意，不应将合同或其中的任何部分转让出去。在得到业主许可的情况下，可将工程的一部分包给其他承包商，但不能全部分包出去。

（六）开工与竣工

承包商应在收到工程师发给的开工通知后的合理的时间内从速开工，其工期以投标附录中规定的开工期限的最后一天起算，并应在标书附件规定的时间内完成。只有在额外增加工程的数量或性质，业主的延误、妨碍或阻碍，不可预见的意外情况下，承包商才有权延迟全部或部分工程的竣工期限。

（七）检验与检查

工程师有权进出工地、车间检验和检查施工所使用的原材料、零部件、设备，以及生产过程和已完工的部分工程。承包商应为此提供便利，不得覆盖或掩饰而不外露。当工程的基础或工程的任何部分已准备就绪或即将准备好可供检查时，承包商应及时通知工程师进行检查，不得无故拖延。

（八）工程移交

当整个工程基本完工并通过合同规定的竣工检验时，承包商可向工程师发出通知及附带有在缺陷维修期间内完成任何未完工作的书面保证。此通知和保证应被视为承包商要求工程师发给接收证书的申请，工程师应在接到该通知后的 21 日以内，向承包商发出接收证书并注明承包商尚未完成的所有工作。承包商在完成所有工作和维修好所指出的缺陷时，并使工程师满意后的 21 天之内有权得到工程接收证书。另外，在某些特定的情况下，工程师也可对某一部分已竣工的工程进行接收。

（九）工程变更

工程师在认为有必要时，可以对工程或其任何部分的形式、质量或数量作出变更。如果变更后的工程量超过一定的幅度，其价格也应作相应的调整；如果工程的变更是由承包商引起的，变更的费用应由承包商负担。

（十）价格与支付

承包合同中的价格条款不仅应注明总价、单价或成本加酬金价，而且还应将计价货币、支付货币以及支付方式列入其中。在国际承包活动中，一般采用银行保函和信用证来办理支付，其支付的具体方法大都采用预付款、进度款和最终结算相结合的做法，即承包合同签订后和开工前，业主先向承包商支付一定比例的预付款，以用于购买工程所需的设备和原材料，预付款的比例应占合同总额的 10% ~20%，然后承包商每月底将实际完成的工作量分项列表报给工程师，并经其确认后支付给承包商一定比例的进度款，业主待工程全部完工并经验收合格后，与承包商进行最后的结算，支付尚未支付的所有剩余款项。

（十一）特殊风险

在合同履行过程中，如果出现了签订合同时无法预见到的人力不可抗力的特殊风险，承包商将不承担责任。如果世界任何地方爆发了战争，无论是否已经宣战，无论对工程施工在经济和物质上有无影响，承包商应完成施工直至合同终止，但业主在战争爆发后的任何时候有权通知承包商终止合同。如果出现的特殊风险造成工程费用的增加，承包商应立即通知工程师，并经双方协商后，增加相应的承包费。

（十二）争议的解决

如果业主与承包商之间发生争议，其中的一方应书面通知工程师并告知另一方，工程师在收到本通知的 84 天内作出决定并通知业主和承包商，如果业主或承包商对工程师的决定不满意或工程师在 84 天内未能作出决定，不满方应在收到工程师决定的 7 天之内或在通知工程师决定而工程师又未作出决定的 84 天之后的 7 天内通知对方和工程师，并提出仲裁意向，如果双方未能通过友好协商解决争端，仲裁机构应在收到要求仲裁通知后的 56 天后进行裁决。如果双方都未发出要求仲裁的通知，工程师的决定将作为最终有约束力的决定。

三、国际工程承包的施工管理

在国际工程承包活动中，工程的施工一般都在承包公司总部以外的国家进行，这涉及承包商在国外施工的管理问题，工程施工的国外管理一般分为总部管理和现场管理两个层次。

（一）总部管理

总部管理的大致内容是：（1）制订或审订项目的实施方案；（2）为项目筹资及开立银行保函；（3）制定统一的规章和报表，对现场提交的各种报告进行整理和分析，对重大问题进行决策；（4）监督项目资金的使用情况及审核财务会计报表；（5）选派现场各类管理和技术人员；（6）指导并帮助采购项目所需的设备和原材料。

（二）现场管理

现场管理一般分为项目总管理和现场施工管理两个层次：

1. 项目总管理

项目总管理是工程的全面性管理，它主要包括合同管理、计划管理、资金管理、财务管理、物资管理、组织工程的分包与转包、人事工资管理、工程的移交与结算、处理与业主的关系、处理与东道国政府及海关、税务、银行等部门的关系等工作。

2. 现场施工管理

现场施工管理的主要工作有制订具体的施工计划，协调各分包商的施工，做好设备和原材料的维护与保管，招聘和雇佣普通劳务，劳务人员工资的核定与发放，监督工程质量，做好工作记录，提交有关工程的报告等。

第四节　国际工程承包的银行保函

一、银行保函的含义

保函是承包合同当事人的一方为避免对方违约而遭受损失，要求对方提供的一种能保障自己权益的担保。银行保函是指银行应申请人的请求向受益人开出的，担保申请人正常履行合同所规定的某项义务的独立的书面保证文件。它实际上是以银行承诺文件面目出现的一种抵押金。银行保函是属于备用性的银行信用，它不是一般的履约担保文件，而是一种违约赔款保证书，即如果保函的申请人没有履行其担保文件中所担保的义务，银行则承担向受益人赔偿经济损失的责任。在国际工程承包活动中，银行保函目前已是最普遍、最常见和最容易被各方接受的信用担保形式。

二、银行保函的内容

银行保函是一种规范化的经济担保文件，为了保障受益人的合法权益，其内容十分具体和完整，因而世界各国银行开具的保函的内容基本一致。其具体内容大致如下：

1. 申请人，即承包商或被担保人，应注明申请人的全称和详细地址；
2. 受益人，即业主或总包商，应注明受益人的全称；
3. 担保人，即开具保函的银行，应写明担保行的全称和详细地址；
4. 担保金额，即担保所使用的货币与最高限额；
5. 担保责任，即在承包商如何违约的条件下承担索偿义务；
6. 索偿条件，即承包商违约时，业主凭何种证明进行索偿；
7. 有效期，即保函的起止时间及保函的生效和失效条件。

三、银行保函的种类

（一）投标保函

投标保函是银行根据投标人的请求开给业主的，用于保证投标人在投标有效期内不得撤回其标书，并在中标后与业主签订承包合同的保函。投标保函是随投保书一起递交给招标机构的，其担保金额一般为投保报价总额的 0.5% ~3%，中小型项目一般为 3% ~5%，有效期一般为 60 天、90 天、150 天、180 天不等，长的还有 270 天。对未中标者，业主应及时将保函退回。中标者在规定的时间内与业主签约并递交履约保函后，业主也应将投标保函退还给投标人。如果业主宣告废标，投标保函则自然失效。

（二）履约保函

履约保函是用于保证承包商严格按照承包合同要求的工期、质量、数量履约的保函。履约保函的担保金额一般为承包合同总额的 10%，其有效期一般不能短于合同规定的工期，如果工期延长，也应通知银行延长履约保函的有效期，如果承包商中途毁约或破产，业主有权要求银行支付保函的全部担保金额。投标保函只有在工程全面竣工并获得现场监理工程师签署验收合格证后才予以退还。

（三）预付款保函

预付款保函是银行开立的用于保证承包商按合同的规定偿还业主已支付的全部预付金额的担保文件，即如果由于承包商的责任，业主不能在规定的期限内从工程结算款中按比例扣还预付的款项，业主有权向银行索偿担保金额作为补偿。预付款保函的担保金额应与业主预付款的金额相等，一般为合同总金额的 10% ~15%，其担保期限一般从承包商收到预付款之日起到扣还完毕止，由于预付款是逐笔扣还，所以预付款保函的担保额会随之减少。

（四）工程维修保函

工程维修保函是银行应承包商的请求开具的一种用于保证承包商对完工后的工程缺陷进行维修的经济担保文件。维修保函的担保金额一般为合同金额的 5% ~10%，有效期为 1 ~2 年。维修期的开始时间应为工程竣工验收合格之日，在履约保函到期并退还之前，承包商必须开具维修保函。维修保函即可以重新开立，也可以以续展履约保函的形式来代替维修保函，维修保函一般在规定的期限内未发现需要维修的缺陷后退还。

（五）临时进口物资税收保函

临时进口物资税收保函是银行应按承包商的请求开给业主的一种担保承包商在工程竣工之后，将临时进口的用于工程施工的机械设备运出工程所在国，或在永久留下这些设备时照章纳税的一种经济担保文件。该保函的担保金额一般与临时进口的机械设备价值相等，担保的有效期一般比施工期限略长。承包商在将机械设备运出工程所在国并取得海关出示的证明之后便可索回保函。

（六）免税工程的进口物资税收保函

免税工程的进口物资税收保函是银行应承包商的要求，开给业主的一种担保承包商将进口的材料全部用于其承包的免税工程的经济担保文件。该保函的担保金额与进口的原材料的价值相等，其有效期与工期基本一致。在承包商向税务部门展示了业主颁发的进口物资已全部用于免税工程的证明之后便可退回保函。

第五节 国际工程承包的施工索赔与保险

一、施工索赔

（一）施工索赔的含义

施工索赔是指由于业主或其他有关方面的过失与责任，即非承包商自身的原因，使承包商在施工中增加了额外的费用，承包商根据合同条款的有关规定，通过合法的途径和程序要求业主或其他有关方面，偿还其在施工中蒙受的损失。施工索赔的方式主要有两种，即要求延长工期和要求赔偿款项。索赔既是承包商的一种正当的权利要求，也是依据承包合同所应得到的合理补偿。

（二）施工索赔的原因

导致施工索赔的原因一般有以下几种：

1. 自然条件

承包商在施工中所遇到的自然条件或环境比合同中所描述的更为艰难或恶劣，如出现了经现场勘察也难以观测到的地质断层，地下水文条件与事先预测的不符，必须移动地下旧管线，地下有旧建筑物等，这将会增加施工难度和施工时间，进而增加施工费用，而上述情况和障碍并非是一个有经验的承包商在签订合同时所能预料到的。

2. 工程变更

在施工中，工程师要求承包商更改或增加额外工程量的情况是非常普遍的，承包合同一般都有业主有权临时增减工作量的规定。其变更主要在以下两个方面：一是工程量的变更，即工程师要求增减工程量，也就是说承包商所完成的实际工程量超过或少于业主提供的工程量表，如果削减的工程量未超过合同规定的幅度，一般不予索赔，如果由于某种原因业主将本属于承包商的工程量转给其他承包商去做，承包商可以获得工程准备费和管理费的索赔；二是工程质量变更，在施工中现场工程师不认可承包合同所要求的原材料的质量、设备的性能等，并对其提出更高的标准，或提出更高的做工质量和试验要求，或现场工程师为此故意拖延下达上述变更命令，承包商为此可以要求索赔。

3. 不可抗力风险

不可抗力风险是指在签合同时所无法预见的，而且是不可避免和不可预防的自然灾害或意外事件，如自然灾害造成的额外费用，战争、罢工、民族冲突、入侵、内战等导致工程出现各类的损失等应由业主承担。

4. 工程的暂停和中止

在施工中工程师可以下令暂停全部或部分工程的施工，只要暂停命令不是因为承包商的原因或其他风险造成的，承包商可以延展工期，由此而付出的额外费用，包括额外增加的工资和管理费等，应由业主负担。工程的中止主要是指由于遇到了意外情况或双方任何一方的原因使工程无法继续进行下去，不得不中止合同，承包商应得到补偿。

5. 工期延误

承包商遇到了并非由于自身的原因和责任而影响工程进度的障碍，从而增加了额外的支出，承包商有权得到补偿。工程延误索赔主要是因为工程量的增加，业主未按时提供施工场地，工程师拖延对施工图纸、工序、材料的认可，业主未能按规定较好的协助承包商按时办好工程所需的境外技术和普通劳务人员的入境手续，业主未能按时提供合同规定的原材料和设备，现场工程师拖延发放工程付款证、验收合格证等证书，对于本来合格的施工和材料拆卸检查并重新修复，以及遇到人力不可抗力的自然灾害和意外事故而误工等。

6. 货币贬值

在金融市场动荡不定的今天，承包商为避免货币贬值给自己造成损失，往往在承包合同中订有货币贬值补偿条款。但多数补偿条款仅限于东道国政府或中央银行正式宣布的贬值，而市场上汇率的自由浮动则不在此列。

7. 物价上涨

凡订有物价上涨补贴条款的合同，在施工所需的原材料、燃料以及运输费和劳务费等的价格上涨时，可按规定的程序向业主提出差价索赔。索赔的数额应按双方事先定好的计算公式进行计算。

8. 工程进度款的延误支付

对于业主故意拖延向承包商支付其应按时支付的工程进度款而造成的延误工期或利息损失，应由业主承担。

（三）施工索赔的依据与费用

承包商向业主提出索赔的主要依据是合同以及招标文件、施工图纸等合同的附件，与此同时还应附带能证明确实增加了承包商支出的其他证明材料，如有关双方会谈内容的记录、与工程师往来的各种信件、工程师所下达的各种指令、施工进度表、施工设备和材料的使用记录、工程照片、工程质量的检查报告等施工材料，以及工资的支付、设备和材料的采购、材料和劳务价格的调整、汇率的变动、工程进度款的支付、会计账目等财务资料。

根据上述施工索赔的原因可以说明，承包商可以得到索赔的费用一般应包括以下几种：（1）由于工程量的增加、工资上涨和工程延误所导致的劳务费；（2）由于工程量的增加、使用材料质量要求的提高和物价上涨所产生的材料费；（3）由于工程量的增加、工期的拖延致使增加设备的使用数量和时间所引发的设备费；（4）由于业主的原因导致分包商向总包商的索赔而产生的分包费；（5）由于增加工程量和工期拖延必须加办保险所产生的保险费；（6）由于增加工程量和拖延工期所产生的管理费；（7）由于工程量的增加和工程的拖延致使保证金的延长所出现的保证金费；（8）由于业主延期支付工程进度款所导致的利息。

（四）索赔的程序

施工索赔大致要经过以下步骤：

1. 提出索赔要求

按 FIDIC 的规定，承包商应在索赔事件发生后的 28 天之内分别向监理工程师和业主发出索赔通知，通知的主要内容为要求索赔的原因和具体项目。

2. 提交索赔报告

承包商应在索赔通知发出后的 28 天之后，或在监理工程师同意的时间内，向工程师提交正式索赔报告，其主要内容为要求索赔的各项费用及总金额，并附有索赔所需的各种依据。索赔报告应简明扼要并富有逻辑性。

3. 索赔谈判

谈判是解决索赔问题的一种较好的途径，谈判前应组成一个精明强干的谈判班子，最好聘请国际上有名望的索赔专家参加，谈判应本着实事求是，有理、有利、有节的原则来说服对方。

4. 索赔的调解

在经过双方谈判，无法达成一致的情况下，可以由第三方进行调解，调解有两种方式，一种是非正式的，即通过有影响的人物或机构进行幕后调解，另一种是正式的，邀请一名双方都能接受的中间人进行调解。调解是在双方自愿的基础上进行的，若其中的任何一方对其工作不满意或双方无法达成协议，便可结束其调解工作。

5. 工程师的决定

承包商在调解无效之后，可以以书面的形式提请工程师对索赔问题作出处理决定，工程师应以公平合理的原则在收到申诉书的 84 天之内作出处理决定，并通知双方。若双方在收到处理决定的 7 天内均未提出仲裁或诉讼的意向，那么工程师的决定则成为对双方都有约束力的决定。

6. 仲裁或诉讼

如果双方中的任何一方对工程师的处理不满意或工程师在 84 天之内未作出处理决定，不满方应在收到工程师决定的 7 天内，或在提请工程师决定而工程师却未作出决定的 84 天之后，承包商可以提请仲裁或诉讼。如果提请诉讼，一般需要的时间较长；如果提请仲裁，仲裁机构应在收到仲裁通知后的 56 天之内作出裁决。不管是仲裁还是诉讼，其结果都是终局性的。

二、国际工程承包保险

（一）国际工程承包活动的风险

国际工程承包是一项风险较大的经济活动，这主要是由于其所需时间长，牵涉内容广而且复杂，技术要求较高，资金投入大，并涉及国别政策、国家间的政治经济关系所致，任何风险的出现都会给双方造成不同程度的损失，了解国际工程承包风险则是防范风险的前提。国际工程承包风险一般有以下几类：

1. 政治风险

政治风险主要是指由于项目所在国政府的更迭，派别斗争，民族冲突，与邻国的冲突，以及经济政策的变化造成各种损失的可能性。

2. 经济风险

经济风险主要是指由于业主延期支付工程款，汇率的变动，通货膨胀，市场供求关系的变化，服务系统出现问题，施工现场及周围环境发生变化造成损失的可能性。

3. 自然风险

自然风险是指由于风暴、地震、洪水、雷雨等自然界的异常变化造成财产损失和人身伤亡的可能性。

4. 意外事故风险

意外事故风险是指在施工中由于外来的、突然的、非意料之中的事故，造成财产损失和人身伤亡的可能性，如火灾、爆炸、施工设备倾倒或在作业中断裂、设备或材料被盗、施工人员滑落等。

（二）对国际工程承包保险的认识

保险实际上是保险机构广泛收集各类投保人的资金，来建立保险基金，在投保者遭遇保险范围内的损害而受损时，由保险机构予以经济补偿的一种防范风险的手段。保险具有分散风险，补偿损失的职能，即千家万户保一户。在国际工程承包活动中，无论是新建、扩建，还是进行技术改造；无论采用交钥匙工程、交产品工厂，还是 BOT 方式，都不可能回避风险，或做到准确预测和防范各种风险。任何风险的出现都会给投入了大量人力、物力和财力的双方带来不可估量的或者说是灾难性的损失，那么为工程项目办理保险则是防范国际工程承包活动风险的途径之一。国际工程承包保险一般是强制性的，因为它即保障了业主的利益，也有利于承包商。在国际工程承包中已列入成本，并成为工程预算的重要组成部分。

（三）国际工程承包保险的险别

1. 工程一切险

工程一切险亦称全险，它是指在工程项目的施工期间，由于自然灾害、意外事故和施工人员的操作失误给在建工程、到达现场的材料、施工机械和物品、临时工程、现场的其他财产等造成的损失。工程一切险实际上是一种综合性的险别，但工程一切险却不承保所有的风险，如由于战争、罢工、政策的变化、违约等原因导致的损失就不在该险别承保的范围内。工程一切险一般按合同的总价投保，其保险期限应从开工之日或第一批施工材料运抵施工现场时起，到工程竣工之日或事先约定的竣工之后的某一时间止。

案例一 诱人的厨师外派产业

据泸州市餐饮行业协会秘书处的数据，2012 年 1 月到 8 月，泸州市外派厨师在世界各地主厨的人数突破 400 多人。他们分别在美国、英国、爱尔兰、德国等 20 多个国家的大中城市川菜馆，为世界各国人民煲汤做菜，被誉为传播东方美食——川菜的和平使者。

据泸州市餐饮行业协会会长聂贵勋介绍，泸州市外派厨师始于 20 世纪六七十年代，主要是到驻外使馆主厨。到了 20 世纪八九十年代，随着改革开放步子加快，世界贸易复苏，中国进出口额占半壁江山。外国人和中国人的商贸活动、政务活动和出国旅游人数增长，精明的外商、华商在世界各地开起中国川菜馆，于是通过外派劳务渠道，泸州市一大批名厨走出国门。叙永人李兴广在爱尔兰一干就是 20 多年，受到爱尔兰领导人接见，被爱尔兰国家杂志誉为传播东方美食的和平使者。泸州厨师通过一些外派厨师机构，一大批中青年厨师经外派去了欧洲、大洋洲和北美、非洲等川菜馆主厨。这些厨师在国外主厨时都受到好评。叙永人李江、彭涛、廖平已在英国、爱尔兰工作 10 余年，已获得该国移民局颁发的“永久居留卡”，来回不用签证。

据了解，目前泸州市在美国、英国、爱尔兰、德国、韩国、新加坡、越南、缅甸和沙特、安哥拉、阿尔及利亚、利比亚、阿联酋、土库曼斯坦以及俄国、澳大利亚等国的厨师达 400 多人，其中美国多达 100 余人，其次爱尔兰达 60 人，英国、德国等国川菜馆主厨的有 100 多人。按国际市场聘任厨师月薪标准，一般厨师（技师级）试用期月薪为 800 美元～1 200 美元，签约厨师月薪 1 800 美元～2 000 美元，厨师长月薪 3 000 美元。英国、爱尔兰实行周薪制，厨师每周薪水 1 000 欧元～1 200 欧元，服务生周薪 1 200 欧元，高于厨师，若加上客人的小费，海外厨师年收入可达 30 万～40 万人民币。聂贵勋告诉记者，泸州外派厨师人数在全川排第一。为什么海外川菜馆的老板看中泸州厨师呢？原因有四：一是泸州是正宗川菜大河帮小河味的发源地，泸州味在国内餐饮行业技能大赛中夺魁，名声在外。二是泸州菜品不断创新，与各国消费者的口感、味感相融合，又不失外国人习惯消费特征，颇受欢迎。三是泸州人的吃苦耐劳，与老板的默契合作。为餐厅创造了巨额利润，受到称赞。四是几代外派厨师的传、帮、带，继承和发掘了外派厨师的技术和绝活，为拓展更多的国外川菜馆提供了人才。

与此同时，湘菜厨师也在德国悄然走俏。湘菜厨师占外派德国的1/3，据湖南省商务厅的信息，该省在德国打工的厨师已达1 000余人，占到了全国输德厨师3 000多名中的1/3。据了解，湘菜厨师走俏德国，要求派人的订单不断传来，让人应接不暇。省商务厅专家介绍，湘菜厨师是该省外派劳务的一大品牌，不仅外派人数多，而且厨师收入也相对较高。外省派去的最低月薪只有500欧元，该省派去的最低也有750欧元。

据湖南省某外贸公司经理介绍，德国是一个崇尚美食的国度，世界上几乎所有的特色美食：中餐、日本料理、韩国料理、巴西烤肉、越南河粉、印度咖喱都受到德国人的喜爱，饮食行业竞争激烈。中餐竞争更是白热化。目前德国的中餐馆仅汉堡就有400多家，柏林有300来家。中餐馆为在竞争中立于不败之地，不断推陈出新，变化菜式和口味。包容性强、创新速度快的湘菜便成了中餐馆的首选对象。

案例二　云南省劳务输出市场广阔

截至今年7月，云南省累计外派各类劳务人员71 098人，劳务人员实际收入接近6亿美元，劳务输出在全国排名第12位。过去，云南省外派劳务多集中于大湄公河次区域国家及日本、毛里求斯市场。近年来，随着外派劳务市场的开拓，云南省外派劳务市场已经增加到19个国家。

作为“走出去”战略的重要内容，云南省自2007年建立外派劳务基地以来取得显著成效，外派劳务质量不断提升。按照外抓市场，内抓资源，云南省劳动力资源转化为外派劳务资源的工作思路，2007年在楚雄州南华县成立了第一个外派劳务基地。截至目前，云南省已建立了21家外派劳务基地县和专业基地。其中，楚雄州、南华县被认定为国家级培训基地，年培训能力到达3万人，基本涵盖了劳务输出的外方企业的不同需求。此外，云南省还建立了楚雄州、南华县、蒙自市3家对外劳务合作服务平台，先后引进了10余家省内外有实力的经营公司与基地建立了长期稳定的合作关系，积极开展多种培训，不断提高培训水平。外派劳务基地和平台的建立，为提高云南省外派劳务质量和水平发挥了不可替代的作用。

近年来，楚雄州高度重视对外劳务合作，始终把外派劳务工作作为推动全州经济社会又好又快发展的重要工作来抓，2009年6月被商务部授予“国家级外派劳务行业基地”称号，成为全省唯一一家国家级外派劳务行业基地的州市。其基地工作机构——楚雄州外派劳务服务中心自成立以来，积极履行国家级外派劳务行业基地“立足当地、辐射全省、面向全国”的职能，劳务输出名列全省榜首，成为我省外派劳务的示范窗口。随着外派劳务工作的进一步开展，楚雄州外派劳务服务中心服务全州及全省经济社会的能力进一步增强，“输出一人、致富一家、带动一片”成效进一步显现。

昭通

云南省昭通是云南省人口较多、贫困面最大、贫困程度最深的山区农业大市。"十一五"期间，昭通充分利用农村人力资源，提前实现了百万劳务输出的目标，人力输出和人才回归已经成为农民增收和振兴昭通的重要渠道。

而"十一五"期间，昭通市输出打工者共有123万人，并且通过各种方式，培训农村劳动力达55.5万人次。外出务工使许多人成为了有技术、有理念、有资本的优秀人才。这样一来，在更多昭通人"走出去"打拼的同时，又不断有成功人士被"请回来"。他们听说了政府的优惠政策后便开始了回乡创业、回报家乡的新历程。

"十一五"期间，通过"百万劳务输出工程"等一系列措施，昭通把人力资源压力变成了优势。农民务工纯收入71亿元，比"十五"的21亿元增加了238%，目前，农民人均纯收入超过一半是外出务工的收入。已有7 076人带回资金15.3亿元用于创办各类企业，就近解决了4.38万多人的就业问题。昭通市总共输出农村劳动力123万人，比"十五"的85万人增加了44.71%。

楚雄

2011年在省商务厅等有关部门的支持下，楚雄州争取到了500人的贫困地区农村劳动力转移培训并外派出国就业的计划指标。为保证培训质量和转移国外就业的效果，楚雄州外派劳务服务中心整合现有教学资源，采取州、县、乡、村联动，政府主导，市场运作的模式，依托中心的培训资源及外联优势，对全州贫困地区农村拟外派国外务工人员进行适应性培训、语言培训和技能培训，使该州贫困地区农村劳动力转移国外就业，逐步实现由"体能型"向"技能型"转变，培训合格一批，输出一批，使劳务人员输得出、站得住、能致富，扩大了农村劳动力培训转移输出空间。在注重扶贫培训项目外派劳务输出结构调整的同时。积极引进外派劳务龙头企业，扩大国外就业转移门路，积极拓展外派劳务输出空间。通过加强与大理国际、文山国际、重庆国际、天津海河、威海国际、青岛泰成等省内外国际公司开展合作交流，进一步拓宽了外派渠道，增强了外派活力，加强了交流与合作，形成了长期定向的外派劳务输出合作关系，为贫困地区农村劳动力转移国外就业打下了坚实的基础。2009年以来共向日本、新加坡、阿联酋、约旦、毛里求斯等国输送劳务人员568名。

2. 第三方责任险

第三方责任险是指在施工中，由于任何事故给与工程无关的第三方造成的财产损失或人身伤亡，保险公司予以赔偿的一种险别。第三方责任险只包括保险公司和被保险人以外的第三者的财产损失或人身伤亡，不包括被保险人财产损失或雇员的伤亡，而且只有在被保险人应依法承担赔偿责任时，保险公司才予以办理赔偿。

3. 人身意外险

人身意外险是指保险公司负责赔偿被保险人在施工中因意外事故致使人身伤亡损失的一种险别。承包合同一般都规定承包商必须为施工人员投保人身意外险，在投保人身意外险时，还可同时附加由意外事故致伤的医疗保险。人身意外险的保险金额应视施工所在国法律而定，有些国家允许承包商为外国雇员在国外保险公司投保，但本地雇员必须在本国保险公司投保。

4. 汽车险

汽车险是指施工运输车辆在工地以外发生事故，保险公司负责赔偿由此而造成的损失的一种险别。施工中运输车辆的风险分为工地内和工地外风险两类，汽车险仅负责在工地外发生事故造成的损失，而施工车辆在工地内发生事故导致的损失应属于工程一切险的责任范围。有些国家对施工车辆实行强制性保险，未投保汽车险的施工车辆不许在公路上行驶。

5. 货物运输险

货物运输险是指工程所需的机械设备、原材料、零部件等在运输期间遭受自然灾害和意外事故造成的损失，保险公司负责赔偿的一种险别。在国际工程承包活动中，采购施工机械、设备、原材料和零配件的费用一般占整个工程费的50%～80%，这些物资的运输大多通过海运，在海运风险如此之大的今天，为运输中的货物投保是非常必要的。货物运输险的险别很多，一般分为两大类，一类是可以单独投保的基本险，即平安险、水渍险和一切险；另一类是不能单独投保只能在投保了一个基本险之后加保的附加险，附加险本身也分成三种，即一般、特别和特殊附加险，而且每种附加险又有很多险别，至于投保哪一险别，应视货物的性质而定。货物运输险的保险金额一般可按 CIF 价格（成本加保险费和运费价）的110%投保。

6. 社会福利险

社会福利险是保险公司为工程所雇佣的本国和外籍雇员失业、退休、死亡提供救济或补偿的一种险别。有些国家对此采用强制性保险，而且必须在国家指定的保险公司投保，这种做法对外籍雇员极不合理，但外籍承包商在施工结束后外籍雇员离开时可以要求退还一定比例的保险费。

第六节 国际劳务合作

一、国际劳务合作的概念

劳务是劳动服务的简称，系指劳动力的所有者向需求该种劳动服务的单位或个人提供的活劳动。这种活劳动即可以是为工业、农业等行业提供的生产性劳动，也可以是为商业、旅游、金融、保险、运输、通信、建筑、医疗、教育等行业提供的服务性劳动，这实际上是劳动力要素的合理配置。国际劳务合作也称劳务或劳动力输出，它是指一国的各类技术和普通劳务，到另一国为另一国的政府机构、企业或个人提供各种生产性或服务性劳动服务，并获取应得报酬的活动。国际劳务合作实际上是一种劳动力要素在国际间的重新组合配置。国际劳务合作与国际服务贸易还有一定的区别，因为劳务合作讲的是作为生产要素之一的劳动力要素在国际间的移动，只不过是内涵广泛的国际服务贸易的一部分。当代国际劳务合作也不同于过去那种简单的劳动力转移，在原始资本积累时期，劳动力的转移是一种强制性的奴隶贸易，即使是在两次世界大战之间，也是一种带有殖民色彩的移民活动，不同于今天的劳务合作。当代国际劳务合作产生于第二次世界大战之后，并经过多年的发展，形成了以国际工程承包、国际投资、技术服务、咨询服务等形式进行的一种劳动服务，这种劳动服务形式已成为当代国际经济合作的一种重要形式。

二、国际劳务合作的作用

国际劳务合作已成为国际经济合作的一种重要形式，它即对劳务的输出国和输入国有很大的促进作用，也对整个世界经济产生了巨大的影响。

（一）对劳务输出国的作用

国际劳务合作对劳务输出国的作用主要表现在五个方面：一是增加了外汇收入，很多国家通过劳务出口和工程承包获取了可观的外汇收入，尤其是一些人口密度较高的发展中国家，他们中的有些国家外汇收入的一半以上来自国际劳务合作；二是缓解了国内的就业压力，有些发展中国家人口密度大，而且工业落后，其国内根本无法安置过剩的劳动力，劳务输出便成为解决这一问题的出路之一；三是学到并掌握了国外的一些先进的技术和管理方法，外派的劳务人员在国外提供劳动服务的同时，也掌握并带回了国外先进的技术和管理方法，从而提高了外派劳务人员的素质；四是扩大了商品出口，劳务输出国在外派劳务提供各种服务的同时，也将本国的原材料、设备和技术等出售给了输入国；五是提高了输出国劳动服务者个人的收入，劳务的提供者到国外从事劳动服务不仅获得了收入，而且其收入一般高于国内，进而又提高了其生活质量。劳务输出有时也会造成国内通货膨胀、技术人员外流、国家限制出口的技术泄露和新的传染病的流入等负面影响。

（二）对劳务输入国的作用

对劳务输入国的作用一般表现在以下三个方面：第一、弥补了国内劳动力不足或某些行业劳动力短缺的问题，有些国家工业较发达或发包项目较多但人力又不足，而有些国家虽不缺劳动力，但其本国人又不愿从事某些脏、累、有污染、收益低的工作，输入外籍劳动力便成为解决上述问题的最好途径；第二、解决技术难题，有些国家技术落后，劳动力素质较差，无法适应本国经济发展的需要，引进技术劳务可以帮助解决很多国内技术难题，进而还可起到引进国外先进技术，调整产业结构的作用；第三、降低产品成本、提高产品的竞争能力或获取高额利润，雇佣外籍劳务一般不受本国最低工资水平的限制，即工资可低于本国劳动力的工资，从而使产品成本下降，达到增强产品竞争能力或获取高额利润的目的。劳务输入也会导致民族纠纷，犯罪率上升，新的传染病的传入等不利影响。

（三）对整个世界经济的作用

劳务合作对世界经济的影响主要表现在以下三个方面：（1）促进了科学技术在世界范围内的普及，在劳动力的转移过程中，有相当部分的劳动力是具有某种专业技术知识的，他们将其所拥有的技术带到世界各地，使这些输入技术劳务的国家也能分享世界上最先进的技术所带来的效益；（2）加深了生产的国际化程度，源源不断的劳动力转移使世界形成了庞大的劳动力市场，使作为生产要素之一的劳动力要素在世界范围内进行配置，从而加深了生产的国际化程度，与此同时，技术劳务的转移有些是通过跨国公司的海外投资带动的，这不仅促进了劳务输入国的产业结构的调整，也加深了生产的国际化；（3）扩大了贸易的数量，技术劳务在国外提供各种技术服务时，往往要求技术的输入国使用其母国的设备和原材料，或推荐具有国际先进水平的其他国家的产品，从而增加了国际贸易的数量并扩大了贸易的范围。

三、劳务输出及其客观必然性

劳务输出实际上就是劳动力的输出，它是指拥有一定技能或符合国际劳动力市场需求的普通劳动者，为获得更多的各种形式的收益，出国从事各种形式的有偿服务。这在人口学上叫人口流动或有劳动能力的人口流动，劳动力的流动一般是以实现其自身的价值增值为动力，并伴随着国际市场需求而产生的。20 世纪 70 年代以来，劳务输出事业得以迅速发展，劳务贸易的发展速度超过了商品贸易，其比重已占到世界贸易总额的约 25%，发达国家的劳务贸易已占到其对外贸易总额的 30% ~40%，劳动力要素已成为国际市场上最活跃的要素之一。劳务输出之所以在 20 世纪 70 年代以后得以迅速发展是有其客观必然性的，其主要表现在以下几个方面：

（一）世界经济发展的不平衡性

有些国家技术落后，资源有限，资金短缺，而人口却较多，由于其技术水平和产品销售市场所限，使其国内的企业数量和工业规模又十分有限，这就造成了就业压力。而有些国家技术先进，工业规模十分可观，因而劳动力的相对不足便显示出来，需要引进外籍劳务来弥补国内劳动力的短缺。世界经济发展的不平衡性是劳务输出的根本原因。

（二）经济生活的国际化

第二次世界大战后，和平的环境使科学技术得以飞速发展，随着科学技术的飞速发展，各国之间的经济关系也日益密切，谁都不能在封闭的状态下求得发展，各国为求得发展便开始了经济生活国际化的进程，因为即使最发达的国家也不可能做到在所有领域都是领先的，引进技术和技术劳务便成为其保持领先地位的一个重要途径。

（三）世界产业结构的调整和国际分工的深化

随着国际分工的深化和产业结构的调整，不仅促使资金、原材料、设备、技术在国际间的自由移动，发达国家往往还随输出大量过时技术的同时，带出了很多技术劳务和普通劳务，以缓解国内的就业压力。而且发展中国家引进技术发展经济的同时，由于国内劳动力的素质较低，需要外籍的技术劳动力对国内劳动力进行技术指导，以发展国内的落后产业或创建国内的空白产业，这些都推动了劳务输出。

四、劳务的种类及劳务输出的方式

（一）劳务的种类

劳务划分的方法很多，从不同的角度可以划分为不同的种类：

1. 劳务按劳动力提供服务所在的部门不同可以划分为要素性劳务和非要素性劳务。要素性劳务主要是指在工业、采矿业、加工业和农业等生产部门就业的劳动力；而非要素性劳务是指在商业、金融、保险、运输、咨询、旅游、文教等服务性行业就业的劳动力。

2. 劳务按提供服务的目的来划分，则可分为五种，即从事工农业生产、资源开发和加工工业等物质生产型劳务，从事公路、铁路、港口、机场、桥梁、水利、厂房建设等直接为工农业生产和资源开发提供服务的服务型劳务，从事商业、金融、保险、咨询、交通运输、计算机服务等间接为生产活动服务的服务型劳务，从事餐饮、旅游、民用航空、海陆空客运、医疗卫生、民用建筑、家庭服务等满足人们物质消费需要型的劳务，从事文化艺术、体育、教育等满足人们精神需要型劳务。

（二）劳务输出的方式

目前各国输出劳务主要采取以下几种形式：

1. 通过对外承包工程，国际工程承包一般涉及考察、勘探、设计、施工、安装、调试、人员培训甚至经营等工作，这些工作需要派出一定数量的施工、技术和管理人员。

2. 通过技术和设备的出口，技术的出口国在向技术的进口国出口技术时，技术的进口国往往要求出口国派出有关技术人员进行技术指导，或对进口国的有关技术人员进行培训，这种方式派出的劳务人员一般是技术劳务。

3. 直接出口劳务，有些国家通过签署合同的方式，直接向需求劳务的国家出口各类劳务人员，如医生、护士、海员、厨师、教师、体育教练员等。

4. 通过在海外投资设厂，一国的投资者在海外创办独资企业、合资企业和合作经营企业的同时，将会随之派出一些技术人员和管理人员，如果东道国允许，甚至还会派出一些普通工人。

五、国际劳务市场及其与国际商品市场的区别

国际劳务市场是世界上从事劳务交易的场所。国际劳务市场是整个国际市场的重要组成部分，它对劳动力要素在国际间的流动起了非常重要的作用。国际劳务市场经过了20世纪五六十年代的孕育与发展，形成了西欧和北美两大劳务市场。随着20世纪70年代西方国家的经济陷入滞胀和20世纪80年代的缓慢增长，以及中东国家石油收入的剧增和亚洲“四小龙”的兴起，国际劳务市场已从只进行普通劳动力流动的西欧和北美两大市场，发展成为亚太、中东、西欧、北美、拉美和非洲并能提供多种劳动服务形式的多元化市场。进入20世纪90年代以后，由于世界经济增长缓慢，各国的贸易保护主义日益加强，使劳务市场上的竞争更趋激烈。目前，随着多数国家采用调整与发展并重的政策，国际劳务市场呈现出对技术劳务需求增加的态势，而且国际劳务市场多元化的趋势还在进一步加强。

国际劳务市场与国际商品市场有很大的不同，其主要表现在以下两个方面：其一是交易的对象不同，商品交易市场交易的对象是有形的，即有形的实物，而劳务市场上交易的标的是无形的，即非物化的活劳动；其二是交易场所的设置不同，商品交换场很多都是固定的，如各类商品交易所以及定期举办的展销会和贸易洽谈会等，而劳务市场一

般都没有固定的场所，经常是哪里有劳务需求，哪里就是劳务市场。

六、国际劳务合同的基本条款

国际劳务合同是确立国际间劳务输出与输入，或彼此之间雇佣关系的一种法律文件。国际劳务合同与其他的经贸合同有所不同，因为它要受当地的政治、法律、宗教、文化等因素的制约。目前各国所签署的国际劳务合同是以欧洲金属工业联络组织拟定的“向国外提供技术人员的条件”为蓝本，其主要包括以下内容：

（一）雇主的义务

雇主（一般被称为甲方）应负责外国劳务的入境手续，为他们提供基本的生活设施和工作条件，有责任对他们进行技术培训或指导，并尊重他们的人格。此外，雇主除应向劳务人员支付工资以外，还应支付从募集外籍劳务人员到外籍劳务人员抵达本国所产生的动员费、征募费、旅费、食宿费以及办理出入境手续所需的各种费用。

（二）劳务输出方的义务

劳务的输出方（一般被称为乙方）应按雇主的要求按时派出身体健康、能胜任工作的劳务人员，并保证他们尊重当地的法律、宗教和风俗习惯及项目结束后离开本国，而且应负责及时更换因身体不适或违反上述规定而必须离境的劳务人员。

（三）劳务人员的工资待遇

劳务人员的工资标准是按其技术职称和工种而定的，可按小时、日或月来计算，而且不得低于当地的最低工资标准。劳务工资即可用外币计价，也可用东道国货币计价，支付货币中可规定外币和东道国货币分别所占的比例，但外币不得少于工资总额的50%。劳务人员工作满一年后，工资标准也应随东道国物价上涨的幅度而进行相应的调整。劳务人员工作满11个月后可以享受1个月的带薪休假，其往返旅费由雇主负担。若劳务人员放弃回国休假并继续为雇主工作，雇主除支付正常工资以外，还应按规定支付加班费。

（四）劳务人员的生活待遇

劳务人员的伙食、住宿和交通应在合同中作出明确规定，在一般情况下，雇主根据劳务人员的级别与职务来安排他们的食宿，按国际惯例，领队和工程师等一般每人一间，其面积不小于10平方米；医生、翻译、会计、厨师以及各类技术和管理人员两人一间，每人平均面积不得小于8平方米；普通工人几人一间不定，但每人不得低于4平方米。而劳务人员的伙食即可由雇主直接提供，也可提供伙食费，由劳务人员自行解决。雇主一般负责提供班车接送劳务人员上下班，但往返时间不得超过一小时，超过的时间算上班。

（五）劳动与社会保障

雇主应提供为保证劳务人员在工作中的安全所需的一切劳保用品，而且还应为劳务人员办理人身和医疗等保险。按国际惯例，雇主应以1:150的比例为劳务人员配备医生，如果劳务人员需要住院治疗时，其住院费和各种治疗费由雇主负担。如果当地无法治疗，必须送往外地、邻国或回国就医时，也应由雇主支付路费。如果由于雇主的原因致使劳务人员伤亡时，雇主应赔偿一切损失，如果是由于劳务输出方的过失，则由劳务输出方承担损失。

（六）仲裁条款

劳务合同应定有仲裁条款，其目的在于发生了不能通过友好协商解决的争议时，得到及时的解决。仲裁机构是由双方选定的，但一般应选择东道国的仲裁机构作为劳务合同的仲裁机构，仲裁机构在收到争议双方签署的申请之后，根据国际惯例和当地的法律进行裁决，裁决的结果对双方都有法律约束力。

第七节　中国对外承包工程与劳务合作

一、中国对外承包工程与劳务合作概述

中国对外从事承包工程与劳务合作始于 1979 年，虽然在此之前中国企业曾在一些非洲国家和周边友好国家承建过体育场馆、公路、铁路、桥梁、工厂、医院等工程项目，并派遣过医生、护士、教师、体育和杂技教练、科技人员、工程师、建筑工人等劳务人员，但都是通过经济援助项目进行的，并没有真正进入国际工程承包与劳务市场。从 1978 年党的十一届三中全会至 1979 年 4 月，中国先后批准组建了中国建筑工程总公司、中国公路桥梁建设总公司和中国土木建筑工程公司，加上原有的中国成套设备进出口集团公司共四家公司从事对外承包工程和劳务输出业务。近 20 年来中国的对外工程承包与劳务输出事业有了飞速的发展，中国的对外经济合作业务遍及世界五大洲的 188 个国家和地区。到 1999 年年底为止，中国批准的有资格从事该项业务的公司已近千家，其中有中国建筑工程总公司、中国公路桥梁建设总公司、中国海外工程总公司、中国冶金建设集团公司等由国务院有关部委组建的中央专业公司，中国福建国际经济技术合作公司、中国江苏国际经济技术合作公司、中国上海对外经济技术合作公司等由省、自治区、直辖市组建的地方性专业公司，中国机械设备进出口总公司和中国化工国际工程贸易公司等由大型外贸公司开办的专门从事工程承包业务的公司，北京城建集团总公司和齐鲁建设集团公司等是由工业企业开设的从事工程承包业务的公司，以及北京市政工程设计院、交通部第一规划设计院等是由专业技术和资金力量都很雄厚的专业设计院开办的工程承包公司。

中国公司从事的业务范围也十分广泛，其中涉及公路、桥梁、港口、水电站、水坝、房屋建筑、园林建筑、天然气管道、地质勘探、航天等，派出的劳务人员也从原先的建筑工人、医务人员、工程师等，发展到海员、司机、律师等。中国公司广泛开展对外工程承包业务和劳务输出，不仅扩大了中国在国际上的影响，带动了产品、原材料和技术的出口，还锻炼了一大批技术和管理人员，并为国家和个人增加了外汇收入。中国公司从事国际工程承包和劳务输出业务至今已有 33 个年头，33 年来中国公司的经济和技术实力在不断壮大，其影响也在不断扩大。例如，继 1994 年和 1995 年中国有 23 家

公司跻身美国《工程新闻记录》（ENR）杂志评选的世界225家最大承包商行列之后，1996年增加到27家，1998年又有30家榜上有名，其中中国建筑工程总公司、中国石油工程建设（集团）公司、中国港湾建设（集团）公司、中国土木工程集团公司、中国路桥（集团）总公司和四川东方电力集团公司等六家公司进入了前100名，它们分别列第24、59、62、77、88和100位，特别值得一提的是中国建筑工程总公司从1997年的42位跃升到第24位。1996年中国公司的对外承包劳务总额还实现了新签合同额超过100亿美元的重大突破，达到了102.73亿美元。1998年中国公司新签合同2.595 5万份，合同总金额达117.73亿美元，比1997年的113.56亿美元又增长了3.7%。实际完成营业额为101.34万元，首次突破100亿美元大关。到1998年年底止，中国在外从事工程承包与劳务合作的人数为35.212 5万人，累计派出劳务人员140多万人次。2012年全球最大225家国际承包商排名中，我国内地共有52家企业入选本届榜单。共完成海外工程营业额627.08亿美元，比去年的570.62亿美元增加了9.98%。52家企业平均营业额达到12.06亿美元，相比2011年平均海外营业额的11.39亿美元增长了5.88%。2011年，对外承包工程企业完成营业额1 034.2亿美元，与去年同期相比增长了12.2%，新签合同额为1 423.3亿美元，同比增长5.9%。2011年全年劳务合作派出人员45万人，其中承包工程项下派出劳务24.3万人，劳务合作项下派出20.9万人。中国公司正在成为国际工程承包和劳务市场上一支不可忽视的力量。

但是，资金短缺、规模小、市场范围窄、管理水平低仍然是困扰中国公司发展的主要障碍。中国的对外承包工程与劳务合作市场的2/3以上在亚洲，如在1996年的新签合同额中，亚洲就占了74.5%，非洲和欧洲分别仅占14.7%和5.6%，美洲和大洋洲一共才占5.2%，2008年上述地区分别约占70%、20%、6%和4%，预计在2010年分别占到48%、30%、12%和10%。市场范围的狭小限制了中国对外承包工程与劳务合作的开展。我国近千家从事对外承包工程与劳务合作的公司中，仅有42家公司在1997年签订过价值超过5 000万美元的合同，比1996年的44家还少了两家，而且它们1997年新签的合同额占同期中国各公司新签合同总额的69%。在目前跻身世界225家最大承包公司中的30家中国公司海外总营业额大约仅相当于美国贝克特尔集团的一个下属公司的海外营业额。1998年中国近千家公司的总营业额在世界承包市场的占有率仅为1.4%，世界排名前十位的中国公司2008年度海外总营业额仅为226亿美元，仅占全球排名前10位公司2008年度海外总营业额1 455亿美元的15.53%。目前在外劳务人员不足全球劳务输出总额的1%，1997年下半年的东南亚金融危机，又使2/3以上的海外承包劳务市场在亚洲的中国公司雪上加霜。中国公司应该正视现实，拓宽融资渠道，改善管理水平，更广泛的开拓国际市场，使自己在竞争中求得发展。随着《服务贸易总协定》的签订和我国加入世界贸易组织，以及我国政府与外国政府有关国际组织根据《服务贸易总协定》的规定，通过双边或多边谈判和协商，就我国的对外承包劳务企业和人员、国民待遇和专业技术人员资格认可等原则作出互惠性安排，我国将面临开拓国际承包劳务市场的新机遇。

二、中国开展对外承包工程与劳务输出的指导思想与管理体制

（一）中国开展对外承包工程与劳务输出的指导思想

中国政府为使中国公司更好地开展对外工程承包与劳务输出业务，1982 年 5 月提出了“守约、保质、薄利、重义”的指导思想。守约就是要求中国公司讲求信誉，遵守合同；保质则是要求中国公司注重施工质量并提供合格的设备和原材料；薄利是指要讲求效益，随行就市，但不能漫天要价；重义是要求中国公司重视与友好国家的友谊，不能见利忘义。

（二）中国开展对外承包工程与劳务输出的管理体制

中国政府为推动中国对外承包工程与劳务输出的发展，十分重视对开展对外承包工程和劳务输出的中国公司的管理，并为此作出了如下规定：

1. 国务院授权商务部归口管理中国公司对外承包工程和劳务事宜。商务部的具体职责是：具体制定有关对外承包工程与劳务输出的法规和政策；审核和批准主营或兼营对外承包工程和劳务输出业务公司的经营资格；发放外派劳务的许可证；监督和检查各公司执行国家有关法规的情况；协助各公司疏通资金来源以及设备和原材料的供应渠道；协调各公司间的业务活动；组织各公司的人才培训及信息与技术交流；对工程承包与劳务输出的价格进行指导。

2. 国内基层管理工作是通过各省、自治区、直辖市、计划单列市的商务部门和国务院各部委的国际合作司或外事局，国外则通过商务部派出的驻外机构即中国驻外使馆商务参赞处来实施。上述各基层机构主要职责是制订符合本地区特点的对外承包工程与劳务输出的长期发展战略；按规定向商务部报送各公司的统计和财务资料；对申请对外承包和劳务输出经营权的企业或提出变更对外经贸业务的公司进行初审，并向商务部申报；负责实施商务部的具体培训计划，经验的交流，业务活动的指导和总结评价；解决企业开展对外承包工程与劳务输出业务中遇到的问题，特别是协调好与海关、税务、公安、劳动人事部门的沟通及所需设备、原材料和劳务的供应工作。

3. 外派劳务人员必须经过审核批准方可出国。其审批程序为经派人单位、所属专业公司、省市专业局、省市国际经济技术合作公司、省市经贸委、省市政府办公厅、经贸部等层层报批。

4. 对特殊行业和特殊地区的劳务输出实行特殊的管理政策。如对输出到独联体国家及港澳地区的海员和渔民等，设专门的协调机构负责。

三、中国经营对外承包和劳务输出业务的公司应具备的条件

按中国政府的有关规定，申请成立主营对外承包工程和劳务输出业务的公司必须具备以下条件：

1. 必须是政企责任分开、独立经营、独立核算、自负盈亏的经济实体；
2. 有自己的名称、法人代表、地址以及完整的组建条例或章程；
3. 有明确的经营范围及与开展业务活动相适应的组织机构；
4. 拥有与经营业务规模相适应的资金、营业场所和设施，以及组织实施业务的其

他物质和技术实力；

5. 具有一定的业务渠道，并有同已经营对外承包工程与劳务业务的公司合作，或以其名义在国外承包工程和提供劳务业务的业绩和信誉。

本章小结

本章主要阐述了开展国际工程承包的必要性，国际工程承包中招标与投标的基本方法和程序，国际工程承包合同的标准格式；介绍了国际劳务合作的方式，劳务的种类，施工索赔，国际工程承包所涉及的银行保函和保险等业务，以及我国开展劳务合作的概况；分析了国际劳务市场的现状与特点等。目的是使学生对国际工程承包与劳务合作，及其操作方式有一个全面、系统的了解。

思考与练习题

1. 当代国际工程承包市场的特点是什么？
2. 国际招标方式有哪些种？
3. 招标需要经过哪些程序？
4. FIDIC 条款的容是什么？
5. 导致施工索赔的原因有哪些？
6. 国际劳务输出的种类和方式有哪些？

第九章　中国对外服务贸易

近年来，国际服务贸易取得了较快的发展，国际服务贸易额已相当于国际货物贸易额的1/4。《服务贸易总协定》的制定和实施将会进一步推动国际服务贸易的发展。中国对外服务贸易在对外经济交往中占有越来越重要的地位，这是与中国政府重视服务贸易的发展和管理密切相关的。

第一节　国际服务贸易的发展

一、国际服务贸易概述

（一）国际服务贸易的概念

服务是指一方为满足另一方的需求而提供的某种活动，是一种特殊形式的劳动产品。国际服务贸易指的是不同国家之间所发生的服务买卖与交易活动。服务的提供国称为服务的出口国，服务的消费国称为服务的进口国，各国的服务出口额之和构成国际服务贸易额。乌拉圭回合《服务贸易总协定》确立国际服务贸易应包括以下四种方式：（1）从一成员国的国境向另一成员国的国境提供服务，即过境交付（Cross-Border Supply）；（2）从一成员国的国境内向另一成员国的消费者提供服务，即境外消费（Consumption Abroad）；（3）通过一成员国提供的服务实体（法人）在另一成员国以商业存在提供服务，即商业存在（Commercial Presence）；（4）由一成员国的自然人在另一成员国境内提供服务，即自然人流动（Movement of Personnel）。

（二）国际服务贸易的项目

国际服务贸易的内容十分广泛，目前国际上一般认为服务出口主要应包括以下一些项目：（1）国际运输；（2）国际旅游；（3）跨国银行、国际融资公司及其他金融服务；（4）国际保险和再保险；（5）国际信息处理和传递、电脑及资料服务；（6）建筑工程承包和劳务输出；（7）国际咨询服务；（8）广告、设计、法律、会计管理等项目服务；（9）产品的维修、保养和技术指导等售后服务；（10）国际视听项目服务；（11）教育、卫生、文化和艺术的国际交流服务；（12）国际电信和邮递服务；（13）国际租赁服务；（14）商业批发与零售服务；（15）其他官方国际服务等。

（三）服务出口的方式

服务出口主要是通过以下三种方式实现的：（1）直接出口。是指服务出口国向服务进口国直接提供服务，其间没有人员、物资和资金的流动，而是通过电信、邮电或计算机的联网实现的，也就是服务的供需双方不离开居住地而进行服务交易，如国际电话、卫星广播、电视、传真以及国际信用卡结账等。直接出口有时也被称为分离型国际服务贸易或过境交付型国际服务贸易。(2) 间接出口。是指服务出口国不是直接将服务输出到服务进口国而是由服务进口国的消费者直接到服务出口国来消费和享用服务。如服务进口国的消费者到服务出口国去旅游、留学、就医或参加国际会议等。间接出口又称为供给地依存型国际服务贸易或境外消费型国际服务贸易。(3) 国外当地生产当地销售。是指服务出口国的企业或经济实体或个人直接到服务进口国去提供服务，提供的方式可以是通过创办服务企业，如创办合资、合作或独资的银行、保险公司、饭店、旅店、零售商店、律师事务所或会计师事务所等，也可以是通过个人受雇或从事个体服务等，如受雇当司机、海员或开设个体医疗诊所等。国外当地生产当地销售这种服务出口的方式又被称为需求地依存型或法人与自然人存在型国际服务贸易，是目前服务出口中一种最主要的方式。

（四）国际服务贸易的特点

与国际商品贸易比较，国际服务贸易具有以下几个明显的特点：首先，服务贸易是无形的，具有不可触摸性、不可储存性和不易运输性，因而导致服务出口方式多样化；其次，服务的生产与消费往往是同时发生的，通常无法将服务进行再转让和套利活动，所以服务的生产和出口过程一定程度上讲也就是服务的进口和消费过程；第三，服务贸易更多地依赖于生产要素的国际移动和服务机构的跨国设置，国际间的服务交换无论采取什么形式，它都与资本、劳动力和信息等生产要素的跨国界移动密切相关；第四，服务贸易的统计数据在各国国际收支表中显示，而在各国海关进出口统计上没有显示；第五，对服务贸易的监控不能通过海关监督和征收海关关税的方式进行，而只能通过国家立法和制定行政法规来达到目的，因此服务贸易所涉及法规的形式和强度远远超过商品贸易；第六，有些项目下出口的服务，进口国消费者不能在本国国内消费而只能到服务出口国去消费（如境外消费）。

（五）国际服务贸易壁垒

国际服务贸易壁垒指的是一国政府对外国生产的服务在本国的销售所设置的有限制和障碍作用的各种政策措施。开展国际服务贸易同开展国际商品贸易一样也会遇到进口国所设置的各种壁垒限制，但是对服务的进口不可能采取关税壁垒的限制措施，而只能采取非关税的措施进行限制和调控。

目前，国际服务贸易壁垒主要有以下几种：

(1) 服务产品移动的壁垒。服务进口国规定服务进口的最高限制，当外国供应者提供的服务超过最高限制时，进口国完全禁止外国服务产品进入本国市场。

(2) 人员移动的壁垒。对外国劳动力进入本国工作或就业进行限制，如严格控制给予国外劳务人员和移民的签证，对国内企业雇佣外籍人员规定苛刻的限制条件和标准等。

(3) 服务生产者开业权的壁垒。这方面的壁垒同服务业的市场准入原则有联系，实际上也就是是否允许外国服务提供者以商业存在的形式进入本国服务市场。

(4) 资本移动的壁垒。服务进口国通过外汇和投资管制等措施对外国服务提供者的投资本金和收益的汇出进行限制。

(5) 对外国服务提供者实行不平等待遇的壁垒。这个壁垒同国民待遇原则有联系。

对通过以自然人流动和法人商业存在的形式进入本国的外国服务提供者，在税收、经营范围、股权拥有比例和其他一些方面进行限制，实行低国民待遇，从而达到减少外国服务进口的目的。

二、国际服务贸易的发展和格局

（一）国际服务贸易的产生与发展

国际服务贸易是伴随着资本主义生产方式的出现而产生的，并且，随着资本主义商品经济的不断发展而发展。较早出现的服务贸易行业是航运业，而航运业是在资本主义生产方式准备时期，随着新大陆的发现而兴起的。以后，随着美洲的开发，欧洲人大规模向北美移民，从而出现了带有殖民主义色彩的国际劳务贸易，并形成了国际间劳动力要素移动的第一个高潮。在资本主义自由竞争时期，除航运业等服务行业外，铁路运输、金融、保险、通信等服务行业也随着货物贸易的迅速发展而有了长足的进步。第二次世界大战以后，由于新的科技革命的作用，发达国家的产业结构日趋“服务化”，第三产业急剧发展，在社会总就业人数和国民生产总值中所占的比重不断提高，因而也促使国际服务贸易有了更快的发展。另外，国际货物贸易的迅速发展和规模的扩大、信息技术的广泛应用、跨国公司的发展、国际旅游业的兴起、各国对发展对外服务贸易的重视以及世界经济全球化和区域经济一体化的加深等也是促进第二次世界大战后国际服务贸易发展的重要因素。

第二次世界大战后，尤其是近些年来，国际服务贸易的发展呈现出以下几个特征：

（1）国际服务贸易的发展以高新技术为核心，以技术进步为基础。高新技术的发展和应用带动了世界经济发展中服务生产的新的国际分工，扩大了服务的领域，改变了传统的服务的提供方式，一定程度上增加了服务的可贸易性。

（2）生产性服务已成为国际服务贸易中最主要的一大类服务。一般而言，可以根据服务对象将服务分为四类，即消费性（者）服务、生产性（者）服务、分销服务和社会性服务。第二次世界大战后，发生于产前、产中和产后的生产性服务有了较迅速的发展，已成为社会化和国际化大生产的必要条件。

（3）跨国公司对国际服务贸易的发展起到了重要的推动作用。首先，跨国公司在世界范围的经济扩展过程和跨国生产过程中都需要大量的服务投入；其次，跨国公司在进行全球性的投资活动、技术转让和国际性的生产专业化过程中，一方面促进了专家、技术人员和劳动力的跨国流动，另一方面也带动了金融、保险、法律、技术、运输、计算机和咨询等服务业的发展；最后，跨国公司为获取高额利润越来越多地涉足服务业领域的投资，一大批服务业跨国公司纷纷崛起，直接而有力地促进了国际服务贸易的发展。

（4）在有些国家以及有些领域的服务贸易壁垒有所强化的情况下，从总体上来看，服务贸易的发展仍是日趋自由化。统管国际商品贸易和服务贸易的世界贸易组织（WTO）已于1995年1月1日正式成立，《服务贸易总协定》（GATS）也开始生效，国际服务贸易已纳入到新的多边贸易体制之中，这将会使服务贸易方面的贸易保护主义和各种障碍不断得到克服和减少，推动服务贸易的进一步自由化。

（5）服务贸易的市场分布不平衡。这主要表现在工业发达国家和新兴工业化国家与地区的服务贸易发展迅速并且占有明显优势，目前位于服务贸易进出口额前 20 名的几乎都是工业发达国家和新兴工业化国家与地区，广大发展中国家所占份额甚少。但发展中国家的服务贸易出口增长速度明显加快。市场分布不平衡的另一个表现是在产品结构方面，广大发展中国家出口的服务产品主要是劳动密集型的，而发达国家和新兴工业化国家与地区出口的则主要是知识、技术和资本密集型的服务产品。

（二）国际服务贸易的现代格局

近年来，国际服务贸易获得了迅速的发展，2010 年全球服务贸易进出口总额为 71 666 亿美元，其中出口总额为 36 639 亿美元，进口总额为 35 027 亿美元。服务贸易的进出口总额相当于全球商品进出口总额的 23.4%。

表 9－1　2010 年全球主要服务进出口国家或地区排名　（单位：十亿美元）

排名	出口国家或地区	金额	所占比例（%）	排名	进口国家或地区	金额	所占比例（%）
1	美国	514.97	14.1	1	美国	357.91	10.2
2	德国	229.86	6.3	2	德国	256.29	7.3
3	英国	227.20	6.2	3	中国	192.20	5.5
4	中国	170.2	4.6	4	英国	156.39	4.5
5	法国	139.99	3.8	5	日本	155.24	4.4
6	日本	137.56	3.8	6	法国	125.66	3.6
7	西班牙	120.85	3.3	7	印度	116.91	3.3
8	新加坡	111.74	3.0	8	荷兰	108.89	3.1
9	荷兰	111.26	3.0	9	意大利	108.18	3.1
10	印度	109.51	3.0	10	爱尔兰	105.99	3.0
11	中国香港	108.0	2.9	11	新加坡	96.07	2.7
12	意大利	97.02	2.6	12	韩国	92.98	2.7
13	爱尔兰	95.09	2.6	13	加拿大	89.38	2.6
14	韩国	81.57	2.2	14	西班牙	85.50	2.4
15	比利时	80.81	2.2	15	比利时	75.46	2.2

资料来源：世界贸易组织。

从表 9－1 中可以看出，在 2010 年，美国是全球最大的服务贸易顺差国，顺差金额达 1 570.6 亿美元。2010 年，全球十大服务贸易出口国（地区）依次是：美国、德国、英国、中国、法国、日本、西班牙、新加坡、荷兰、印度；十大服务贸易进口国（地区）依次是：美国、德国、中国、英国、日本、法国、印度、荷兰、意大利、爱尔兰。以知识、技术密集型或资本密集型的现代服务业比如金融、保险、通信、技术服务、咨询等，其增长率要比传统的以自然资源或劳动密集型服务贸易的增长率高 4 到 5 个百分点。

三、《服务贸易总协定》的主要内容

《服务贸易总协定》（General Agreement on Trade in Services，缩写为 GATS）是国际服务贸易领域的新的国际规则和基本制度，它的制定和实施必将对服务贸易的发展产生巨大而深远的影响。《服务贸易总协定》由三大部分组成：一是协定条款本身；二是协定附件；三是各国的具体承诺减让表。下面针对这三个方面分别进行简要分析。

（一）关于《服务贸易总协定》的条款

《服务贸易总协定》共分 6 个部分，包括 29 个条款。6 个部分是：范围与定义、一般义务与纪律、具体承诺、逐步自由化、机构条款和最后条款。29 个条款中较主要的有：最惠国待遇、透明度、提高发展中国家成员国的参与、经济一体化、垄断与专营的服务提供者、对保障收支的限制、一般例外、市场准入和国民待遇等。《服务贸易总协定》包括了缔约方的各项权利和义务，其主要的目的和宗旨就是实现服务贸易的自由化。它的条款中所规定的义务分为两种：一种是普遍性的义务；一种是具体承诺的义务。普遍性的义务适用于各个部门，如最惠国待遇原则，不论《服务贸易总协定》的成员是否开放这些部门，都必须相互给予无条件最惠国待遇。具体承诺的义务，如市场准入和国民待遇原则，是指经过双边或多边谈判达成协议所承担的义务，这些义务只适用于各成员国承诺开放的服务部门，而不适用于未开放的服务部门。

《服务贸易总协定》条款中的一些原则、概念甚至语言都来自《关税与贸易总协定》，但是，由于服务贸易与货物贸易的特点和交易方式不同，所以《服务贸易总协定》中的一些原则和概念也就具有了新的特定的含义。

1. 最惠国待遇

最惠国待遇条款规定，各成员国应立即和无条件地给予任何其他成员国的服务和服务提供者以不低于其给予某一成员国相似服务和服务提供者的待遇。如果一成员国无法取消与上述规定不符的措施，则应申请最惠国待遇例外。最惠国待遇原则是多边贸易体制的基础，也是多边服务贸易的基础。值得注意的是，《服务贸易总协定》中的最惠国待遇的适用对象与《关税与贸易总协定》中的最惠国待遇的适用对象是不同的。前者既适用于服务这种无形产品，也适用于服务的提供者，而后者则只适用于产品。

2. 透明度

透明度条款规定各成员国应立即公布其所采取的所有与服务贸易或对《服务贸易总协定》产生影响的措施。各成员国政府还应在协议生效后的两年内建立一个或多个咨询站（对个别发展中国家成员国在期限要求上可有适当的灵活性），以便尽快地回答其他缔约方的询问。

3. 发展中国家的更多参与

根据协定第四条发展中国家更多参与条款的规定，发达国家应采取具体措施，帮助加强发展中国家的国内服务业，为发展中国家的服务出口提供市场准入的条件。总协定允许发展中国家根据国内政策目标和服务业发展水平逐步开放本国服务市场和逐步实现服务贸易自由化，并允许发展中国家对外国服务或服务提供者进入本国市场规定一些条件。

4. 市场准入

市场准入是《服务贸易总协定》中的一项重要条款，它是一种经过谈判而承担的义务，适用对象既包括服务也包括服务提供者。市场准入条款中列出了六项市场准入的限制措施，其中包括四项数量限制，一项对法律实体形式的限制和一项对外资份额的限制。各国在谈判所应承担的义务时，应将与上述措施有关的各项措施列入承诺单，否则不能予以实施。

5. 国民待遇

国民待遇条款也是《服务贸易总协定》中的一项重要条款。这一条款规定，给予外国服务和服务提供者的待遇，不应低于给予本国相同服务和服务提供者的待遇。但这种待遇不是自动给予的，而是经过谈判减让的结果，具体反映在减让承诺单中。给予外国服务或服务提供者的待遇，不论形式上相同还是不相同，只要不对外国服务和服务提供者造成歧视，就都是符合国民待遇原则的。即使待遇相同，如果改变了竞争条件，使其有利于国内服务和服务提供者，就是违背了国民待遇原则。由于服务贸易的特点，这个条款强调的是实施国民待遇原则的实际效果。

（二）关于《服务贸易总协定》的附件

《服务贸易总协定》的附件共有八个，它们分别是：《关于第二条例外的附件》、《关于根据协定提供服务的自然人的流动的附件》、《关于航空运输服务的附件》、《关于金融服务的附件》、《关于金融服务的第二个附件》、《关于海洋运输服务谈判的附件》、《关于电信的附件》和《关于基础电信谈判的附件》。除了《关于第二条例外的附件》之外，其余七个附件都是关于具体服务部门的，主要涉及自然人流动、航空运输、金融（含保险）服务、海洋运输和电信服务等方面。这些附件是《服务贸易总协定》的一个不可分割的组成部分，制定的目的在于对上述部门如何实施总协定的原则作出更为具体的规定。世界贸易组织（World Trade Organization）成立后，各成员国已开始就上述具体的服务部门进行多边谈判。经过各方努力，基础电信谈判已于1997年2月结束，“基础电信协议”已经达成；经过激烈地讨价还价后，“金融服务业协议”也已于1997年12月达成。

（三）关于各国的具体承诺减让表

具体承诺减让表是各国在谈判的基础上提交的开放市场的承诺，它也是《服务贸易总协定》的一个组成部分，同样具有法律的约束力。具体承诺减让表的内容是各参加方在双边谈判的基础上承担的关于国民待遇和市场准入的义务。减让表明确注明各方对于他方服务和服务提供者实施国民待遇和市场准入的限制条件。

第二节　中国服务出口

一、中国服务出口的状况

改革开放以来，在对外商品贸易迅速发展的同时，中国的对外服务贸易也有了较快的发展。根据世界贸易组织的统计，2010 年和 2011 年，中国的服务出口分别为 1 702 亿和 1 821 亿美元，两年在世界服务出口中都排第 4 位，占世界服务出口总额的比重分别为 4.6% 和 4.4%，增长幅度分别为 32.4% 和 7%。我国是服务出口增长最快的国家。我国旅游、运输和建筑服务等传统服务贸易出口额占服务贸易出口总额的比重逐渐下降，2011 年为 54.2%，新兴服务业计算机和信息服务、专有权利使用费和特许费、咨询和广告宣传出口额占服务出口总额的比重逐步上升为 24.9%，和服务出口的先进国家相比还存在着较大的差距。从商品出口与服务出口的比例来看，1998 年，全世界为 4:1，美国为 2.9:1，中国为 7.8:1；2010 年，全世界比例为 4.1:1，美国为 2.5:1，中国则为 9.3:1。

二、扩大中国服务出口的必要性和可能性

（一）扩大中国服务出口的必要性

1. 缓解国际收支平衡压力的需要

随着我国对外开放的深入发展和加入世界贸易组织（WTO），国内的商品市场和服务市场都将进一步对外开放，结果必将会有更多的国外商品和服务进入我国，从而给我国的国际收支平衡带来空前的压力，应对这种压力的最好办法就是扩大我国的商品与服务出口。

2. 充分利用其他国家对等开放服务市场机会的需要

我国加入世界贸易组织后，将会按照我国政府提交的服务贸易减让表草案上的规定从若干个方面开放国内服务市场，而其他国家也会根据它们的许诺开放服务市场，这就为扩大我国服务出口提供了一个极为难得的机会，所以，我们必须要抓住这个机会并加以充分利用，使我国的服务出口上规模、上档次、上位次（在世界上的排名）。

3. 迎接国内涉外服务市场激烈竞争的需要

对外开放国内服务市场，国外服务企业必然会大量进入，从而大大加剧国内涉外服务市场的竞争。在竞争中有些服务企业倒闭破产并不可怕，可怕的是涉外服务市场份额过多地被国外企业所占有。为此，必须提高涉外服务企业（如国际旅游企业）的竞争力，扩大境内形式的间接服务出口。

4. 带动整个第三产业发展和优化出口产业结构的需要

发展服务出口可以使我国一些第三产业行业的比较优势得以发挥，可以提高我国第三产业的总体水平和改进服务企业的经营与管理，从而带动整个产业的加速发展。服务出口发展了，有形出口与无形出口的失衡现象会得到克服，我国出口产业结构会在第一

层次上得以优化。

5. 扩大服务出口可以增加就业机会，扩大社会就业

由于服务出口涉及的行业多，且又以劳动密集型或劳动与资本密集结合型行业为主，所以就业带动效应较大。根据商务部数据，2012 年，我国对外劳务合作派出各类劳务人员超过 51 万人，比 2011 年同期增加 6 万人，其中承包工程项下派出 23.3 万人，劳务合作项下派出 27.8 万人。年末在外各类劳务人员 85 万人，比 2011 年同期增加 3.8 万人。

6. 扩大服务出口可以直接或间接地推动我国有形商品的出口

服务出口一方面可以直接带动有形商品的出口，如技术出口可以带动成套设备的出口，对外工程承包可以带动建筑材料的出口；另一方面也可以间接地促进有形商品的出口，如市场调研、信息咨询、广告宣传、维修培训等售前、售中和售后服务对产品的销售影响很大。

7. 从长远来看，扩大服务出口具有战略意义

我国人口众多，人均资源占有量有限。因此，我国对外贸易发展的一个重要前途就是要在提高有形商品出口的技术含量和附加价值的同时，大力发展无形服务出口，用尽可能少的甚至不用物质资源去创更多的外汇。

（二）扩大中国服务出口的可能性

1. 服务行业的劳动力资源优势。劳动力资源优势表现在两个方面：一是劳动力价格比较低廉，二是相当数量的高素质的劳动力的存在。我国劳动力平均月工资大体相当于发达国家的 1/25 和“四小龙”的 1/10，因此，我国在劳动密集型和劳动与资本密集结合型的服务出口行业具有较强的竞争力。另外，我国还有着较多的高素质的专业技术人员，2011 年仅国有单位专业技术人员数就达 2 356.9 万人，高素质劳动力的存在正符合服务企业的优势更多地体现为人力资本这一点。

2. 服务企业优势。在发展较快的一些服务出口行业中，我国已有一批具有一定国际知名度和竞争力的大企业。例如，在 2012 年全球最大的 225 家工程承包公司中，已有中国建筑工程总公司等 41 家中国企业榜上有名；在美国《财富》杂志公布的 2012 年度全球最大的 500 家企业中，中国大陆已有中国工商银行、中国银行、中国建设银行、中国人寿保险等 20 多家服务企业入选。

3. 旅游资源优势。我国自然风景优美、历史古迹众多、人文景观独特、经济社会发展蒸蒸日上，对境外游客的吸引力日益增强。目前，中国已拥有较强的旅游接待能力，2011 年来华旅游入境人数达 2 711.2 万人次，国际旅游创汇达 484.64 亿美元。

4. 技术优势。虽然我国总体技术水平落后于发达国家，但是在一些高新技术领域已拥有世界先进水平，如超导、微电子、现代生物技术、卫星发射技术、光纤通信和计算机软件设计等领域。另外，2011 年我国国内外专利申请授权数量达到了 960 513 件，其中发明专利 172 113 件。

除国内拥有扩大服务出口的优势外，有利的国际环境对中国的服务出口也起到了保障和促进作用：近年来国际服务贸易持续发展，服务市场的规模不断扩大；随着《服务贸易总协定》的实施，各国服务市场日趋开放，服务贸易自由化有了新的进展；中国在海外拥有 3 000 多万华侨和华裔，他们在当地有着广泛的影响，这也有利于中国在

当地的服务出口。

三、扩大中国服务出口应采取的政策措施

（一）优化出口产业结构，大力发展服务出口产业

优化出口产业结构不能仅局限在有形商品的范围内，要扩大到服务贸易，要重视优化有形商品出口产业与无形服务出口产业之间的结构，大力发展我国具有现实和潜在比较优势的服务出口业。通过优化服务出口产业结构，实现服务出口商品结构的升级换代，增加资本密集和技术密集型高附加价值的服务产品的出口，使服务出口替代战略得以实施。把服务出口产业作为同商品出口产业同样重要的出口支柱或战略产业来发展，我国应在支持传统服务业出口的基础上，如国际旅游业、国际工程承包与劳务合作业、建筑、对外加工装配业、国际运输业等，加大扶持知识技术密集型的新兴服务业，比如计算机和信息服务、咨询、电影音像、广告宣传业的发展。

（二）优化企业组织结构，组建一批以服务出口为主业的大型企业集团，培育中国的服务业跨国公司

服务出口企业规模过小不利于在国际市场上同外国服务企业展开竞争，不利于扩大市场占有份额。为此，我国需要尽快组建起一批以资产联系为纽带的分布在主要服务出口行业的大型企业集团。国家要给予这批企业集团同其他行业企业集团同样的政策扶植，如给予它们直接对外经营权，给予一定期限税收和金融上的支持，在国有资产存量的划拨、委托管理和兼并等方面给予政策支持，允许它们拥有一定限额的国内外直接投资与融资权。

（三）适当加快向国外第三产业的投资，通过对外投资来促进服务出口

目前，除贸易行业外，我国其他服务行业在海外的投资还不是很多，这必然会影响到服务出口。例如会计服务，现在国际市场规模已相当可观，英国的普华永道和 Ernst & Young 2011 年财年营业额分别为 292 亿和 229 亿美元，美国的德勤华永 288 亿美元，荷兰的 KPMG227 亿美元。但我国的会计师事务所在境外设立分支机构的还比较少。在向国外服务业进行投资时，要重点投向我国服务出口的目标市场，要注意行业和投资方式的选择。

（四）要进一步向外商开放第三产业

要进一步开放第三产业的一些行业和领域，允许外商来投资办企业。这样做从短期来看会使服务进口有所增加，但从长期发展的角度着眼，则会促进我国的服务出口，优化服务出口的产业结构和产品结构，加快服务贸易发展战略由进口替代为主转到以出口替代为主。因为，外商投资企业的进入会带来资金、技术、销售渠道和先进的管理经验，会引入一些高水平和高效益的服务，会形成内外资服务企业的竞争格局，从而刺激国内服务企业改进经营与管理，提高服务水准，使其在生产效率和生产成本方面达到国际上较先进的水平。

（五）建立统一协调和管理服务出口的机构

这种机构不一定要新建。较可行的方案是将商务部有关司的现有职能扩大，从而形成一个统管全国服务出口的机构。这个机构的职能主要是：制定全国服务出口的政策、法规和战略；负责与国外进行多边或双边服务贸易谈判；监督国家给予服务出口企业的

优惠政策的执行情况；汇总全国服务出口数据等。

（六）国内第三产业的发展，尤其是涉外第三产业的发展，要走质量和名牌之路

服务企业也要把服务质量视同企业的生命。质量好就可以形成名牌。名牌服务企业越多越有利于扩大服务出口。国外进入我国的服务企业大多都拥有驰名商标，知名度高，因而能吸引顾客。我国服务企业要注意老字号的保护和发展，要注意创造新的名牌。有了名牌就有了市场和销路。

（七）强化服务出口意识，完善服务贸易的立法和统计工作

要宣传服务出口的必要性和可能性，使有关部门和企业了解服务出口的作用，认识到对外贸易不仅包括有形出口而且也包括无形出口。要通过制定有关法律对服务贸易进行管理和引导，在制定法律时，要考虑到《服务贸易总协定》的基本精神。另外，我们还要尽快按照国际上通行的服务贸易统计方法，完善中国服务贸易的统计工作，为中国服务贸易的政策制定提供分析基础和依据。

四、中国服务出口的管理

中国的对外出口既包括有形商品的出口也包括无形服务的出口，因而国家对出口的管理也包括这两个方面。由于服务贸易具有很多不同于货物贸易的特点，再加上服务出口涉及众多部门，因此对服务出口的管理存在一定的难度。在对服务出口进行管理的时候要注意以下几个原则：1. 注意对服务出口管理与对货物出口管理的异同；2. 注意国家有关部门的统一管理（如商务部实施的管理）与具体服务部门自身管理的有机结合；3. 注意各种管理手段的相互配合，以法律手段为主，同时辅以经济和行政手段；4. 对服务出口的管理既要考虑中国国情，又要考虑国际惯例和《服务贸易总协定》的原则。

第三节　中国服务进口

一、中国服务进口的状况

服务进口是中国对外服务贸易的一个重要方面。根据世界贸易组织的统计，2010年和2011年，中国的服务进口额分别为1 922亿和2 370亿美元，两年在世界服务进口中的位次都为第三位，占世界服务进口总额的比重分别为5.5%和8.1%，目前中国进口的主要项目有：运输服务、旅游、保险、专利权使用和特许费等服务。由于近年来服务进口的规模持续大于服务出口，因此中国对外服务贸易存在逆差。

二、中国服务市场的对外开放

（一）入世与中国服务业对外资的开放

服务市场对外开放的实质是服务进口的扩大，服务市场的对外开放包括两个层次：一个层次是允许外国服务产品的进口，另一个层次是给予外国服务提供者（包括企业法人

和自然人）市场准入的权利。服务业对外资的开放是中国服务市场对外开放的一个更加深入的层次。三十多年来，中国的服务业实行了逐步对外国投资者开放的政策，鼓励和允许外国投资者进行投资，外资的进入已成为服务业加快发展的一个重要动力。随着市场经济体制的逐步建立和国内经济与国际经济的逐步接轨，尤其是中国加入世界贸易组织后，中国服务业进一步扩大了对外资的开放。在商业、运输、教育、医疗、金融、保险、体育等服务领域逐步放宽了对外商的限制，而且进一步加大了先进技术和高端服务的进口。

（二）服务业对外资扩大开放的策略

中国作为一个发展中国家，在对外资开放本国服务市场的过程中，应采取“梯度开放”的策略。“梯度开放”是一种渐进式的有调控的开放。“梯度开放”策略主要包括以下内容：

1. 行业梯度。即根据服务行业的性质和国际竞争能力及承受能力的强弱等方面因素，在一定时期内把服务行业分为鼓励外资进入的行业、允许外资进入的行业、限制外资进入的行业和禁止外资进入的行业。

2. 地域梯度。即根据各个地区经济发展水平的高低、服务市场需求规模的大小以及各地服务业企业的竞争能力和其他一些条件而确定服务行业开放的地区范围。有些地区先开放，有些地区后开放。

3. 业务梯度。是指按照特定服务业务的重要程度和收益前景而规定外商目前可以做哪些和不可以做哪些业务，可以做时则规定可以做到什么程度。

4. 股权梯度。对于允许外资进入的服务行业，可以在外商拥有的股权数量上作出规定，如有的行业外商可以参股经营，采取中外合资的形式，但外商不能控股；有的行业既允许外商合资经营，也允许外商控股；有的行业则完全允许外商独资经营。与此同时，同股权梯度相联系，我们还可以规定企业的董事长、总经理或某些职位的高级管理人必须由中方担任。

5. 数量和规模梯度。数量梯度是指开放的初期阶段，在一定地域范围内，对某些服务行业允许外商进入的数量作出上限规定；规模梯度则是对进入某些服务行业的外商在资产总额、经营规模或雇员数量上作出下限规定。

中国服务业在对外资开放的过程中采用“梯度开放”的策略不仅是必要的，而且也是完全可行的，这一策略同各国服务业对外开放的惯例和《服务贸易总协定》的要求是完全符合的。我们在采用这一策略的时候，应根据不同行业的情况，对其内容进行有选择地组合使用。

（三）服务业对外资扩大开放的影响

1. 引入国际竞争机制，完善服务市场结构，加速服务业的发展

通过允许外资进入服务领域，可以打破国内服务市场的垄断格局，强化服务企业之间的竞争，促进本国服务企业改进经营管理，提高技术水平和服务质量与效率。

2. 提供短缺和特色服务，克服国内服务业发展的“瓶颈”制约

渐进地有选择地向国外开放服务业，除了可以引进资金、技术、管理经验和销售技巧外，还可以引进国民经济发展所需要的一些短缺的和有特色的服务，扩大服务供给，克服服务业对其他行业发展的“瓶颈”制约。

3. 改善投资环境，促进其他行业利用外资规模的扩大

由于其他行业外资的进入对服务业外资的进入具有一定的依赖性，所以外资进入国内服务业后，有助于改善国内投资环境，推动和促进其他行业利用外资的开展。

4. 为扩大服务出口创造更好的市场条件

由于服务市场的开放是双向对等的，在中国开放市场的同时，外国也对中国的服务提供市场准入，因此，服务业对外资扩大开放也可促进中国有比较优势的服务部门和企业走向国际市场，扩大中国的服务出口，优化中国出口商品的结构和出口产业结构。

当然，如果服务业对外开放的策略选择不当，开放得过快，也会产生一些不利的影响，如：冲击国内幼稚服务业的发展；不能对服务业跨国公司的活动进行有效管理；导致服务进口大量增加，影响国际收支平衡，进而影响国民经济的稳定发展等。

（四）服务业对外资扩大开放与服务进口战略

服务业对外资的进一步开放与服务业的进口替代发展战略有着密切的关系。伴随着服务业的进一步开放，更多的外国服务企业和服务业跨国公司将进入中国服务市场，在一些地区出现技术密集型和知识密集型的进口替代的服务产业，从而使这些地区服务业的发展处于进口替代发展战略阶段。这是一种新型的通过利用外资发展本国特定产业的开放性的进口替代战略，符合当今国际经济发展的趋势。需要加以注意的一点是：服务业实行进口替代战略与有形商品行业实行进口替代战略的结果在国际收支上的反映是不一样的，服务业实行进口替代战略在一定时期内会增加服务的进口，有时会导致无形贸易收支出现逆差。

（五）服务业对外资扩大开放中应注意解决好的几个问题

1. 政府引导和市场协调的关系

既要发挥市场对服务业资源配置的基础性作用，促进市场化发展，同时还要注重政府对服务业开放的监督引导和财政税收的支持作用。

2. 新兴服务业和传统服务业的关系

既要重视信息技术、生物、高端装备制造、新能源、新材料等战略性高端产业相配套的服务贸易以及金融、分销等新兴服务贸易的开放，也要进一步扩大传统的物流、旅游服务业的开放。做到有主有次，重点突出。

3. 外资企业和本土企业的关系

中国一些长期主要由国家垄断经营的行业将会逐步向外国投资者开放，但是，如果这些部门只对外国投资者开放，对国内跨行业、跨所有制的投资者仍持严格的限制或禁止政策，会使这些前景看好、有稳定收益、风险很小的投资机会由外商在缺少竞争的状况下独享，这对国内投资者是不公平的。政府应该统筹兼顾，不能使本国投资者在本国反而受到歧视，也不刻意照顾本土企业，创造一个平等竞争的环境。

4. 开放程度与法规的关系

各行业开放的程度和步骤应与相关的政策法规相配套，与国内宏观经济环境相协调，要加快立法和试点工作，以尽快积累经验。

三、中国服务进口的管理

服务进口是中国进口贸易的一个重要组成部分，国家应从宏观上对其进行必要的管理。在对服务进口进行管理时，要注意处理好国家有关部门的统一管理与具体服务部门自身管理的有机结合，要注意法律、经济和行政手段的配合使用，要注意与服务出口的综合平衡，同时还要注意在给予外国服务提供者市场准入的权利之后，应逐步实行国民待遇的原则。

◇ 本章小结

服务贸易是国际贸易的一个重要组成部分，它在国际贸易中占据着越来越重要的地位。本章，首先分析和研究了服务贸易的概念、方式、项目、特点、壁垒、发展与格局和《服务贸易总协定》的主要内容等基本问题；然后论述了中国服务出口的有关问题；最后，对中国的服务进口进行了介绍和讨论。

◇ 思考与练习题

1. 国际服务贸易的方式、项目和特点是什么？
2. 服务贸易方面有哪些壁垒？近些年来国际服务贸易的发展呈现出哪些特征？
3. 《服务贸易总协定》的主要内容是什么？
4. 扩大中国服务出口的必要性和可能性是什么？应当采取哪些政策措施？
5. 入世对中国主要服务行业对外资的开放会产生哪些影响？
6. 中国服务市场对外资开放的策略是什么？政府如何对服务进口进行有效的管理？

第十章 国际租赁

现代国际租赁是第二次世界大战后才出现的一种国际融资手段。租赁业自20世纪50年代初在美国开展以来，已被发达国家广泛采用，在世界资本市场上，租赁已成为仅次于商业贷款的第二大筹资方式。20世纪80年代以来，发展中国家也开始以融资租赁的方式来发展民族工业。目前，国际租赁业已遍布全球，西方国家的一些经济学家把租赁业称为“未来的产业”和“经济起飞的垫脚石”。国际租赁业在国际经济合作活动中的地位日益重要。

第一节 国际租赁概述

一、国际租赁的概念

租赁是一种既古老但又崭新的交易方式。迄今为止，国际上尚未对租赁（Leasing）一词形成统一的概念，甚至同一个国家的学者、政府部门、法律部门和经营者等，对租赁的概念也没形成统一的认识。但就世界各国租赁业的运作方式而言，租赁是指出租人在不转让所有权的条件下，把设备、物资、商品、财产等出租给承租人在一定的期限内使用，承租人按租赁契约的规定，分期付给出租人一定租金的一种融资与融物相结合的经济活动。国际租赁也称跨国租赁，它是指分居不同国家和地区的出租人与承租人之间的租赁活动。

现代国际租赁与传统的国际租赁不同，现代的国际租赁业务是以金额巨大的机器设备、飞机、船舶等为租赁对象，以融资为目的。其主体既可以是个人和企业，也可以是国家政府和国际组织。现代国际租赁实质上是企业进行长期资本融资的一种手段。由于租赁公司提供以“融资”代替“融物”的服务，使企业在获得使用权的同时，实际上减少了长期资本的支出，并能将其有限的资金用于其他短期业务支出。租赁融资已经与银行借款、公司债券和分期付款等长期信贷方式一起，成为金融大家庭中的一员。

二、国际租赁的产生与发展

租赁的历史可以追溯到原始社会末期，在漫长的发展过程中，租赁业经历了古代租赁、近代租赁和现代租赁三个发展阶段。

古代租赁出现于原始社会末期，其具体表现为一些富人出租其工具、牲畜、货物乃至人，以获取租金。公元前3000年前，腓尼基人开始租赁船只。巴比伦王国曾在公元前1750年通过了一项立法，规定个人资产也可进行租赁交易。古代租赁实际上是一种实物租赁，它是以获取租赁物的使用价值为目的，以支付一定的报酬为前提的。

近代租赁开始于18世纪中叶，它是随着欧洲工业革命的开始而发展起来的。其租赁物主要为铁路车辆、船舶、制鞋机、缝纫机、电话等设备。但租赁的目的仍然只限于使用设备本身，而且只租不售。

现代租赁业则起源于第二次世界大战后的美国，其标志是美国在1952年创立了世界上第一家专营租赁业务的企业——美国国际租赁公司，该公司开始了真正意义上的融资与融物于一体的租赁业务。融资与融物相结合实际上是现代国际租赁业的最主要特征。此后，融资与融物于一体的融资方式被其他发达国家所效仿。进入20世纪70年代以后，银行开始参与租赁业务。从20世纪80年代起，发达国家的租赁业进入成熟期，其租赁物主要包括飞机、汽车、计算机、无线电通信设施、工业机械设备、医疗设备、废物处理设施、家具和办公用品等，而且发展中国家也开始将租赁作为一种融资手段，如1994年巴西一家航空公司从美国、日本及欧洲以融资租赁的方式租进了60架飞机。据《世界租赁年限》统计，2003年全球租赁总额达4 616亿美元，美国、日本、德国分别以2 040亿美元、621亿美元、398亿美元位列前3名。国际租赁业已成为当今国际资本市场上仅次于商业贷款的第二大融资方式。

三、现代租赁的特征

现代租赁既不同于销售、分期付款和租用，也不同于古代租赁和近代租赁。由于现代租赁是以融资为主要目的，因此它具有以下几个特征：

（一）现代租赁是以融资和融物相结合，并以融资为主要目的的经济活动

近代租赁的承租人只是为了获取租赁物的使用权，到期偿还，对租赁物的所有权则不感兴趣。而在现代租赁业务中，出租人按承租人的需要购得设备后，再将其出租给承租人使用，目的在于收取超过贷款本息的租金，这实际上是出租人的一种投资行为。而承租人则通过取得设备的使用权，解决其资金不足的问题，并用租来的设备生产出具有高额利润的产品来偿还租金。租赁的设备在使用一段时间后，可以将设备退回、续租或留购。在现代租赁合同中，租期往往与租赁物的寿命一样长，这就等于将所有权引起的一切责、权、利转让给了承租人，实际上已变成了一种变相的分期付款交易，即融资与融物相结合。这表明，承租人的目的不仅是为在某一段时间内使用该物品，而且还想以此为融资手段占有该物品。

（二）承租人对租赁物的所有权和使用权是分离的

现代租赁虽然在租期结束时，出租人和承租人可能成为买卖关系，或在租期未到之前就已含有买卖关系。但在租期内，由于设备是由出租人购进的，设备的所有权仍属于出租方，承租人只是在按时支付租金并履行租赁合同各项条款的前提下，对所租设备仅享有使用权，而不存在所有权。

（三）一笔租赁业务往往存在两个或两个以上的合同，并涉及三方或更多的当事人

在现代租赁活动的过程中，有些租赁方式往往要在一笔租赁交易中，签订两个或两个以上的合同，例如，融资租赁至少涉及三方当事人，即出租人、承租人和租赁物的供

货商，并由出租人与承租人之间签订一个租赁合同及由出租人与供货商之间签订一个购货合同。如果出租人需要融资，那不仅要涉及银行或金融机构，还需要由出租人与银行或金融机构签订一个贷款合同。

（四）承租人有选择设备和设备供货商的权利

在现代租赁业务中，出租人出租的设备往往是根据承租人提供的型号、规格、技术指标和性能购置的，甚至连提供设备的供货商及购买设备的商务条件都是由承租人指定和商定的。

四、现代国际租赁业迅速发展的原因

现代国际租赁业自 20 世纪 50 年代出现起，一直以惊人的速度发展，1988 年达到了顶峰，其增长率为 21.5%。此后，国际租赁业虽然受世界经济衰退的影响而出现增长放慢的态势，但仍保持着约 10% 的年增长率，其中欧美日等发达国家企业利用租赁方式筹资进行设备改造已占新设备投资额的 20% 以上，有些国家甚至达到了 30% 以上。第二次世界大战后国际租赁业之所以能以如此速度发展，其原因主要有以下几个方面：

（一）第二次世界大战后科技进步加快，西方发达国家经济长期保持高速增长

第二次世界大战后，由于科技革命的推动，新技术和新产品不断涌现，设备更新的周期也随之缩短，这就使各国的固定资产投资需求旺盛，原有的使用手段已满足不了企业对巨额资金的需求，这就刺激了以融资为特征的现代租赁业的发展。

（二）企业对外来资金依赖程度的加深

20 世纪 70 年代末至 80 年代初，工业发达国家经济相继进入滞胀状态，一方面资金市场供过于求，另一方面用于实业的资金不足，这就使企业对外来资金依赖程度加深。此外，再加上国际商品市场竞争激烈和贸易保护主义在西方各国又一次盛行，这就促进了带有融资性质并有效地绕过贸易壁垒的现代租赁业的发展。

（三）发达国家政府对租赁业的支持

发达国家政府对租赁业的支持主要表现在两个方面：一是政策上的支持，其主要体现在税收方面，租赁业一般可享受政府给予的某些额外的减税和免税待遇，政府还为租赁公司提供专项贷款和信用保险等；二是各发达国家都颁布了有关租赁的各种法规，使租赁市场走向法制化轨道。

五、国际租赁的作用

国际租赁是一种融资与融物相结合的中长期信贷方式。它对承租人、出租人、制造商和金融机构等租赁市场上的参与者，以及租赁物的进出口商来说，与简单的商品买卖相比均有相对较大的益处。其具体体现在以下几方面：

（一）降低了企业的生产成本

很多发达国家都对租赁设备采取了一定的鼓励措施，如税收减免和加速折旧。承租人在采用租赁方式时，可将租金从成本中扣除而少交不必要的税金，如果采用贷款，只能将所付利息计入成本，本金的归还是不能免税的。此外，出租人由于能从其应税收入

中抵免设备的投资支出，从而大大降低了出租人的购买成本，使承租人以租赁方式获取设备的成本低于直接购买方式。鉴于出租人将其投资和加速折旧的部分好处转让给了承租人，以及承租人本身享有的优惠，采用租赁比采用借款购买设备的成本要低得多。

（二）增加了利用外资的数量

国际上所采用的利用外资的方式很多，但在很多方面都有限制。政府贷款虽然条件优惠，但均有限制性采购规定，金额也不会很大，并往往与项目相联系。出口信贷不仅限定购买的商品，而且只贷给购买设备合同金额的 85% 。商业贷款虽然也能得到购买设备所需的 100% 的贷款，但往往以各种形式的抵押作为贷款条件。而采用租赁方式，不仅可使承租人享有购买设备所需资金的 100% 的融资。而且国际货币基金组织一般不把租赁货物视为承租人所在国的对外债务，因此不会影响该国从其他途径筹集资金，这实际上增加了利用外资的数量。

（三）加快了设备的引进速度

在企业缺乏资金购买设备的情况下，申请各种形式的贷款往往手续繁杂，如提供担保或进行资信调查，有些贷款还需借款国政府出面商谈或提供担保以及审批等。这往往需要很长时间，有的甚至长达 1 ~2 年。如果采用租赁方式，设备和供应商可由承租人指定，设备的引进一般由租赁公司包办，这就大大节省了设备的引进时间。

（四）避免了通货膨胀造成的损失

在当今世界，通货膨胀已成为普遍现象。租赁设备由于租金是固定的，即使以后物价上涨，承租人仍以签订租赁合同时的货币价值支付租金，这就避免了由于通货膨胀而给承租人造成的损失。

（五）加强了设备的有效利用

对出租人来说，将自己闲置不用的设备或本国已经淘汰的设备出租给其他需要该设备或那些经济不发达的国家，会使一些企业已无任何价值的设备仍然可以产生经济价值。

（六）减少了投资风险

在租赁期间，由于承租人对租赁的设备不具有所有权，当承租人不能按时支付租金时，出租人有权收回租赁物。而在贷款的情况下，当债务人不能偿还债务时，债权人只能通过法律程序起诉，在债务人以其资产和金钱不足以偿还债务时，债权人只得自认倒霉，这说明租赁融资的风险小于贷款风险。此外，由于承租人可在租期结束后将租赁的设备退还给出租人，这也使承租人避免了借巨资购买的设备在使用了几年后弃之无用或设备过时而需要更新所产生的损失。

（七）促进了销售

在租赁方式下，由于承租人的租金是分期支付的，再加上享有税收和折旧的优惠，使以租赁方式购买设备比贷款购买便宜，这就增加了社会购买力，实际上是增加了销售量。即使在经济处于不景气或政府采用紧缩政策，致使购买力下降时，仍然可以依靠租赁方式来维持商品的销售，目前欧美发达国家的工程机械行业和制造业大型企业都采取融资租赁方式进行销售，通过融资租赁实现销售占其销售总量的 60% 以上。

第二节　国际租赁方式

随着科学技术的进步和经济的迅速发展，各国的租赁公司为满足不同状况客户的需求及适应不断变更的经营环境，以增强自身的竞争能力，他们采用或创立了适合当前国际市场需求的各种租赁方式。

一、融资租赁

融资租赁（Financing Lease）是指在企业需要添置设备时，不是以现汇或向金融机构借款去购买，而是由租赁公司融资，把租赁来的设备或购入的设备租给承租人使用，承租人按合同的规定，定期向租赁公司支付租金，租赁期满后退租、续租或留购的一种融资方式。融资租赁主要有以下几个特征：

（一）承租的设备及设备的供货商是由承租人选定或指定的

由于租赁的设备是出租人按承租人的要求或指定购买的，这就难免出现出租人对该设备缺乏了解或是外行，所以出租人对设备的性能、物理性质、缺陷、供货商交货迟延、设备的维修保养等概不负责。

（二）至少涉及三方当事人，即出租人、承租人和供货商

因为设备或供货商是承租人选定的，这就使得承租人先与供货商联系，再由出租人与供货商接触，最后出租人将所购设备租给承租人使用。

（三）要签两个或更多的合同

即出租人与承租人签订一个租赁合同，出租人与供货商签订一个买卖合同。这实际上是一种三边交易，两个合同相互制约。如果出租人由于资金不足需要向银行或金融机构融资，出租人还要与提供贷款的机构签订一个贷款合同。

（四）全额清偿

即出租人在基本租期内只能租给一个特定的用户，并可在一次租赁期限内全部收回投资和合理的利润。

（五）租期较长

融资租赁的期限一般是根据设备当时的折旧速度来定，一般为3～10年。实际上融资租赁的租期基本上与设备的使用寿命相同。

（六）不可解约性

由于租赁的设备是承租人自己选定的，合同期满前，双方均不能解约，只有当设备自然毁坏并已证明丧失了使用效力的情况下才能终止合同，但还必须以出租人不受经济损失为前提。

（七）租赁设备的所有权与使用权相分离

在租期内，设备的所有权在法律上属于出租人，而经济上的使用权则属于承租人。

（八）在租赁期满时，承租人有退租、续租和留购的选择权

在通常情况下，出租人由于在租期内已收回了投资并得到了合理的利润，再加上设备的寿命已到，出租人以收取名义货价的形式，将设备的所有权转移给承租人。

融资租赁实际上是租赁公司给予用户的一种中长期信贷，因为出租人支付了全部设备的价款，等于对企业提供了100%的信贷，因此它具有较浓厚的金融色彩。融资租赁往往被看做是一项与设备有关的贷款业务，所以融资租赁又被称为金融租赁或完全支付租赁。融资租赁适用于价值较高和技术较先进的大型设备，如大型电子计算机、施工机械、生产设备、通信设备、医疗器械、办公设备等。目前，发达国家企业的大型设备有近60%是通过融资租赁方式取得或购买的，它已成为国际上应用最为广泛的融资方式。融资租赁交易程序如图10－1所示：

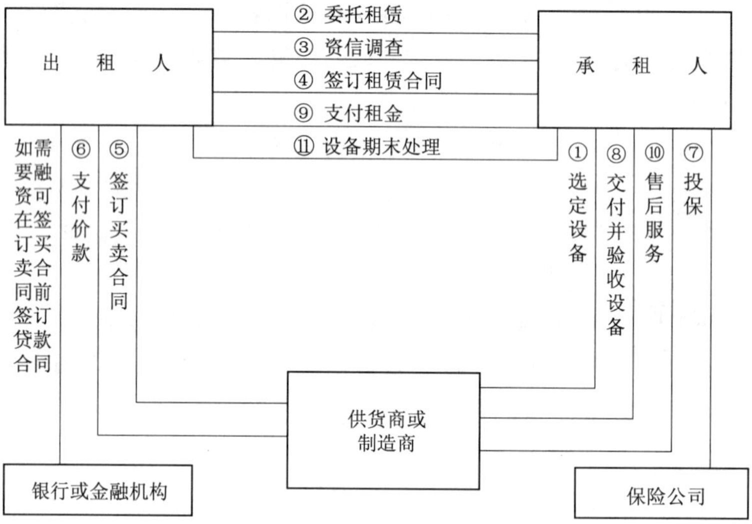

图10－1 融资租赁交易程序图

二、经营租赁

经营租赁（Operating Lease）是指出租人根据租赁市场的需求购置设备，以短期融资的方式提供给承租人使用，出租人负责提供设备的维修与保养等服务，并承担设备过时风险的一种可撤销的，不完全支付的租赁方式。它也被称为服务性租赁或操作性租赁。经营性租赁一般具有以下特征：

（一）中途可以解约

在租赁期限内，承租人如果发现租赁的设备已经过时，在承租人预先通知出租人的前提下，可以将所租赁的过时设备退回给出租人，以租赁更先进的设备。这种方式实际上是由出租人承担设备过时的风险。

（二）租期较短

经营性租赁的租期一般远远低于设备的使用寿命，一般在3年以下。

（三）不完全支付

即承租人在一次租约期间所支付的租金不足以补偿出租人购买设备所支付的价款和预期利润，而是出租人通过不断地多次出租设备，逐步收回投资与利润。

（四）租赁的对象多为有一定市场需求的通用设备

由于经营性租赁的租期较短，出租人不能从一次租约中收回成本和利润，只能通过多次出租给不同的客户来达到收回成本和利润的目的。因此出租人购置的用来出租的设备多为具有普遍需求的通用设备。

（五）出租人负责提供租赁设备的维修与保养等项服务

（六）租金较高

由于出租人要承担设备过时的风险，并负责维修与保养等服务，因此经营性租赁的租金要高于其他租赁方式。

经营性租赁所租赁的机器设备一般是专业性较强的，需要精心保养和管理，发展较快，而且是承租人自己进行保养和维修有一定困难的设备，如计算机、科学仪器、工业建筑设备等；或者是市场上有普遍需求的小型设备和工具，如汽车、照相机、摄像机、录像带等。经营性租赁交易程序如图 10－2 所示：

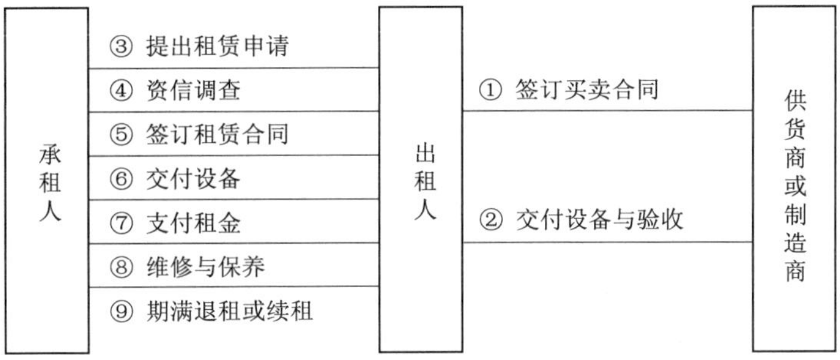

图 10－2 经营性租赁交易程序图

三、杠杆租赁

杠杆租赁（Leveraged Lease）在英美法系的国家被称为衡平租赁。它是指出租人提供购买拟租赁设备价款的 20% ～40%，其余 60% ～80% 由出租人以设备作抵押向银行等金融机构贷款，便可在经济上拥有设备的所有权及享有政府给予的税收优惠，然后将用该方式获得的具有所有权的设备出租给承租人使用的一种租赁方式。购置设备成本中的借款部分称为杠杆，即财务杠杆（Financial Leverage），所以称杠杆租赁。杠杆租赁具有以下特点：

1. 涉及的当事人至少为三方，一方为出租人，另一方是承租人，还有一方是贷款人。贷款人常常被称为债权持有人或债权参与人。杠杆租赁有时还涉及物主托管人和契约托管人。

2. 贷款人对出租人无追索权。出租人是以设备、租赁合同和收取租金的受让权作为贷款担保的，在承租人无力偿付或拒付租金时，贷款人只能终止租赁，通过拍卖设备来得到补偿，而无权向出租人追索。

3. 出租人在购置拟租赁的设备时，必须支付 20% 的价款，作为其最低风险投资额。

4. 租期结束时，租赁设备的残值必须相当于设备有效寿命的 20%，或至少还能使用 1 年。

5. 租赁期满，承租人必须以设备残值的市价留购该设备，不得以象征性价格留购。

杠杆租赁实际上是一种举债经营。出租人将以定期收取的租金来偿付贷款。贷款人提供的贷款对出租人无追索权，但出租人必须以设备、租赁合同和收取租金的受让权作为担保。通过财务杠杆，可以充分享有政府提供的税收优惠和加速折旧的好处，使出租人和承租人共同受益。杠杆租赁 20 世纪 70 年代末起源于美国，目前，英国和澳大利亚也广泛采用。杠杆租赁适用于价值百万元以上的及有效寿命在 10 年以上的大型设备或成套设备。杠杆租赁实际上是把投资和信贷结合起来的一种融资方式。杠杆租赁交易程序如图 10－3 所示：

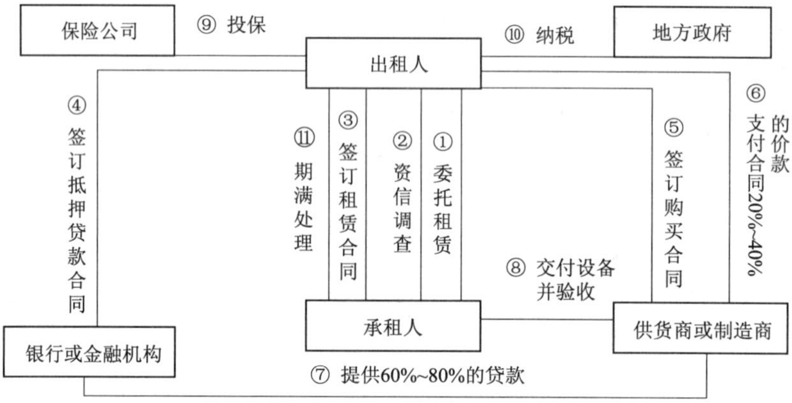

图 10－3 杠杆租赁交易程序图

四、售后回租租赁

售后回租租赁简称回租。它是指承租人将其所拥有的设备出售给出租人，然后承租人再从出租人手里将出售给出租人的设备重新租回来的一种租赁方式。采用回租实际上可以使承租人在继续对原来所拥有的设备保持使用权的前提下，收回设备的投资，以解决资金不足的困难和加速企业的资金周转。回租与融资性租赁类似，其区别在于融资租赁是出租人出资直接从供货商或制造商那里购买承租人选定的设备，而在回租方式下，承租人先出资从供货商或制造商那里购买其所需的设备，然后再转卖给出租人，并继续租用该设备。回租的租赁物多为已使用过的旧设备，回租新设备的情况极为少见，即承租人一般不会为出售给承租人而去出钱购买设备，而是为使用而购买了该设备，并在使用了该设备一段时间以后，为解决企业资金的暂时困难才会采用回租，由于承租人回租的设备已使用过一段时间，因此，即使承租人购买的是新设备，但回租的也属于旧设备。因此，如果回租的设备在出售或回租前已提足了折旧，企业在回租后仍享有租金免税待遇和折旧的好处。如果出售设备的价款高于其账面值，承租人还可获得资产差价的收益。回租方式下当事人双方关系如图 10－4 所示：

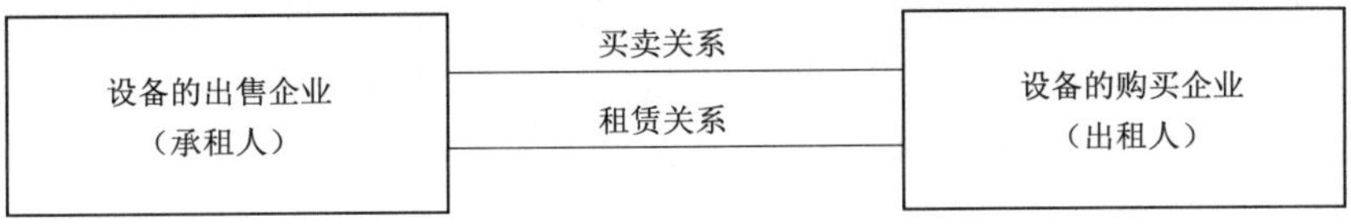

图 10－4　回租方式下当事人双方关系图

五、维修租赁

维修租赁是介于融资租赁和经营租赁之间的一种租赁形式。它主要是指运输工具的租赁，出租人在把运输工具出租给承租人使用后，还提供诸如运输工具的登记、上税、保险、维修、清洗和事故处理等一系列的服务。由于维修租赁的出租人除了出租设备以外，还要提供其他服务，所以租金要高于融资租赁，但一般低于经营租赁。维修租赁适用于飞机、火车等技术较复杂的运输工具，维修租赁的出租人一般是制造厂家。维修租赁的出租人除负责维修和保养外，有时还负责燃料的供应和管理以及操作人员的培训等。

六、综合租赁

综合租赁是一种租赁与贸易相结合的租赁方式。租赁与贸易相结合不仅可以减少承租人的外汇支付，还可以扩大承租人与出租人之间的贸易往来，带动双方国家的商品出口，促进商品贸易与租赁业的共同发展。目前，综合性租赁方式繁多，但大致有以下几种：

（一）租赁与补偿贸易相结合

补偿贸易是指设备的进口方不是以现款来偿付设备的价款，而是以该设备生产出的产品，或双方约定的其他产品，或劳务作为对出口商的补偿。租赁与补偿贸易相结合是指出租人在向承租人出租设备时，承租人并不以现款支付租金，而是承租人用所租设备产出的产品偿付租金。

（二）租赁与加工装配业务相结合

租赁与加工装配业务相结合是指承租人不用现款来支付租赁设备的租金，而是承租人以租来的设备承揽出租人的来料加工、来件装配和来样加工业务，承租人以加工应得的工缴费来作为对租金的支付。

（三）租赁与包销相结合

包销是指出口人通过协议把某一种商品或某几种商品，在某一地区和期限内的经营权单独给予某个包销人或包销公司的一种贸易做法。租赁与包销相结合是指由出租人把设备出租给承租人使用，承租人将所租设备产出的产品交给出租人包销，出租人应得的租金从包销产品的价款中扣除。

（四）租赁与出口信贷相结合

出口信贷是指一国政府为促进本国商品的出口，在给予利息补贴的前提下，鼓励本国的银行对本国的出口商或外国的进口商提供利率较低的优惠贷款，以解决本国出口商的资金周转困难，或国外进口商支付进口出口国产品所需资金的一种融资方式。租赁与出口信贷相结合是指出租人把利用所得出口信贷购买的设备出租给承租人，从而达到降低承租人租金的一种方式。这种做法可以增强出租人在租赁市场上的竞争能力。

第三节 国际租赁合同

一、国际租赁合同的基本条款

国际租赁合同属于经济合同的范畴，鉴于国际租赁业务的特点，一项国际租赁交易往往需要订立多种合同，如进出口销售合同、租赁合同、贷款合同、维修合同等，但租赁合同是其中的基本合同。在国际租赁业务中，由于租赁方式及租赁物的不同，租赁合同的内容也有所差别，但一般应包括以下条款：

（一）合同的当事人

租赁合同的当事人主要是指出租人和承租人。出租人是租赁物品的所有者，而承租人则是租赁物的使用者。当事人是合同应首先予以明确的。

（二）租赁物品

合同中应明确列明租赁物品的名称、规格、牌号、数量和交货期，并说明出租人根据承租人的要求购买租赁物后，租给承租人的使用条件。

（三）租赁期限

租期一般从交付租赁物之日起，如需要安装设备，则应从设备安装完毕，承租人正式开始使用算起。租期的长短主要取决于设备的使用寿命。发达国家一般以设备寿命75%的时间作为设备租赁的最低期限。价值较低的通用设备一般在三年左右；厂房、机械设备、计算机等一般在5年左右；飞机、船舶、铁路机车等一般为10年。

（四）租金

支付租金是承租人的一项主要义务，租金条款必须明确总金额、支付方式、支付时间、每次支付的数额、付款地点、支付货币等。此外，合同还应规定承租人在租赁开始时应缴纳的保证金数额。

（五）租赁物的购买与交货

合同要注明出租人所购买的拟租赁的设备是由承租人选定的，并出具必要的证明。租赁合同还应明确租赁物的交货时间和地点、交货人不能按时交货的责任、验货时间和方法等。

（六）纳税

国际租赁业务中涉及海关关税、工商统一税等多种税款。双方应在合同中列明各自应纳的税种。

（七）租赁物品的保管、使用和保养

租赁合同中应规定承租人对设备的保管义务，设备的使用方法和注意事项，以及设

备的保养责任。

（八）保险

为租赁物投保也是租赁业务中的一项重要内容，双方应在合同中规定由谁投保，如果是由承租人投保，承租人应以出租人的名义投保，并应在由于保险范围内的风险致使租赁物受损时，向出租人提交有关文件，以使出租人能顺利获取保险公司赔偿。

（九）租赁保证金

承租人一般在签订合同时，交一笔租赁保证金。保证金的具体数字应在合同中注明。保证金一般不计利息，租期结束后退还给承租人或移作租金支付给出租人。

（十）担保人

担保人必须保证承租人严格履约，并应在合同上签字。

（十一）期后租赁物的处理

在租赁合同中，应规定租赁期满后租赁物的处理方法。如果退还，应规定租赁物品除正常消耗外应保证的状态；如果续租，承租人提出续租的最后时间；如留购，应规定留购的价格。

（十二）违约与索赔

双方不仅在合同中应规定双方的权利和义务，还应规定履约过程中对各种违约情况的索赔金额和方法。

（十三）争议的解决

租赁合同应规定，出租人、承租人以及担保人对履约过程中所出现的争议的解决方法和解决地点。

二、租金的构成

租金是出租人出租设备所应向承租人收取的补偿和收益。租金一般由租赁物的现值、出租人为购买租赁物筹资所支付的利息、手续费、预期的名义货价、利润、运费、保险费等组成。

1. 租赁物的现值。它是指出租人根据承租人的要求，出资购买租赁物所发生的费用，它包括购买设备的货价、运输费和保险费。

2. 利息。即出租人因融资购买设备而向贷款银行或其他金融机构所付的贷款利息。利息的高低直接影响着租金的数额。

3. 手续费。即出租人为承租人办理租赁业务所支付的营业费，如办公费、工资、差旅费、税金等。

4. 预期的名义货价。即租赁物的期后残值。租赁物残值的计算与折旧期有关。期后残值大则租金低，残值小则租金高。

5. 利润。利润是出租人出租物品应获取的收益。出租人的利润也来自租金。

6. 运费。即将租赁物从购买地运到承租人处所付的运输费。

7. 保险费。即为租赁物投保所付的费用。

三、租金的计算

由于租金是由租赁物的现值、利息、手续费、预期的名义货价、利润、保险费、运费等组成，其计算公式为：

$$租金=\frac{（租赁物原价+运费+保险费-估计残值）+利息+利润+手续费+税金}{租期}$$

但是，在租赁业务中，由于租金的支付时间和方法不同，致使租金的计算方法也有所不同。目前，国际上一般采用以下几种计算方法：

（一）附加率法

附加率法是指按租赁物的价款，再加上一个特定的比率来计算租金。其计算公式为：

$$R = PV\frac{(1+ni)}{n} + PV \cdot r$$

式中：R：年金或每期租金

PV：租赁资产的概算成本

n：还款次数（按月、季、半年或年来计算）

i：与还款次数相应的折现率

r：附加率

［**例 1**］某企业欲从某租赁公司租赁一套设备，设备的概算成本为 80 万元，期限为 8 年，每年年末支付租金，折现率为 6%，附加率为 4%，每期租金应为：

$$R = 800\ 000 \times \frac{(1+8\times 6\%)}{8} + 800\ 000 \times 4\%$$

$$= 180\ 000（元）$$

（二）年金法

年金法是以现值观念为基础，将一项租赁资产在未来各项租赁期间内的租金总额，按一定比率折现，使其现值总和恰好等于租赁资产的概算成本。每期租金固定不变时，为等额年金法。等额年金法有先付后付之分，其计算公式为：

$$R = PV\frac{i(1+i)^{n-1}}{(1+i)^n - 1}（先付）$$

$$R = PV\frac{i(1+i)^{n}}{(1+i)^n - 1}（后付）$$

式中：R：年金或每期租金

PV：租赁资产的概算成本

i：折现率

n：租赁期数

［**例 2**］以例 1 为例，若先付，则

$$R = 800\ 000 \times \frac{6\%\ (1+6\%\ )^{8-1}}{(1+6\%\ )^{8}-1} = 121\ 536.56\ (元)$$

若后付，则

$$R = 800\ 000 \times \frac{6\%\ (1+6\%\ )^{8}}{(1+6\%\ )^{8}-1} = 128\ 828.75\ (元)$$

（三）递减式计算法

递减式计算法是指承租人所交的租金中，每期偿还的本金相等，其中所含的利润费不同，即开始所付的租金高，而后几年递减。其计算公式为：

R = 各期占款本金数 × 年利率 × 占款年数 + 各期应还本金数

［**例 3**］某企业与某租赁公司达成一笔设备租赁业务，设备的概算成本为 300 万元，租期为 5 年，每年年末支付一次租金，利息和手续费合年利率为 9%。如果采用先期多付，后期少付的办法，每年应付的租金，5 年应付的总租金，每年的利费额和 5 年的利费总额分别为：

第一年应付租金为：3 000 000 × 9% × 1 + 600 000 = 870 000（元）

第二年应付租金为：2 400 000 × 9% × 1 + 600 000 = 816 000（元）

第三年应付租金为：1 800 000 × 9% × 1 + 600 000 = 762 000（元）

第四年应付租金为：1 200 000 × 9% × 1 + 600 000 = 708 000（元）

第五年应付租金为：600 000 × 9% × 1 + 600 000 = 654 000（元）

5 年共交租金为：870 000 + 816 000 + 762 000 + 708 000 + 654 000 = 3 810 000（元）

第一年至第五年的利费额分别为 270 000 元、216 000 元、162 000 元、108 000 元和 54 000 元。

5 年的利费总额为 270 000 + 216 000 + 162 000 + 108 000 + 5 4000 = 810 000（元），上述例题还可用下表 10 - 1 表示。

表 10 - 1　　递减式计算法例题表　　（单位：万元）

项目 / 期序	占款年数	本金金额	应付本金	利费额	租金
1	1	300	60	27	87
2	1	240	60	21.6	81.6
3	1	180	60	16.2	76.2
4	1	120	60	10.8	70.8
5	1	60	60	5.4	65.4
应付总额				81	381

（四）本息法

本息法是利用本息数来计算租金，本息数是指租赁期内承租人应支付租金总额与租赁资产概算成本的比率。其计算公式为：

$$R = PV\frac{C}{n}$$

式中：R：年金或每期租金

PV：租赁资产概算成本

n：租期

C：本息数

［**例 4**］某企业欲从某租赁公司租赁一套设备，该套设备的概算成本为 260 万元，租期为 4 年，每年年末支付租金，本息数为 1.40，每期租金应为：

$$R = 2\ 600\ 000 \times \frac{1.40}{4} = 910\ 000 \text{（元）}$$

（五）租赁率法

租赁率法的计算公式为：

$$R = PV\frac{(1+i)}{n}$$

式中：R：年金或每期租金

PV：租赁资产概算成本

n：租期

i：租赁率

［**例 5**］以例 4 为例，若租赁率为 20%，用租赁率法计算出的每期租金应为：

$$R = 2\ 600\ 000 \times \frac{(1+20\%)}{4} = 780\ 000 \text{（元）}$$

第四节　国际租赁机构及实施程序

一、国际租赁机构

目前，国际上经营租赁业务的机构大致可分为四类，即租赁公司、金融机构、制造商和经销商、联合机构，他们构成了国际租赁市场。

（一）租赁公司

租赁公司可分为专业租赁公司和融资性租赁公司两种。专业租赁公司是专门从事租赁业务的企业，这种公司往往专营某一类设备或某几类设备的租赁业务，租赁的设备或公司根据市场需求购置，或是根据承租人的指定代购，并为出租的设备提供保养、维修、更换零件和技术咨询等服务，同时也从事租赁业务的介绍和担保等业务。而融资性租赁公司虽然以租赁形式出现，但其主要作用是在保持对设备所有权的前提下，为承租人垫付资本，向承租企业融通资金。

（二） 金融机构

西方很多国家的银行或其他金融机构，利用其雄厚的资金在其内部设立经营租赁业务的部门，或几家金融机构联合组成从事租赁业务的机构。如日本东京租赁公司是第一劝业银行的子公司，总和租赁公司是住友银行的子公司，阿尔杰克公司是法国东方汇理银行参与创立的从事租赁业务的公司。

（三） 制造商和经销商

20 世纪 70 年代以后，很多发达国家机械设备的制造者和经销商，在本企业内部设立从事租赁业务的部门或直属的租赁公司，以经营本企业所生产或销售的设备的租赁业务。他们开展租赁业务的目的是扩大其产品销路，如美国商用机器公司、美国电报电话公司等就大量出租其所制造的产品。

（四） 国际性联合机构

20 世纪 60 年代中期以来，世界租赁市场上相继出现了一些由不同国家企业联合组成的国际租赁组织，如由英国、美国、法国、意大利、荷兰等国银行组成的总部设在卢森堡的租赁协会，还有 1973 年由美国、英国、德国、意大利、日本、加拿大等国银行组成的东方租赁控股公司等。

在上述四类经营租赁业务的机构中，他们各有优势。金融机构在融资条件上能提供很多优惠，而专业租赁公司、制造商、销售商则能在维修服务方面提供便利。

二、国际租赁的基本程序

国际租赁的程序往往随租赁的方式不同而不同，而且每个从事租赁业务的租赁公司也往往有自己的一套做法，但基本程序还是相同的，大致包括以下几个步骤：

（一） 申请租赁

承租人先向租赁公司提出租赁申请，索取并填写租赁委托书。

（二） 选定拟租赁的设备

有些租赁方式的租赁设备是由承租人选定的，承租人先同自己所需要的设备的生产企业或供货商，就拟租赁设备的品种、规格、性能、品质、交货期、价格等事宜进行商谈，谈妥后再由出租人代为购买，除经营性租赁外，出租人一般不承担技术谈判的责任。在选择拟租赁的设备时，既可以由承租人自行选定拟租赁的设备，也可以由租赁公司按承租人的要求，向承租人推荐拟出租的设备。

（三） 租赁预约

承租人就拟租赁设备的有关事项与制造商或供应商谈妥后，就所洽谈的有关设备的品名、品质、规格、价格、供货时间、维修保养等情况通知给出租人，并与出租人商谈设备的租赁方式和期限，同时还应要求出租人开具租赁费估价单。承租人对估价单进行研究并与出租人磋商后办理预约租赁。

（四） 审查

租赁公司接受预约租赁后，承租人应向出租人提交企业的经营许可证及各种财务报表等文件。出租人根据承租人提供的文件和自己掌握的材料对承租人进行资信审查，必要时还可委托有关信用调查机构对承租人进行资信调查，出租人根据审查结果来决定是否接受租赁。

（五）签订租赁合同

经过资信调查，如果承租人的条件符合出租人的要求，出租人将就租赁中的一些细节问题与承租人进行磋商，双方达成一致后便可签订正式的租赁合同。

（六）订购设备

租赁合同签订后，租赁公司根据承租人在租赁合同中所规定的设备的型号、规格等要求向制造商或供货商订购拟租赁的设备，或按承租人与供货商已达成的条件与承租人指定的供货商签订购货合同。与此同时，承租人还应与供货商就设备的安装与维修、人员培训、零配件的供应等事宜签订技术服务合同。

（七）租赁设备的交接

制造商或供货商根据供货合同的规定，向承租人直接供货。承租人应做好租赁设备的报送和提货等工作，以保证租赁设备能顺利进口和交接。

（八）租赁设备的验收

承租人收到租赁物后，经过安装和一段时间的试运转后，如果符合合同要求，即为验收合格，租赁期从验收的合格日开始起算。

（九）支付设备价款

设备的价款由出租人支付，如果出租人资金不足，则可向银行等金融机构申请贷款。出租人根据购货合同规定的支付条件向制造商或供货商支付租赁设备的价款。

（十）支付租金

承租人在收到租赁的设备并验收合格后，按租赁合同的规定，按期向出租人支付租金，租金一般按月、季、半年或一年，分期在期初或期末支付。

（十一）投保

在租赁期内，由于租赁设备的所有权属于出租人，所以一般应由出租人或承租人以出租人的名义与保险公司签订租赁设备的保险合同并支付保险费。如果在租赁期限内发生保险范围内的索赔事故，承租人应提供必要的文件，配合出租人顺利得到保险公司的赔款。

（十二）维修与保养

在租赁期内，租赁设备的维修与保养的责任因租赁方式的不同而不同，有由出租人负责的，也有由承租人负责的。双方对此应在合同中作出明确规定。

（十三）缴纳税金

出租人和承租人根据租赁合同的规定，分别缴纳各自应负责支付的税款。

（十四）租赁设备的期后处理

租赁合同期满后，对租赁设备的处理一般有四种方法：一是承租人将设备退还给出租人；二是承租人与出租人签订续租合同，以续租设备；三是承租人买下租赁的设备，其价格既可按市场价格，也可以以象征性价格购买，这要根据租赁方式和租赁设备的期后残值而定；四是出租人将租赁的设备无偿赠送给承租人。

第五节　中国的租赁业

一、中国租赁业的产生与发展

租赁是中国利用外资的形式之一，它具有融资和贸易的双重职能，并已被中国企业广泛采用。中国的租赁业起源于20世纪70年代末80年代初，1979年7月，中国颁布了历史上第一部《中外合资经营企业法》。同年10月，中国国际信托投资公司在北京成立，作为中国利用外资窗口之一的中国国际信托投资公司随即便开展了国际租赁业务，并于1980年从日本租进了第一批日产汽车。1981年，中国国际信托投资公司又以杠杆租赁的方式帮助中国民航从美国租进了有史以来第一架波音747飞机。然后，在当时的中国国际信托投资公司董事长荣毅仁的倡议下，经国家有关部门的批准，由中国国际信托投资公司、北京机电设备公司和日本东方租赁公司合资组建成了中国第一家专门从事租赁业务的租赁公司——中国东方租赁有限公司。1981年7月，第一家专营租赁业务的中资企业中国租赁有限公司也在北京诞生。上述两家公司的成立标志着中国现代租赁业的开端。此后，众多从事租赁业务的机构在中国境内纷纷涌现。中国从事租赁业务的公司大致可分为四类：一类是由中外合资组建的经营租赁业务的公司，如上述的中国东方租赁有限公司；第二类是完全由中资组成的租赁公司，如上述的中国租赁有限公司；第三类是专业租赁公司，即专门经营某种设备或面向某些部门的租赁公司，如由中国有色金属工业总公司、中国银行信托咨询公司、中国工商银行、美国第一联美银行、法国巴黎国民银行共同出资组建的中国国际有色金属租赁有限公司，该公司专门经营全国有色金属企事业单位的融资租赁业务；第四类是由银行或金融机构设立的专营租赁业务的部门，如中国银行信托投资公司和中国国际信托投资公司的租赁部都是经营租赁业务的部门。截至2008年12月31日，中国申请注册的专业租赁公司已有近200多家，这些租赁公司包括中外合资公司和中资公司，同时约有400多家信托投资公司兼营租赁业务，它们遍布中国十多个省市。从1981年到2008年年底，累计引进租赁项目为10 000多项，金额超过50亿美元。

中国开展租赁业务15年来，已取得了惊人的成绩，其发展过程大致经历了以下三个阶段：

（一）起步阶段

1980年至1983年是中国租赁业的起步阶段，其主要表现为当时的业务量相对很少，4年累计业务量仅为5 300多万美元。

（二）发展时期

1984年至1989年是中国租赁业的高速发展时期，其主要表现为租赁业务的范围扩大了，由原来的汽车和飞机等运输工具扩展到工业技术改造等多个领域。中国租赁业的发展速度与中国国民经济的发展速度基本达到了一致，这6年的租赁业务量为22亿美元，平均每年为3.6亿美元。

（三）成熟期

进入20世纪90年代以后，中国的租赁业开始走向成熟。具体表现为中国经营租赁业务的企业开始强调效益，即加强对投资项目的可行性研究和评估，制定了重点投资领域等，业务量徘徊在20世纪80年代末的水平，近两年的业务量又有所增加，2010年业务额为4 200亿人民币，2011年年底我国融资租赁业务规模居世界首位。

中国租赁业是改革开放的产物，中外合资租赁公司已成为中国利用外资的重要渠道之一，它有力地支持了中国的经济发展。中国各租赁公司已基本形成了业务网络，相互间建立了横向合作关系，并与国外的大租赁公司、金融机构和制造商建立了经常性业务往来。中国的租赁业正在成为世界租赁行业中崛起的一支新生力量。

二、中国租赁业的特征

国际租赁业是经济发展到一定阶段的产物，但由于世界各国的租赁业所处的政治和经济环境不同，各国的租赁业也不尽相同，中国租赁业受国情的影响，也有自己的特色，其具体表现在以下四个方面：

（一）中外合资租赁企业是中国租赁业的骨干

中国的租赁业是从开展国际租赁业务开始的，即先有国际业务，后有国内业务，实际上国内租赁业务是靠国际租赁业务带动起来的。如中国第一家专门从事租赁业务的企业就是中外合资设立的中国东方租赁有限公司。目前，在中国境内专营租赁业务的租赁公司中，中外合资设立的租赁公司占一半以上，中国租赁业的发展进程与发达国家租赁业的发展进程正好相反。中国的租赁业之所以出现先有国际业务后有国内业务的发展进程，不仅是由于中外合资租赁公司熟悉国际业务和国际惯例，而且正反映了在目前形势下，中国利用外资、引进国外先进技术设备的特殊要求。正是这种外向型经济的特殊要求，给了这些外资租赁公司充分发挥作用的机会。

（二）中国的租赁企业多以从事进口融资租赁业务为主

中国的租赁企业之所以以从事进口融资租赁业务为主，主要是由目前国内落后的技术状况和企业资金短缺造成的。中国的汽车、飞机等大型运输工具及其他一些大型机械设备比西方发达国家落后，而且这些大型运输工具和设备的价格昂贵，企业又缺乏资金，这就使帮助中国企业融资租赁外国的运输工具和先进的技术设备成为中国租赁公司的主要任务。此外，由于中国的运输工具和机械设备较为落后，经营出口租赁业务就较为困难。

（三）中国利用租赁融资的行业较广，但多为技术改造项目

中国利用租赁进行融资的行业有运输、邮电、电力、机电、轻纺等，其行业分布十分广泛，但80%以上的融资租赁项目是技术改造项目，其中相当一部分是出口创汇项目。

（四）承租人可提前向出租人偿还租金

在租金的偿还上，承租人被许可按规定的金额提前偿还租金，而这在西方发达国家是法律所禁止的，否则将被处以罚款。

三、中国的租赁方式

（一）自营进口租赁

自营进口租赁的具体做法是，租赁公司自筹资金，按照国内用户的要求，以买方的身份与国外制造商或供货商签订购货合同，设备进口以后，再将其租给国内承租人使用，在租赁期间，由承租人分期向国内出租人支付租金。

自营进口租赁的实施程序是：（1）国内承租人向国内出租人提出租赁申请；（2）选择外国供货商；（3）出租人与国外制造商或供货商进行技术和商务谈判并签订买卖合同；（4）承租人和出租人签订租赁合同；（5）出租人为进口设备，向银行申请开立信用证；（6）国外制造商或供货商直接向承租人发货；（7）承租人办理报关手续；（8）承租人验收货物；（9）出租人向国外制造商或供货商付款；（10）承租人向出租人支付租金；（11）租赁物的期后处理。

（二）进口转租赁

进口转租赁的做法是国内租赁公司根据承租人提交的拟租设备的订单，先以承租人身份从国外租赁公司租进设备，再以出租人的身份将租进的设备转租给国内承租人。其具体操作程序是：（1）国内承租人向国内出租人申请租赁；（2）国内出租人向国外出租人申请租赁；（3）国外出租人选择制造商或供货商；（4）国内承租人与国外制造商或供货商进行技术交流；（5）国内出租人与国外制造商或供货商进行商务谈判；（6）国内出租人与国外出租人洽谈租赁条件，并签订租赁合同；（7）国外出租人与国外制造商或供货商签订买卖合同；（8）国内承租人与国内出租人签订转租合同；（9）国外制造商或供货商向国内出租人发送租赁设备；（10）国外出租人凭装运单据向制造商或供货商支付货款；（11）国外出租人向国内出租人转交装运单据；（12）国内出租人将收到的设备转交给国内承租人；（13）国内承租人验收租赁的设备；（14）国内承租人向国内出租人支付租金；（15）国内出租人向国外出租人支付租金；（16）租赁设备的期后处理。

（三）回租后的进口转租赁

回租后的进口转租赁是指国内出租人用现汇从国外制造商或供货商处购入设备，并将购入的设备以与购买时相同的价格出售给国外的出租人，然后再从国外出租人处租回，并转租给国内承租人的一种租赁方式。这种租赁方式的运作程序是：（1）国内承租人向国内出租人提出租赁申请；（2）国内出租人选择国外制造商或供货商；（3）国内出租人与国外制造商或供货商进行商务谈判并签订购货合同；（4）国内承租人与国外制造商或供货商进行技术谈判并签订维修服务协议；（5）国内出租人与国外出租人签订设备的转售及回租合同；（6）国内出租人与国内承租人签订转租合同；（7）国外制造商或供货商向国内出租人发货；（8）国外出租人凭提单向制造商或供货商付款；（9）国外出租人向国内出租人转交提单；（10）国内出租人将收到的设备交给国内承租人；（11）国内承租人验收设备；（12）国内承租人向国内出租人支付租金；（13）国内出租人向国外出租人支付租金；（14）设备的期后处理。

（四）介绍租赁

介绍租赁是指由国内租赁公司介绍，国内承租人直接与国外的制造商或供货商签订供货合同，并直接与国外出租人签订租赁合同，国外出租人在收到国内租赁公司或银行等金融机构出具的支付租金的保函之后，将设备交付给国内承租人使用的一种租赁方式。国内承租人按合同的规定，分期支付租金。合同期满后，按合同的规定办理设备所有权的转让手续。介绍租赁与自营进口租赁的区别在于：一是国内的租赁公司由出租人变成了介绍人或担保人；二是国内的租赁公司由设备的买方变为代替国内承租人向国外出租人办理支付租金结算的委托单位。

四、国际租赁业在中国经济发展中的作用

中国的租赁业虽然起步较晚，但发展迅速，而且租赁业在中国经济发展中的作用十分明显。其具体表现在以下几个方面：

（一）国际租赁是中国利用外资的一种有效的手段

中国租赁业是从经营国际业务开始的，因此，中国租赁业的一个显著特点是，中外合资租赁公司不仅在中国租赁市场上占有较大的比重，而且起着重要的作用。中国民航各航空公司通过融资租赁的方式利用外资的数额高达 300 多亿美元。目前，中国利用租赁进行融资已成为仅次于外商在中国的直接投资和中国对外借款的一种重要的利用外资的形式。

（二）促进了中国企业的技术改造和外向型经济的发展

20 世纪 80 年代初期，中国几乎所有的企业都面临着技术设备陈旧，工艺落后，亟须进行技术改造和更新等问题。解决这些问题最急需的是资金，而且是外汇。依靠国家出资进行技术改造和更新是难以满足所有企业需求的，在资金不足或没有资金的情况下，中国企业采用融资租赁的方式进口企业所需的国外先进技术和设备，既可解决资金不足的问题，又可加速进行企业的技术改造和设备更新，同时还可在短期内实现产品的更新换代。三十年来，国际租赁业务已遍及全国所有的省市，涉及轻纺、能源、通信、运输、机械、电子、精仪、化工等行业的数千家企业的 6 000 多个技术改造项目。此外，融资租赁还可达到扩大企业产品出口规模的目的，例如，轻纺产品历来是中国的创汇产品，环球租赁公司承办的石家庄第六棉纺织厂项目及华和租赁公司承办的青岛国棉六厂项目都达到了产品更新换代的目的，这不仅使中国的轻纺产品保持了原有的世界市场，而且还增加了世界市场份额。

（三）促进了产业结构的调整和资本要素的优化配置

新中国成立之前，中国的产业结构不尽合理，有些行业甚至是空白，国家难以有能力出巨资来解决这些问题，而融资租赁对改变这一状况起到了十分重要的作用。30 年来，中国租赁业所走过的路已充分证明了这一点。以中国民航业为例，航空运输业是一个投资大、资产可塑性强、风险系数高、经营较灵活的特殊行业。20 世纪 70 年代末 80 年代初，中国民航不仅飞机少，而且机型落后，国家没有力量出巨资一下子购买许多几千万美元一架的大型飞机，这就严重制约着中国民航运输业的发展。中国民航自 1980 年采用美国投资减税租赁方式向美国波音公司租用了第一架波音 747SP 飞机后，其各大航空公司又分别运用了香港杠杆租赁、德法双沾杠杆租赁、日本杠杆租赁、欧洲进出口

信贷租赁、日本杠杆租赁与美国进出口银行担保相结合的租赁、日本进出口银行担保租赁等融资租赁方式，引进了各种型号的飞机，截至1999年年底，中国以租赁方式引进的飞机达近400架，从而大大发展了我国民航运输业，使中国民航运输业从落后的地位，一跃成为全国最发达的行业之一。中国民族运输业利用租赁得以发展的成功例证告诉我们，在资金少的情况下，利用融资租赁方式引进国外的先进技术和设备，可以使那些急待发展的行业做到边生产、边创利、边还款，从而达到振兴和发展落后行业的目的。近些年来，中外合资组建的一些租赁公司为邮电、石油、电力等部门融资达4亿美元，以引进国外的先进技术和设备，使中国一些急待投入巨资进行开发的产业得到了飞速的发展。

（四）有利于调整中国的外债结构

利用租赁进行融资不会出现外资在某一行业比重过大或外商对某一行业垄断的现象，租赁融资还可以与外商直接投资、补偿贸易、政府贷款、买方信贷和卖方信贷等其他利用外资的形式相结合，使他们相互补充和相互调节，从而起到减少国家外债负担的作用。

本章小结

现代租赁是目前国际经济合作活动中的一种融资手段，本章系统介绍了现代租赁业在国际经济合作活动中的作用，国际租赁的方式与特征，国际租赁合同的主要条款与运作程序，租金的计算方式，以及有关租赁方面的国际法规；分析了现代租赁与传统租赁的区别。目的是使学生通过本章的学习，能够独立地从事国际租赁业务。

思考与练习题

1. 现代租赁的特征是什么？
2. 国际租赁在经济发展中的作用是什么？
3. 国际租赁有哪几种方式？
4. 租金有哪几种计算方法？
5. 国际租赁对中国经济发展的作用是什么？
6. 中国开展国际租赁有哪几种方式？

第十一章 国际发展援助

国际发展援助是国际经济合作的一种重要方式，第二次世界大战以后，国际发展援助得以迅速发展。目前，世界上约有40多个国家和数百个多边和双边机构从事国际发展援助，国际发展援助已成为发达国家开展外交活动，改善经济环境，带动技术、设备和产品出口的重要手段，而发展中国家也把国际发展援助作为提高技术水平、加快经济发展、缩小与发达国家之间差距的主要途径。国际发展援助对当今世界政治经济正产生着日益重要的影响。

第一节 国际发展援助概述

一、国际发展援助的概念

国际发展援助（International Development Assistance）是国际经济合作的主要方式之一。它是指发达国家或高收入的发展中国家及其所属机构、国际有关组织、社会团体以提供资金、物资、设备、技术或资料等方式，帮助发展中国家发展经济和提高社会福利的具体活动。国际发展援助分有偿和无偿两种，其形式有赠与、中长期无息或低息贷款，以及促进受援国经济和技术发展的具体措施。它的目标是促进发展中国家的经济发展和社会福利的提高，缩小发达国家与发展中国家之间的贫富差距。国际发展援助属于资本运动的范畴，它是以资本运动为主导，并伴随着资源、技术和生产力等生产要素在国际间的移动，它所采用的各种方式和方法均为资本运动的派生形式。

二、国际发展援助的方式

国际发展援助的方式，按其援款的流通渠道可分为双边援助和多边援助；按其援助的方式可分为财政援助和技术援助；按其援款的使用方向可分为项目援助和方案援助。

（一）双边援助

双边援助（Bilateral Aid）是指两个国家或地区之间通过签订发展援助协议或经济技术合作协定，由一国（援助国）以直接提供无偿或有偿款项、技术、设备、物资等方式，帮助另一国（受援国）发展经济或渡过暂时的困难而进行的援助活动。双边援助与多边援助并行，是国际发展援助的主要渠道。近些年来，虽然世界各国通过多边渠道提供的援助数额有所增加，但通过双边渠道提供的援助活动仍占他们对外援助的主导地位。

在双边援助中，根据援助提供的形式可把援助分为财政援助和技术援助，其中财政援助占有较大的比重，技术援助所占的比重近年来有所上升。根据援助的有偿性和无偿性可分为双边赠与和双边直接贷款。双边赠与指的是援助国向受援国提供不要求受援国承担还款义务的赠款。赠款可以采取技术援助、粮食援助、债务减免和紧急援助等形式来进行。双边直接贷款是指援助国政府向受援国提供的优惠性贷款，它一般多用于开发建设、粮食援助、债务调整等方面。

（二）多边援助

多边援助（Multilateral Aid）是指多边机构利用成员国的捐款、认缴的股本、优惠贷款及在国际资金市场借款或业务收益等，按照他们制定的援助计划向发展中国家或地区提供的援助。在多边援助中，联合国发展系统主要以赠款的方式向发展中国家提供无偿的技术援助，而国际金融机构及其他多边机构多以优惠贷款的方式提供财政援助。在特殊情况下，多边机构还提供紧急援助和救灾援助等。

多边援助是第二次世界大战以后才出现的一种援助方式，西方发达国家一直是多边机构援助资金的主要提供者。截至 2008 年 12 月 31 日，经济合作与发展组织 30 个成员国向国际复兴开发银行和国际开发协会认缴的股本和捐款，分别占国际复兴开发银行和国际开发协会股本总额和得到捐款总额的 55% 和 95% 左右。其中美国、日本、德国、法国、英国向多边机构提供的援助资金在多边机构援助资金总额中占有较大比重。由于多边机构援助资金由多边机构统一管理和分配，不受资金提供国的任何限制和约束，所以多边援助的附加条件较少。

（三）财政援助

财政援助（Financial Assistance）是指援助国或多边机构为满足受援国经济和社会发展的需要，以及为解决其财政困难，而向受援国提供的资金或物资援助。财政援助分赠款和贷款两种。贷款又分为无息贷款和有息贷款，有息贷款的利率一般低于国际金融市场利率，贷款的期限也较长，一般在 10 年以上，而且还有较长的宽限期。

财政援助在资金方式上可分为官方发展援助（Official Development Assistance）、其他官方资金（Other Official Flow）和民间资金（Private Flow）三种。官方发展援助是发达国家或高收入的发展中国家的官方机构为促进发展中国家的经济和社会发展，向发展中国家或多边机构提供的赠款或赠与成分不低于 25% 的优惠贷款。赠与成分是根据贷款利率、偿还期、宽限期、收益率等计算出来的一种衡量贷款优惠程度的综合性指标。衡量援助是否属于官方发展援助一般有三个标准：一是援助是由援助国政府机构实施的；二是援助是以促进发展中国家的经济发展为宗旨，不得含有任何形式的军事援助及各种间援形式的援助；三是援助的条件必须是宽松的，即每笔贷款的条件必须是减让性的，其中的赠与成分必须在 25% 以上。其他官方资金指的是由援助国政府指定的专门银行或基金会向受援国银行、进口商或本国的出口商提供的，以促进援助国的商品和劳务出口为目的的资金援助。其援助主要是通过出口信贷来实施的。其他官方资金也属于政府性质的资金，也以促进发展中国家的经济发展和改善其福利为援助的宗旨，贷款的赠与成分也必须在 25% 以上，它与官方资金的区别在于不是以政府的名义实施的援助。民间资金是指由非营利的团体、教会组织、学术机构等提供的援助，它主要是以出口信贷和直接投资的形式来实施的。

（四）技术援助

技术援助（Technical Assistance）是技术先进的国家和多边机构向技术落后的国家在智力、技能、咨询、资料、工艺和培训等方面提供资助的各项活动。技术援助分有偿和无偿两种。有偿的技术援助是指技术的提供方以优惠贷款的形式向技术的引进方提供各种技术服务；而无偿的技术援助则是指技术的提供方免费向受援国提供各种技术服务。

技术援助采用的主要形式有：援助国派遣专家或技术人员到受援国进行技术服务；培训受援国的技术人员，接受留学生和研究生，并为他们提供奖学金；承担考察、勘探、可行性研究、设计等投资前服务活动；提供技术资料和文献；提供物资和设备；帮助受援国建立科研机构、学校、医院、职业培训中心和技术推广站；兴建厂矿企业、水利工程、港口、码头各种示范性项目等。20 世纪 60 年代以来，随着科学技术的迅速发展，技术援助的规模和形式都有了较大的发展。在 20 世纪六七十年代，发达国家每年向发展中国家提供的技术援助资金数量只占其对外援助总额的 10% 左右，到 20 世纪八九十年代，这一比例已提高到 30% 左右，有些发达国家甚至达到了 60% 。技术援助已成为加强发达国家与发展中国家进行经济合作的重要手段。

（五）项目援助

项目援助（Project Assistance）是援助国政府或多边机构将援助资金直接用于受援国某一具体建设目标的援助。由于每一个具体的援助目标都是一个具体的建设项目，故称项目援助。项目援助的资金主要用于资助受援国开发动力资源和矿藏，建设工业、农业、水利、道路、港口、电信工程以及文化、教育、卫生设施等。

项目援助既可以通过双边渠道，也可以通过多边渠道进行。其资金主要来源于各发达国家或高收入发展中国家的官方援助及世界银行等多边机构在国际资金市场上的借款。由于项目援助均以某一具体的工程项目为目标，并往往与技术援助相结合，所以援款不易被挪用，从而有助于提高受援国的技术水平。目前，由于许多发达国家将扩大本国商品的出口和保证短缺物资的进口来源作为提供项目援助的先决条件，因此，项目援助对援助国也甚为有利。

（六）方案援助

方案援助（Programme Assistance）又称非项目援助。它是指援助国政府或多边机构根据一定的计划，而不是按照某个具体的工程项目向受援国提供的援助。项目援助一般用于进口拨款、预算补贴、国际收支津贴、偿还债务、区域发展和规划等方面。

一个援助方案含有数个或更多的项目，并且往往要经历数年或数十年的建设周期。一个援助方案虽然含有若干个项目，但援助方案本身一般不与具体项目相联系。在多数情况下，方案援助的资金往往附带有严格的使用规定，特别是近些年来，援助国或多边机构往往要求对方案援助的执行情况进行严格的监督与检查。方案援助也是发达国家目前经常采用的一种援助方式。进入 20 世纪 80 年代以后，经济合作与发展组织的发展援助委员会 17 个成员国以方案援助形式提供的援助额已占到双边援助协议额的 1/3 以上。在美国国际开发计划署目前提供的援助额中，方案援助一般占 50% 以上。

三、国际发展援助的特点

近些年来，国际发展援助已成为当今世界一种十分引人注目的国际经济合作活动。随着当今世界各国政治和经济实力对比的不断变化，国际发展援助出现了以下几个新特点：

（一）政治色彩日益浓厚

在 20 世纪 80 年代之前的国际发展援助中，援助国只注重受援国的政治倾向，即援助国只给予本政治集团内的国家或在政治上与援助国立场一致的国家经济援助。进入 20 世纪 80 年代以后，随着一些社会主义国家改革大潮的涌起和东欧国家的巨变，西方发达国家开始将“民主、多党制、私有制”等作为向发展中国家提供发展援助的先决条件，他们往往以经济援助为条件，要求受援国必须按西方国家的意图进行政治和经济改革，如一些西方发达国家将受援国国内的政治、经济和社会状况以及受援国的人权纪录和民主进程作为援助的重要指标和根据。援助国的政治条件使一些发展中国家得到发展援助的数额日益减少。

（二）附加条件日益增多

近些年来，越来越多的援助国将援助与采购援助国商品和使用援助国的劳务联在一起，而且限制性采购占援款的比例不断提高。目前，发展援助委员会成员国提供的双边援助，有一半以上要求受援国购买援助国的商品和使用援助国的劳务。这种带有限制性采购的援助往往迫使受援国进口一些质量差、价格高的商品和劳务，以及一些不适用的、过时的技术，这不仅减弱了发展援助的作用，同时还加大了受援国的债务负担。这便是许多发展中国家经济发展速度减慢，债务增加速度加快的重要原因之一。

（三）援助规模停滞不前

以经济合作与发展组织成员国为例，该组织成员国的官方发展援助额虽然从 1970 年的 69.86 亿美元增加到 2010 年的 1 287 亿美元，但增长幅度却不断下降。在 1970 年至 1980 年的 10 年间，该组织成员国的援助额从 69.86 亿美元增加到 272.96 亿美元，增长幅度为 290.72%；而 1980 年至 1990 年的援助额虽然从 272.96 亿美元上升到 533.56 亿美元，但增长幅度却下降到 95.47%；20 世纪 90 年代以后，援助规模进入停滞状态。援助规模的增长幅度虽在大幅度下降，但要求紧急援助的最不发达国家却从 20 世纪 70 年代的 25 个增加到 2011 年的 48 个，符合国际开发协会援助条件的年人均国民生产总值在 865 美元（以 1994 年美元计算）以下的非常贫困的国家，也从 1990 年的 42 个增加到 2011 年的 80 个。目前，国际发展援助规模的停滞不前与要求援助的贫困国家不断增加的矛盾日益突出。

（四）大部分援助国没有达到联合国规定的援助标准

根据联合国 1970 年通过的《联合国第二个 10 年国际发展战略》的规定，发达国家对发展中国家提供的官方发展援助净交付额应占其国民生产总值的 0.7%。而提供发展援助较多的经济合作与发展组织成员国的平均援助水平，不仅没有达到这个标准，反而离这一标准越来越远。经济合作与发展组织提供的官方发展援助净交付额平均占国民生产总值的比例从 1980 年的 0.35% 下降到 2011 年的 0.32%。只有年官方发展援助额在30亿美元以下的瑞典、荷兰、挪威、丹麦、卢森堡等援助小国达到了援助额占国民生产总值0.7%的标准，援助大国中只有法国近10年来一直保持在0.6%～0.63%之间，接近联合国要求的0.7%的标准，而世界上两个最大的援助国美国和日本2010年分别只有0.21%和0.20%。石油输出国组织成员国每年提供的援助额占各国国民生产总值的平均比重也比1976年的2.32%下降到1993年0.46%。

（五）援助格局发生了变化

国际发展援助格局的变化主要表现在三个方面：一是日本、挪威、加拿大、瑞典、芬兰、法国、意大利和丹麦地位的上升，美国、英国、德国、荷兰、澳大利亚、新西兰、比利时、爱尔兰地位的下降。1988年以前，美国每年提供发展援助的数额一直居世界第一位，其中1988年达101.41亿美元，但1989年只有76.76亿美元，下降了约25%，仅比法国多2.26亿美元，居第2位，而日本1989年以89.49亿美元跃居世界第一位，从1980年至1993年，美国提供的援助额占发达国家援助总额的比重从26.2%下降到17.85%，而日本从12.18%上升到20.68%，日本、法国、意大利的援助额分别从1980年的33.53亿美元、41.62亿美元、6.83亿美元上升到1993年的112.59亿美元、79.15亿美元、30.43亿美元，日本的官方发展援助额自1991年以后一直保持在100亿美元以上，而美国1993年仅为97.21亿美元，从1994年至2003年，美国和日本的对外援助净交付额每年保持在100亿美元上下。二是石油输出国组织成员国的援助数量普遍减少。从1975年至1989年，石油输出国组织成员国的援助额平均减少了61%，其中占该组织成员国援助额70%以上的沙特阿拉伯，1989年的援助额竟然比其提供援助最多的1980年减少了约80%。1980年曾提供过2.77亿美元援助的卡塔尔，在1989年和1990年竟然分别接受了3亿和2亿美元的援助，随着两次伊拉克战争，伊拉克和科威特都退出了援助国的行列，转而成为受援国。三是进入20世纪90年代以后，援助国继续减少，原苏联已经解体，解体后的原苏联各共和国由援助国变成了受援国。

由此看出，双边发展援助已从原先的以美国、日本、西欧、中东地区产油国和原苏联为主的世界双边发展援助体系，变为以日本、西欧和美国为主要援助国的世界双边发展援助的新体系。

（六）援助的形式发生了变化

援助形式的变化主要体现在项目援助的比重下降，而方案援助和债务减免的比重上升。1990年生产性项目援助占国际发展援助总额的比重从1976年的21.8%下降到12.2%，债务减免的比重却达到了23.3%。其中美国1990年的债务减免数额占美国官方发展援助总额的57.1%。

（七）双边发展援助的地理分布相对稳定

美国发展援助的重点在拉美和中东地区，法国集中在非洲讲法语的国家，英国将南亚和非洲的英联邦国家视为援助的主要对象，日本则将大部分援助给予了东南亚各国，而石油输出国组织的成员国将援款的80%以上给予了阿拉伯国家。近些年来，主要援助国都加强了对撒哈拉以南地区非洲国家的援助，减少了对南亚国家的援助，从20世纪80年代初到90年代中，流向撒哈拉以南非洲国家的双边援助额占双边援助总额的比重由 28.5% 上升到 31.3%，而流向南亚国家的却从 18.7% 下降到 10%。

（八）援助的赠与成分不断提高

从 1989 年以后，发展援助委员会成员国向发展中国家提供发展援助的赠与成分平均超过了 90%，超过了发展援助委员会规定的 86% 的标准。1995 年发达国家向 48 个最不发达国家或地区提供发展援助的赠与成分平均高达 98.6%，其中有 13 个国家达到了 100% 的无偿援助。

（九）受援国加强了对援助项目的管理和评估

20 世纪 80 年代以前，双边援助的管理与评估工作远远不如多边援助。进入 20 世纪 80 年代以后，援助国加强了同受援国就有关援建项目某些具体问题的联系与合作，并注重项目评估，有时甚至参与项目管理，以此来提高援助的效益。

第二节　联合国发展系统的援助

一、联合国发展系统

联合国发展系统（United Nations Development System）是联合国向发展中国家提供发展援助的机构体系，亦称联合国援助系统（United Nations Assistance System）。该系统是一个非常庞大而又复杂的体系，它拥有 30 多个组织和机构。这些组织和机构在世界各国或地区设有众多的办事机构或代表处。目前，直属联合国发展系统的主要组织和机构有经济及社会理事会（含 5 个区域委员会）、开发计划署、人口活动基金会、儿童基金会、技术合作促进发展部、贸易与发展会议、环境规划署、粮食计划署等。其中开发计划署、人口活动基金会和儿童基金会是联合国发展系统中最主要的筹资机构。联合国发展系统的主要任务是向发展中国家提供无偿技术援助。

联合国发展系统还包括许多专门机构，他们是由各国政府通过协议成立的各种国际专业性组织，这些专业性组织是一种具有自己的预算和各种机构的独立的国际组织。但由于他们通过联合国经济及社会理事会的协调同联合国发展系统进行合作，并以执行机构的身份参加联合国的发展援助活动，故称联合国发展系统的专门机构。目前，联合国有 16 个专门机构，他们是：国际劳工组织、联合国粮农组织、联合国教科文组织、世界卫生组织、国际货币基金组织、国际复兴开发银行、国际开发协会、国际金融公司、国际民用航空组织、万国邮政联盟、国际电信联盟、世界气象组织、国际海事组织、世界知识产权组织、国际农发基金、联合国工发组织。各专门机构根据自己的专业范围，承担执行联合国发展系统相应部门的发展援助项目。

二、联合国发展系统的三大筹资机构

联合国发展系统内的三大筹资机构是指开发计划署、人口基金会和儿童基金会，联合国发展系统的援款大部分是通过这三个机构发放的。

（一）联合国开发计划署

联合国开发计划署（United Nations Development Programme，UNDP）是联合国发展

系统从事多边经济技术合作的主要协调机构和最大的筹资机构。它是根据1965年1月联大通过的第2029号决议，将技术援助扩大方案和经济发展特别基金合并而成，总部设在美国的纽约。其宗旨和任务是：向发展中国家提供经济和社会方面的发展援助；派遣专家进行考察，担任技术指导或顾问，对受援国有关人员进行培训；帮助发展中国家建立应用现代科学技术方法的机构；协助发展中国家制定国民经济发展计划及提高他们战胜自然灾害的能力。开发计划署的领导机构是由执行局和秘书处组成，执行局是由36个各大洲的成员国代表组成，任期3年，执行局每年举行3次常会和1次年会。秘书处主要是按照执行局的政策并在署长的领导下处理具体事务，署长的任期为4年。开发计划署的援助资金主要来源于会员国的自愿捐款，发达国家是主要的捐款国，其资金拥有量占联合国发展系统资金总量的一半以上。其援款主要是根据由会员国的捐款总额、受援国的人口总数和受援国人均国民生产总值所确定的指规数（Indicative Planning Figure）进行分配。1972年以后，开发计划署开始实行发展周期制度。即每5年为一周期，进行一次援款分配。到目前为止，开发计划署已进行了6个周期，前2个周期将援款的2/3分配给了人均国民生产总值不足300美元的国家，从第3个周期开始将援款的80%在人均国民生产总值低于500美元的国家之间进行分配，其中人均国民生产总值低于250美元的国家还得到了特别照顾。开发计划署提供援助的方式主要是无偿的技术援助。其无偿技术援助活动的范围主要包括发展战略，政策和计划的研究与开发，自然资源、农业、林业、渔业、工业、运输、通信、贸易和金融等方面的考察与开发，人口、住房、卫生、就业、文化和科技等方面的培训与现代技术的应用等。开发计划署已向世界上140多个发展中国家或地区提供过发展援助，并在100多个国家或地区设立了代表处。

（二）联合国人口基金会

联合国人口活动基金会（United Nations Fund for Population Activities，UNFPA）也是联合国发展系统主要的筹资机构。它成立于1967年，原名为人口活动信托基金，1969年改为现名，总部在美国的纽约。人口基金会的主要机构也是由36国组成的执行局。其宗旨和任务是：提高世界各国人口活动的能力和知识水平；促进国际社会了解人口问题对经济、社会和环境方面的影响，促使各国根据各自的情况寻求解决这些问题的有效途径；对有关人口计划诸如计划生育、人口统计资料的收集和整理，人口动态研究，人口培训及机构的设立，人口政策及规划的制定、评估、实施等方面问题给予协调和援助。人口活动基金会的资金主要来自各国政府和各民间机构的捐赠。该基金的援款主要用于人口较为稠密的亚洲和太平洋地区国家，他们得到的援款大约占该基金会援款总额的35%以上。根据联合国对各国人均国民收入和人口的统计，目前最需要得到人口基金会援款的国家已达35个。人口活动基金会以无偿技术援助的形式提供的项目援助的内容主要有：学校内外的人口教育，计划生育的宣传教育及规划管理和节育手术，进行人口普查，统计手册的编制，人口方面基本数据的收集，关于人口学数据、人口变动、人口发展和社会经济因素对人口影响等方面的分析，制定人口政策和方案并对这些政策和方案进行评价，实施人口政策和方案，为妇女、儿童、青年、老年、赤贫者、残疾者提供特别的援助方案，为人口会议、培训机构、情报交换所和文件中心的建立提供援助。

（三）联合国儿童基金会

联合国儿童基金会（United Nations Children's Fund，UNICEF）是联合国国际儿童应急基金会（UN International Children's Emergency Fund）的简称。1946 年 12 月，为向当时遭受第二次世界大战破坏地区的儿童提供紧急救济而设立，期限仅为 3 年。1953 年 10 月，联大正式通过决议将其永久化，总部设在纽约。儿童基金会的领导机构也是由来自 36 个不同洲的成员国代表组成的执行局，并在全世界设有 37 个国家（地区）委员会。目前，它在全球的 125 个国家设有办事处，并设有 8 个地区办事处，在意大利还设有一个研究中心，它已发展成为联合国发展系统的主要筹资机构之一。儿童基金会的宗旨和任务是：根据 1959 年 11 月联合国《儿童权利宣言》的要求，帮助各国政府实现保护儿童利益和改善儿童境遇的计划，使全世界的儿童不受任何歧视地得到应享的权益。儿童基金会的援助资金主要来自各成员国政府、国际组织和私人的自愿捐赠，有时也通过出售贺年卡等方式进行筹资活动。该基金会将资金的 2/3 用于对儿童的营养、卫生和教育提供援助；1/3 用于对受援国或地区从事有关儿童工作的人员进行职业培训。儿童基金会在与发展中国家的合作中，主要采用三种形式：一是对规划和设计儿童服务项目方面提供技术援助；二是为上述服务项目提供用品和设备；三是为援助项目中培训从事儿童工作的有关人员提供资金。儿童基金会始终奉行“普遍性、中立性和无偿性”的原则，即在发放援款时，不论儿童的种族、信仰、性别或其父母政见如何，一律公平对待。接受儿童基金会援助的国家大致可分三类：一类是需要特别援助的国家，这类国家主要包括人均国民生产总值在 410 美元以下的最不发达国家，儿童不足 50 万而又确实需要特别照顾的小国和暂时需要额外援助的国家等；第二类是人均收入在 410 美元以上的发展中国家；第三类是已经达到较高经济发展水平，但由于缺乏专门人才，仍然需要特殊援助的国家。目前已有近 120 个发展中国家和约 14 亿儿童接受儿童基金会的援助。儿童基金会一直致力于儿童和妇女方面的保护工作，并经常以项目的名义进行，如在阿富汗、伊拉克和非洲的一些地区，儿童基金会曾在阿富汗“妇女受收音机计划”，为阿富汗的妇女购进了约 2 000 部收音机，让她们收听有关健康和营养的情况；为 880 万名年龄介于 6 个月至 12 岁的阿富汗儿童提供永久性麻疹免疫保护；儿童基金会还为约 5 000 名来自阿富汗地区的教师提供教学技巧培训，并为 50 万名学生提供足够的学校设施和学习用品。在非洲，儿童基金会在非洲教育部长会议上发起了一场“2005 年年底前 25 国运动”，其目的是彻底消除全世界在初级和中等教育过程中的性别差异，帮助发展中国家的女青少年获得接受教育的权利，让这些国家了解女童入学的必要性，并确保贝宁、巴布亚新几内亚、也门、印度、孟加拉等 25 国政府为女童提供就学机会。该基金会已援助的项目涉及儿童基础服务设施，母幼卫生永久服务设施，儿童常见疾病防治，家庭计划，饮用水及环境卫生，教育培训，灾难救济等。资金在全球范围内各领域的分配比例是，妇女儿童保健占 33%，供水和环境卫生占 9%，儿童营养占 6%，社区发展、妇女参与发展和特殊儿童保护占 14%，教育、早期儿童保护和发展占 16%，计划宣传和跨部门活动占 22%。1965 年儿童基金会曾获得诺贝尔和平奖。

三、联合国发展系统援助的实施程序

联合国发展系统所采用的主要援助方式是提供无偿的技术援助。联合国发展系统提供无偿技术援助的整个程序主要包括国别方案和国家间方案的制订、项目文件的编制、项目的实施、项目的评价及项目的后续活动等，这一程序又称项目的援助周期。到目前为止，某些程序在联合国发展系统内的各个组织和机构中尚未完全得到统一，现行的有关程序均是以 1970 年联合国大会通过的第 2688 号决议为主要依据，并在此基础上根据项目实施的需要加以引申和发展而成的。

（一）制订国别方案和国家间方案

国别方案（Country Programme）是受援国政府在联合国发展系统的有关组织或机构的协助下，编制的有关受援国政府与联合国发展系统的有关出资机构在一定时期和一定范围内开展经济技术合作的具体方案。国别方案的具体内容主要有：（1）受援国的国民经济发展规划；（2）需要联合国提供援助的具体部门和具体项目；（3）援助所要实现的经济和社会发展目标；（4）需要联合国对项目所作的投入。每一个接受联合国发展系统机构援助的国家都必须编制国别方案，但国别方案必须经联合国有关出资机构理事会的批准，经批准的国别方案成为受援国与联合国发展系统有关机构进行经济技术合作的依据。在联合国发展系统的多边援助中，国别方案所占有的援助资金的比重最大。国家间方案（Inter-Country Programme）亦称区域方案（Regional Programme）或全球方案（Global Programme）。它是联合国在分区域、区域、区域间或全球的基础上对各国家集团提供技术援助的具体方案。国家间方案的内容与国别方案的内容基本相同，但必须同各参加国优先发展的次序相吻合，并根据各国的实际需要来制定。国家间方案也须由联合国有关出资机构理事会的批准方能生效。根据规定，国家间方案至少应由两个以上的国家提出申请，联合国才考虑予以资助。国别方案和国家间方案均是一种含有许多项目的一揽子方案，其中的每一个具体方案须逐个履行审批手续。根据联合国的现行规定，40 万美元以上的项目须由出资机构的负责人批准；40 万美元以下的项目只需由出资机构负责人授权其派驻受援国的代表批准即可。

（二）编制项目文件

项目文件（Project Document）是受援国和联合国发展系统的有关机构为实施援助项目而编制的文件。项目文件的主要内容应该包括封面及项目文件的法律依据，项目及与此有关的具体情况，项目的监督、审评和报告，项目的预算四部分。项目文件封面主要包括项目的名称、编号、期限、主要作用和次要作用、部门和分部门、实施机构、政府执行机构、预计开始时间、政府的投入、项目的简要说明等。项目文件内容的第一部分是项目文件的法律依据，即编制项目文件所依据的有关法律条文或条款。该法律条文或条款通常包括受援国与联合国发展系统的有关机构之间签署的各种协议。第二部分主要是说明项目及与此有关的具体情况，这一部分是项目文件的核心内容。它主要包括：项目的发展目标、项目的近期目标、其他目标、项目的活动、项目的产出、项目的风险、事前义务、后续援助等内容。项目文件是受援国政府、联合国发展系统的出资机构和执行机构执行或监督项目的依据。

（三）项目的实施

项目的实施指的是执行项目文件各项内容的全部过程。这一过程主要包括以下几项工作：(1) 任命项目主任。项目主任是直接负责实施援助项目的组织者和责任者，项目主任一般由受援国政府主管业务的部门任命，并经政府协调部门和联合国发展系统有关机构的协商和认可。在通常情况下，国别方案下的项目主任由受援国当地人担任，国家间方案下的项目主任由国际人员担任。(2) 征聘专家和顾问。项目专家和顾问的征聘一般由受援国政府决定，但受援国政府必须在项目实施开始前的 4 个月提出征聘请求，并与联合国发展系统的有关机构协商和编写拟聘专家和顾问的报告。(3) 选派出国培训人员。为实施援助项目而需要出国培训的有关技术人员，主要以进修和考察两种形式进行选派，出国进修和考察的具体人选均由受援国家政府推荐、经联合国发展系统的有关执行机构对其业务和外语水平审查批准后方可成行。(4) 购置实施项目所需要的设备。根据联合国的规定，联合国发展系统出资机构提供的援助资金只能用于购买在受援国采购不到的设备或需用国际可兑换货币付款的设备，价格在 2 万美元以上的设备应通过国际竞争性招标采购，价格在 2 万美元以下或某些特殊的设备可以直接采购，购置实施项目所需要设备的种类和规格需经联合国发展系统出资机构的审核批准。

（四）项目的评价

项目的评价是指对正在进行中的或已完成的项目的实施、结果、实际的或可能的功效等，作出客观和实事求是的评价。项目评价的目的在于尽可能客观地对项目的实施和功效作出论证。项目的评价工作主要包括对项目准备的审查，对项目申请的评估，对各项业务活动的监督和对项目各项成果的评价。其中对各项业务活动的监督和对项目各项成果的评价最为重要。对各项业务活动的监督又称进行中的评价，它主要是通过两种方式进行：一种是三方审评，即由受援国政府、联合国发展系统的出资机构和执行机构三方，每隔半年或一年举行一次审评会议，审评项目的执行情况、财务情况、项目的近期目标和活动计划，三方审评的目的是找出项目实施中的问题，研究解决方法，调整和制定下一阶段的工作计划，三方审评会议一般在项目的施工现场举行；另一种是年度审评，它是在三方审评的基础上，由受援国政府同联合国发展系统的出资机构对项目总的执行情况所进行的一年一度的审评。

（五）项目的后续活动

项目的后续活动（Follow-up Action of Project）亦称项目的后续援助（Follow-up Assistance of Project）。它是指联合国发展系统的技术援助项目按照原订的实施计划完成了各项近期目标之后，由联合国发展系统的有关机构、受援国政府、其他国家政府或其他多边机构继续对项目采取的援助活动。项目的后续活动一般可分为三种类型：(1) 在联合国发展系统的有关机构提供的技术援助项目实现了近期目标之后，为了达到远期发展目标，由联合国发展系统的有关机构对该项目继续提供的技术援助，这种形式的后续活动被联合国称为第二期或第三期援助；(2) 在联合国发展系统对某一项目提供的技术援助结束之后，由其他国家政府或其他多边机构对该项目或与该项目有直接关系的项目，以投资、信贷或合资等形式提供的援助，这种形式的后续援助大多属于资本援助；

(3) 在联合国发展系统对某一项目提供的技术援助结束之后，由受援国政府根据项目的实际需要，继续对该项目或与该项目有直接关系的项目进行投资，以扩充项目的规模，增加项目的效用。项目的后续活动实际上是巩固援助项目成果的一种手段。

第三节　世界银行贷款

一、世界银行概述

世界银行是世界银行集团的简称，它共包括 5 个机构，即 1945 年设立的国际复兴开发银行、1956 年设立的国际金融公司、1960 年设立的国际开发协会、1965 年设立的解决投资争端国际中心和 1988 年设立的多边投资担保机构。其中国际复兴开发银行、国际开发协会和国际金融公司属于援助性的国际金融机构。世界银行的宗旨是通过向成员国中的发展中国家提供资金和技术援助，来帮助发展中国家提高生产力，以促进发展中国家的经济发展和社会进步。国际复兴开发银行的主要任务是以低于国际金融市场利率向发展中国家提供中长期贷款，国际开发协会专门从事向低收入的发展中国家提供长期的无息贷款，国际金融公司则负责向发展中国家的私营部门提供贷款或直接参股投资。2012 财年，国际复兴开发银行和国际开发协会贷款总额共达 35 335 万美元。世界银行目前已发展成为世界上最大的开发性和援助性国际金融机构。

二、世界银行贷款的特点

世界银行是具有开发援助性的国际金融机构，其主要目的是向成员国中的发展中国家提供资金和技术援助。因此，世界银行向发展中国家提供的开发援助性贷款具有以下特点：

(一) 贷款期限较长

国际复兴开发银行的贷款期限一般为 20 年，其中含 5 年的宽限期；国际开发协会的贷款期限长达 30 年，其中含 10 年的宽限期。

(二) 贷款实行浮动利率

贷款利率每半年调整一次，利息按已支付未偿还的贷款余额计收，对贷款协议签订 60 天后还未支收的已承诺的贷款余额收取年率的 0.75% 的承诺费。国际开发协会贷款虽免收利息，但须征收年率为 0.75% 的手续费，手续费按已拨付未偿还的贷款余额计收。

(三) 贷款的还本付息实行“货币总库制”

从 1980 年开始，世行对国际复兴开发银行的贷款还本付息实行“货币总库制”。“货币总库”由各国已支付未偿还贷款余额组成，并用几十种货币折算成美元进行混合计算。其中日元、德国马克、法国法郎、英镑、瑞士法郎等占 70% 以上，美元只占 10%，如果其指数受美元大幅度贬值的影响而急剧上升，借款国还本付息的数额也随之大幅度上升。也就是说汇兑风险要在所有借款国之间分摊。

（四）申请世行贷款需用的时间较长

从贷款项目的选定、准备、评估到贷款协议的正式签订一般需要 1 年半或更长的时间。这也说明使用世界银行贷款的手续十分繁琐。

三、世界银行的贷款条件

世界银行贷款虽然具有援助开发性质，但世界银行不是慈善机构，它的资金很大一部分来自国际金融市场的筹措，这就使贷款必须有足够的偿还保证，世界银行为了达到其贷款宗旨，特别强调贷款的使用效率。因此，世界银行要求贷款的使用者必须具备下列条件：

1. 贷款只贷放给会员国政府或由会员国政府、会员国中央银行担保的公私机构。

2. 贷款一般用于世界银行批准的特定项目。这些经批准的特定项目，都是世界银行确认在技术上和经济上是可行的，并在借款国的经济发展中应优先考虑的。但世界银行一般只提供该贷款项目所需资金总额的 30% ~50%，其余部分由借款国自己准备。

3. 贷款项目建设单位的确定，必须按照世界银行的采购指南，实行公开竞争性招标、公正评标并报经世界银行审查。

4. 贷款项目的执行必须接受世界银行的监督和检查。

5. 只贷给那些确实不能以合理的条件从其他途径得到资金的会员国。

6. 只贷给有偿还能力的会员国。因为世界银行不是一个救济机构，它的贷款资金主要来自会员国认缴的股份和市场融资，为了银行业务的正常运转，它必然要求借款国有足够的偿还能力。贷款到期后必须足额偿还，不得延期。

四、世界银行贷款的种类

世界银行贷款形式很多，但大致可以分为以下五类：

（一）具体投资贷款

具体投资贷款又称项目贷款。这类贷款的发放必须与具体的建设项目相联系，如世界银行向农业和农村发展、教育、能源、工业、交通、城市发展及给水和排水等项目发放的贷款均属于这一类。发放这种贷款的目的是提高发展中国家的生产能力和增加现有投资的产出。这类贷款在世界银行成立之初曾占有绝对大的比例，随着世界经济空前的发展及世界银行政策的调整，这类贷款在世界银行贷款业务中的比重已有所下降，但目前仍占 40% 左右。在世界银行向我国提供的贷款中，具体投资贷款占了 80% 以上。

（二）部门贷款

部门贷款大致可分为三种，即部门投资贷款、中间金融机构贷款和结构调整贷款。

1. 部门投资贷款

部门投资贷款的重点在于改善部门政策和投资计划，帮助发展中国家有关机构制定和执行部门投资计划。这类贷款对贷款国的组织机构要求较高，借款国要按与世界银行商定的标准对每个具体项目进行评估和监督。到目前为止，中等发展中国家使用这种贷款较为普遍，并且这类贷款多用于运输部门的项目。

2. 中间金融机构贷款

中间金融机构贷款主要是指世界银行通过受援国的中间金融机构再转贷给具体的项目。承揽这项贷款业务的中间金融机构一般是开发金融公司和农业信贷机构。这类贷款项目的选择、评估和监督由借款机构负责，但项目选择和评估的标准及贷款利率由承办机构和世界银行商定。目前我国承办这类贷款的银行是中国投资银行和中国农业银行等。

3. 部门调整贷款

当借款国执行能力有限，总的经济管理和政策改革水平或国民经济的规模不允许进行结构调整时，世界银行将考虑提供部门调整贷款。这种贷款的目的在于帮助借款国某一具体部门进行全国的政策调整和体制改革。中国曾向世界银行借过一笔 3 亿美元的该种贷款，用于在农村开发方面的改革。

（三）结构调整贷款

使用结构调整贷款的条件较为严格，借款国必须按规定的程序和条件使用这类贷款，其中任何一笔贷款未按条件执行，下一笔贷款便停止支付。该类贷款旨在帮助借款国在宏观经济、部门经济和机构体制方面进行全面的调整和改革，以克服其经济困难，特别是国际收支不平衡。结构调整贷款比部门调整贷款涉及的范围要广。近些年来，随着苏联的解体和东欧国家体制的变化，这类贷款占世界银行贷款的比重有所增加，以帮助这些国家进行经济转轨。

（四）技术援助贷款

世界银行在向发展中国家提供技术援助贷款时，不仅要求贷款的一部分用于项目的硬件建设，还要求将其中的一部分资金用于人员培训和组织机构的改革等软件建设。该种贷款的目的不仅是为某一具体项目的建设，同时也是为发展中国家制定国民经济规划、改革国有企业和改善机构的经营管理提供帮助。

（五）紧急复兴贷款

紧急复兴贷款是世界银行向由于自然或社会原因所造成损失的发展中国家提供的贷款。世界银行曾因大兴安岭火灾为我国提供过这类贷款。

五、世界银行贷款的发放程序

世界银行贷款的发放需要经过项目的选定、项目的准备、项目的评估、项目的谈判、项目的执行和项目的总结评价六个程序，这六个程序也被称为项目周期。

（一）项目的选定

项目的选定是指由借款国选定一些符合本国经济和社会发展需要并符合世界银行贷款政策的项目，提供给世界银行进行筛选。借款国选定项目以后，编制“项目的选定简报”，然后将“项目的选定简报”送交世界银行进行筛选。经世界银行筛选后的项目，将被列入世界银行的贷款计划，成为拟议中的项目。

（二）项目的准备

项目准备工作的主要内容是借款国对经世界银行筛选过的项目进行可行性研究。项目的可行性研究一般由借款国独立完成，但世界银行对借款国所进行的项目可行性研究等项目准备工作提供资金和技术援助。项目准备工作时间的长短取决于项目的性质和借款国有关人员的工作经验和能力，一般需要1至2年。

（三）项目的评估

项目评估就是由世界银行对筛选过的项目进行详细审查、分析、论证和决策的整个过程。它实际上是对项目可行性研究报告的各种论据进行再分析、再评价、再论证，并作出最后决策。如果世界银行认为申请贷款的项目符合世界银行的贷款条件，就提出两份报告书，其中先提出一份项目可行性研究的“绿皮报告书”，随后再提出一份同意为该项目提供贷款的通知书，即“灰皮报告书”。

（四）项目的谈判

世界银行在经过项目评估并提出上述两份报告之后，便邀请借款国派代表团到其总部就签署贷款协议问题进行谈判。项目谈判的内容主要包括项目的贷款金额、期限、偿还方式，以及为保证项目的顺利执行所应采取的具体措施。项目的谈判大约需要10至14天，在双方共同签署了贷款协议之后，再由借款国的财政部代表借款国政府与世界银行签署担保协议。在贷款协议和担保协议报经世界银行执行董事会批准，并报送联合国登记注册后，项目便可进入执行阶段。

（五）项目的执行

项目的执行一般由借款国负责，但世界银行要对项目的执行情况进行监督，项目执行必须是在贷款项目完成了法定的批准手续之后进行。项目执行主要包括两方面内容：一方面是配备技术和管理等方面的专家，并制定项目的实施技术和时间表；另一方面是组织项目建设的招标工作，按世界银行的规定，投标者除瑞士之外，必须是国际复兴开发银行和国际开发协会的会员国，如果投标者是来自借款国的企业，还可以给予10%至15%的优惠。

（六）项目的总结评价

项目的总结评价是世界银行对其提供贷款项目所要达到的目标、效益和存在的问题所进行的全面总结。对项目的总结评价一般在世界银行对项目贷款全部发放完毕后一年左右进行。在对项目进行总结评价之前，一般先由项目的银行主管人员准备一份项目的完成报告，然后再由世界银行的业务评议局根据项目的完成报告对项目的成果进行全面的总结评价。

第四节 政府贷款

政府贷款是各类贷款中优惠程度最高的一种，具体体现为无息或低息，以及贷款期和宽限期均较长。以发展援助委员会成员国提供的政府贷款条件为例，贷款的平均期限为30年左右，宽限期平均为10年，利息率均在3%以下，其赠与成分平均高达80%以上。这确实是发展中国家寻求发展资金的一种较好途径。

一、政府贷款的概念及其种类

政府贷款亦称外国政府贷款或双边政府贷款。它是指一国政府利用其财政资金，向另一国政府提供的具有开发援助性质的、期限较长、利率较低的优惠性贷款。政府贷款的偿还期一般在20～30年之间，最长的可达50年，其中含有5～10年的宽限期，贷款的年利率一般为2%～3%。有的国家在发放政府贷款时免收利息。政府贷款的资金主要来自各国的财政拨款，并通过列入国家财政预算支出的资金进行收付，所以政府贷款一般是由各国的中央政府经过完备的立法手续加以批准后才能提供。政府贷款按贷款的条件可分为四类：第一类是软贷款或称政府财政性贷款，这种贷款有无息和低息两种，而且还款期和宽限期均较长，它一般贷放给那些非盈利的开发性项目；第二类是混合性贷款，它是将政府财政性贷款和一般商业性贷款混合在一起的一种贷款，其优惠程度低于财政性贷款而远远高于一般商业性贷款；第三类是将一定比例的赠款与出口信贷结合而成的一种贷款；第四类是政府财政性贷款与出口信贷结合而成的一种贷款。由于政府贷款是一种无息或低息、偿还期限较长并有一定的宽限期的优惠性贷款，因此政府贷款含有一定的赠与成分。按国际惯例，政府贷款属于官方发展援助，其赠与成分必须在25%以上。

二、各国提供政府贷款的一般条件

政府贷款的提供者是发达国家或有能力提供贷款国家的政府，这些国家政府往往根据本国的政治和经济需要，制定了不同的贷款条件。但大致可归纳为以下几种条件：

1. 接受政府贷款的项目单位不管是国营的还是私营的，必须以政府的名义接受，即需要经过双方国家的政府照会，并通过法定的批准程序和辅之以一系列的外交函件。

2. 借款国必须按贷款国的要求购买项目建设所需的物资和设备，即限制性采购。从目前来看，大多数贷款国都要求借款国将贷款的全部或一部分用于购买贷款国生产的物资和设备。即使贷款国没采用限制性采购条款，但也要求借款国必须以国际公开招标的方式，或在包括经济合作与发展组织成员在内的，或在发展援助委员会所规定的发展中国家或地区的“合格货源国”采购设备和物资。

3. 有些国家在发放政府贷款时，将贷款的一定比例与出口信贷相结合。其目的在于带动贷款国的商品出口，以扩大贷款国商品输出的规模。

4. 也有少数国家在发放政府贷款时，要求借款国在政治倾向、人权等方面作出承诺。因此，政府贷款的发放必须以两国良好的政治关系为前提。

三、政府贷款的发放程序

政府贷款一般由援助国政府主管财政的部门或通过该部门由政府设立的专门机构负责提供。政府贷款对援助国和受援国来说都是一种涉外业务，但它与国内业务又是密不可分的，其中的很多工作往往是同时或交叉进行。由于提供政府贷款的援助国较多，所以他们发放贷款的程序也不相同，但大都需要经过以下几个程序：

（一）由受援国选定贷款项目，并与援助国进行非正式的会谈

在受援国向援助国提出项目贷款的请求以前，先由受援国申请项目贷款的单位向受

援国的有关主管部门提交贷款申请，然后由受援国主管部门选定需要贷款的备选项目。在准备申请贷款的备选项目确定之后，由受援国政府的有关主管部门以政府的名义与贷款国政府的有关主管部门进行非正式的会谈，并将申请贷款的备选项目提供给贷款国进行研究。双方经过仔细地研究和磋商，开始对双方共同感兴趣的项目进行调查、评估和筛选。

（二）编制贷款项目可行性研究报告

贷款项目的可行性研究报告一般由借款国的项目单位负责。如果项目单位确有困难，可以聘请外国的咨询机构帮助编制。项目可行性研究报告实际上是贷款国确定是否给该项目提供贷款的依据。在项目可行性研究报告得到正式批准以后，便可签订各种商务合同。

（三）援助国对双方共同感兴趣的项目进行调查和评估

对备选的贷款项目进行调查和评估是援助国选定贷款项目的基础。援助国为确保受援国所借款项到期能够还本付息，并使援助性贷款用于受援国急需建设或能够促进受援国经济和社会发展的项目，就必须对借款国的经济状况和未来的发展前景进行调查，并在调查的基础上进行评估，以了解项目在技术上和经济上的可行性。调查一般可采用两种方式：一种是援助国对受援国提交的贷款项目可行性研究报告和项目建设的具体实施计划进行调查和研究；另一种方式是援助国派调查组到借款国进行实地调查，实地调查的内容主要包括受援国的工农业生产、资源、工业基础设施（包括能源、交通运输、电信等）、管理水平、进出口状况、国际收支、偿债能力、经济政策、有关法规、近期规划和长远发展目标等。援助国在调查的基础上开始对备选项目进行评估，评估的内容主要包括从确定项目到提出项目贷款的全部过程，以及项目形成的背景和特点；项目是否符合受援国国民经济发展计划的目标；项目的工程总体规划在技术上的可行性；项目的实施计划是否切实可行（包括资金来源、执行机构、施工方式、计划与进度、原材料的采购方法等）；项目的预算（包括土地、设备、原材料、动力与燃料、人工以及其他费用）；项目的贷款计划和支付时间表；项目在财务上的可行性；项目的经济和社会效益；项目对环境的影响等。

（四）援助国与受援国举行正式会谈，并由援助国通过外交途径对项目贷款进行正式承诺

在调查和评估的基础上，援助国与受援国开始举行正式会谈，以确定双方共同感兴趣的合作领域或项目、贷款金额和贷款的各项具体条件等。在经过双方正式会谈并确定了贷款项目和各项具体条件之后，援助国则通过外交途径向受援国正式作出提供项目贷款的承诺，即援助国向受援国承诺提供贷款的项目、贷款金额和贷款期限等。

（五）商谈贷款条件、签署贷款协议

在援助国和受援国政府间的正式会谈中所谈的贷款条件往往是总体的或是原则性的，而不是具体的。有关项目贷款的各项具体的财政条件和实施细则有时在政府间的会谈中确定，有时由两国政府委托各自的中央银行或其他有关银行来商谈确定。在援助国正式作出贷款承诺并确定了具体条件以后，两国政府应正式签署贷款协议。

（六）项目的实施、总结评价和还本付息

贷款协议签署后，借款单位根据协议做好接货、商检、调试、投产工作，并按协议规定提取贷款。项目建成并进行试运转后，双方对贷款项目进行总结评价，受援国还应按时还本付息及支付各项应付的费用。

第五节 主要发达国家的对外发展援助

一、美国的对外发展援助

美国是当今世界经济实力最强的国家，也是历史上提供发展援助最早和数量最多的国家。从 1980 年至 1999 年，相当于同期发展援助委员会其他成员国提供的官方发展援助总额的约 1/5。早在第二次世界大战初期，美国就曾利用其在第二次世界大战中取得的政治、经济和军事上的优势，谋求通过双边援助来发展同其他国家的政治经济关系。1945 年 12 月，美国就与英国签署了财政协定，美国以英国支持布雷顿森林协定和建立国际货币基金为条件，给英国 37.5 亿美元的低息贷款。从 1947 年至 1952 年期间，美国又通过马歇尔计划向西欧提供了 131.5 亿美元的援助。1949 年以后，美国通过"第四点计划"将援助的范围扩大到亚洲和非洲的发展中国家。

第二次世界大战结束以来，美国一直是世界上头号的援助大国，尤其是 20 世纪 70 年代之前，美国每年提供的发展援助数量比发展援助委员会其他成员国提供的援助数量的总和还要多。1989 年美国提供的官方发展援助额首次居日本之后降为第二位，1990 年加上对发展中国家的债务减免才恢复到第一位。从 1991 年到 1999 年，美国多数年份的官方发展援助额处于第二的地位。美国的对外发展援助数量的增加与其经济实力的增长是极不相称的，尤其是 20 世纪 60 年代以来，发展援助与经济实力相比有负增长的趋势，1965 年美国提供的官方发展援助净交付额占其国民生产总值的 0.58%，到 1970 年、1975 年、1980 年和 1985 年却分别降至 0.32%、0.27%、0.27% 和 0.24%，1989 年降至最低点 0.15%，从 1990 年至 2008 年一直保持在 0.22% ~0.25% 之间。这不仅低于联合国规定的 0.7% 的标准，而且是发展援助委员会成员国中，提供官方发展援助净交付额占国民生产总值比例最低的国家。

美国的对外发展援助政策是与它的政治经济利益紧密联系在一起的，它的援助政策取决于它的政治经济的需要，并经常根据其政治经济的需要加以调整。美国的对外援助分为安全援助和发展援助，安全援助是指为外交政策服务的军事援助。20 世纪 80 年代中期以前，军事援助占有相当的比重，从 1946 年至 1985 年，美国共向 170 多个国家和多边机构提供过 4 070 亿美元的援助，其中发展援助为 2 940 亿美元，军事援助为 1 130 亿美元，分别占援助总额的 74% 和 27%。20 世纪 80 年代中期以后，美国对发展援助政策进行了调整，开始强调利用援助来促进发展中国家有关货币、私人投资和农产品价格等方面经济政策的改革；增加对私人部门的援助，以推动受援国市场经济的发展；加强技术援助，以培训受援国当地居民接受和应用技术的能力；帮助受援国建立学校、技术推广站、研究中心、培训中心和卫生保健系统。

国际开发署是美国负责实施发展援助的政府机构，它是依据美国 1961 年的对外援助法由肯尼迪夏粮设立的。经过多次变革，1998 年确定为一个直接处于国务卿领导下的法定的对外援助执行机构，美国的发展援助方案也是由国际开发署制定的。美国提供的发展援助一般采取赠款和贷款两种形式，但一半以上的援助采取限制性采购或半限制性采购，而且贷款的偿还必须以美元支付，并常常附有改善人权和民主状况，实行市场经济等条件。此外，美国还设立了主要用于援助与美国有特殊政治和安全利害关系的经济支撑基金，目前有 40 多个国家享受该基金的援助。美国发放贷款的优惠程度取决于受援国的经济状况，对取得国际开发协会贷款资格的发展中国家，贷款期限为 40 年，宽限期为 10 年，偿还期为 30 年，宽限期内的贷款利率为 2%，偿还期内的贷款利率为 3%；对人均收入较高但又低于 1 300 美元的发展中国家提供贷款的期限为 25 年，宽限期为 10 年，宽限期前五年的贷款利率为 2%，后 5 年为 3%，偿还期内的贷款利率为 5%；对人均收入高于 1 300 美元的发展中国家，贷款期限为 20 年，宽限期为 10 年，宽限期前 5 年的贷款利率是 3%，后 5 年是 5%，偿还期内的贷款利率是 6%。

美国对外发展援助的主要地区是中东，美国每年向中东地区提供的发展援助额约占其援助总额的 60%，其次是拉美和非洲，分别占 20% 和 15%。以色列和埃及是接受美国援助最多的国家，大约占美国向中东地区提供援助总额的 2/3。近些年来，美国加强了对非洲国家的援助，尤其是加强了对撒哈拉以南的尼日利亚、苏丹、索马里、利比里亚和塞内加尔的援助。美国提供援助的主要部门是粮食与营养、人口与卫生、教育与人力资源等。

二、日本的对外发展援助

日本虽然是第二次世界大战中的战败国，从经济起飞到跨入发达国家的行列也只有 20 多年，其国民生产总值 1966 年超过法国，1967 年超过英国，1968 年超过原联邦德国，目前已是世界第二经济大国。日本的对外援助额也随其经济的发展不断增加。日本从 20 世纪 60 年代开始对外提供援助，1965 年日本的对外发展援助总额仅为 2.44 亿美元，在美国、法国、英国和原联邦德国之后居第 5 位，1975 年为 11.48 亿美元，超过英国位居第 4 位，1985 年为 37.97 亿美元，超过原联邦德国跃居第 3 位，1986 年为 56.34 亿美元，进而成为世界第 2 援助大国，1989 年以 84.94 亿美元首次超过美国成为世界第一援助大国。从此以后，除个别年份外，日本的对外发展援助数量基本上位居世界之首。从 1991 年至 2008 年，日本的对外官方发展援助净交付额虽然都保持在 100 亿美元的水平上，但其占国民生产总值的比例仍然没有达到联合国所规定的 0.7% 的标准，一直徘徊在 0.29% ~0.32% 之间，低于发展援助委员会成员国的平均水平。

日本从事对外援助的主要机构是 1961 年设立的海外经济协力基金，日本海外经济协力基金直属经济企划厅领导，负责具体实施日本的对外发展援助。日本对外发展援助的方向和规模由经济企划厅、外务省、大藏省、通产省等共同协商。国际协力事业团和日本输出入银行也是负责日本对外发展援助的执行机构，前者主要负责技术援助，后者主要负责发放优惠性贷款。

日本对外提供发展援助的主要形式有赠款、贷款和技术援助。赠款只向最不发达的发展中国家提供，一般用于帮助他们提高农业生产能力的粮食援助和他们难以得到资金的开发性项目，日本政府也对发展中国家的教育、渔业和救灾等提供赠款。贷款分两类，一类是由日本政府向发展中国家政府提供直接贷款；另一类是由日本企业提供资金用于这些企业在发展中国家的合作项目。其中直接贷款又分为用于购买项目所需设备、材料和劳务的项目贷款，开发项目购置设备的设备贷款，通过受援国开发金融机构向受援国某项目提供资金的两步贷款，为项目设计、标书编写、咨询服务提供的工程服务贷款，支持项目当地费用的当地费用贷款，为项目建设的超支部分或维修已建成项目提供补充资金的补充资金贷款。日本提供的技术援助主要包括接受培训受援国的技术人员、派遣专家和技术人员到受援国进行技术指导及科研合作，向受援国提供设备和仪器等。

日本政府贷款的期限一般为 15 ~ 30 年，宽限期为 5 ~ 10 年，贷款的利率一般在 2.5% 以下，贷款的赠与成分平均在 70% 左右。日本发放政府贷款的限制性采购部分目前为 25% 左右，而且在发放政府贷款时，要求受援国必须通过国际竞争性招标方式向所有合格货源国的合格供货厂商或承包商购买商品和劳务，对于有些非限制性采购贷款，日本政府要求受援国在经济合作与发展组织成员国范围内购买商品和劳务。

亚洲是日本主要的援助对象，日本每年大约将 2/3 以上的援款用于援助亚洲国家，尤其是东南亚地区国家，如印度尼西亚、中国、泰国、印度和菲律宾等，日本在大平首相的倡导下，从 1966 年开始向非洲国家提供援助并几乎遍布所有非洲国家，近些年来，日本增加了对撒哈拉以南非洲的援助。日本的发展援助主要集中在电力、天然气和运输部门，向这三个部门发放的援款大约占其对外援助总额的 50% 以上，其次是农业和采矿业，日本很少对发展中国家的教育、卫生和计划生育等部门提供援助。

三、法国的对外发展援助

法国是发展援助委员会中第三大援助国，自 1985 ~ 1999 年，法国提供的官方发展援助净交付额基本保持在联合国所规定的 0.7% 的标准以上，它是世界五个经济大国中，提供的官方发展援助额占国民生产总值的比例最高的国家。法国历来非常重视发展援助，它的官方发展援助额一直在稳步增长，1965 年、1970 年、1975 年、1980 年、1985 年、1990 年分别为 7.52 亿美元、9.71 亿美元、20.93 亿美元、41.62 亿美元、39.95 亿美元、71.63 亿美元，此后，各年便维持在 70、80 亿美元的水平上。即使在发展援助委员会 18 个成员国中有 11 个国家的官方发展援助净交付额都比前一年有大幅度下降的 1989 年，法国的官方发展援助额仍比 1988 年提高了 5.85 亿美元，达到了 74.5 亿美元，仅比当年头号经济大国美国的官方发展援助净交付额 76.76 亿美元少了 2.26 亿美元，而当年位于第一和第二援助大国的美国和日本 1989 年的官方发展援助净交付额却分别比 1988 年减少了 24.6 亿美元和 1.96 亿美元。

法国主管对外发展援助的机构有合作部、文化科学和技术关系管理总局、中央经济合作金库、财政部、领地国务部。他们分别负责不同国家和地区的发展援助工作，法国的海外省和领地的发展援助由领地国务部直接负责，各专业部和中央经济合作金库有时也向他们提供援助；对撒哈拉以南讲法语的非洲国家的财政和技术援助由合作部负责，贷款由中央经济合作金库负责；对其他发展中国家的无偿援助和援助性贷款由财政部负责，技术援助由文化科学和技术关系管理总局负责。此外，法国的各专业部分别负责执行各自领域内的技术援助。1975 年以后，中央经济合作金库开始向讲法语以外的国家和地区提供援助。

法国提供援助的主要形式有赠款、贷款和技术援助。赠款在法国提供的双边援助中一直占有很高的比例，目前每年在 80% 左右。法国政府贷款的期限一般为 30 年，宽限期为 10 年，利率原来在 2.5% 以下，1987 年以后改为 2% 以下，从第二个 10 年开始每半年还款一次，政府贷款有时还以混合贷款的形式提供。法国的技术援助主要采取培训技术人员、接受留学生和派遣技术专家等形式。法国对外发展援助的重点地区是海外省及其领地，每年将援助总额的一半以上给了这些国家和地区，其次是讲法语的非洲国家和地区以及洛美协定的成员国。目前，法国增加了对法语以外国家和地区的发展援助。法国对外提供的发展援助主要集中在教育和卫生部门，其次是农业和农村发展部门。

四、德国的对外发展援助

德国是世界第三经济强国，也是发展援助委员会五大援助国之一。20 世纪 70 年代，德国跨入发展援助委员会三大援助国的行列。进入 20 世纪 80 年代以后，由于法国对外援助额的不断增加而退居第四位。德国的官方发展援助净交付额一直在稳步增长，似乎每隔五年就要踏上一个新的台阶。比 1965 年德国的官方发展援助净交付额为 4.56 亿美元，1970 年达 6.99 亿美元，比 1965 年上升了 34.48%；1975 年为 16.89 亿美元，比 1970 年上升了 58.7%；1980 年为 35.67 亿美元，比 1975 年上升了 52.6%；1990 年为 93.80 亿美元，比 1980 年上升了 38.02%。此后便一直维持在这一水平上。虽然德国的官方发展援助净交付额占其国民生产总值的比利一直徘徊在 0.4% 的左右，远远低于联合国所规定的 0.7% 的水平，但高于西方国家 0.3% 的平均水平。

德国的发展援助政策是：原则上只向与德国有正式外交关系的发展中国家提供援助，援助数额的多少取决于受援国与德国的关系；一般不搞军事援助，也不向与军事援助有关的项目提供援助；受援国必须是发展中国家或有某种特殊需要的国家。近些年来，德国政府提出了援助政策应遵循的五大目标，即和平、人权、民主、市场经济和环境保护。

德国的双边发展援助的方式主要有贷款、无偿援助和技术援助，并只提供给那些经双方商定的项目，德国政府贷款的条件视受援国经济状况而定，对最贫穷的发展中国家的贷款期限为 50 年，宽限期为 10 年，利率仅为 0.75%；对收入较高的发展中国家的贷款期限为 20 年，宽限期为 5 年，利率在 4% 左右；对中等收入的发展中国家的贷款期限为 30 年，宽限期为 10 年，利率在 2% 左右。德国对最不发达国家有关基础设施项目往往采取无偿援助。德国提供技术援助的形式主要包括培训、科研和咨询。

德国从事双边发展援助的主要机构有德意志开发银行和复兴信贷银行，德意志开发银行主要通过投资和贷款的方式向最贫穷的发展中国家提供财政援助和技术援助，而复兴信贷银行则向所有的发展中国家提供项目贷款和技术援助。德国对外发展援助的重点国家或地区是非洲最贫穷的国家或地区，尤其是撒哈拉以南的非洲国家或地区，德国每年向这些国家或地区提供的援助额大约占德国对外援助总额的50%以上，其次是亚洲，约占25%，拉美和欧洲各占10%左右。能源、交通、工业和农业是德国对外发展援助的主要部门。

五、英国的对外发展援助

英国是世界上最早从事发展援助的国家之一，截止到2004年年底，英国共向130多个国家或地区提供过发展援助。英国1960年的官方发展援助净交付额在发展援助委员会中仅次于美国居世界第二位，进入20世纪60年代中期以后，援助大国的地位不断下降，1987年以后位于美国、日本、法国、德国和意大利之后退居第六位。英国的官方发展援助净交付额占国民生产总值的比重也不断下滑，从1965年的0.47%下滑到1990年的0.27%，在经济合作与发展组织的成员国中位居第17位。目前，英国援助大国的地位正在受到经济合作与发展组织其他成员国如荷兰、加拿大和瑞典等的挑战。

英国开展双边援助的主要方式有赠款、贷款及援助与贸易基金。英国政府每年提供的双边赠款占援助总额的比例很高，基本维持在95以上。贷款的赠与成分也很高，20世纪70年代在70%左右，20世纪90年代平均在98%以上，既高于发展援助委员会成员国92.8%的平均水平，也高于发展援助委员会要求其成员国达到的94.7%的水平。英国的政府贷款往往是由25%的政府贷款和75%的出口信贷所组成，贷款的期限一般在20~25年，宽限期为5~10年，利率为5%。援助与贸易基金虽然是用于发展援助，但它是为促进英国商品的出口而设立的，在使用该基金提供援助时，英国对项目合同总价的30.1%至35.1%提供赠款，对合同总额的69.9%至64.9%提供出口信贷或由受援国以自有外汇支付，这一方式主要用于对亚洲远东地区的援助。

英国主管对外发展援助工作的机构是1964年设立的海外开发局。在此之前，联邦关系部和外交部分别负责英联邦国家和英联邦以外国家的援助。1961年，英国成立了海外合作局，接管了政府各部门分管的所有的技术援助工作。但该局从属于外交部领导。英国发展援助的执行机构是英联邦开发公司，它只对英联邦国家提供有偿援助，不提供无偿援助。英国对外发展援助的重点地区是非洲，尤其是撒哈拉以南的非洲国家，英国每年将50%以上的援款用于这一地区，其中肯尼亚、马拉维、莫桑比克、赞比亚、乌干达、苏丹、津巴布韦、埃塞俄比亚等国得到的援助最多，其次是南亚地区的国家，南亚的印度是累积得到英国援助最多的英联邦国家。英国对外发展援助的主要部门是教育、健康、人口、公共管理等，每年资助这些部门的款项占英国双边发展援助总额的25%，其次是能源、运输、农业和采矿等部门。

第六节 中国与国际发展援助

现代的世界是一个开放的世界，对于已经打开国门并日益开放的中国来说，从事和接受国际发展援助已成为中国参与国际经济合作活动的重要内容。对外向发展中国家提供援助和向国际多边机构提供援助资金，并接受国际多边和双边援助，对加强中国与世界各国的联系与合作，提高中国的国际地位，推动改革开放，加快中国的经济发展有着非常重要的意义。

一、中国对外发展援助

（一）中国对外发展援助概述

中国作为发展中的社会主义国家，自建国之初的1950年，就本着国际主义的精神，向友好的邻国和发展中国家提供援助。随着中国经济实力的增强以及国际政治和经济环境的变化，中国的对外发展援助事业有了较大的发展。纵观中国多年对外发展援助的历程，大致可分为五个发展阶段。

1. 初始阶段（1950年至1963年）

新中国成立之初，由于中国国内百废待兴，国外面对资本主义国家的经济封锁，中国的经济建设困难重重。但为了支持一些国家的民族解放运动并帮助他们恢复和发展经济，到1963年中国先后向朝鲜、越南、阿尔巴尼亚等21个社会主义国家和一些亚洲的发展中国家提供了军事援助和经济援助。中国支援朝鲜的抗美战争及其战后重建成为这一时期中国对外援助的重点。中国的军事援助是通过物资和现汇援助来进行的，而中国的经济援助则是通过成套设备援助来实施的。

2. 发展阶段（1964年至1970年）

随着中国经济的恢复与发展，中国对外援助的规模和范围都有较大的发展。在这七年中，援助支出比初始阶段增加了1倍多，项目数量增加了2倍多，援助范围从1963年的21国扩展到1970年的32个国家，尤其是增加了对非洲国家的援助，并为支援越南的抗美战争，给予了越南大量的军事、物资和技术援助。

3. 急剧增长阶段（1971年至1978年）

随着中国在联合国合法席位的恢复，许多发展中国家纷纷与中国建立外交关系，中国为加强与广大发展中国家的合作，对外援助进入了空前的大发展时期。这主要表现在两个方面：一是援助范围从32国增加到66国，援助地区从亚洲国家扩大到拉美和南太平洋国家，其中支援越南、柬埔寨、老挝三国的抗美战争是这一时期中国援助的重点；二是援助规模也急剧扩大，1971年至1978年的对外援助额是1950年至1970年援助总额的159%。这一时期中国的对外援助支出已占到中国政府同期财政收入的5.88%，就当时的中国国力而言，可谓勉为其难。

4. 调整改革时期（1979年至1994年）

中国进入改革开放时期以后，通过对中国近40年援外工作经验的总结，对援外工作又有了新的认识，并对中国援外工作的方针和政策进行了全面和合理的调整。既要继续加强对发展中国家的援助，又要量力而行；既要提供援助，也应接受援助。因此，对援助的布局、结构、规模、方式和重点领域进行了调整。尤其强调援助投资少、效益好和直接使受援国人民受益的中小型项目。与此同时，还改变了援助项目的管理体制，实施承包责任制，克服了实报实销，吃大锅饭的弊病。经过调整，中国的援外工作走上了健康发展的道路。到1990年接受中国援助的国家已达93个。从1991年至1995年，中国开始酝酿援外方式改革。

5. 新的发展时期（1995 年至今）

随着国内外政治和经济形式的变化，根据国务院下达的有关指示，1995 年下半年中国对外援助方式进行了改革。其主要精神是援外方式多样化和资金来源多样化，重点帮助受援国发展当地急需的中小型项目，支持双方企业互利合作。以利于提高援助效益，帮助受援国发展民族工业，促进中国与发展中国家的双边关系和经贸合作。中国援外方式改革的具体内容是推行援外政府贴息贷款；推动援外项目合资合作；适当增加无偿援助，一般不再提供无息贷款。援外方式改革的结果增加了援助的范围，解决了援外资金不足，提高了援助的效益。中国的对外援助事业从此进入新的发展时期。

截止到 2009 年年底，中国已累计向 161 个国家及 30 多个国际和区域组织提供过各类援助，其中经常性接受中国援助的发展中国家有 123 个。截至 2009 年年底，中国累计对外提供援助金额达 2 562. 9 亿人民币，其中无偿援助 1 062 亿元，无息贷款 765. 4 亿元，优惠贷款 735. 5 亿元，免除 50 个国家到期债务 255. 8 亿元。

（二）中国对外援助方式

1. 资金方式

中国对外援助的方式从资金角度来看，可以分为援外优惠贷款方式、援外项目合资合作基金方式、无偿援助方式、无息贷款方式和债务减免。

（1）援外优惠贷款方式

援外优惠贷款是中国政府指定的金融机构对外提供的具有政府援助性质、含有赠予成分的中、长期低息贷款。其优惠贷款的年利率最低为 2%，贷款期限最长不得超过 20 年，贷款利率优惠利率与中国人民银行基准利率之间的利息差额由政府的援外经费进行补贴。优惠贷款主要用于中国企业和受援国企业合资合作建设，经营当地需要、又有经济效益的生产性项目，或提供中国生产的成套设备或机电产品等。这样做的好处在于，一是政府资金与银行资金相结合，可以扩大援助规模；二是银行作为执行机构能提高资金的使用效益；三是推动了双方企业的投资合作，以利于带动中国的技术、设备、原材料的出口。这也是目前国际上通用的一种做法。

（2）援外项目合资合作基金方式

援外项目合资合作基金方式是中国政府为支持中国企业同受援国企业以合资经营、合作经营以及租赁等方式到发展中国家投资实施项目的一笔资金。中国政府援建的或拟援建的受援国有需要、有资源且有经济效益的中小型生产性项目均可采用这种方式。援外项目合资合作是援外与投资、贸易和其他方面的互利合作相结合的一种新的援外方式，是指在中国政府与受援国政府原则协议的范围内，双方政府给予政策和资金支持，中国企业同受援国企业以合资或合作经营的方式实施项目。其具体做法是：中国企业与受援国企业就某一项目共同出资进行合作，中国政府和受援国政府在政策和资金上予以支持。这种方式有利于中国政府援外资金同企业资金相结合，扩大资金来源，提高援助效益。

（3）无偿援助方式

无偿援助是指中国政府向受援国无偿提供资金、物资、技术、人力资源和其他服务的援助方式。无偿援助主要用于承担满足受援国最基本的生产生活需求的福利性援外项目及人道主义援助项目，如医院、学校、低造价住房和打井供水等。无偿援助的主要对象是经济比较困难的周边友好国家，最不发达国家和外交上有特殊需要的国家，还可将一部分无偿援助资金与联合国发展机构的资金相结合，开展发展中国家间技术合作活动。无偿援助不仅灵活、多样、实施快、效果好，而且可以配合中国的外交工作。因此，中国政府今后将适当增加无偿援助。但是无偿援助应主要用于项目、技术和物资援助，以及多边援助资金和大使援助基金。在中国财力允许的范围内，还继续提供少量的捐款，援建一些受援国人民能广泛受益的公共工程和社会福利项目。

（4）无息贷款方式

无息贷款方式是中国对外援助的传统方式，主要用于受援国一般基础设施建设项目和一些民用基础设施等项目，以扩大中国在受援国的政治和社会影响。在过去的 50 多年里，中国通过无息贷款方式帮助许多发展中国家建设了一大批公共民用设施，政治和社会影响重大。但鉴于我国对外援助主要推行优惠贷款方式，今后除对外已签的无息贷款协议继续执行外，中国政府一般不再向受援国提供新的无息贷款。如有特殊需要确需对外提供新的无息贷款，应报国务院批准。

（5）债务减免

中国也和其他援助国一样，采用对发展中国家减免债务的援助方式。为减轻受援国负担，推动国际社会履行减免发展中国家债务的承诺，中国政府在提供对外援助的同时，还减免了重债穷国和最不发达国家的对华到期政府债务。截至 2011 年年底，已累计免除 50 个重债穷国和最不发达国家到期债务 391 笔。

2. 项目类型

中国对外援助的方式从项目类型来划分，包括成套项目、一般物资项目、技术合作项目、培训项目、优惠贷款项目、援外合资合作项目和现汇援助。

（1）成套项目

对外援助成套项目是指在中国政府提供的无偿援助、无息或低息贷款项下，主要由中国进行考察、设计并提供设备材料、组织或指导施工、安装和试生产全过程或其中部分阶段的建设项目。成套项目实行企业总承包责任制和监理责任制。截至 2009 年年底，中国共帮助发展中国家建成 2 000 多个与当地民众生产和生活息息相关的各类成套项目，涉及工业、农业、文教、卫生、通信、电力、能源、交通等多个领域。

（2）一般物资项目

一般物资项目是指中国根据受援国的要求，向其提供物资产品，包括单项设备。一般物资项目主要是紧急救援物资。2003 年中国向 57 个国家提供一般物资援助 89 批，主要提供办公设备、粮食、交通车辆和救灾物资等。

（3）技术合作项目

技术合作项目是指中国根据受援国的要求，向受援国派遣专家或技术人员以提供技术服务和指导。截至 2008 年年底，中国累积向受援国派出各类专家和技术人员 70 多万人次。

（4）培训项目

培训项目是指中国为受援国培训管理人员和专业技术人员，举办经济管理官员研修班。培训项目援助是中国对外援助的重要内容之一。当前中国采取“请进来，走出去”的方法，加强与发展中国家人力资源开发方面的合作。目前主要有5种形式，包括经济管理官员研修、技术培训、区域人员交流、双边技术培训和“走出去”技术培训，其中官员研修是培训项目的重点。截至2009年年底，中国为发展中国家在华举办各类培训班4 000多期，培训人员12万人次，包括实习生、管理和技术人员以及官员。培训内容涵盖经济、外交、农业、医疗卫生和环保等20多个领域。

（5）优惠贷款项目

优惠贷款项目是指中国根据受援国的要求，在优惠贷款项下建设有经济效益的生产性项目，或者支持有偿还能力的受援国建设基础设施和社会福利性项目，或者提供成套设备与机电产品等。中国设立优惠贷款风险补偿基金，专门用以补偿由不可抗力风险造成的优惠贷款损失，接受补偿的银行使用拨付资金冲减贷款损失。

（6）援外合资合作项目

援外合资合作项目是指在中国政府与受援国政府原则协议的范围内，双方政府给予政策和资金支持，中国企业同受援国企业以合资或合作经营的方式实施的具有援外性质的项目。中国设立援外合资合作项目基金，用以支持中国企业利用受援国当地资源和中国的设备、技术，与受援国企业举办合资合作项目及在受援国举办独资、租赁经营等以生产性为主的中小型项目。

（7）现汇援助

现汇援助是指中国根据受援国要求，直接向其提供外币现汇。现汇援助不利于援助资金的有效使用，在今后应当适当加以控制。

（三）中国对外援助的管理

1. 管理机构

中国对外援助工作的管理机构包括国家归口管理机构、部门管理机构、地方管理机构和驻外管理机构四个层次。

（1）国家归口管理机构

商务部是国家归口管理对外援助的主管部门，其管理对外援助的职能包括：拟订并执行对外援助政策和方案，签署并执行有关协议；编制并执行对外援助计划，监督检查援外项目执行情况，管理援外资金、援外优惠贷款、援外专项基金等中国政府援外资金；推进援外方式改革。

（2）部门管理机构

商务部下设援外司，负责对外援助工作中政府层面的事务管理和对外援助政策的制订。援外司的主要职能包括：拟订并执行对外援助政策，起草对外援助法律、法规，拟订部门规章，研究和推进对外援助方式改革；编制对外援助计划并组织实施，拟订国别援助方案，确定援助项目；负责政府间援助谈判，商签援助协议，处理政府间援助事务，办理援外项目对外移交，负责援外贷款偿还和债务重组工作；核准各类援外项目实施企业的投标资格，组织援外项目决标，下达援外项目任务，监督检查各类援外项目的实施；负责编报对外援助资金预决算和援外统计工作；负责使用援外经费，监督和管理援外优惠贷款和援外合资合作基金项目，并解决政府间重大问题；指导国际经济合作事务局的相关援外工作；承办部领导交办的其他事项。

此外，2003 年 3 月商务部还成立了国际经济合作事务局，援外司将原由其负责的援外项目的具体实施和管理交由国际经济合作事务局承担。国际经济合作事务局的主要职能是受商务部委托承担援外项目的组织实施的具体管理工作。根据授权与受援国政府制定机构商谈援外项目的具体事宜；承办援外项目招标工作；签订和管理援外项目内部承包合同，指导援外项目实施企业商签对外合同，监督检查合同执行；负责援外项目的技术经济监督和技术资料管理；参与编制援外项目的年度资金预决算，办理援外项目资金管理的有关手续及援外项目的对外结算；管理驻外经商机构援外存量资产；承办援外项目并提供相关信息服务；承担推动中国企业走出去开展对外经济合作业务的促进机构与境外相关机构和组织开展合作与交流，为中国企业进入国际市场提供国别、市场等投资合作环境方面的信息咨询和服务；负责“中国合作指南”的日常运营并向企业提供信息资料；受商务部委托，参加举办的各类官方对外经济合作拓展活动；承办商务部交办的其他事项。

在商务部负责管理的对外援助之外，其他部门也负责管理一些对外援助事务。如卫生部负责援外医疗队的选派和管理；财政部负责财政援助工作；外交部负责联合国会费；商务部国际司负责国际多边组织间的援助事务；中国人民银行负责与多边开发银行的联系；中国进出口银行优惠贷款部负责优惠贷款项目；教育部、全国妇联也承担部分援助任务。

（3）地方管理机构

自 1982 年机构调整以后，对外援助工作均由省、市、自治区对外经济贸易委员会（厅、局）归口管理。实行对外援助项目企业总承包责任制后，地方援外管理机构的职责包括：归口管理对外援助；执行对外援助的政策、规章、制度和援助方案；监督检查对外援助项目的实施情况；管理多边、双边无偿援助及赠款。

（4）驻外管理机构

中国对外援助工作的驻外管理机构是驻外使馆经商处。驻外使馆经商处是中国与受援国发展经贸合作的桥梁和纽带，在管理中国对外援助工作方面的职责主要包括：执行国家援外方针政策和国务院关于援外工作的指示；根据国内主管部门的授权，及时办理政府间协议（包括协定、换文、会谈纪要、交接证书、账务处理细则等）的有关事宜；加强对各类援外项目的管理与协调；做好对受援国的人才培训工作，及时了解对方的培训需求信息和对中国培训项目的反馈意见，审核受训人员，研讨新的培训方式；及时反馈受援国援助要求，如认为可行，应报国内主管部门研究；做好中国援外工作的对外宣传工作，以增进了解，扩大影响，促进双边关系和经贸合作。

经过半个多世纪的建设、调整和改革，中国建立了从中央到地方，从国内到国外，从政府到企业和中介机构的援外管理网络，形成了由商务部牵头，有关部门、金融机构和企业参与，国内外相互配合的援外工作格局。但是由于管理比较分散，各部门职能交叉，工作效率较低。

2. 管理原则

当前中国援外工作按照宏观和微观、决策和执行的科学、合理划分的原则，由商务部援外司执行宏观政策、宏观决策和监督援外项目管理工作的宏观职能，以及涉及援外成套项目管理的少数微观职能。援外司运用行政法规和制度对援外工作进行规范化的宏观调控；运用经济手段保证援外工程的质量和进度；实施援外任务的企业总承包责任制；运用竞争机制，通过招标择优选定承担各类援外任务的总承包企业，根据项目规模、性质和内容分别采取相应的方式招标；择优选定技术、咨询、审计单位对援外项目进行设计审查、质量监督、财务审计和工程验收，实现对外援助工作的宏观管理。而援外项目的具体实施和管理的微观职能主要由国际经济合作事务局执行，包括援外项目招标、援外项目管理和援外财务管理。

3. 管理的主要环节和程序

（1）资格认定

援外项目由具有独立民事主体资格的中国法人具体实施，对援外项目实施主体，中国实行资格认定制度。商务部对取得援外物资企业资格的企业实行动态资格管理，每2年进行一次资格核验。

（2）立项

商务部根据对外援助协议与国务院批准的年度资金计划负责受理援外项目的立项申请，组织立项评估、确定援外项目并与受援方签订立项协议、办理相关手续。

（3）招标

援外项目执行机构在经资格认定的援外项目实施主体范围内通过招标方式确定援外项目的实施主体。援外项目招标可采取公开招标、有限邀请招标和议标三种形式。

（4）合同的订立

商务部或援外项目执行机构根据招标结果与援外项目实施主体签订承包合同，必要时授权援外项目实施主体与受援方订立实施合同在前款合同订立后10日内，执行机构应将合同报国务院商务主管部门备案。

（5）项目实施的监督

商务部或其授权的执行机构对援外项目实施主体质量、进度、投资等方面进行监督管理。

（6）援外项目的验收与移交

商务部或其授权的执行机构应组织援外项目的验收并与受援方办理移交手续。

（7）项目实施结果评估

在援外项目移交后，商务部对援外项目实施效果组织（追溯性）评估。

二、中国利用国际发展援助

自1949年新中国成立以后，在资本主义国家实行经济封锁和国内“左”的思潮影响下，中国只向周边友好国家和一些发展中国家提供援助，但却拒绝接受国际多边和双边援助。1978年8月，中国政府改变原来的做法，决定采用“有给有取”的方针，从而揭开了中国接受外援的历史。中国接受的外援来自双边和多边渠道。

（一）中国利用国际双边援助

外国政府向中国提供的援助也分为有偿和无偿援助两部分。外国政府对中国的有偿援助主要是通过政府贷款来进行的，中国政府接受的外国政府贷款中既有项目贷款，也有商品贷款；既有有息的，也有无息的；还有与出口信贷相结合的混合贷款。20 世纪 80 年代以来，中国接受的外国政府贷款多为混合贷款。中国接受外国政府贷款的利率一般为 1% ~3%，偿还期为 20 ~30 年，综合计算其赠与成分在 35% 以上。政府贷款从币种来看，有美元贷款、日元贷款、英镑贷款、法国法郎贷款、马克贷款和科威特第纳尔贷款等。自 1979 年以来，中国已与日本、比利时、丹麦、法国、英国、意大利、德国、西班牙、奥地利、瑞士、瑞典、卢森堡、荷兰、挪威、芬兰、加拿大、澳大利亚、科威特、韩国等建立了双边贷款关系。截至 2007 年 12 月 31 日，中国利用外国政府贷款总额为 2 394 亿美元，涉及 557 个项目。其中中国接受的日本政府贷款最多，截至 2009 年年底，援助总额约达 36 412 亿日元（相当于 350 亿美元），占中国接受外国政府贷款总额的 40% 左右。其中，约 90% 的对华援助属于低息贷款，中国将资金用于铁路和发电站等基础项目的建设。2008 年，日本政府终止了对华有偿援助，只保留无偿援助和技术援助项目。统计数据显示，日本 2009 年对中国的官方开发援助为 6 300 万美元，其中包括技术和资金援助。经国务院批准，商务部原先委托中国对外经济贸易信托投资公司办理的外国政府贷款转贷业务及相关资产、债权和债务，从 1995 年 9 月 1 日起，全部划转到中国进出口银行。中国政府利用国际双边无偿援助较晚，始于 1982 年，到目前为止，大约有近 20 个国家或地区向中国提供过无偿援助。日本政府参照世界银行的融资指针对发展中国家进行援助，对人均国内生产总值在 1 400 美元以下的国家提供无偿资金合作，对人均国内生产总值在 3 000 美元以下的国家提供日元贷款，日本政府在 2006 年后不再批准新的向中国提供无偿资金合作项目。到目前为止，外国向中国提供的双边无偿援助多属于项目援助，其项目援助额约合 23 亿美元，共完成项目 300 多个。

（二）中国利用国际多边援助

中国接受的国际多边援助主要来自联合国发展系统和世界银行。自 1971 年中国恢复了在联合国的合法席位以后，中国与联合国发展系统的合作经历了逐步扩大到深入发展的过程。中国于 1972 年到 1978 年曾派代表参与了联合国有关发展问题的决策并向其捐款。从 1979 年起，中国改变了只捐款不受援的政策，开始接受联合国发展系统的无偿援助。截至 2006 年年底联合国发展系统的各机构共向中国提供的援助超过了 30 亿美元，其中主要是通过开发计划署、粮食计划署、农发基金、人口基金会、儿童基金会、粮农组织、世界卫生组织、教科文组织、全球环保基金等机构提供的，涉及农牧渔业、林业、机械、电子、能源、基础设施及老少边穷的开发项目达 1 000 多个。1979 年到 2009 年，中国仅接受联合国开发署的援款就超过了 10 亿美元。到目前为止，联合国开发计划署对中国实施了以下国别方案：第一个国别方案（1981 ~1985 年）、第二个国别方案（1986 ~1990 年）、第三个国别方案（1991 ~1995 年）、第四个国别方案（1996 ~2000 年）、第五个国别方案（2001 ~2005 年）、第六个国别方案（2006 ~2010 年）。2006 ~2010 年与中国的合作方案的援款为 4 000 万美元。合作领域包括实现千年发展目标与减贫、提高对自然资源的有效使用和实现能源与环境的可持续发展、保护生物多样性、艾滋病防治、促进中国与非洲的贸易与投资合作等。人口基金会一开始就重视与中国的合作，合作涉及的领域有妇幼保健和计划生育、避孕药的生产与研究、妇女、人口和发展。人口基金会于 1982 年 6 月就通过第一个援华国别方案（1980 ~ 1984 年），提供援款 5 000 万美元，安排项目 22 个。其中中国与人口基金会于 1982 年合作进行第三次全国人口普查，人口基金会向中国提供了 21 套计算机设备，使中国首次利用计算机处理数据获得成功。联合国人口基金 2006 ~ 2010 年援助中国的合作方案总资源为 2 700 万美元，其中正常资源 2 250 万美元，其他资源 450 万美元。合作领域包括生殖健康和计划生育服务、艾滋病防治、人口发展战略研究和人口领域的南南合作。联合国儿童基金 2006 ~ 2010 年援助中国的总额为 1. 01 亿美元，其中正常资源 6 103. 5 万美元，其他资源 4 000 万美元。合作领域主要涉及健康与营养、教育与儿童发展、水与环境卫生、儿童保护、艾滋病防治、儿童政策制定和促进儿童权利的宣传等方面。开发计划署、人口基金会和儿童基金会是联合国发展系统内向中国提供援助最多的机构。截至 2008 年年底，上述三个机构共向中国提供援款 12 亿美元，安排了1 300 多个项目。

世界银行贷款也是中国利用多边援助的一个主要途径，中国利用世界银行贷款是从 1981 年开始的，十多年来，世界银行向中国的贫困地区提供了大量的贷款，以支持中国的基础设施建设、教育、卫生、农村发展、减贫以及培训和技术援助等，到 2010 年年底，世界银行共向中国提供了 478 亿美元的贷款，其中包括约 100 亿美元的软贷款。世界银行贷款与联合国发展系统的技术援助一样，对中国的教育、卫生、基础设施建设、扶贫、环保等工作起了巨大的支持作用。

三、中国参与国际发展援助的意义

自 1978 年以来，中国更加积极地参与国际双边和多边发展援助，并取得了可喜的成就，这在政治和经济上都具有重要的意义。其具体表现在以下四个方面：

（一）提高了中国在世界上的地位

中国向周边友好国家和广大的发展中国家提供发展援助不仅加强了与世界各国的联系，增强了相互间的了解，而且还提高了中国在世界政治舞台上的地位。对外援助已成为中国开展国际政治斗争不可缺少的手段，并对提高中国的国际地位起到了十分重要的作用。

（二）带动了中国的技术、设备、原材料等的出口，为中国企业走向世界提供了机遇

在中国对外进行援助时，由于鼓励采用合资合作的方式，并由双方国家在政策和资金上给予扶持，这就使中国企业利用其技术、设备、原材料等与受援国得到优惠贷款资助的企业进行合资合作，而这不仅推动了中国企业的国际化，而且还为中国的技术、设备和原材料等打开了市场。

（三）弥补了中国建设资金的不足

中国是一个发展中国家，拥有众多需要改建、扩建、新建的重点项目或扶贫工程，

往往需要投入大量的外汇资金引进国外的先进技术和设备，外汇资金的短缺与众多项目需要上马的矛盾就显得十分突出，利用国际多边或双边援助将会缓解这一矛盾。

（四）缩小了中国与发达国家之间的技术差距

援助国通过项目或技术援助，给中国带来了大量的先进技术和设备以及通过对中国各类技术人员的培训和派遣专家到中国讲学，从而大大提高了中国企业的生产能力、技术人员的整体素质和科研能力，如加拿大援助中国的电力研究项目，就曾大幅度提高了中国电力行业的技术水平。利用援助来提高中国的整体技术水平，进而又使中国达到了缩小与发达国家技术水平差距的目的。

本章小结

本章主要介绍了国际发展援助的含义，国际发展援助的方式，国际援助机构以及中国接受国际援助和对外提供发展援助的情况，并分析了当代国际发展援助的特点、作用以及各援助大国的主要援助国家和地区。通过对本章的学习，使学生了解国际组织和外国政府发放发展援助的条件，掌握申请和发放援助的具体程序，并能独立地承担接受外援和对外提供发展援助的各项具体工作。

思考与练习题

1. 国际发展援助的具体方式有哪些?
2. 当代国际发展援助的特点有哪些?
3. 何谓联合国发展系统?
4. 世界银行发放贷款需要经过哪些具体程序?
5. 各国提供政府贷款的条件有哪些?
6. 中国从事对外援助有哪些方式?

第十二章　可行性研究与资信调查

第一节　可行性研究概述

一、可行性研究的概念

可行性研究是在项目投资决策前，对项目进行研究评价的一种科学方法，它通过对市场需求、生产能力、工艺技术、财务经济、社会法律环境等方面情况的详细调查研究，就项目的生存能力和经济及社会效益进行评价论证，从而明确提出这一项目是否值得投资和如何运营等建议。

可行性研究产生于第二次世界大战前。20 世纪 30 年代，美国在开发田纳西河流域这一大规模国土整治工程时，正式将“可行性研究”作为项目前期论证的名称。这一时期，可行性研究侧重点在于工程技术方面。第二次世界大战后，可行性研究的重点逐渐转向财务分析方面。经过诸多专家的不懈努力，可行性研究从理论到实践日趋完善。当今可行性研究的特点是注重投资项目的综合性效果，以财务分析为核心，并且对政治、社会、生态环境等因素给予相应的重视。

二、可行性研究的阶段划分

（一）机会研究

机会研究，又称投资机会鉴定。它的任务是：在一个特定的地区和行业，分析和选择可能的投资方向，寻找最有利的投资机会。同时，对项目有关数据进行估算。机会研究的研究步骤大体是：国别研究、地区研究、部门或行业研究以及提供项目报告。

机会研究工作比较粗略，主要依靠笼统的估计而不是依靠详细的分析。这种粗略研究所依据的各种数据一般是经验数据和规划数据，也有的是参考现有项目匡算得出的数据，其精确度一般为 ±30%。对于大中型投资项目，机会研究所用的时间一般为 2～3 个月，所耗费用一般占投资费用的 0.1%～1%。投资机会鉴定后，凡能引起投资者兴趣的项目，就有可能转入下一阶段即初步可行性研究。

（二）初步可行性研究

初步可行性研究是经投资决策者初步判断并提出进一步分析的要求后，对项目方案所作的初步的技术和经济等方面的分析。这一步骤有时根据决策者的要求和建议也可省去而直接进入下一阶段的研究。

初步可行性研究，主要是对以下各项作出研究和分析：市场状况、生产能力和销售策略；资源（人力、动力、原材料）；建厂地址选择；项目技术方案和设备选型；管理结构；项目实施进度；项目财务分析（项目资金筹措、产品成本估算、盈利率和还贷期估算）；不确定性分析。

初步可行性研究，将为项目是否可以上马提供判别依据。初步可行性研究一般要用 4～6 个月或多一点的时间来进行，各种数据的估算精度为 ±20%，所需费用一般占总投资的 0.25%～1.5%。如果确定项目可以上马，则可进入下一阶段即可行性研究。

（三）可行性研究

这一阶段不但要对项目从技术上、经济上进行深入而详尽的深一步研究，确定方案的可行性，还必须对多种方案进行反复权衡比较，从中选出投资省、进度快、成本低、效益高的最优方案。可行性研究将为如何实施投资项目提供指导性依据。

可行性研究的内容与初步可行性研究的内容基本相同，但它所需要的资料数据比初步可行性研究更精确些，对数据处理精度要求更高些。这一阶段各种数据的估算精度为 ±10%，时间一般为 8～12 个月，所需费用占总投资费用的 1%～3%，大型项目占总投资费用的 0.2%～1%。

（四）编写可行性研究报告

这一阶段的主要任务是将可行性研究的基本内容、结论和建议用规范化的形式写成报告，成为最终文件以提交决策者作为最后决策的基本依据。

下面以中外合营（合资与合作）项目为例说明可行性研究报告的主要内容。其内容主要包括：基本概况（包括合营企业名称、法定地址、注册国家、总投资、注册资本和合营企业期限等）；产品生产安排及其依据；物料供应安排及其依据；项目地址选择及其依据；技术设备和工艺过程的选择及其依据；生产组织安排及其依据；环境污染治理和劳动安全、卫生设施及其依据；建设方式、建设进度安排及其依据；资金筹措及其依据；外汇收支安排及其依据；综合分析（包括经济、技术、财务和法律等方面的分析）和主要附件（包括合营各方的营业执照副本、法定代表证明书等）。

（五）项目评估

项目评估是指银行、政府部门、金融信贷机构对项目的可行性研究报告作出评审估价。项目评估和可行性研究同是为投资决策服务的技术经济分析手段。它们的内容基本相同，但它们是投资决策过程中的两个不同的重要阶段。其主要区别在于：可行性研究是由投资者负责进行的，他考虑的重点是更新技术、扩大生产、赚取利润。项目评估主要是由银行或金融机构进行的，他所关心的是贷款的收益与回收问题，主要评估项目的还款能力及投资的风险。所以，在项目评估时侧重考查以下几个问题：

（1）基础数据，尤其是重要基础数据的可靠性；

（2）项目方案是否优选；

（3）项目投资估算的误差是否超过允许的幅度；

（4）项目投资建议是否切实可行，有没有错误的建议或遗漏；

（5）项目的关键方面是否达到期望研究的质量。

可行性研究的五个阶段都是在项目投资前进行的，可行性研究是项目发展周期的一个重要组成部分（见图 12－1 所示）。

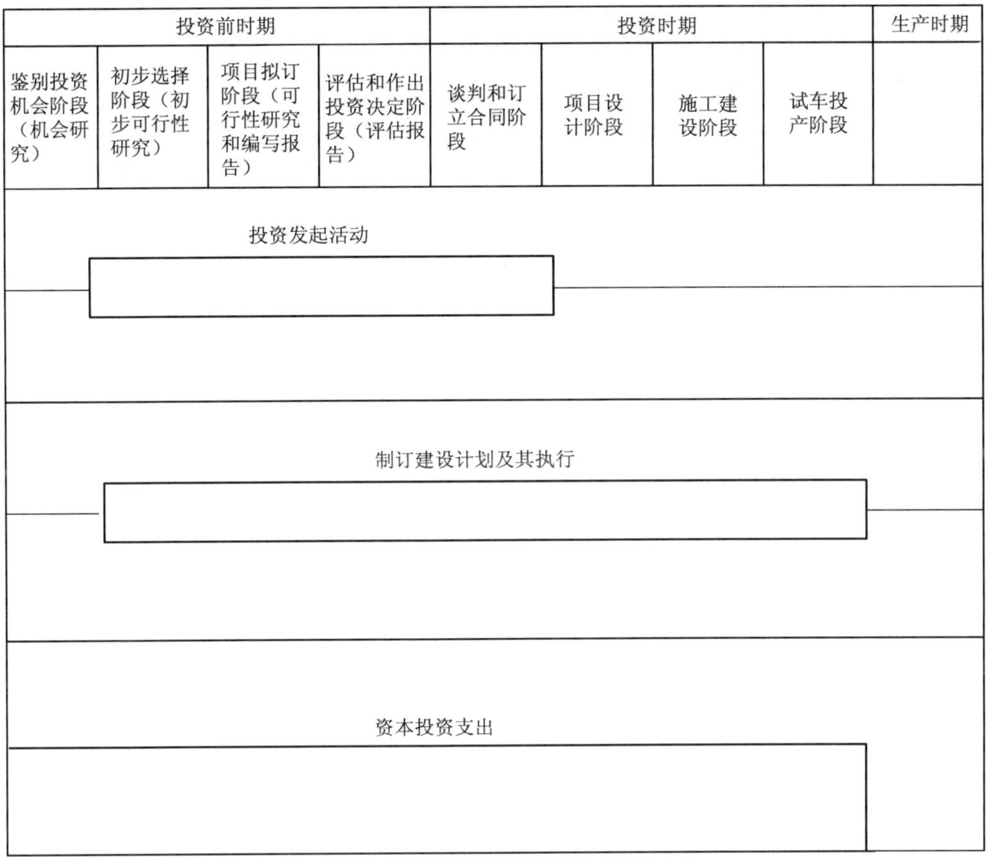

图 12－1　可行性研究与项目发展周期关系图

三、可行性研究中应注意的几个问题

（一）科学性和公正性

进行可行性研究，必须坚持实事求是的原则，数据资料要求真实可靠，分析要据实比选，据理论证，公正客观。绝不能够出现为达到事先已经确定的投资目标，而任意改动数据的情况。

（二）评价数据的正确性、合理性和可靠性

1. 认真审核基础数据的可靠性。投资额、生产量、成本费用和销售收入等基础数据一定要比照同类项目，结合当地实际情况认真估算，如果基础数据估算失误，下面的内部收益率计算过程再规范、计算数值再准确，也不能起到应有的作用。

2. 合理确定计算期。计算期不宜过长，如果过长，便难以预测环境的变化，进而使计算的各项动态经济指标的可信度降低。

3. 基准收益率的确定必须切合实际，偏高或偏低都会使折现计算失真。

4. 多方案比较时应认真审定方案之间的可比条件，否则，不仅使比较失去实际意义，而且可能导致决策失误。

（三）可行性研究的结论应简单明确

可行性研究中的结论和建议，应以简洁的文字，总结本研究的要点，建议决策人采用推荐的最优方案，要简述其理由。其中包括推荐方案的生产经营和技术的特点、主要技术经济指标、不确定性分析结论、对项目各阶段工作的指导意见等。同时，对实施项目中要加以注意和预防的问题也应明确指出，切忌有意隐瞒一切可能出现的风险。

四、进行可行性研究时的一些重要参考资料

从国外方面来看，联合国工业发展组织曾制订和出版了三本工作手册，作为在世界范围内通用的项目可行性研究标准工作手册，它们是：《工业可行性研究报告编写手册》、《项目评价准则》和《项目估价实用指南》。从国内来看，主要是国家计委和建设部于 1993 年 4 月制订出版的《建设项目经济评价方法与参数》（第 2 版）。

第二节　可行性研究的实施

目前进行项目可行性研究通常采用两种方式：一是由企业自己编制，但同时聘请一些专家作为顾问；二是委托专业咨询公司编制。

一、由企业承担编制任务

（一）可行性研究小组成员的组成

如果由企业自己承担编制任务，则首先要成立一个研究小组。项目可行性研究小组按照理论模式至少应包括下列成员：一名负责人；一名市场分析专家；一名本行业技术专家；一名管理专家；一名财务专家。此外，还应视项目的具体情况聘请一些短期专家协助工作，如法律、金融、生态环境等方面的专家。

（二）由企业自己承担编制任务的利弊分析

以企业自身为主，同时视情况聘请一些短期专家协助编制可行性研究报告的优点主要是：编制人员熟悉本行业和本企业的技术业务以及企业管理特点，编制的报告针对性较强，并且所花费的费用较少。但是，同时也存在着一些缺点：如可行性研究结论往往带有一定的倾向性；有些企业因专业人才不全或水平较低，有可能导致可行性研究报告的质量较差，甚至有可能带来一些问题。

二、委托专业咨询公司编制

在国内外，承担项目可行性研究的机构大小各异，有跨国公司、研究院所、大学、设备制造商、施工承包公司以及专门的咨询公司和小型事务所等机构。目前，在西方国家有一些世界性的跨国咨询公司，专门从事可行性研究工作，如美国的麦肯锡公司和克泰尔公司、法国的雷诺咨询工程公司、瑞士的哈耶克咨询公司等。因此，企业必须按照一定的程序，选择信誉高、经验多的咨询机构为己服务。委托专业咨询公司编制可行性

研究报告时，要注意处理好以下两个问题：

（一）合作程序

1. 确定咨询服务的职责范围

项目投资者应为本次咨询服务划定界限，其中包括：需要提供服务的内容细目，日程安排，报告的最终形式等。

2. 发送征求咨询文件

根据咨询服务的职责范围，项目投资者编制出征求咨询文件，然后向项目投资者认为比较合适的咨询机构发送。备选咨询机构，一般以三至六家为宜，提出名单过多，会给选择工作带来困难。

3. 确定候选机构的优选顺序

候选机构在接到征求咨询文件后，如对此次咨询感兴趣，一般都会编制咨询建议书。内容包括：可行性研究的工作大纲、时间进度、研究重点、研究深度、费用和支付方式、人员组成、向项目投资者汇报的时间、次数等各方面必须明确的问题。项目投资者在收到各候选机构的咨询建议书后，即可开始对各咨询机构的业务能力、从事工作的人员是否称职以及该建议书的适应程度进行评价，选出一个值得与之进行合同谈判的公司。

选择咨询机构的标准，可以从以下几个方面确定：

（1）咨询机构对项目所涉及的经济和技术活动的一般经验如何。

（2）所提出的工作计划是否切合项目的实际情况。

（3）所提出的费用是否能被项目投资者基本接受。

综合以上三项标准，排出优选顺序。

4. 谈判签订合同

通过以上优选排序确定候选机构后，即可安排与选中的公司谈判，就一些细节问题进行磋商，最后签订咨询合同。谈判结束，项目投资者将选定咨询公司的消息通知其他候选公司之后，咨询工作人员即可开始工作。

（二）可行性研究咨询费用的计算方式

1. 固定金额计算方式

这种方式是按照咨询价格的理论构成计算出咨询费用总额，以后的整个咨询活动不再另外计取费用。通常，这项总额费用中还包括有一定比例的不可预见的支出费用。咨询过程中，如费用有结余，归咨询机构，如有超支，投资者不予补偿。对于确定属于业务增加而引起的费用，可以用追加合同的方式解决。

2. 咨询人员的工资加上一定比例的其他费用方式

这种方式是将咨询人员的工资加上一定比例的其他费用，作为咨询费。其计算公式为：咨询费 = 咨询人员工资 ×（1 + 系数）+ 直接费用。

公式中的系数，实际上反映了咨询活动中间接咨询费用的内容，它的高低一般取决于常规的间接费用数量和咨询工程的所在地、工作季节、工程类型等。该系数通常在2以上，美国一般取2.3－3。

3. 概略估计方式

对于某些投资项目，由于其所需咨询服务的不确定性，可由咨询机构一方根据项目难易程度和以往同类项目咨询的经验，提出一个咨询费用的总金额，并同时规定一个报酬总额的上限和下限。如果项目咨询活动出现意外增减，咨询费用增减的额度以预先议定的上下限为界。

第三节 资信调查

一、资信调查的概念、分类和意义

（一）资信调查的概念

资信调查（Credit Information）是指通过一定的方式对贸易客户或合作与投资伙伴的资金及信用等方面情况进行调查了解。资信调查在有的国家或地区又称征信调查，其英文有时又译成 Credit Investigation 或 Credit Inquiry，简单来讲就是验证一个人或企业的信用。资信调查与咨询服务并不完全相同，咨询服务是请人当经营与管理或信息方面的顾问或参谋，而资信调查可以说是请人当商业方面的侦察人员。我们通常所讲的在投资决策之前要做好国外市场调查研究工作，主要讲的是要做好投资环境的评估，当然，如果广义来理解，也可以把资信调查包括在其中。

（二）资信调查的分类

资信调查按照不同的标准可以分为许多不同的类型：以资信调查的地域分类，可以分为国外资信调查与国内资信调查；以资信调查的对象分类，可以分为个人资信调查、企业资信调查、财产资信调查和产业资信调查；以资信调查的目的分类，可以分为投资资信调查、交易资信调查、管理资信调查、聘雇资信调查和婚姻资信调查；按资信调查的方式分类，可以分为直接资信调查、间接资信调查与直接和间接相结合资信调查等。

一般来讲，资信调查是在一项决策作出之前进行的，但由于经营管理过程中时常要进行一些较重要的决策，所以资信调查也不是一次就完结了，而是要根据需要选择时机对投资与合作伙伴的资信状况不断地进行了解和掌握。另一方面，投资与合作伙伴的资信状况也是在不断变化的，也需要不断进行了解，特别是当其法律与管理组织结构发生重大改组、人事发生重大调整或生产与经营状况发生逆转时，更需要及时把握其资信的相应变化。由此看来，资信调查又可以分为事前资信调查、事中资信调查、追踪资信调查和应急资信调查等。

（三）资信调查的意义

从进行国际合作与投资项目的角度而言，做好资信调查的意义和作用主要有：

1. 有助于选定资金和信用等方面情况良好的投资合作伙伴。如果我们选定的合作伙伴资信可靠，那么就有助于合作与投资项目的顺利进展；反之，如果选定的合作伙伴资信不佳，不仅对项目的顺利进展不利，甚至还可能使我们受骗上当，造成企业亏损以至倒闭破产。据报道，仅 20 世纪 90 年代初的 4 年间，境外企业拖欠我国外经贸企业的货款就高达 89 亿美元。被拖欠的货款既有外贸出口方面的，也有对外承包工程方面的。在上述 89 亿美元的拖欠货款中，有意欺诈款约占六成。造成外商拖欠货款的主要原因是我国不少外经贸企业不重视对外商的资信调查。

2. 进行资信调查有利于作出科学的国际合作与投资项目决策，提高项目的成功率，促进国际经济合作与投资事业的发展。例如，在我国利用外资与海外投资工作中，都把对外方投资合作伙伴的资信调查作为一个重要环节来抓，结果是有力地提高了这两方面的审批质量和工作水平。

3. 搞好资信调查还有助于减少我国海外企业投产开业后合营各方的矛盾和纠纷，避免出现不必要的风险和损失，使我国海外企业能够取得较好的经济效益，使海外投资的本金能够保值和增值。如我国某省的国际经济合作公司与巴巴多斯华人何某合资创办了一家公司生产服装，由于事先未对合作伙伴的资信情况进行认真调查了解，结果公司创办后何某采取多种手段侵吞公司资金，招致公司破产，我方损失 120 万美元。又如，我国某市一家外贸公司在国外合资开办了一家中餐馆，但由于企业开办前轻信对方的自我表白，未进行很好的资信调查，结果餐馆开业后，对方为人刁钻刻薄，很难合作共事，开业当年即出现亏损，后来该企业难于正常经营，只得提前关闭。

4. 资信调查一般在项目可行性研究之前进行，因此，资信调查搞好了对项目可行性研究工作的顺利开展也有很大的益处。总之，资信调查是做好我国对外经济贸易工作的一个重要前提。

二、资信调查的内容

（一）关于资信调查内容方面的不同学说

在资信调查的内容（要素）主要包括哪些方面的问题上存在着不同的观点和学说，较有代表性的有“三 F”说、“五 C”说、“五 P”说和“五 M”说。下面分别介绍一下这几个学说：

“三 F”说中的三个 F 是指三个要素，即管理要素（Managerial Factor）、财务要素（Financial Factor）和经济要素（Economic Factor），认为企业资信调查的内容主要是这几个方面。

“五 C”说认为企业资信调查的内容应当是：品行（Character）——指潜在的合作伙伴在以往的经营中表现出来的商业道德，如债务偿还情况等；经营能力（Capacity of Business）——指潜在合作伙伴在日常经营管理中所显示出的经营技能和实力；资本（Capital）——指潜在合作伙伴的财务情况；担保品（Collateral）——指潜在合作伙伴担保品的种类、性质和变现性；经营状况（Condition of Business）——是指潜在合作伙伴目前经营业务的状况，如市场环境状况、所在行业的现状与前景、企业的竞争力状况等。

“五 P”说认为资信调查主要应当围绕着以下五方面的内容进行：一是人的因素（Personal Factor），二是目的因素（Purposeful Factor），三是还款因素（Payment Factor），四是保障因素（Protective Factor），五是业务展望因素（Perspective Factor）。

“五 M”说认为资信调查的内容是管理（Management）、财力（Money）、企业员工（Man）、市场（Market）和机器设备（Machine）方面的状况。

以上几种学说的立论有所不同，但实质上区别并不是很大，因为资信调查的内容总是围绕着与被调查对象直接相关的因素而展开。

（二）资信调查的主要内容

对合作与投资伙伴进行资信调查，主要应注意和考虑下列一些内容：

1. 公司或企业的注册时间与注册地点

公司或企业成立的时间是一个很重要的信号。据几个主要西方国家的官方统计，公司的破产率与公司成立的时间长短有很大的关系。在破产的公司中，破产绝大多数是发生在公司成立的早期，破产的高峰期是在公司成立后的前三年，一般破产率达 20% 左右，到成立后第十年，破产率逐步趋稳，在 5% 上下徘徊。所以，在寻找合作伙伴时要特别注意这一点。当然，这并不是说绝对不能与新成立的公司打交道。另外，还要注意公司或企业的注册地点，有些外国企业在一些特殊地点注册，这都是有其用意的。例如，有些企业不在本国或经营业务所在国注册，而是到巴哈马、开曼群岛、百慕大、瑙鲁、利比里亚等地注册，因为上述地区对企业的管制较少，税收政策也较优惠，所以吸引了不少公司去寻求特殊的好处。对在这些地区注册的公司的资信情况，我们应慎重对待。

2. 公司的注册资本金额

现在国外的大多数公司都是有限责任性质的企业，即企业只是以其注册资本的金额为上限对本企业的债务承担有限责任。企业的经营能力与企业的资本实力有着密切的关系。例如，我国某进出口公司曾委托国内一家资信调查机构调查香港一家公司的资信情况，结果发现其注册资本数量很小，而其却大肆宣传自己资金实力如何雄厚，可出几亿港元与我方合建企业等。

3. 公司的法律或管理组织结构

外国公司有不同形式的组织结构，如有子公司、分公司与母公司之分；有有限责任公司、无限责任公司和股份有限公司之分；有股票上市公司与不上市公司、独资公司与合资公司、控股公司与非控股公司之分；此外，还有独资企业与合伙企业之区别。总之，所有这些组织结构形式，都会在某些关键时刻和关键问题上影响该公司的权益。如子公司与分公司形式就有很大不同：子公司的债务由子公司负责偿还，偿还不了时则企业倒闭破产；而分公司则不同，因分公司不是独立的企业法人，所以分公司所欠的债务在自身偿还不了时，母公司要代为偿还，这说明分公司是无限责任性质的企业。

4. 资产负债比率

资产负债比率是指企业负债总额与企业资产总额的比率。其计算公式为：资产负债比率 =（负债总额/资产总额）（100%）。资产负债比率是衡量企业资力和风险的重要尺度。这里所指的负债，是指企业所负担的全部短期和长期债务（国外把一年以上的欠款均视为长期债务，银行透支额按其性质也算在长期债务之内）。这里所讲的资产是指企业所拥有的一切财产、物资、债权和其他各种可以用货币计价的权益。一般来说，该项比率越低，说明该企业资信越好；反之，如果该项比率越高，说明该企业资信较差。这项比率原则上不应超过 100%。英、美等国工业企业的负债对资产比率平均为 50% 左右，一般工业企业超过了这个比例，就很难从银行或财务公司借到资金。当然，各国的经营管理概念不同，银行等金融机构对企业的支持程度也有所不同，对这一比率要求也就不一样，在日本，工商企业的资产负债比率高达60% ~90%也属正常。

5. 合作伙伴的性格、道德（品行）和能力

合作伙伴诚实可靠并具有较强的业务开拓能力，是双方合作成功的保障和基础。为此，要对合作伙伴的经历、学历、信用、性格特点、主要经营者之间的相互关系、实际经营者与其继承者关系、经营者对现代经营管理知识的认识与实践程度、经营者的经营作风、履约情况以及经营者的经营能力等进行调查了解。

6. 企业的员工与设备等经营管理方面的情况对企业资信也有直接影响

具体包括企业员工的数量、构成比例、流动率、敬业精神、薪金水准和工会组织作用；企业设备的技术档次、配套能力和商标牌号；企业经营与管理机构的设置、经营与管理计划的制订和执行情况、经营范围和经营性质等。

7. 往来银行

了解潜在合作伙伴往来银行的名称、地址以及其在银行中的存、借款情况和对外付款记录也是很重要的。

8. 业务现状与展望

企业供货来源状况、生产状况、销售状况、销售市场的分布与未来销售计划，前后相关联企业现状与预测和该行业发展前景，企业业务开拓规划以及长期投资的行业、产品、时间和地区分布状况等与企业的资信情况也有密切的关系。

三、资信调查的途径和程序

（一）资信调查的途径

1. 通过国内外银行进行调查。通过中国境内的银行（如中国银行等）进行调查。调查时，国内企业要先提出委托申请并提供国外被调查对象的有关资料，然后由银行拟好文稿，附上调查对象资料，寄给其往来银行的资信部门。国内企业也可以直接向对方的往来银行调查。调查时，将企业自拟的文稿和调查对象的资料寄给对方的往来银行资信部门。企业在自拟的文稿上可用以下简洁文句（We should be obliged if you would inform us, in confidence, of their financial standing and modes of business）。通过银行系统进行调查，除了可以了解到被调查对象的资力与借贷信誉等属于银行内部保密的情况之外，所需费用也相对较低一些。

2. 通过国内外的专业咨询和资信调查机构进行调查。许多咨询机构都进行客商资信调查工作，还有一些咨询机构是以资信调查作为其主要业务的，即专业性的资信调查机构。在通过国内外的咨询和资信调查机构进行资信调查时，也是要先提出委托申请并提供被调查对象的有关资料。目前，中国境内从事国际资信调查业务的机构已建立了不少，仅北京地区较有名的就有：中国国际经济咨询公司、中国对外经济贸易咨询公司、北京中贸商务咨询公司和东方国际保理咨询服务中心等。有些境外或国外的咨询公司也已在大陆指定代理机构或设立分支机构，开展资信调查等方面的业务，国内企业也可以

直接委托它们进行资信调查。如美国邓白氏信息咨询公司已在中国境内设立机构从事资信调查等业务，又如台湾地区最有影响的资信调查机构中华征信所已在北京设立了办事处，直接开展境外或国外工商企业资信调查等项业务。由于是专业咨询和资信调查机构，所以调查报告的内容会更全面准确，时效性也会更快，并且因是中立机构，其所提供的报告也会更客观公正。但是，委托这类机构进行资信调查，所支出的费用会相对高一些。

3. 通过国内外商会或进出口协会进行调查。各国的商会组织都拥有各行业企业的详细资料，因此，企业也可以通过商会了解国外调查对象的资信情况。

4. 通过我国驻外使（领）馆商务机构进行调查。我国驻外使（领）馆的商务机构（经济商务参赞处或经济商务参赞室）对当地企业的情况比较了解，委托它们调查当地企业的资信情况也是一个有效的途径。

5. 通过国外的亲朋好友、本企业的海外机构、本国的其他海外企业与机构、本企业的国外现有客户与合作伙伴进行调查。

6. 本企业派人到国外进行实地考察了解，判断对方的资信，或根据对方的来函、报道对方情况的报刊杂志以及对方股票的股市行情等由本企业作出判断。

7. 要求对方直接提供能反映其资信状况的资料，直接与对方接触，面对面核对对方的身份和询问对方的生产经营规模、注册资金、年度盈利情况等，通过这些方式也可以了解和判断对方的资信。对当面询问不要有不礼貌顾虑。如果怕有悖于对方的风俗人情，则可以先出示自己的合法身份和介绍本公司的情况，然后礼尚往来，也自然引起对方向我方相应地介绍其自身的有关情况，或者我方直接询问对方也是顺理成章的。签订合同或协议本身就是为了防止今后的纠葛，这样做对双方都有利，任何一个诚实的客商都明白这个道理。

在上面所讲的七个途径中，前五个是间接的资信调查途径，后两个是直接的资信调查途径。有时可以把间接和直接的资信调查途径结合起来使用。凡是进行间接的资信调查都要将被调查对象的全称、地址、电话和传真号码以及其往来银行的全称、地址、电话和传真号码告之被委托调查机构或个人，同时，还需要提供被调查对象与自己单位接触的意向。

（二）资信调查的程序

程序主要是针对间接资信调查而言的。间接资信调查五种途径的程序大同小异，下面以通过国内资信调查机构进行调查为例，介绍基本程序如下：

1. 提出委托申请。即由委托人向资信机构提出书面申请，填写国外资信报告委托书，详细列明调查对象的有关情况和具体事项以及委托方的情况。

2. 付款。零散客户在委托申请提出后付清费用。固定客户付款情况有所不同，采用的是定期结算付款方式。

3. 开始调查。资信机构在将委托人所填具的委托书统一编号备案后，便开始通过相应的方式进行调查工作。根据国际惯例，资信机构在从事调查时无权向调查对象透露委托来源。

4. 提供资信调查报告。资信机构在事先约定的期限内完成调查工作，向委托人提供资信报告。报告标准文字为中文，如委托人有要求也可提供英文等文种的报告。

四、资信（信用）等级评定

资信（信用）等级评定是指以统计方法，将影响企业信用的各项要素数量化和精确化，按照具体、客观、准确、迅速的原则，对被调查企业的信用状况给予一个总体评价。具体进行评定时要制定出一个评分表，以企业得分总数之多少，评定其信用等级。现在，一般的做法是将企业的综合信用分为四个等级，即最好（High）、好（Good）、一般（Fair）、差（Limited）。有时也称之为 A、B、C、D 四级。

（一）工商企业信用等级评定的具体标准和条件

下面以中国台湾中华征信所信用等级评定划分标准为例进行介绍。中华征信所将信用评定的等级划分为：

1. A 级：优良客户。标准和条件是：（1）在本行业与银行界必须具备最高的信誉；（2）有稳定的高于本行业平均水平的获利能力；（3）属于第一类股票上市公司，盈余情况良好；（4）属全国性成绩优秀的大厂商；（5）财力雄厚的厂商；（6）对本公司盈利有突出贡献的厂商；（7）自动付款交易情况良好者。

2. B 级：满意客户。标准和条件是：（1）长期往来性客户，收付款情况正常；（2）公司获利情况良好；（3）往来交易量极为平稳；（4）企业与其负责人无不良评价；（5）对本公司盈利有贡献的厂商；（6）地方性厂商；（7）上市股票公司，盈余正常；（8）同行业与银行界评价良好；（9）小型企业具有潜力者。

3. C 级：应该注意的客户。标准是：（1）往来交易有延滞或换票情况者；（2）查询往来银行实绩较差者；（3）公司或工厂用房与用地为租用者；（4）企业财力薄弱者；（5）公司新成立营业未满三年者；（6）旧客户久未往来，近来重新往来者；（7）夕阳行业的厂商；（8）不景气受害较严重的厂商；（9）负债比率偏高的厂商；（10）有财务纠纷或诉讼的厂商；（11）资信资料不全的厂商；（12）在同行业往来交易中有不良记录的厂商。

4. D 级：应特别注意的客户。条件是：（1）营业情况不良者；（2）获利能力差，近年严重亏损者；（3）资产负债比率偏高，负债情况严重；（4）产品滞销情形严重；（5）关系企业经营失败；（6）被主要往来客户重大倒账；（7）股东不和，情形严重，重大股东退股；（8）遇水灾、火灾等重大自然灾害者；（9）有重大漏税或违法情形者；（10）同行业传说不稳定者；（11）有退票等不良记录者；（12）有刑事犯罪前科者；（13）付款情况不良，经常需要催讨者。

（二）工商企业信用等级评定的对应分值

下面仍然以中国台湾中华征信所企业信用等级评定的对应分值为例加以说明。通过工商企业信用等级评定的对应分值表（见表 12 - 1）可以看出，80 分至 100 分对应的是 A 级，50 分至 79 分对应的是 B 级，30 分至 49 分对应的是 C 级，29 分以下对应的是 D 级。

表 12－1　　信用等级评定的对应分值表

等　级		分数	信用情况
A	AA	90～100	信用优良，往来交易应无问题
	A	80～89	信用良好，目前往来交易应无问题
B	B＋	70～79	信用尚佳，当前正常交易尚无问题
	B	60～69	信用尚可，有保证或有条件之交易尚可往来
	B－	50～59	信用普通，资产有限，大宗交易宜慎重
C	C	30～49	信用欠佳，往来交易应注意
D	D	0～29	信用不良，不宜往来交往

资料来源：中国台湾中华征信所。

五、如何阅读和利用资信调查报告

在委托资信机构进行资信调查后，我们会得到一份资信调查报告，在阅读和利用资信调查报告时主要应注意以下几点：

（一）拿到一份资信调查报告后，首先，要关注调查对象的信用等级，因为信用等级是整个调查报告的核心，通过信用等级可以观察到调查对象的总体资信情况。如果资信等级为 A 级，说明被调查对象的资信很好，可放心与之合作。现实中，多数被调查对象的资信为 B 级，说明资信较好，在一定条件下可与之合作。如果资信为 C 级，与之合作时应特别加以注意。被调查对象的资信为 D 级，则不应与之合作。其次，要认真阅读报告中的总体分析或重要评论部分的内容，因为在这些部分要给我们一些有关调查对象的综合情况分析和评价，以及提示我们在与之进行交易时应注意的问题。

（二）不论调查对象的信用等级评定是高还是低，在抓住上面提到的两个关键内容之后，还要对资信报告从头到尾进行阅读。在阅读报告时，一方面要注意分析给调查对象评定那个等级的依据，另一方面，还要注意将自己所了解的调查对象的情况以及调查对象所提供的自身情况同报告中所反映出来的情况进行对照。

（三）要根据本企业与调查对象的接触意向，拟与调查对象进行合作的项目性质，对资信调查报告进行有针对性的阅读，分析是什么因素影响了调查对象的信用情况，而这些因素对本企业与之合作是否有直接的影响，如果有，本企业应当作出什么样的决策。

◇ 本章小结

可行性研究与资信调查是确保国际经济合作项目投资决策科学性和正确性的一项重要的保障措施，它们都是在投资决策作出前进行的。本章首先论述了可行性研究的概念、阶段划分、应注意的问题和可行性研究的组织实施；接下来介绍了资信调查的分类、内容、途径和程序以及资信等级评定等方面的知识。通过本章的学习，可以使学生认识到可行性研究与资信调查的重要性，熟悉可行性研究与资信调查的基本内容和基本步骤。

思考与练习题

1. 可行性研究的概念与阶段划分，可行性研究与项目发展周期的关系。
2. 委托专业咨询公司编制可行性研究报告时应注意的主要问题。
3. 资信调查的概念、意义、主要内容、途径与程序。
4. 企业信用等级评定的具体标准和对应分值，资信调查报告的阅读与利用。

第十三章 国际税收

国际税收是国家税收发展到一定阶段的产物，它是随着经济生活国际化和税收活动国际化的出现而出现的，它对各种对外经济贸易活动都有重要的影响。自从实行改革开放政策以后，中国也逐步建立起了自己的涉外税收制度。

第一节 国际税收概述

一、国际税收的概念

（一）税收与税收制度

税收是一个经济范畴，也是一个历史范畴，它的发展是受社会生产力发展水平制约的。税收是国家为了实现其职能，以政治权力为后盾，强制地、无偿地参与社会产品分配的一种方式。税收所反映的是一国政府同它政治权力管辖范围内的纳税人（包括自然人与法人）之间所发生的征纳关系。税收是国家参与国民收入分配的一种特殊方式，同其他的分配方式相比较，具有强制性、无偿性和固定性等几个特征。

税收制度是国家各种税收法律、法规和征收管理办法的总称，是国家征税的法律依据和工作规程。构成税收制度的基本要素主要有：纳税人、征税对象、税目、税率、纳税环节、纳税期限、减免税和违章处理等。

（二）国际税收的概念

国际税收是指两个或两个以上国家的政府，在依据各自的税收管辖权对跨国纳税人征税的过程中，所发生的国与国之间的税收分配关系。对国际税收概念的理解，要注意把握以下几方面的内容：

1. 国际税收作为一种税收活动，不能脱离国家而独立存在，它是国家税收在国际范围内的运用，它是以国家为一方，以跨国纳税人为另一方的税收征纳行为。

2. 跨国纳税人是国际税收中的一个关键性因素。这是因为，一个国家对纳税人征税，行使其征税权力，本属国家税收的范围，只是由于纳税人的活动超出了国界，成为了跨国纳税人，才引起了国家之间的税收分配关系，才产生了国际税收。

3. 国际税收的实质是国家与国家之间的税收分配关系，它同国家税收的实质有着严格的区别：国家税收所反映的是一国政府与国内纳税人之间的分配关系，而国际税收所反映的除了这方面的分配关系以外，更多的是指不同国家之间的税收分配关系，或者说是不同国家之间的财权利益分配问题。

（三）国际税收与外国税收和涉外税收的区别

国际税收不仅同国家税收有着明显的区别，而且，它同外国税收以及涉外税收等概念也是不同的。外国税收是相对于本国税收的一个概念，它是外国人眼里的本国税收，它同本国税收一样，也属于国家税收的范畴，因而不能把外国税收看成是国际税收。涉外税收是一国税收制度中涉及外国纳税人的部分。各国的涉外税收同国际税收有着一定的联系，各国的涉外税收制度是国际税收关系形成的基础，国际税收是各国涉外税收的延伸和扩展。但是，两者的立足点是不一样的。一国的涉外税收立足于国内，主要是处理本国政府的对外征税问题，所体现的是该国的对外经济关系，它对别国的税收制度是不起约束作用的。而国际税收主要立足于国际间，所要处理和解决的问题主要是国与国之间的税收分配关系，它把各国的涉外税收制度放在国际经济关系的整个体系中加以分析和考察，从而揭示出带有规律性的本质的联系，调整和规范国际间的税收分配关系。所以，也不能把涉外税收同国际税收等同看待。

（四）国际税收中的纳税人和征税对象

在国际税收中，纳税人和征税对象是其不可缺少的两个要素。实际上，国际税收本身并没有自己单独的纳税人和征税对象，国际税收所涉及的纳税人和征税对象，仍然是各个国家税法所规定的纳税人和征税对象，只有当有关国家各自对它的税法所规定的纳税人征税，引起了这些国家相互之间的税收分配关系时，才使得这些国家的纳税人和征税对象，同时成为国际税收所涉及的纳税人和征税对象。国际税收所涉及的纳税人是指负有跨国纳税义务的自然人和法人。该跨国纳税人必须拥有来自于居住国以外的收入或所得，并且，该跨国纳税人的同一笔跨国收入或所得同时在两个或两个以上的国家成为征税对象。由于国际税收的研究范围主要是所得税，因而，国际税收中所涉及的征税对象主要是指跨国收入或所得，它包括跨国经常性收入或所得、跨国超额收入或所得、跨国资本利得或跨国其他收入或所得等。

二、税收管辖权和国际双重征税

（一）税收管辖权的概念

税收管辖权是国家主权在税收领域中的表现，是国家依法确定纳税人和征税对象及其纳税义务的权力。税收管辖权的主体，是拥有征税权的国家，其客体则是负有跨国纳税义务的跨国纳税人及其跨国所得。

（二）税收管辖权的分类

税收管辖权是国家主权的重要组成部分，它受到国家政治权力所能达到的范围的制约。对于一个主权国家的政治权力所能达到的范围，一般有两种理解：一个是地域概念，即一个国家只能在该国区域内（领土范围内）行使它的政治权力；一个是人员概念，即一个国家可以对该国的全部公民和居民行使其政治权力。在国际税收中，对于选择地域概念作为一国行使其征税权力的指导原则的，称为属地原则；对于选择人员概念作为一国行使其征税权力的指导原则的，称为属人原则。按照属地原则确立的税收管辖权，称作地域税收管辖权或收入来源税收管辖权，它根据纳税人的所得是否来源于本国境内来确定其纳税义务，而不管纳税人是否为本国的居民或公民。依照属人原则确立的税收管辖权有两种，称为居民税收管辖权和公民税收管辖权，它们是根据纳税人同本国的居住联系或政治法律方面的联系（即是否拥有国籍）来确定其纳税义务，而不管这些居民或公民的所得是否来源于本国领土范围之内。近些年来，公民税收管辖权的应用越来越少，世界各国较普遍地行使的是居民税收管辖权。

在当今世界上，绝大多数国家和地区都在同时行使地域税收管辖权和居民（公民）税收管辖权，也就是常说的“两权并用”。有的个别国家甚至是“三权并用”，即同时行使地域、居民和公民三种税收管辖权，如美国。当然，也有少数国家和地区单一行使地域税收管辖权，如香港、巴拿马、乌拉圭和阿根廷等。还有极少数国家和地区完全放弃对所得税的税收管辖权，即两种税收管辖权都不采用，如巴哈马、开曼群岛、瑙鲁和安道尔等。目前，中国在所得税方面同时采用了地域和居民两种税收管辖权。

（三）国际双重征税的含义和产生的原因

国际双重征税有时也称为国际重复征税，它是指两个或两个以上的国家，在同一时期内，按同一税种对参与国际经济活动的同一跨国纳税人或不同跨国纳税人的同一征税对象同时征税。国际双重征税一般可分为法律性双重征税和经济性双重征税两种类型。法律性双重征税强调的是纳税主体（纳税人）与纳税客体（征税对象或税源）均具有同一性，指的是不同国家对同一跨国纳税人的同一征税对象或税源进行的重复征税；而经济性重复征税指的是不同国家对不同的跨国纳税人的同一征税对象或同一税源的重复征税，经济性重复征税不强调纳税主体的同一性。

国际双重征税是由于各国税收管辖权的重叠行使造成的。税收管辖权重叠的方式主要有三种，即地域税收管辖权与居民税收管辖权的重叠；地域税收管辖权与地域税收管辖权的重叠；居民税收管辖权与居民税收管辖权的重叠。国际双重征税的存在加重了跨国纳税人的税收负担，违反了税收的公平原则，影响了有关国家之间的财权利益关系，因而对国际经济尤其是国际投资的发展会产生十分不利的阻碍作用。

（四）避免和消除国际双重征税的方式与方法

由于国际双重征税对国际经济的发展有不良影响，因此，为了顺应国际经济发展的潮流，为了各国自己的财政经济利益和税务管理的需要，各国政府和国际经济组织采取各种方式与方法来避免和消除国际双重征税。目前，各国采取的避免国际双重征税的方式有三种，即单边方式、双边方式和多边方式。单边方式是指一国政府单方面采取措施来消除和缓和国际双重征税的方式。双边方式是指有关的两个国家之间通过谈判，共同签订双边税收协定以克服双重征税的方式。多边方式是指两个以上的国家间通过谈判签订多边税收协定的方式。在上述三种方式中，应用最普遍的是双边方式。

在各国税法和国际税收协定中通常采用的避免、消除或缓和国际双重征税的方法主要有免税法、扣除法、抵免法和减免法。免税法也称豁免法，采用免税法是以承认地域税收管辖权为前提的，即政府对本国居民来自本国以外的全部所得免税，而只对其来源于本国境内的所得征税。扣除法是指行使居民税收管辖权的国家，对居民已纳的外国所得税额，允许其从来自世界范围内的应税总所得中作为费用列支扣除。扣除法有时也称作扣减法，它同抵免法一起构成一国单边免除国际双重征税方法的体系。抵免法指的是采用居民管辖权的国家，对其居民在国外的所得征税时，允许居民把已纳的外国税额从应向本国缴纳的税额中扣除。行使抵免法的原则是既承认居民税收管辖权，也承认地域税收管辖权，并且承认地域税收管辖权的优先地位。抵免法是目前国际上采用较普遍的避免国际双重征税的方法。最后一种方法是减免法，它是指一国政府对本国居民来源于国外的所得，在本国按较低的税率征税。减免法可以减轻或缓和国际重复征税，但不能消除国际重复征税。以上四种方法在避免或消除国际双重征税方面都可以起到积极的作用，但相对而言，免税法与抵免法比较彻底，扣除法和减免法作用小一些。

三、国际税收协定

（一）国际税收协定的发展与作用

国际税收协定是有关国家为了协调相互间在处理跨国纳税人征税事务和其他有关方面的税收关系，本着对等原则通过谈判而达成的一种书面协议。国际税收协定有时也称为国际税收条约。签订国际税收协定的目的，主要是为了避免国际双重征税，此外，还有反对税收歧视和通过加强国际税务合作防止国际偷、漏税的目的。

最早的国际税收协定是1843年在比利时和法国之间签订的。该协定主要是解决两国间在税务问题上的相互合作和交换情报等问题，目前已不执行。目前仍在执行中的最早缔结的税收协定是意大利和奥地利于1925年10月31日签订的双边税收协定。从第一个国际税收协定出现到现在的一个半世纪中，国际上签订了各种类型的税收协定1 000多个。国际税收协定已成为当今国际经济关系中的一项重要内容。为了使国际税收协定规范化，多年来，各国政府和国际经济组织作出了积极的努力。现在，有两个税收协定范本供各国在签订税收协定时参考，一个是经济合作与发展组织于1977年颁布的《经济合作与发展组织关于避免对所得和财产双重征税的协定范本》（简称《经合组织范本》），另一个是联合国于1979年颁布的《联合国关于发达国家和发展中国家间双重征税的协定范本》（简称《联合国范本》）。《联合国范本》和《经合组织范本》都承认从源征税原则应当优先，而纳税人居住国应当采取抵免或免税的方法来避免国际重复征税。但两者也有区别：前者强调收入来源税收管辖权，后者则偏向居民税收管辖权。因此，这两个《范本》在一定程度上分别反映了发展中国家和发达国家的利益。对于发展中国家而言，《联合国范本》是他们在谈判双边税收协定时的一个较好的样板。

国际税收协定的作用主要有：它体现出了主权国家之间的相互尊重和平等协商；它可以赋予本国居民（公民）履行跨国纳税义务的安全保障；它可以促进缔约国各方协调相互之间的税收分配关系；它可以推动有关国家之间的经济技术交流与合作。总之，国际税收协定的签订，可以实现避免国际双重征税、减轻跨国纳税人的负担、反对税收歧视和防止国际偷、漏税，从而可以有力地促进世界经济的发展和一体化。

（二）国际税收协定的主要内容

国际税收协定的主要内容一般包括适用范围、征税权的划分、消除双重征税的方法、无差别待遇和情报交换等五个方面。适用范围是指国际税收协定对哪些人、哪些税种适用，以及它在时间和空间（领域）上的法律效力。征税权划分方面的内容是国际税收协定的主要部分，这方面的规定一般要占整个协定条文的3/5至4/5之多。征税权划分所要解决的是跨国纳税人的各项所得在各缔约国间如何进行公平合理分配的问题，它主要涉及对营业所得、投资所得、劳务所得和财产所得的征税权的划分。国际税收协定中避免双重征税的方法同各国国内税法中规定的方法基本上是相同的，即免税法和抵免法等。无差别待遇是国际税收协定的一项常有的内容，指的就是反对税收歧视，实质上就是要求实行国民待遇。无差别待遇的具体含义是指：缔约国一方国民在缔约国另一方负担的税收或者有关义务，不应与该缔约国另一方国民在相同的情况下负担或可能负担的税收或有关义务有所不同或比其更重。建立缔约国间的税务情报交换制度是缔约各方的一种义务，这种制度的建立有利于防止国际偷、漏税行为的发生，避免潜在的不公平税负。所以，在国际税收协定中都列有一些专门条款，规定双方国家的主管当局应定期交换税务情报。

第二节　国际避税方法与国际反避税措施

一、国际避税的性质

国际避税（International Tax Avoidance）是指跨国纳税人利用各国税法规定所存在的差别或税法规定允许的办法，采用各种公开与合法的手段作出适当的财务安排和税务筹划，以达到减少或消除税收负担的行为。

国际避税与国际逃税的性质是不同的，国际逃税（International Tax Evasion）是指跨国纳税人利用国际税收管理合作的困难和漏洞，采取欺诈伪造、弄虚作假、巧立名目等种种非法的隐蔽手段，蓄意瞒税，以谋求逃避应承担的纳税义务的行为。避税是公开与合法的，而逃税是隐蔽和非法的，这是两者的主要区别。

国际逃税和国际避税的性质不同，因而各自所承担的责任也不同，对国际逃税，可由有关国家根据其国内税法或税收协定的规定，依法进行补税和加处罚金，以示惩罚。而对国际避税行为，由于是各国税法上的漏洞和各国税法之间的差别引起的，对避税人无法也不可能进行处理，有关国家在发现这些问题之后，只能通过完善税法，如相应作出一些补充规定，或加强与他国税法的衔接，来进行防范。

需要指出，逃税与避税只是两个相对而言的概念，以合法与否来作为区分二者的标准本身也是相对的。特别是当逃税与避税成为一种跨国界行为时，就更难区分了，因为各国对合法的理解是不一样的。同一行为，在A国是合法的，在B国可能就是非法的。

企业在进行避税活动时，要注意以下两点：一是要注意处理好经营盈利与避税盈利的关系，相对于避税盈利来讲经营盈利是主要的和基本的盈利方式，如果企业连正常的收入都没有也就谈不到避税；二是要注意培养有关人才和学习有关知识，企业要开展避税活动，首先要拥有精通国际财务和税收的人才，同时，还要了解有关的法律和政策等方面的信息和知识。

二、国际避税的客观基础和刺激因素

（一）国际避税的客观基础

从主观因素上讲，国际避税的动机当然是纳税人要减轻税负，获得更大利润。但如果没有产生避税的客观基础，这种动机是不会实现的。国际避税的客观基础，简单说，就是各国税收上的差别。国家间税收差别的存在，意味着人员的流动、收入来源或资金的流动会影响纳税义务和实际税负。

国际避税的客观基础，或者说各国税收规定间的差别，主要有以下八种情况：

1. 各国在税收管辖权上的差别。各国在税收管辖权上的差别，可能会造成双重征税，也有可能导致不纳税。例如，A 国行使居民税收管辖权，B 国行使地域税收管辖权，某纳税人是 B 国居民，如果他的收入来自 A 国，就可以在两国都免于纳税。

2. 课税程度和方式上的差别。一些国家对所得、财富或财富转让不课税，大多数国家对个人和公司所得课税。

3. 运用税率上的差别。有些国家使用比例税率，有些国家使用超额累进税率；有些国家最高税率可能达 70%，而有些国家最高可能不超过 35%。

4. 税基上的差别。所得税税基为应税所得，但在计算应税所得时，各国对各种扣除项目的规定可能差异很大。如给予各种税收优惠，会缩小税基；如取消各种税收优惠，则会扩大税基。在税率一定的情况下，税基的大小决定着税负的高低。

5. 避免国际双重征税方法上的差别。为避免国际双重征税，各国采用了不同的方法，如免税法、扣除法、抵免法等。这些不同的方法会使纳税人承担不同的税负。其中扣除法税负最重，其次是抵免法，税负最轻的是免税法。

6. 国与国之间有无税收协定上的差别。国与国之间有无税收协定，直接影响到避免双重征税及子公司向母公司汇出股利及贷款利息等预提税的多寡。如美国政府规定，对于向没有同美国政府签订税收协定的国家和地区汇出股利、利息或特许使用费，预提税为 30%；对于有税收协定的国家，则为 10%。

7. 使用反避税措施上的差别。例如扩大纳税义务，在税法中采用国籍原则，以及各种国内和国际反避税措施方面的差别。

8. 税法有效实施上的差别。各国税务部门的征收管理水平不同，使纳税人的实际税负产生差异。有些国家税法上规定的纳税义务很重，但实际征收水平可能会很低。

上述差别的存在给纳税人合法避税提供了机会。由于逃税（或偷、漏税）是非法行为，要受到法律惩处，所以纳税人目前正越来越多地潜心研究各国税制上的差别，寻求合法避税途径，以达到减轻税负的目的。

（二）国际避税的刺激因素

近年来，许多国家的税率和实际税负有了提高，所得税的税负一般要占净收入的一半左右。税收负担的加重，是导致纳税人，特别是从事跨国经营活动的纳税人，想方设法进行避税的外在因素。具体说来，导致税负增加，从而刺激国际避税的因素主要有以下三个：

1. 税率

我们知道，在其他条件不变的情况下，税率越高，税负越重。那么相应的，逃税的动机也就越强。税率分平均税率和边际税率两种情况。平均税率是指税收总额被税基相除的比率，也就是应纳税额占应税所得的百分比。边际税率是指对税基下一个单位适用的税率，也就是对每一新增应税所得额适用的税率。在实行累进税率的情况下，边际税率随税基增加而增加。

对纳税人来说，他所关心的主要是边际税率的大小，即政府要从纳税人新增加的每一元收入中拿走多少。经验表明，当边际税率不到 50% 时，纳税人一般尚可忍受，当边际税率超过 50% 时，纳税人的抗拒心理增强，避税行为增加。

2. 税基

税基是征税的客观基础。在税率一定的前提下，税基的大小决定了税负的轻重。近年来，各国所得税税基都有扩大的趋势，如美国和法国，将过去一向不视为征税对象的转让所得也列入征税范围。加拿大税制委员会提出了把转让所得、赠与、继承及其他一切收入均列入征税所得概念的提案。

3. 通货膨胀

通货膨胀是各国都面临的一个经济问题。在实行累进所得税的国家，若没有对收入和资本或二者兼而有之的价格指数进行调整，来提供相应的免税补偿（即税收指数化），由通货膨胀造成的名义收入的增加，将把纳税人的适用税率推向更高的档次，政府借此从纳税人实际所得中，征走更大的份额。国外学者将这种现象称之为“档次爬升”（Bracket Creep）。从某种意义上说，“档次爬升”是政府增加财税收入的一条捷径，因为它不需要立法机构发布新的增税法令，而是通过利用所得税累进税率的特点，使政府从国民收入真实所得中取走更多的份额。此外，由于通货膨胀直接引发的物价水平上涨和消费价格指数提高，以及对企业资本原始价值的影响，还造成了对个人所得和企业所得中应扣除的成本费用的扣除不足，从而导致过分征税。由通货膨胀造成的“档次爬升”和扣除不足，蚕食了纳税人的实际所得和资本，迫使纳税人选择了避税这条路。

三、国际避税的主要方法

（一）利用国际避税地避税

1. 国际避税地的种类

国际避税地也称国际避税港，是指对所得与资产免税或按较低的税率征税或实行大量税收优惠的国家和地区。主要分为三类：

第一类，是指不征收个人或企业所得税以及一般财产税的国家或地区，这一类一般被称为“纯国际避税地”，如巴哈马、开曼群岛、百慕大、瑙鲁、新喀里多尼亚、瓦努阿图、特克斯与凯科斯群岛、安道尔等。海外投资者到这些国家或地区设立企业，只需向当地有关部门注册登记，缴纳一定的注册费，而不必缴纳个人所得税、企业所得税和一般财产税。

第二类，是指完全放弃居民（自然居民和法人居民）税收管辖权而只实行地域税收管辖权的国家或地区。在这类国家和地区，只对来源或存在于当地的所得与财产征税而不对来源或存在于国外（地区外）的所得与财产征税，如香港、马来西亚、巴拿马、阿根廷、哥斯达黎加、利比里亚等。

第三类，是指按照国际惯例制定税法并实行征税，但对外来投资者提供某些税收优惠的国家或地区。这一类国家和地区包括：加拿大、希腊、爱尔兰、卢森堡、荷兰、英国、菲律宾、巴巴多斯等。

2. 利用国际避税地避税的具体方法

（1）在第一类和第三类国际避税地开办企业或银行，从事正常的生产和经营活动，享受其在所得和资产以及其他方面的减免税优惠，从而达到避税目的。

（2）在国际避税地虚设机构。跨国企业在避税地设立一个子公司，然后把母公司销售给另一公司的货物，在根本未通过避税地子公司中转销售的情况下，制造出一种通过该子公司中转销售的假象，从而把母公司的所得转移到避税地子公司的账上，以达到避税的目的。设立于避税地的这家子公司，实际上并不从事生产经营活动，而只从事专门的避税活动，因此又被称为挂牌公司、纸面公司、文件公司或基地公司。

（3）在国际避税地虚设信托财产。虚设信托财产是指海外投资者在避税地设立一个个人持股信托公司，然后将其财产虚设为避税地公司的信托财产，由于避税地对财产税实行减免征收，从而达到避税目的。比如，美国某公司在巴哈马设立一个信托公司，并把远离巴哈马的财产虚设为避税地的信托财产，把这部分财产的经营所得放在避税地信托公司的名下，这样就逃避了纳税义务。

（二）利用转移价格避税

转移价格是跨国公司母公司与子公司、子公司与子公司之间进行内部交易时所使用的一种价格，通过跨国公司内部价格的划拨，来达到避税的目的。转移价格不受市场供求关系的影响，也不是买卖双方在市场上按独立竞争原则确定的价格，而是一种人为的内部转账价格。由于跨国公司的内部交易涉及商品和劳务两个方面的内容，因而，转移价格也包括两个方面：一是有形产品的转移价格，如公司内部相互提供的设备、零部件和原材料等的价格；二是无形产品的转移价格，如子公司付给母公司（或其他子公司）的技术使用费、贷款利息、商标使用费、佣金费、管理费和咨询服务费等的价格。

转移价格首先被用来逃避所得税。跨国公司的子公司分布在不同国家，这些国家的所得税税率高低不同，因此，跨国公司就可以利用这一点，将盈利从高税率国家转移到低税率国家（包括属于避税地的三类国家），从而减少公司的纳税额。

利用转移价格还可以逃避关税。具体做法有两种：一种是在跨国公司内部企业之间进行商品交易时，以调低的价格发货，减少缴纳关税的基数。比如，某商品的正常价格为 2 000 美元，在甲国要交 80% 从价进口税，跨国公司如果采取折半的价格以 1 000 美元进行内部交易，进口税就可以从 1 600 美元减少到 800 美元，从而少缴 50% 的进口关税。另一种做法是利用区域性关税同盟或有关协定对不同商品进口关税率所作的不同规定逃避关税。区域性贸易集团为保护内部市场，促进商品在本区域范围内流通，对内部产品都制定有优惠关税政策。如欧洲自由贸易区规定，如果商品是在该贸易区外生产的，或在该贸易区内生产的价值含量不足 50%，那么由一成员国运往另一成员国时，必须缴纳关税。但如果该商品价值的 50% 以上是在该贸易区内增殖的，则在该贸易区成员国间运销不用缴纳关税。

（三）利用变更企业登记地或变更企业实际控制管理机构所在地的办法避税

国际上认定法人居民身份（公司居住地）的标准主要有两个，一个是以公司登记注册地为标准，另一个是以公司的实际控制和管理机构所在地为标准。如果一家海外企业的所在国是以登记注册地为标准认定法人居民身份，且这个国家是高税国，那么企业就可以采取到低税国登记注册的办法避税。同样，如果一家处于高税国的海外企业的所在国是根据实际控制和管理机构所在地来认定法人居民身份，那么这家企业就可以采用将实际控制和管理机构转移到低税国的办法来避税。

（四）利用双边税收协定进行国际避税

不同国家间签订的双边税收协定通常为缔约国各方的居民提供了某些减免税的优惠待遇，这些协定规定的优惠待遇对非缔约国居民的纳税人则不适用。利用双边税收协定进行国际避税是指本无资格享受某一特定的税收协定优惠的第三国居民，为获取该税收协定的优惠待遇，通过在协定的缔约国一方境内设立一个具有该国居民身份的公司，从而间接享受该税收协定提供的优惠待遇，减轻或避免了其跨国所得本应承担的纳税义务。例如，甲国和乙国之间签订双边税收协定，协定规定甲国居民来源于乙国的所得可享受减免税优惠，丙国与甲国之间也签订了税收协定，但丙国与乙国之间没有签订税收协定。在这种情况下，丙国的居民纳税人通过在甲国设立公司，直接收取其来源于乙国的所得，从而享受甲乙两国间税收协定规定的优惠待遇。而根据丙国与甲国之间的协定规定，丙国居民来源于甲国的收入也可获得减免税优惠，这样就减轻了其来源于乙国的所得本应承担的税收义务。

（五）避免成为双边税收协定中所称的常设机构而实现避税

“常设机构”一般是指企业在某一国家进行营业活动的场所。常设机构要想逃避纳税义务是很困难的，因为在相互签订了双边税收协定的国家，常设机构是对企业进行征税的前提和依据。所以，避免成为常设机构就成为外国企业经常采用的利用国际税收协定避税的一种手段。例如，双边税收协定一般规定：外国企业在当地开展的一些业务活动（货物仓储、货物购买、存货管理、广告宣传、信息提供、建筑安装咨询服务或其他辅助性营业活动等），只有超过一定的期限（6 个月或以上）时才构成常设机构。

（六）通过弱化股份投资进行国际避税

在一般情况下，跨国企业经营所需要的资金，主要来自于股东的股份投资和各种贷款。当跨国企业融资的时候，是选择以股份形式还是以贷款形式融资，通常主要考虑的因素有企业的经营控制权、企业的性质和企业的自有资金状况等，而较少考虑税收方面的因素。但是，在现实的国际经济活动中，跨国股息和利息所得的实际国际税负是不一样的，两者之间存在着差别，这就使得跨国企业可能利用这种国际税负的差别，通过有意弱化股份投资而增加贷款融资比例的方式，把本来应以股份形式投入的资金转变为采用贷款方式提供，从而达到逃避或减轻其本应承担的国际税负的目的。

四、国际反避税措施

针对跨国公司的国际避税行为，各国政府和国际组织近年来都在积极采取行动，堵塞漏洞，加强反避税措施。

（一）国际组织提出的国际收入与费用分配原则

所得税的征收对象是应税所得，而应税所得则是收入扣除费用后的余额。应税所得的多少直接取决于收入和费用的增减变化。转移价格的实施，使收入和费用出现了非正常的国际间流动。从这个意义上说，要想堵塞国际避税的漏洞，必须设法使跨国关联企业间的收入和分配合理化。从20世纪60年代起，联合国及经济合作与发展组织就致力于研究切实可行的国际收入与费用分配原则，以规范跨国公司的行为。目前这一努力已取得一定进展。这些原则包括：

1. 独立核算原则。它要求关联企业间的交易往来，必须按无关联企业的交易往来方式进行。

2. 总利润原则。即对跨国关联企业的内部交易不予过问，但到财政年度终了时，要将各关联企业在世界范围内所取得的全部利润汇总相加，再按合理标准重新分配。

3. 合理原则。以经济合理性为基础进行国际间的收入与费用分配。

4. 合理利润划分安全地原则。要求跨国关联企业内部交易利润的划分，只有在有关国家规定的“安全地”范围内才可认为合理而予以承认。

在上述四项原则中，后两项原则应该说只在理论上成立，不具有可操作性。就前两项原则来看，只有少数几个国家实行了总利润原则，其余大部分国家奉行的都是独立核算原则。它们把独立核算原则贯彻在国内的税收法中，并提出了一些具体的国际收入费用分配标准。

（二）转移价格税制

美国《国内收入法典》第482条规定，若两个以上的企业有特殊关系时，为了防止避税或正确地计算所得，税务部门在必要时可以对这些企业的所得进行分配，即实行转移价格税制。转移价格税制的基本思路是要求跨国关联企业按正常交易原则进行交易。

美国税法还对交易是否正常提出了具体的操作方法。这些方法得到了联合国及经济合作与发展组织的税务专家们的认可，并被很多国家吸收采纳。这些方法包括：

1. 独立价格比照法。即将彼此无关联的企业在市场竞争中讨价还价形成的价格视为市场价格，以此为标准衡量关联企业价格的高低。其基本点是，要求跨国关联企业间的交易价格，按照独立竞争企业间相类似交易的价格制定。

2. 再销价格倒算法。即从企业的再销售价格中减去一定的利润，以此来倒算标准的市场价格。这种方法通常适用于最终产品销售价格的认定。

3. 成本利润推算法。即按成本加正常利润的方法进行推算。这一般适用于缺乏可比对象的某些工业品销售及特许权使用费之类无形资本转让收入的分配。

4. 其他方法。包括投资利润率推算法、最终销售价格推算法、机能推算法等。

按照美国法律规定，上述几种方法必须按顺序择用，不能随意选择。特别是，当前三种方法都不能采用时，才可选用第四种方法。事实上，虽然独立价格比照法是最为合理的，但实施起来也是很困难的。美国1979年末的一份统计资料表明，在所调查的519个公司中，只有200个公司受到了转移价格课税调整的劝告，涉及交易403次，金额2.775亿美元。其中只有3%是根据独立价格比照法进行调整的，根据第二种和第三种方法进行调整的件数占27%，金额占65%。

从20世纪80年代后半期开始，美国的转移定价税制又增加了新的内容。这是因为，在无形资产及特许权转让方面，要想根据以前的判断标准，先找出市场竞争的交易价格，然后与转移价格比较，判断其是否合理的作法很难行得通，因为此时很难找到比较对象的交易价格。因此，1986年的税制改革，提出了无形资本转让时支付的价格，必须与它所带来的收益相适应的原则。在具体的判断方法上，认为用前三种方法判断无形资本价格已经显得乏力，应实行利润分割推算或利润率推算等其他方法。基本特征是，不直接与市场交易价格相比较，而是采用机能分析，根据经营体内部的机能推算利润。

美国制定转移价格税制的目的，是为了防止美国跨国公司把应税所得转移到海外。但随着其他国家对美国直接投资的增加，转移价格税制的重点已发生变化，防止外国跨国公司把美国的应税所得转移到母国或第三国日益成为转移价格税制的主攻方向。近年来，美国税务当局特别把矛头对准了在美投资的日本企业。1985年，美国追征日产、丰田9亿美元的税款，1990年又追征日立、东芝、松下等日本企业500亿日元的税款。

（三）避税地对策税制

避税地对策税制最早出现在美国。美国制定避税地对策税制的目的，是为了防止跨国公司把利润留在避税地，不汇回国内。避税地对策税制是避免企业利用避税地来推迟纳税的重要税收立法。以前的美国税法规定，凡是有美国股东参股的外国公司，其所得无论是股息还是盈余分配，在汇回美国之前，对美国股东暂不征税。如果这些公司设在避税地，那么美国股东就可能利用这一规定享受延缓纳税的特权。为了防止这种避税行为的发生，美国在1962年的《国内收入法典》第951—964条中提出了“F分部所得”（Subpart F Income）的概念，即对美国股东控股的特定外国法人的一定所得征税。

该条款规定了三方面的内容：

1. 美国股东必须拥有避税地公司50%以上的股权，纳税义务人为美国股东中拥有该法人股票10%以上者。

2. 所得项目不指该法人从正常营业活动中的所得，主要针对在避税地成立的基地公司所得，如“外国基地公司销售所得”，“外国基地公司提供劳务所得”等。

3. 该外国法人必须是设在低税负的避税地。凡符合上述条件者，不管美国股东是否收到上述所得，均应申报其F分部所得，在美国缴纳税金。

继美国之后，许多其他国家也都在税法中作了类似的规定。如1972年原联邦德国的对外税法就规定，一个联邦德国居民，从某个受该国控股的特定外国法人得到的利息，如果占该公司利息的10%或10%以上，那么在特定外国法人分配利润时，该居民必须就他的这部分所得申报纳税，不管这部分所得是否汇回国内。日本在1978年的税制改革中，将避税地对策条款引入租税特别法之中，规定日本的居住者或法人直接或间接拥有特定外国人股票的10%以上时，该居住者或法人的所得须向日本政府申报纳税。这样，即使海外子公司把全部所得留在国际避税地，但对母公司来说，海外留存等同于汇回国内，同样要向国内申报纳税。据统计，1987～1989年的三年间，根据避税地对策税制，日本共追征漏报的留存利润税金70多亿日元。

第三节　中国的外商投资企业税收制度

一、外商投资企业税收制度的演变

大体来讲，从建立之初到现在，中国的外商投资企业税收制度已经经历了5次较大的改革：

第一次，合并《中华人民共和国中外合资经营企业所得税法》和《中华人民共和国外国企业所得税法》。为了积极有效地吸引外资，中国政府在实行改革开放政策初期，曾先后制定了《中华人民共和国中外合资经营企业所得税法》和《中华人民共和国外国企业所得税法》，并配套制定了这两部法律的实施细则。在执行若干年后，于1991年对这两部涉外税法进行了合并，合并后的新税法名称为《中华人民共和国外商投资企业和外国企业所得税法》，这部法律于1991年7月1日开始实行，与其配套的实施细则也在当年7月1日实施。两部税法的合并统一了涉外企业所得税制，是中国外商投资企业税收制度进行的第一次改革。

第二次，统一内外税收征管制度。以1992年《中华人民共和国税收征收管理法》的公布为标志，统一了对内税收和涉外税收的征管制度，这是外商投资企业税收制度的第二次改革。

第三次，进行全面的税制改革。1994年，根据“统一税法、公平税负、促进平等竞争”的指导思想，统一了内外流转税制和个人所得税制，使内资企业和外商投资企业及外国企业适用统一的增值税、消费税和营业税暂行条例。同时，废止了原适用于外商投资企业和外国企业的工商统一税条例；并且实现了外籍个人和国内公民适用统一的个人所得税法，即公布了统一的《中华人民共和国个人所得税法》。

第四次，关税和进口环节增值税免税方面的改革。当时的涉外税法规定，从1996年4月1日算起，在此日期以后批准设立的外商投资企业，在其投资总额内进口的自用设备一律按法定税率征收关税和进口环节增值税。这一政策在执行过程中曾作过一些调整。

第五次，2007年进行的两税并轨。即将《中华人民共和国外商投资企业和外国企业所得税法》与《中华人民共和国企业所得税暂行条例》合并，建立不分内外和统一的《中华人民共和国企业所得税法》，从而为内外资企业的市场竞争创造平等的税收环境。

外商投资企业税收制度是中国原来建立的涉外税收制度的主要内容之一。原来建立的涉外税收制度除涵盖外商投资企业外，还包括外国企业和外籍在华人员。改革开放30多年来，中国的税法走过了一条“从统一到国内税收与涉外税收分开再到重新合并统一”的历程，这个历程也反映了改革开放走过的历程。实行改革开放政策后，中国依据维护国家权益，服务于对外开放，尊重国际税收惯例的原则，制定了一套比较完整的涉外税制，给涉外税收纳税人提供了一些优惠待遇，为外国投资者及外籍人员提供了良好的税收环境。当时之所以采取单独制定和实施涉外税法的政策，一个原因是为了给予外商投资优惠待遇，另一个原因是国内税收体制与国际上的标准存在差距。涉外税收优惠既体现在税种的设立上，也体现在税率的高低和税收减免上，既针对企业也针对个人。涉外税收优惠以企业所得税为主，还涉及个人所得税和进出口关税等。但与外商投资企业相关的税收除这几种外，还包括增值税、消费税、营业税、土地增值税、城市房地产税、印花税、车船使用牌照税和契税等。

从实际效果来看，单独设立涉外税收制度在当时确实起到了比较好的作用，使我国利用外商直接投资和吸引跨国公司来华投资取得了举世瞩目的成就，外资流入量连续16年列发展中国家第一位，多年来一直排列世界前五名，外资已经成为中国经济高速稳定增长的一个重要因素。但是，在中国加入WTO和进入21世纪后，为了推进市场化改革，建立统一高效的市场经济体制，创造平等的企业竞争环境，有必要对单独设立的外商投资企业所得税法进行改革，使其与国内企业所得税法合并统一。通过合并内外资企业所得税法，逐步减少给予外商投资企业和外国企业的税收优惠与超国民待遇，逐步取消内外资企业在税种、税率和税收待遇上的差别，实行平等的国民待遇。正是出于这样的考虑，在2007年对两部相互独立的企业所得税法进行了合并统一。

二、新《企业所得税法》的制定和实施

2007年3月16日，第十届全国人民代表大会第五次会议审议通过了新的对内外企业共同适用的《中华人民共和国企业所得税法》，这部法律自2008年1月1日起施行。新的《企业所得税法》共8章60条，主要内容涉及总则、应纳税所得额、应纳税额、税收优惠、源泉扣缴、特别纳税调整、征收管理和附则等。与《企业所得税法》相配套的《企业所得税法实施条例》的框架也是8章，但具体内容多达133条。

根据新《企业所得税法》，企业分为居民企业和非居民企业，居民企业（即依法在中国境内设立的内外资企业）实行统一的企业所得税率，税率为25%，对于非居民企业，在适用税率上有一定的差别。凡是在中国境内依法设立的外商投资企业均属于税法中所称的居民企业，应当就其来源于中国境内、境外的所得缴纳企业所得税，税率为25%；凡依照外国（地区）法律成立且实际管理机构不在中国境内，但在中国境内设立机构或场所的，即为税法中所称的非居民企业，非居民企业应当就其所设机构或场所取得的来源于中国境内的所得，以及发生在中国境外但与其所设机构或场所有实际联系的所得，缴纳企业所得税，税率为25%；在中国境内未设立机构或场所，或者虽设立机构或场所但取得的所得与其所设机构或场所没有实际联系，但有来源于中国境内所得的企业，也为税法中所称的非居民企业，它们也应就其来源于中国境内的所得缴纳企业所得税，税率为20%。

新《企业所得税法》还对既适用于外商投资企业也适用于内资企业的税收优惠作出了规定，主要内容包括：国家对重点扶持和鼓励发展的产业与项目，给予企业所得税优惠；企业的下列所得，可以免征或减征企业所得税：从事农、林、牧、渔业项目的所得，从事国家重点扶持的公共基础设施项目投资经营的所得，从事符合条件的环境保

护、节能节水项目的所得，符合条件的技术转让所得等；符合条件的小型微利企业，减按 20% 的税率征收企业所得税；国家需要重点扶持的高新技术企业，减按 15% 的税率征收企业所得税；民族自治地方的自治机关对本民族自治地方的企业应缴纳的企业所得税中属于地方分享的部分，可以决定减征或者免征，自治州（县）决定减征或者免征的，须报省、自治区、直辖市人民政府批准；企业的下列支出，可以在计算应纳税所得额时加计扣除：开发新技术、新产品、新工艺发生的研究开发费用，安置残疾人员及国家鼓励安置的其他就业人员所支付的工资；创业投资企业从事国家需要重点扶持和鼓励的创业投资，可以按投资额的一定比例抵扣应纳税所得额；企业的固定资产由于技术进步等原因，确需加速折旧的，可以缩短折旧年限或者采取加速折旧的方法；企业综合利用资源，生产符合国家产业政策规定的产品所取得的收入，可以在计算应纳税所得额时减计收入；企业购置用于环境保护、节能节水、安全生产等专用设备的投资额，可以按一定比例实行税额抵免等。

三、与新《企业所得税法》相关的过渡优惠政策安排

对于新《企业所得税法》公布之前实行的企业所得税优惠政策，国务院于 2007 年 12 月专门下发了《关于实施企业所得税过渡优惠政策的通知》，规定了过渡期的具体安排，主要内容包括：

（一）新税法公布前批准设立的企业税收优惠过渡办法

企业按照原税收法律、行政法规和具有行政法规效力文件规定享受的企业所得税优惠政策，按以下办法实施过渡：自 2008 年 1 月 1 日起，原享受低税率优惠政策的企业，在新税法施行后 5 年内逐步过渡到法定税率。其中：享受企业所得税 15% 税率的企业，2008 年按 18% 税率执行，2009 年按 20% 税率执行，2010 年按 22% 税率执行，2011 年按 24% 税率执行，2012 年按 25% 税率执行；原执行 24% 税率的企业，2008 年起按 25% 税率执行。自 2008 年 1 月 1 日起，原享受企业所得税“两免三减半”、“五免五减半”等定期减免税优惠的企业，新税法施行后继续按原税收法律、行政法规及相关文件规定的优惠办法及年限享受至期满为止，但因未获利而尚未享受税收优惠的，其优惠期限从 2008 年度起计算。享受上述过渡优惠政策的企业，是指 2007 年 3 月 16 日以前经工商等登记管理机关登记设立的企业；实施过渡优惠政策的项目和范围按《实施企业所得税过渡优惠政策表》执行。

（二）继续执行西部大开发税收优惠政策

根据国务院实施西部大开发有关文件精神，财政部、税务总局和海关总署联合下发的《财政部、国家税务总局、海关总署关于西部大开发税收优惠政策问题的通知》中规定的西部大开发企业所得税优惠政策继续执行。

（三）实施企业税收过渡优惠政策的其他规定

享受企业所得税过渡优惠政策的企业，应按照新税法和实施条例中有关收入和扣除的规定计算应纳税所得额，并按本通知第一部分规定计算享受税收优惠。企业所得税过渡优惠政策与新税法及实施条例规定的优惠政策存在交叉的，由企业选择最优惠的政策

执行，不得叠加享受，且一经选择，不得改变。

（四）附表

在这个《通知》的最后，还附录了一个《实施企业所得税过渡优惠政策表》，其中涉及30项具体内容，划定了可享受过渡优惠的30项原税收法律、行政法规和具有行政法规效力的文件，实际上是规定了实施过渡优惠政策的项目和范围。这些文件一部分是专门针对外资企业的优惠措施，一部分是外资企业在特区内的优惠，还有一些是专门针对特定区域的优惠措施。

四、中国与外国（地区）签订的双边税收协定

为了从国际法方面保障利用外商投资事业的健康发展，自实行改革开放政策以来，中国已经先后同世界上许多国家签订了双边层次的《关于对所得避免双重征税和防止偷漏税的协定》以及《关于相互促进（鼓励）和保护投资协定》。据国家税务总局公布的数据，截至2011年年底，中国政府已经对外签署了96个双边税收协定（其中有5个尚未生效）和2个税收安排（即同香港特别行政区和澳门特别行政区签署了双边税收安排），基本覆盖了我国利用外商投资的主要投资来源地和对外直接投资的主要目的地。与此同时，我国还与一些国家就国际运输收入（空运和海运）的税收处理问题签署了议定书或相关协定。可以说，这些协定或议定书的签订，对于确保经济活动和税收的互利互惠，健全和完善中国的涉外税收制度与征收管理，促进国际间的相互投资，特别是扩大外商来华投资和发展中国的对外直接投资，增强中国在国际经济活动中的地位等，都起到了重要的作用。

另外，中国政府还通过与其他国家订立双边税收协定的方式向外国投资者提供税收优惠。通过订立双边税收协定提供税收优惠是通过国际法方式提供，有别于通过国内立法提供。要确保外国投资者从我国给予的税收优惠中真正得到好处，有赖于税收饶让的争取和实行。税收饶让是指居住国政府对本国纳税人所得因来源国给予的税收减免而未缴纳的税款视同已纳税给予抵免。税收饶让的实行一般要依据国家间订立的税收协定，因而它是一种国家间的措施，是居住国政府对所得来源国吸引外资政策的一种积极配合。

◇ 本章小结

国际经济合作业务与国际税收有着密切的联系，税收对各种生产要素的国际移动具有较强的调控作用，对经济合作项目位置的分布、数量的多少、规模的大小和效益的高低也有一定的影响。在本章中，首先介绍了国际税收的概念、税收管辖权、国际双重征税和国际税收协定；接下来分析了国际避税方法与国际反避税措施；最后对中国现阶段实行的外商投资企业税收制度进行论述。

思考与练习题

1. 如何准确地理解国际税收的概念？

2. 如何理解税收管辖权？税收管辖权分为哪几类？税收管辖权与国际双重征税是什么关系？避免和消除国际双重征税的方法是什么？

3. 国际避税的客观基础和刺激因素是什么？避税地主要分为哪几类？国际避税的主要方法有哪些？

4. 目前国际上采取的反避税措施主要有哪些？

5. 中国涉外税收的税种和税率有哪些？

主要参考书目

一、中文书目

1. 李岚清．中国利用外资基础知识．北京：中共中央党校出版社、中国对外经济贸易出版社，1995.

2. 王林生．跨国经营理论与实务．北京：对外经济贸易大学出版社，1994.

3. 王绍熙．中国对外经济贸易理论和政策．北京：中国对外经济贸易出版社，1997.

4. 薛荣久．世贸组织与中国大经贸发展．北京：对外经济贸易大学出版社，1997.

5. 储祥银．国际经济合作实务．北京：对外经济贸易大学出版社，1994.

6. 储祥银，葛亮，卢进勇．国际经济合作原理．北京：对外经济贸易大学出版社，1994.

7. 马春光．企业国际化经营与管理．北京：中国对外经济贸易出版社，1996.

8. 林康著．当代跨国公司论．北京：中国青年出版社，1996.

9. 沈四宝．国际投资法．北京：中国对外经济贸易出版社，1990.

10. 易纲，海闻，杨海明，王燕．投资学．上海：上海人民出版社，1998.

11. 卢进勇，朱希彦．国际经济合作与投资理论和实务．北京：中国审计出版社，1997.

12. 卢进勇，杜奇华．国际经济合作．北京：中国对外经济贸易出版社，1997.

13. 邱年祝，严思忆，李康华，卢进勇．国际经济技术合作．北京：中国对外经济贸易出版社，1996.

14. 王世浚．国际经济合作理论与实务．北京：中国对外经济贸易出版社，1997.

15. 卢进勇．中国企业海外投资政策与实务．北京：对外经济贸易大学出版社，1994.

16. 卢进勇．海外企业的经营与管理．北京：中国青年出版社，1996.

17. 张汉林，卢进勇等．经济增长新引擎：国际直接投资方式、规范与技巧．北京：中国经济出版社，1998.

18. 李东阳．当代西方国际投资学．东北：东北财经大学出版社，1994.

19. 中国对外经济贸易年鉴编辑委员会．中国对外经济贸易年鉴（1999—2000）．北京：中国对外经济贸易出版社，1999.

20. 彼得·林德特著，范国鹰，陈生军，陈捷等．国际经济学．第 9 版．北京：经济科学出版社，1992.

二、英文书目

1. （美）兹维·博迪等著．投资学精要》（*Essentials of Investments*），机械工业出版社，1998 年英文版。

2.（英）桑德萨那姆著．兼并与收购》（*Mergers and Acquisitions*），中国人民大学出版社，1997 年英文版。

3. Michael R. Czinkota, Ilkka A. Ronkainen, Michael H. Moffett: *International Business, Fifth Edition*, *The Dryden Pree*, 1999.

4. Charles W. L. Hill: *International Business*, Second Edition, Irwin/Mc-Graw-Hill, 1998.

5. Frank K. Reilly, Edgar A. Norton: *Investments*, Fourth Edition, The Dryden Press, Harcourt Brace College Publishers, 1995.

6. Wilfred J. Ethier: *Modern International Economics*, Third Edition, W. W. Norton & Company, Inc. 1995.

7. Joel W. Messing: "*Towards a Multilateral Agreement on Investment*", *Transnational Corporations* 1, April 1997.

8. David K. Eiteman, Arthur I. Stonehill, Michael H. Moffett: *Multinational Business Finance*, Eighth Edition, Addison-Wesley Publishing Compayy, Inc. 1998.

9. United Nations Conference on Trade and Development: *World Investment Report* 1999: *Foreign Direct Investment and the Challenge of Development*, United Nations Publication, 1999.

10. Alan C. Shapiro: *Multinational Financial Management*, Fifth Edition, Prentice-Hall, Inc. 1996.

11. Jagdish Bhagwati: *Political Economy and International Economics*, The MIT Press, 1991.

12. Stefan H. Robock, Kenneth Simmonds: *International Business and Multinational Enterprises*, Fourth Edition, Richard D. Irwin, Inc. 1989.

13. A. A. Fatouros: *Transnational Corporations: The International Legal Framework*, Routledge, 1994.

14. Donald J. Lecraw: *Transnational Corporations and Business Strategy*, Routledge, 1993.

15. Jagdish Bhagwati: *International Factor Mobility*, The MIT Press, 1983.

16. Martin Feldstein: *International Economic Cooperation*, The University of Chicago Press, 1988.

17. Gavin Boyd: *Structuring International Economic Cooperation*, Pinter Publishers Ltd, 1991.

18. All M. E. Agrra: *International Economic Integration*, St. Martin's Press, 1982.

19. Paul R. Krugman, Maurice Obstfeld: *International Economics*, Second Edition, Harper Collins Publishers, 1991.

20. Paul R. Krugman: *Rethinking International Trade*, The MIT Press, 1990.

21. Michael E. Porter: *Competitive Advantage of Nations*, The Free Press, 1990.

本书作者已出版的部分著作

1. 卢进勇．中国企业海外投资政策与实务．北京：对外经济贸易大学出版社，1994.

2. 卢进勇．入世与中国利用外资和海外投资．北京：对外经济贸易大学出版社，2001.

3. 卢进勇等．国际服务贸易与跨国公司．北京：对外经济贸易大学出版社，2002.

4. 卢进勇，杜奇华．国际投资理论与实务．北京：中国时代经济出版社，2004.

5. 卢进勇，杜奇华，闫实强．国际投资与跨国公司案例库．北京：对外经济贸易大学出版社，2005.

6. 卢进勇，杜奇华．国际经济合作．北京：对外经济贸易大学出版社，2009.

7. 卢进勇，余劲松，齐春生．国际投资条约与协定新论．北京：人民出版社，2007.

8. 卢进勇，杜奇华．商务国际投资．商务部统编全国商务系列培训教材．中国商务出版社，2008.

9. 卢进勇．中外跨国企业融资理念与方式比较．北京：中国商务出版社，2009.

10. 卢进勇，刘恩专．跨国公司理论与实务．第二版．北京：首都经贸大学出版社，2012.

11. 卢进勇．“走出去”战略与中国跨国公司崛起．北京：首都经贸大学出版社，2012.

12. 杜奇华．国际投资．北京：高等教育出版社，2006.

13. 杜奇华．国际技术贸易．北京：对外经济贸易大学出版社，2008.

14. 杜奇华，卢进勇．商务国际合作．商务部统编全国商务系列培训教材．中国商务出版社，2006.

15. 杜奇华，卢进勇．中小企业海外投资操作实务．中国经济出版社，2003.

16. 储祥银，葛亮，卢进勇．国际经济合作原理．北京：对外经济贸易大学出版社，1994.

17. 邱年祝，严思亿，李康华，卢进勇．国际经济技术合作．北京：中国对外经济贸易出版社，1994.

18. 张汉林，卢进勇等．经济增长新引擎：国际直接投资方式、规范与技巧．中国经济出版社，1998.

19. 张锡嘏，卢进勇，王福明．全国公务员世界贸易组织知识读本．对外经济贸易大学出版社，2001.